MICHAEL D. JONES
A'I WLADFA GYMREIG

Michael D. Jones (1822-98)

MICHAEL D. JONES A'I WLADFA GYMREIG

Golygyddion:

E. Wyn James a Bill Jones

Cydnabyddiaeth

Dymuna'r golygyddion a'r cyhoeddwyr gydnabod yn ddiolchgar
y caniatâd a gafwyd i atgynhyrchu lluniau ar gyfer y gyfrol hon:

Llyfrgell Genedlaethol Cymru
Archifdy Prifysgol Bangor
Gareth Owen ar ran Ystad Ifor Owen

Argraffiad cyntaf: 2009

ⓗ Y Cyfranwyr a'r Golygyddion/Gwasg Carreg Gwalch

Rhif llyfr safonol rhyngwladol: 978-1-84527-231-9

Mae'r cyhoeddwyr yn cydnabod cefnogaeth ariannol
Cyngor Llyfrau Cymru

Cynllun clawr: Sian Parri

Cyhoeddwyd gan Wasg Carreg Gwalch,
12 Iard yr Orsaf, Llanrwst, Dyffryn Conwy, LL26 0EH.
Ffôn: 01492 642031 Ffacs: 01492 641502
e-bost: llyfrau@carreg-gwalch.com
lle ar y we: www.carreg-gwalch.com

Cynnwys

Gair am y Cyfranwyr

Y diweddar *Alun Davies*: cyn-Athro yn Adran Hanes, Coleg Prifysgol Abertawe

E. Wyn James: Darllenydd yn Ysgol y Gymraeg, Prifysgol Caerdydd, a chyd-Gyfarwyddwr Canolfan Uwchefrydiau Cymry America, Prifysgol Caerdydd

Bill Jones: Darllenydd yn Ysgol Hanes ac Archaeoleg Prifysgol Caerdydd, a chyd-Gyfarwyddwr Canolfan Uwchefrydiau Cymry America, Prifysgol Caerdydd

Robert Owen Jones: Athro Emeritws yn Ysgol y Gymraeg, Prifysgol Caerdydd, a chyn-Gyfarwyddwr Canolfan Dysgu Cymraeg i Oedolion, Prifysgol Caerdydd

Y diweddar *R. Tudur Jones*: cyn-Brifathro Coleg Bala-Bangor

Dafydd Tudur: Rheolwr, Culturenet Cymru, Llyfrgell Genedlaethol Cymru

Rhagair

Mae epig sefydlu'r Wladfa Gymreig ym Mhatagonia yn 1865 yn un o'r penodau enwocaf yn hanes y Gymru fodern. 'Tad y Wladfa' ar lawer ystyr oedd Michael D. Jones, Prifathro Coleg yr Annibynwyr yn y Bala. Yn ôl Gwenallt ef oedd 'Cymro pennaf y bedwaredd ganrif ar bymtheg; y cenedlaetholwr mwyaf ar ôl Owain Glyndŵr'. Bu Michael D. Jones yn ddylanwad pwysig eithriadol ar bobl megis Emrys ap Iwan ac O. M. Edwards. Yr oedd hefyd yn ffigur dadleuol a dadleugar, fel y gwelwn yn achos helynt enwog 'Brwydr y Ddau Gyfansoddiad', a esgorodd yn y diwedd ar Goleg Bala-Bangor. Ond er mor bwysig ydyw yn hanes diweddar Cymru, y mae wedi ei esgeuluso braidd, o'i gymharu â ffigurau eraill yn hanes y mudiad cenedlaethol.

Mae'r gyfrol hon yn ymgais i wneud iawn am yr esgeulustod hwnnw. Ynddi cawn gyflwyniadau i wahanol agweddau ar fywyd a gwaith Michael D. Jones ei hun, i gyfanrwydd ei weledigaeth genedlaethol, ac i weithgarwch ei gefnogwyr. Ynddi hefyd cawn benodau am y Wladfa ym Mhatagonia – nid yn gymaint am hanes y Wladfa fel y cyfryw (mae sawl cyfrol ar gael sydd wedi olrhain yn fanwl agweddau ar yr hanes hwnnw), ond yn hytrach am gefndir a hanes ei sefydlu, y dadleuon o'i phlaid ac yn ei herbyn, a'i lle yn hanes ymfudo'r Cymry yn y bedwaredd ganrif ar bymtheg – a hynny oll yng nghyd-destun gwaith a gweledigaeth un o Gymry mwyaf nodedig y cyfnod modern. Trwy'r cyfan cawn olwg, nid yn unig ar fywyd a gwaith Michael D. Jones a'i Wladfa Gymreig, ond ar agweddau allweddol ar hanes Cymru yn y bedwaredd ganrif ar bymtheg – ar ei bywyd diwylliannol a chrefyddol, ar dwf cenedlaetholdeb a sosialaeth, ac yn y blaen – heb sôn am gael golwg ar brofiadau Cymry'r cyfnod yn Ne a Gogledd America ac yn Awstralia. Mae'r gyfrol hefyd yn codi ystyriaethau pwysig ynghylch pynciau megis hil, iaith, hunaniaeth, ymfudo ac amlddiwylliannedd.

Rhan o ffrwyth gweithgarwch Canolfan Uwchefrydiau Cymry America, a leolir yn Ysgol y Gymraeg, Prifysgol Caerdydd, yw'r gyfrol hon. Sefydlwyd y Ganolfan yn 2001 er mwyn hybu astudio diwylliant, iaith, llên a hanes y Cymry ar gyfandiroedd America, ac yn enwedig yn yr Unol Daleithiau, Canada a Phatagonia. Darlithiau i gynadleddau blynyddol y Ganolfan oedd sawl un o benodau'r gyfrol yn wreiddiol, a chyd-Gyfarwyddwyr y Ganolfan yw ei golygyddion.

Wrth gynllunio'r gyfrol hon, penderfynwyd cynnwys ynddi rai erthyglau pwysig gan y diweddar Alun Davies a'r diweddar R. Tudur

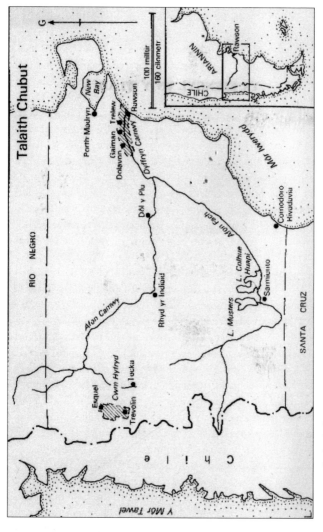

Map o Dalaith Chubut, Ariannin, yn dangos lleoliad gwladychfeydd y Cymry yng Nghwm Hyfryd a Dyffryn Camwy – o gyfrol Robert Owen Jones, Yr Efengyl yn y Wladfa (1987)

8

Jones, fel eu bod ar gael yn hwylus rhwng dau glawr. Diolchwn i deuluoedd y ddau am eu caniatâd parod inni ailgyhoeddi eu herthyglau yma, a diolchwn hefyd i'r Athro Geraint H. Jenkins a Gwasg Gomer am eu caniatâd i ailgyhoeddi erthygl R. Tudur Jones yn *Cof Cenedl* (1986) ac i Anrhydeddus Gymdeithas y Cymmrodorion am ganiatâd i ailgyhoeddi'r erthyglau gan Alun Davies ac R. Tudur Jones a ymddangosodd yn wreiddiol yn Nhrafodion y Gymdeithas. Ymddangosodd fersiwn Saesneg o erthygl Robert Owen Jones mewn llyfr yn dwyn y teitl *Celtic Languages and Celtic Peoples*, a gyhoeddwyd gan Brifysgol Saint Mary's, Halifax, Nova Scotia, yn 1992, a diolchwn i'r Athro Pádraig Ó Siadhail am ei ganiatâd inni gyhoeddi yn y gyfrol bresennol fersiwn Cymraeg o'r erthygl honno, ynghyd â map a baratowyd ar gyfer llyfr 1992. Diolchwn hefyd i Wasg Bryntirion am ganiatâd i ddefnyddio dau fap a baratowyd yn wreiddiol ar gyfer llyfr Robert Owen Jones, *Yr Efengyl yn y Wladfa* (1987).

Yn achos yr erthyglau sy'n cael eu hailgyhoeddi yma, newidiwyd rhai manylion yn olygyddol, er mwyn cysoni ffurfiau ar draws y gyfrol, a chywirwyd ambell ffaith yng ngoleuni ymchwil ddiweddarach, ond nid ymyrrwyd â sylwedd a llif yr erthyglau gwreiddiol. Oherwydd hynny, ac oherwydd natur cynnwys y gyfrol yn gyffredinol, y mae peth ailadrodd yn anorfod yma a thraw, ond hyderwn mai atgyfnerthu'r darlun a gyflwynir yma y bydd unrhyw ailadrodd o'r fath.

Mae paratoi'r llyfr hwn wedi ein gosod yn nyled llawer un, yn unigolion ac yn llyfrgelloedd. Yn ogystal â'r sawl a enwyd eisoes, ynghyd â'r cyfranwyr eraill i'r gyfrol, hoffem ddiolch yn enwedig i'r Athro Sioned Davies, Dr Jerry Hunter, Anna Gruffudd a'r Athro Colin H. Williams, am sawl cymwynas. Diolch yn fawr hefyd i Myrddin ap Dafydd a Gwasg Carreg Gwalch am eu parodrwydd i gyhoeddi'r gwaith ac am eu holl waith arno.

'Hyd at heddiw', meddai Saunders Lewis yn 1962, 'mae'n diffyg ni o ymwybyddiaeth cenedl, ein hamddifadrwydd ni o falchter cenedl, yn rhwystro inni amgyffred arwyddocâd ac arwriaeth yr antur ym Mhatagonia.' Diben y gyfrol hon yw edrych o'r newydd ar arwyddocâd yr antur honno, ac arwyddocâd bywyd a gwaith 'tad' yr antur, Michael D. Jones, i'n bywyd cenedlaethol, yn y gobaith y bydd hynny'n gyfrwng inni amgyffred eu harwyddocâd a'u harwriaeth o'r newydd.

E. Wyn James/Bill Jones

Cymru, Patagonia ac Ymfudo*

Bill Jones

'An enterprise which was at once bold, bungling, and rather magnificent.'
Dyna sut y disgrifiodd Alun Davies y fenter Batagonaidd wrth adolygu
llyfr R. Bryn Williams, *Y Wladfa*, yn y cylchgrawn *Morgannwg* yn 1963.[1]
Afraid dweud yma fod epig sefydlu'r Wladfa ym Mhatagonia yn 1865
gan ryw 162 o wladychwyr,[2] a'i ddatblygiad wedi hynny, yn un o'r
penodau enwocaf yn hanes y Gymru fodern. Hon hefyd yw un o'r rhai a
ddogfennwyd orau. Mae'n bennod sydd wedi ei chofnodi – ac sy'n dal i
gael ei chofnodi a'i dathlu – ar ffurf cerddi, dramâu, nofelau a chaneuon,
mewn ysgrifau taith, hunangofiannau, cyfrolau hanes a gweithiau
ysgolheigaidd eraill, mewn rhaglenni dogfen ar deledu a radio, mewn
arddangosfeydd, ac ar safleoedd gwe.[3] Ceir llenyddiaeth swmpus arni yn
y Gymraeg, y Saesneg a'r Sbaeneg.[4] Mae'r datblygiadau a arweiniodd at
laniad yr ymfudwyr cyntaf yn Bahia Nuevo ar 28 Gorffennaf 1865 yn
hanes cymharol gyfarwydd.[5] Y mae hefyd yn hanes cymhleth, nid lleiaf
oherwydd bod ffynonellau cyfoes ac astudiaethau diweddarach fel ei
gilydd yn gwrthdaro ac yn anghytuno o ran manylion a phwyslais.[6]
Roedd yr holl fenter hefyd yn bwnc llosg a enynnodd lawer o sylw, dadl
a dryswch, hyd yn oed, ar y pryd.

Ein prif fwriad yma yw ceisio dadansoddi'r cefndir ehangach i
hanes sefydlu'r Wladfa, ac yn benodol i archwilio'r fenter yng nghyd-
destun ymfudo yn gyffredinol o Gymru yn ystod y cyfnod hwn a'r
datblygiadau yn y famwlad a fu'n gyfrifol am yr all-lif. Nid dyma'r lle,
felly, i olrhain stori'r Wladfa. Ond er mwyn gosod sylfaen i'r drafodaeth
sy'n dilyn, cynigir yn gyntaf rai sylwadau cyffredinol ar ffurfiad a hanes y
sefydliad, gan fwrw golwg hefyd ar rai o'r ffyrdd y mae haneswyr a
sylwebyddion eraill wedi dehongli natur, ystyr ac arwyddocâd y bennod
drawiadol hon yn ein hanes.

Mae'n hanfodol ystyried dylanwad ac effaith nifer o ddatblygiadau
a ffactorau pwysig os ydym am ddeall yn iawn y cefndir i ymadawiad yr
arloeswyr o Lerpwl ar fwrdd y llong *Mimosa* ar 28 Mai 1865. Rhaid
pwysleisio, wrth gwrs, nod ac ymdrechion arweinwyr y fenter a

---

* Fersiwn diwygiedig o ddarlith agoriadol Pumed Gynhadledd Flynyddol Canolfan
Uwchefrydiau Cymry America, Prifysgol Caerdydd, 24 Medi 2005. Testun y gynhadledd
oedd 'Y Wladfa ym Mhatagonia: Ddoe, Heddiw ac Yfory'.

chymhellion yr ymfudwyr hynny a aeth yno. Mae'n amhosibl egluro creadigaeth y Wladfa ym Mhatagonia heb gyfeirio at Michael Daniel Jones a'i syniadaeth ar y pwnc, a ddatblygodd yn rhannol tra oedd yn weinidog yn Cincinnati, Ohio yn niwedd yr 1840au.[7] Yn ddiweddar, mae Dafydd Tudur wedi ailgloriannu cyfraniad Michael D. Jones i'r fenter ac wedi casglu bod ei ran yn fwy cymhleth nag a awgrymwyd gan y teitl 'Tad y Wladfa'. Dengys, er enghraifft, er mai ef oedd prif ysgogydd y syniad yng Nghymru, na 'ddatblygodd y mudiad gwladfaol yn ôl ei obeithion a'i ddisgwyliadau ef' ac nad oedd ei gysylltiadau â'r Wladfa wedi 1865 tan ddiwedd ei fywyd mor gryf ag y dymunai iddynt fod. Nid oedd ganddo'r grym i ddylanwadu ar ddatblygiadau yno ac roedd ei ymdrechion i ddarbwyllo nifer sylweddol o Gymry i ymfudo i'r Wladfa newydd yn fethiant.[8] Nid oedd Michael D. Jones ar unrhyw gyfrif yn llwyr gyfrifol am y mudiad gwladfaol ac yn ystod yr 1850au a'r 1860au daeth arweinwyr blaenllaw eraill, megis Lewis Jones, Abraham Matthews, Edwin Cynrig Roberts a Hugh Hughes ('Cadfan Gwynedd'), i chwarae rôl allweddol. Wedi dweud hynny, yr oedd cyfraniad Michael D. Jones i'r fenter yn hollbwysig, ac nid yn unig am resymau ideolegol ac ymarferol, oherwydd gwariodd swm sylweddol ar y fenter o'i boced ei hun – neu a bod yn gywir, o boced ei wraig, Anne Lloyd (a briododd yn 1859), a'i fam-yng-nghyfraith, Mary Davies. Yn wir, yn ôl Dafydd Tudur, '[g]wnaeth Michael D. Jones ei gyfraniad pwysicaf i'r mudiad gwladfaol yn y misoedd cyn ymadawiad y fintai gyntaf'. Heb ei barodrwydd i wario cymaint o'i arian er mwyn sicrhau na fyddai'r fenter yn methu ar y funud olaf, a heb ei benderfyniad a'i ymroddiad yn gyffredinol, ni fyddai'r fintai gyntaf wedi ymadael o gwbl.[9]

Ffactorau neu ddatblygiadau pwysig eraill a esgorodd ar y sefydliad newydd yn Nyffryn Camwy oedd: y dadleuon brwd o blaid ac yn erbyn sefydlu Gwladfa Gymreig a ddaeth i'r amlwg mewn cyfarfodydd cyhoeddus ac yng ngholofnau'r wasg Gymreig ym Mhrydain ac Unol Daleithiau America yn yr 1850au; ffurfio'r Gymdeithas Wladychfaol yn Lerpwl yn 1861 gan Michael D. Jones, Lewis Jones, Edwin Cynrig Roberts, Hugh Hughes ('Cadfan Gwynedd') ac eraill, a'r ymgyrchoedd i ddenu ymfudwyr gan arweinwyr a chefnogwyr yng Nghymru, Lerpwl ac UDA; y penderfyniad i ddewis Patagonia fel lleoliad; taith Lewis Jones a'r Capten Love Jones-Parry i Ariannin yn 1862–63; y trafodaethau rhwng yr arweinwyr a llywodraeth Ariannin, a'r amodau ymsefydlu terfynol y cytunwyd arnynt yn y pen draw. Mae'r olaf wedi bod yn destun trafod a dadlau ers cryn amser; roeddent yn sicr yn achos dryswch a chamddealltwriaeth ar y pryd, gan arwain yn ddiweddarach at gyhuddiadau o dwyll.[10] Yn syml, craidd y mater oedd, p'un a oedd llywodraeth Ariannin wedi gwarantu tir yn unig neu a oedd yn barod i uned genedlaethol hunanlywodraethol gael ei sefydlu ar ei thiriogaeth. Mae'n bwysig cofio yn y cyfnod hwn fod rhywfaint o amheuaeth ynglŷn â phwy oedd piau Patagonia: Ariannin, Chile neu yn wir, unrhyw un o gwbl, gan gofio bod yno eisoes bobl frodorol, a bod trefedigaethwyr o Ewrop yn gorfodi syniad o berchenogaeth a oedd yn ddieithr i'r brodorion. Wrth fod mewn trafodaethau â llywodraeth Ariannin, roedd arweinwyr y mudiad Cymreig yn cydnabod ei hawl ar Batagonia.[11] Yn ôl Dafydd Tudur, gellir dadlau mai pryder Michael D. Jones ynghylch cael yn ôl yr arian yr oedd wedi ei fenthyg i'r fenter a arweiniodd yn y pen draw at y cytundeb anfoddhaol rhwng y pwyllgor a llywodraeth Ariannin.[12]

Ar sawl cyfrif cafodd y fenter wladfaol ei chynllunio a'i threfnu'n wael, a heb amheuaeth camarweiniwyd yr ymfudwyr cyntaf ynglŷn â nodweddion sylfaenol y dirwedd a'r hinsawdd ym Mhatagonia, gyda chanlyniadau trychinebus. Mae nifer o haneswyr hefyd wedi cyfeirio at y modd brysiog, annigonol a hyd yn oed fyrbwyll y trefnwyd ac y gweithredwyd y cynllun a'r paratoadau ar gyfer derbyn yr ymfudwyr cyntaf yn 1865. Roedd yr arweinwyr, yn eu brwdfrydedd dros y drefedigaeth a'u hawydd i'w gwireddu, yn barod i anwybyddu rhai gwirioneddau am y sefyllfa ym Mhatagonia ar y pryd. Arweiniodd eu byrbwylltra yn y pen draw at gytuno i dderbyn amodau terfynol llywodraeth Ariannin, er eu bod yn llai ffafriol na'r amodau a gynigiwyd yn wreiddiol. Aethant ymlaen â'u cynllun i ymsefydlu yn Nyffryn Isaf y Camwy heb unrhyw arolwg trwyadl o'r ardal. Yn ôl Geraint Dyfnallt Owen, '*[The] venture was ill-informed and ill-planned and jeopardized from the outset by ignorance of the physical and climatic features of the Chubut region.*'[13] Dadleua E. G. Bowen fod Hugh Hughes ('Cadfan Gwynedd'), awdur *Llawlyfr y Wladychfa Gymreig*, sef llawlyfr y fenter a gyhoeddwyd yn Lerpwl yn 1862, yn amlwg wedi darllen '*everything that was available to him about the country at that time [...but] had merely selected from what he had read that which he considered favourable to his argument, and discarded all evidence to the contrary*'.[14]

Rhaid pwysleisio nad oedd hi'n anorfod mai ym Mhatagonia y byddai'r wladfa a oedd gan Michael D. Jones a'i gyd-weithwyr mewn golwg, yn cael ei sefydlu. Yn wir roedd Michael D. Jones yn gyndyn i ffafrio Patagonia, ond ildiodd yn y pen draw oherwydd trwch y gefnogaeth gyhoeddus i'r rhan honno o Dde America fel lleoliad i'r sefydliad. Yn yr 1840au a'r 1850au trafodwyd sawl cyrchfan, yn cynnwys

Ynys Vancouver ac Oregon Brydeinig yng Ngogledd America a sawl gwlad yn Ne America, megis Uruguay, Brasil, Paraguay, a hyd yn oed Awstralia a Phalesteina.[15] Ond erbyn diwedd yr 1850au roedd bron pob sylw perthnasol wedi ei grynhoi ar Batagonia. Dylid cofio bod rhaid ystyried, felly, nid yn unig pam yr oedd galw am sefydlu trefedigaeth Gymreig a beth oedd nod y sylfaenwyr, ond hefyd pam y dewiswyd dyffryn anghysbell y Camwy yn lleoliad iddi. Ar y pryd ac ers hynny mae rhai sylwebyddion wedi cwestiynu'r doethineb o greu sefydliad yn 'one *of the world's nearly forsaken corners'*, ys dywed John Baur.[16] Ond yr oedd diffeithwch y lle yn atyniad i drefnwyr y prosiect yng nghanol y bedwaredd ganrif ar bymtheg yn hytrach nag yn fater o fethu pob dewis arall. Fel sy'n gyfarwydd iawn erbyn hyn, eu gobaith oedd y gallent greu Cymru newydd yno, lle y gellid gwarchod yr iaith Gymraeg, crefydd Brotestannaidd Anghydffurfiol a'u diwylliant rhag dylanwadau estron a gormesol, sef y Saesneg ac Eglwys Loegr (yr Eglwys Sefydledig) a ystyrid ganddynt yn fygythiad i oroesiad Cymreictod. Fel y datganodd Hugh Hughes ('Cadfan Gwynedd') yn *Llawlyfr y Wladychfa Gymreig* yn 1862: 'Ein dymuniad yw cael gwlad lle y gallwn gael llywodraethu ein hachosion mewnol yn gyfangwbl, heb unrhyw ymyriad o eiddo un genedl arall yn ein pethau bydol a chrefyddol.'[17]

Ond yn y pen draw nid felly y bu wedi 1865, neu yng ngeiriau un o brif haneswyr y Wladfa, Glyn Williams, ni ddatblygodd *'along the lines originally conceived by the early organizers'*.[18] Bu llwyddiant cymharol i ddatblygu gwladfa Gymreig (a Chymraeg) yn ystod oes Michael D. Jones ei hun. Mae Robert Owen Jones wedi disgrifio deng mlynedd ar hugain cyntaf y Wladfa yn 'oes aur yn hanes yr iaith Gymraeg'.[19] Wedi i'r arloeswyr ddioddef a goroesi anawsterau dychrynllyd ym mlynyddoedd cynharaf y sefydliad, ffynnodd eu byd a daeth y Wladfa yn 'garreg filltir yn hanes datblygiad Patagonia'.[20] Yn ôl Robert Owen Jones, 'daeth llwyddiant economaidd, cymdeithasol, crefyddol, addysgol, diwylliannol a gwleidyddol–weinyddol yn realiti i wladfawyr Patagonia [... F]fynnodd y Gymraeg ac yn wir estynnwyd ei defnydd i gwmpasu pob agwedd ar fywyd y cymunedau.'[21] Ond o ddiwedd y bedwaredd ganrif ar bymtheg ymlaen nid oedd amgylchiadau yn y Wladfa mor ffafriol i gynnal Cymreictod a'r Gymraeg. Gwelwyd mwy a mwy o ymyrraeth gan y wladwriaeth Archentaidd. Yn union fel y cymhathodd ac yr ymdoddodd y Cymry yn UDA i'r wlad honno, gwelwyd y Cymry ym Mhatagonia yn gynyddol yn dod o dan ddylanwad y diwylliant Sbaenaidd ac yn cefnu ar y Gymraeg, yn enwedig yn ystod yr 1930au.[22] Yn ddiweddar mae Walter Brooks wedi tynnu sylw at yr effaith ar y

Cymry a gafodd polisïau addysg llywodraethau Ariannin yn y cyfnod rhwng 1900 ac 1946, gyda'u pwyslais ar wladgarwch ac ar orfodi tra-arglwyddiaeth iaith genedlaethol y wlad, sef y Sbaeneg. Bu hefyd newidiadau cymdeithasol, demograffaidd, economaidd a gwleidyddol a gyflymodd y broses o newid iaith o'r Gymraeg i'r Sbaeneg. Meddai Walter Brooks: 'Cefnodd disgynyddion y Cymry ym Mhatagonia ar eu hetifeddiaeth a magasant naill ai hunaniaeth ddwbl Gymreig–Archentaidd neu hunaniaeth Archentaidd yn unig.'[23]

Yng ngoleuni'r datblygiadau hyn, mae sawl sylwebydd wedi gweld y fenter Batagonaidd yn llwyddiant *ac* yn fethiant. Yn ddiweddar, y mae Dafydd Tudur wedi awgrymu bod sefydlu'r Wladfa

> beyond doubt, a bold and courageous enterprise that could easily have resulted in disaster. Bearing in mind the harsh circumstances that the settlers endured, their success in turning an arid and desolate region of Patagonia into arable land, and, in fact, that the Welsh language was still spoken in the Chupat Valley at the turn of the twenty-first century, the venture may be considered as a remarkable triumph over adversity. However, when considering the original aims of its promoters, it is difficult to consider the Welsh Settlement in Patagonia as anything but a failure.[24]

Yn ôl Glyn Williams, *'In a sense the dream failed and yet it also succeeded'*, tra i Robert Owen Jones, mae hanes a goroesiad y Wladfa 'ar un olwg yn rhyfeddod os nad yn wyrth, ond ar y llaw arall y mae'n ymgorfforiad o drasiedi anaele'.[25] Ond nid yw hanes y Wladfa drosodd eto o bell fordd. Mae tro ar fyd arall wedi bod ar waith ers yr 1960au yn sgil nifer o ddatblygiadau pwysig, yn eu plith cysylltiadau agosach rhwng Cymru a'r Wladfa, sefydlu'r Orsedd yno, ac, wrth gwrs, yr ymdrechion brwd i gryfhau sefyllfa'r Gymraeg yno.[26] Noda rhai sylwebyddion y tueddiad cryf i ramanteiddio holl stori'r Wladfa.[27] Yn wir, oddi ar yr 1960au yn enwedig, y mae hanes y Wladfa wedi ei chwyddo trwy chwedl a myth. Mae sefydlu'r drefedigaeth, a dyfalbarhad a dewrder yr ymsefydlwyr cyntaf yn wyneb caledi dirfawr, wedi dod yn rym symbolaidd ac eiconaidd cryf yn y mudiad cenedlatholgar Cymreig.[28] Yn gyffredinol, Patagonia yw'r presenoldeb Cymreig tramor mwyaf adnabyddus ymysg y Cymry, yn enwedig ymhlith siaradwyr Cymraeg, ac mae'r gred yn parhau mewn rhai cylchoedd yng Nghymru heddiw fod symud i Batagonia ac ymfudo o Gymru yn ystod y ddwy ganrif ddiwethaf yn gyfystyr.[29]

Fel y gwelwn, felly, daeth sawl llinyn gwahanol ynghlwm i ffurfio'r Wladfa yn 1865 ac i lunio ei natur a'i datblygiad oddi ar hynny. Fel y dangoswyd eisoes, perthyn rhai ohonynt i amgylchiadau a oedd yn benodol i Batagonia. Ond y mae eraill yn adlewyrchu – neu yn adweithio yn erbyn – rhai o brif nodweddion ffrwd gyffredinol yr ymfudo o Gymru, a rhai o hanfodion allweddol hanes y famwlad ei hun yn yr un cyfnod. Awn ymlaen yn nesaf i ganolbwyntio ar y nodweddion hyn er mwyn dangos rhai cysylltiadau amlwg a oedd rhyngddynt a'r ymfudo i Batagonia.

Er bod y symud cychwynnol o Gymru i Batagonia a'r allfudo a ddilynodd rhwng 1865 ac 1914 yn bennod unigryw ynddi ei hun, un edefyn ydyw mewn tapestri ymfudo llawer ehangach. Mae pobl wedi bod yn gadael Cymru ers canrifoedd, gan symud i Loegr a'r tu hwnt.[30] Sefydlwyd cymunedau tramor gan y Cymry am y tro cyntaf o ganlyniad i ymfudiad anghydffurfwyr crefyddol o Gymru i drefedigaethau Prydeinig Gogledd America rhwng 1660 ac 1720, er y bu trefedigaeth Gymreig fyrdymor yn Cambriol yn Newfoundland ar ddechrau'r ail ganrif ar bymtheg. Wedi rhyw saith deg o flynyddoedd o ymfudo ar raddfa fach iawn yn ystod y ddeunawfed ganrif, cynyddodd ymfudo eto yn yr 1790au, gan gychwyn cyfnod estynedig a bron yn ddi-dor o symud a ddaeth i ben yn unig oherwydd dirwasgiad economaidd byd-eang yr 1930au. Yn ystod y blynyddoedd hyn o ymfudo torfol daeth presenoldeb cynyddol dramor yn thema bwysig yn hanes y Cymry. Ymfudodd niferoedd lawer i wledydd tramor, yn bennaf i UDA a niferoedd llai i Awstralia, Canada, Seland Newydd, Patagonia a De Affrica, tra oedd cylchoedd o Gymry i'w cael hefyd mewn amryw o wledydd fel Mecsico, Chile, Ffrainc, Rwsia, Brasil, India a'r Caribî.

Serch hynny, ni ddylid gorliwio graddfa'r ymfudo o Gymru. Er iddo yn ddi-os fod yn arwyddocaol, eto ni ellir honni bod ymfudo yn fater hollbwysig nac yn brofiad a rannwyd gan y Cymry oll fel cenedl yn yr un modd ag yr oedd i'r Gwyddelod ac i'r Iddewon. Nid yw ymfudo chwaith wedi bod yn ganolog i hanes y Gymru fodern fel y mae wedi bod i hanes yr Alban, Sgandinafia a Chernyw, a brofodd yn gyson y canrannau uchaf o ymfudo yn Ewrop yn ystod y bedwaredd ganrif ar bymtheg. Mae graddfa'r ymfudo o Gymru wedi bod yn gymharol fach o'i chymharu â chenhedloedd eraill Ewrop, ac nid yw'r symud dramor erioed wedi bod mor amlwg a'r symud i Loegr, yn enwedig i Lundain a Lerpwl. Fodd bynnag, mae presenoldeb y Cymry dramor wedi bod yn sylweddol, ac mae'n ffenomen gymhleth ac amrywiol iawn. Prin yw'r ardaloedd yng Nghymru na chawsant eu heffeithio gan ymfudo yn ystod y ddwy ganrif ddiwethaf, a beth bynnag yw'r ystadegau mewn gwirionedd, bodola cred boblogaidd fod y symudiad allan yn helaeth a bod gan bron pob teulu yng Nghymru gysylltiadau dros y môr.

Dylid pwysleisio yma fod gan gymunedau Cymreig dylanwadol a sylweddol a sefydlwyd y tu allan i Gymru ran allweddol i'w chwarae yn natblygiad y prosiect ym Mhatagonia. Mae saga'r Wladfa yn ymwneud â'r Cymry yng Nghymru, Lerpwl, UDA, Awstralia a hyd yn oed Brasil. Pryderon delfrydwyr Cymreig ym mhob un o'r lleoedd hynny a esgorodd ar y Wladfa ym Mhatagonia a ffurfiwyd ei phoblogaeth gan ymfudwyr o'r cyrchfannau hyn oll.[31] Mae cyfraniad Cymry Lerpwl yn ddigon amlwg a chyfarwydd. Nodwedd ganolog arall o hanes cynnar y Wladfa yw ymrwymiad y Cymry yn UDA, a hynny gymaint os nad yn fwy felly na chan y Cymry yng Nghymru. Pwysleisia sawl hanesydd fod y mudiad i sefydlu trefedigaeth Gymreig yn ffenomen Americanaidd yn anad dim, ac mai yno hefyd y gwreiddiodd y syniad o wladfa yn y lle cyntaf ac y blodeuodd y cynllun i ymsefydlu ym Mhatagonia.[32] Erbyn i Michael D. Jones ymweld ag UDA am yr ail waith yn 1858 yr oedd dadlau mawr wedi bod yn y wasg Gymreig yn America ers bron degawd o blaid ac yn erbyn pwnc y Cymry yn ymsefydlu gyda'i gilydd mewn trefedigaeth, ac ym mha le y dylid sefydlu'r drefedigaeth honno. Mae tudalennau'r *Drych*, y pwysicaf o bapurau newyddion Cymreig America, yn dangos bod llawer o frwdfrydedd dros ac yn erbyn yr achos drwy gydol yr 1850au ac wedi hynny.[33] Ffurfiwyd cymdeithasau a chynhaliwyd cyfarfodydd cyhoeddus mewn nifer o gymunedau Cymreig ledled UDA. Yn yr 1850au edrychodd Michael D. Jones at y Cymry yn UDA i arwain y mudiad i sefydlu Gwladfa Gymreig. Awgrymodd y dylai cant o ddynion â phrofiad o arloesi fynd yno'n gyntaf a pharatoi'r tir ar gyfer y rhai a'u dilynai. Mae cynnwys y Cymry yn UDA yng nghynlluniau Michael D. Jones yn adlewyrchu nid yn unig ei gred fod y Cymry yno yn wladychwyr profiadol ond hefyd maint y diddordeb yn y cynllun i sefydlu trefedigaeth Gymreig a oedd ar led yno. I raddau llai cafwyd ymdrech maes o law i ddenu Cymry a oedd wedi ymfudo i Awstralia yn yr un cyfnod.[34] Ni ddylid anghofio chwaith y byddai'r cyd-destun rhyngwladol yn cael ei danlinellu yn nes ymlaen yn hanes y Wladfa oherwydd yr ail-fudo a fu oddi yno i Ganada ac Awstralia ym mlynyddoedd cynnar yr ugeinfed ganrif.[35] Bu cynlluniau hefyd i ail-symud rhai o'r Gwladfawyr i Dde Affrica wedi diwedd Rhyfel y Boer, 1899–1902.[36] Mae'r ymfudiadau eilaidd hyn yn cymhlethu unrhyw syniad o unigrywiaeth y Wladfa.

Ar y cyfan, roedd ymfudwyr a ymadawodd â Chymru yn y

bedwaredd ganrif ar bymtheg yn amrywio o ran oed, galwedigaeth a thrigfan. A siarad yn fras, un amaethyddol ei natur oedd yr ymfudo yn bennaf tan ganol y bedwaredd ganrif ar bymtheg. Yn ystod y degawdau dilynol gwelwyd dominyddu'r ymfudo gan weithwyr diwydiannol allweddol megis glowyr, chwarelwyr, gweithwyr haearn, dur a thunplat, a'u teuluoedd. Fodd bynnag, ni ddylid gwahaniaethu'n ormodol rhwng y gwledig a'r diwydiannol; roedd y ffin rhyngddynt yn aml yn niwlog. Yma, fel mewn materion eraill, roedd y patrwm yn amrywio yn ôl amseru'r ymfudo, natur y lleoliad ar ben y daith a chymhelliad yr ymfudwyr. Roedd profiad y Cymry yr ochr draw hefyd yn amrywiol. Ymsefydlodd rhai fel unigolion neu'n deuluoedd mewn ardaloedd a oedd ymhell o'r canolfannau mwy poblogaidd i ymsefydlwyr o Gymru; i eraill, symud pellteroedd o'r naill le i'r llall yn gyson oedd prif batrwm eu bywydau. Yn yr ardaloedd hynny lle ymsefydlodd y Cymry mewn niferoedd mawr neu lle roeddent yn ffurfio cyfran sylweddol o'r boblogaeth o fewnfudwyr – er enghraifft, Wisconsin wledig, pen uchaf Talaith Efrog Newydd, de-ddwyrain Ohio, meysydd aur Fictoria yn Awstralia, a meysydd glo Pensylfania a De Cymru Newydd – llwyddwyd i sefydlu cymunedau ethnig a oedd yn weladwy, yn gydlynus, ac yn nodweddiadol arbennig o ran iaith a diwylliant. Y ffactorau allweddol a alluogodd hyn oedd ymfudo cadwynol *(chain migration)*, clymau teuluol, iaith, crefydd a diwylliant cyffredin, a galwedigaethau penodol. Dylid nodi yn y cyd-destun hwn fod nifer o aelodau'r fintai gyntaf i Batagonia yn 1865 yn perthyn i'w gilydd, nodwedd sy'n pwysleisio pwysigrwydd rhwydweithiau teuluol yn yr ymfudo hwnnw hefyd.[37]

O ran maint, o leiaf, ni ddylid gorbwysleisio arwyddocâd y symudiad i Batagonia yng nghyd-destun cyffredinol ymfudo o Gymru yn ystod y bedwaredd ganrif ar bymtheg a dechrau'r ugeinfed ganrif. Llwyddodd y Wladfa i ddenu tua dwy fil o ymsefydlwyr o Gymru,[38] tra symudodd dros gant o filoedd i UDA. Yn ôl rhai amcangyfrifon, roedd poblogaeth Gymreig y Wladfa wedi chwyddo i 3,747 (yn cynnwys plant yr ymfudwyr) erbyn 1895; bryd hynny roedd 4,890 o Gymry'r genhedlaeth gyntaf yn preswylio yn Scranton, Pensylfania.[39] Ond eto, er ei holl elfennau unigryw, yr un mor gamarweiniol fyddai ystyried y dimensiwn Gwladfaol yn bennod ymylol ac annibynnol a safodd ar wahân i brif ffrwd yr ymfudo yn ystod y cyfnod hwn. Rhaid cael dealltwriaeth o brofiad hanesyddol y Cymry yn yr holl wledydd yr ymsefydlwyd ynddynt er mwyn deall yn ei gyfanrwydd gymhlethdod ac amrywiaeth yr all-lif o Gymru a phrofiadau'r ymfudwyr. Yn yr un modd, mae ymwybyddiaeth o'r darlun byd-eang yn cyfoethogi ein hastudiaeth o'r penodau a'r unedau unigol sy'n dod ynghyd i greu'r darlun cyfan. Felly yn hanes y Wladfa ym Mhatagonia.

Dylid trafod sawl ffactor pwysig arall er mwyn iawn ystyried sefydlu'r Wladfa yn ei gyd-destun ehangach. Pa le bynnag oedd pen y daith yn y diwedd, sbardunwyd a saernïwyd yr ymfudo o Gymru gan ddatblygiadau penodol a phellgyrhaeddol a gafwyd yn y famwlad.[40] Ar ddiwedd y ddeunawfed ganrif ac yn ystod y bedwaredd ganrif ar bymtheg profodd Cymru drawsnewidiadau demograffaidd, economaidd, cymdeithasol a chrefyddol dwys. Bu'r rhain yn rhannol gyfrifol am sbarduno'r all-lif ac am greu'r ffurfiau cymdeithasol a diwylliannol a gymerodd yr ymfudwyr gyda nhw. Bu'r newidiadau hyn hefyd yn gyfrifol am liwio meddylfryd yr ymfudwyr a'u hymateb i'w hamgylcheddau newydd yn y gwledydd estron. Un o'r datblygiadau mwyaf arwyddocaol oedd twf Methodistiaeth o ganol y ddeunawfed ganrif ymlaen, a drodd Gymru yn gadarnle i grefydd Anghydffurfiol. Er y rhannu yn enwadau penodol ar wahân – y Methodistiaid Calfinaidd, yr Annibynwyr, y Bedyddwyr ac ati – daeth ymlyniad wrth Anghydffurfiaeth yn ffordd o fyw i gyfran sylweddol o'r boblogaeth yng Nghymru, boed yn yr ardaloedd gwledig neu yn yr ardaloedd diwydiannol a oedd yn cyflym ddatblygu. Er i agweddau rhai arweinwyr crefyddol tuag at gynnal yr iaith Gymraeg ddatblygu'n amwys, roedd y sefydliadau Anghydffurfiol – y capeli – yn bileri i iaith y famwlad, ac roedd y gred mai Cymraeg oedd iaith y nefoedd yn sicr yn bod. Daeth Anghydffurfiaeth yn bwysig fel ffenomen gymdeithasol yn ogystal â grym ysbrydol – yn wir roedd y capeli'n gymunedau ynddynt eu hunain. O ystyried lle blaenllaw'r capeli ym mywyd Cymru, nid yw'n syndod eu gweld yn ganolbwynt i gymunedau Cymreig y tu allan i Gymru yn yr un modd ag yr oeddent yng Nghymru ei hun. Yng ngogledd-ddwyrain Lloegr ac yn Llundain, yn Wisconsin wledig, ym meysydd aur Awstralia ac yn y Wladfa, roedd y capeli Cymreig yn dystiolaeth i'r gwreiddiau dwfn a drawsblannwyd y tu allan i'r famwlad gan Anghydffurfiaeth Gymreig.[41] Erbyn canol y bedwaredd ganrif ar bymtheg roedd Anghydffurfiaeth nid yn unig yn dechrau datblygu'n rym gwleidyddol ac yn dangos tueddiadau cenedlatholgar ond fe'i hystyrid hefyd yn gynyddol fel dynodwr pennaf Cymreictod ac yn rhan hanfodol o hunaniaeth Gymreig. Daeth cwynion yr Anghydffurfwyr yn erbyn yr Eglwys Sefydledig (yr Eglwys Anglicanaidd), a thâl y degwm yn benodol (sef deg y cant o'r incwm), yn faterion 'cenedlaethol' a ddwysaodd raniadau gwleidyddol ac economaidd yng nghefn gwlad Cymru. I sefydlwyr y drefedigaeth Gymreig ym Mhatagonia, roedd yr Eglwys Sefydledig yn offeryn gorthrwm.

Profodd Cymru newidiadau economaidd sylfaenol hefyd yn yr un cyfnod yn sgil diwydiannu dwys yn ne ac yng ngogledd-ddwyrain Cymru. Yn ystod ail hanner y ddeunawfed ganrif newidiwyd cymeriad gwlad a oedd hyd hynny yn denau ei phoblogaeth gan dwf y diwydiannau haearn, copr, llechi ac yn bennaf glo, gan greu anghydbwysedd a gwahaniaethau rhanbarthol yng Nghymru. Ynghyd â threfoli a mewnlifiad ar raddfa fawr, bu diwydiannu yng Nghymru yn gyfrifol am ad-drefnu sylfaenol ar ei heconomi a'i chymdeithas. Ganed cymunedau diwydiannol newydd wrth i boblogaeth Cymru gynyddu'n ddramatig o 601,767 yn 1801 i 1,188,914 yn 1851 ac i 2,442,041 yn 1911. Symudodd nifer o ymfudwyr o'r tu allan i Gymru i'r canolfannau diwydiannol hyn, ond tan ddiwedd y bedwaredd ganrif ar bymtheg roedd y mwyafrif o'r newydd-ddyfodiaid yn dod o ardaloedd gwledig Cymru. O ganlyniad plannwyd yr iaith Gymraeg ac Anghydffurfiaeth Gymreig yn y cymunedau diwydiannol yn ne Cymru, er y gwelwyd sifft ieithyddol tuag at y Saesneg yn ddiweddarach yn y bedwaredd ganrif ar bymtheg. Mae perthynas agos hefyd rhwng diwydiannu ac ymfudo o Gymru yn ystod y bedwaredd ganrif ar bymtheg. Ar y naill law, yn yr ardaloedd diwydiannol roedd amodau gweithio a chymdeithasol anodd, roedd cyflogau'n isel ac roedd natur ffyniant a chwymp yr economi yn gwneud bywyd yn beryglus ac yn ansicr. Byddai amodau economaidd gwael, yn enwedig yn ystod cyfnod o anghydfod diwydiannol, toriadau mewn cyflog a dirwasgiad, yn dylanwadu ar lawer i ymfudo. Ar y llaw arall, roedd gan weithwyr diwydiannol Cymru y sgiliau angenrheidiol i ennill cyflogau a safleoedd uwch mewn economïau diwydiannol tramor, yn enwedig yn UDA.

Yn gyferbyniol i'r sector diwydiannol a oedd yn prysur ddatblygu, argyfyngus oedd sefyllfa amaethyddiaeth a'r ardaloedd gwledig yng Nghymru yn ystod yr un cyfnod. Er i'r rhyfeloedd yn erbyn Ffrainc ar ddiwedd y ddeunawfed ganrif ddod ag ychydig o ffyniant i ffermwyr yr iseldir yng Nghymru, dioddefodd yr ardaloedd amaethu-mynydd yn fawr o ganlyniad i gyfres o gynaeafau gwael rhwng 1793 ac 1801. Ond cafodd y dirwasgiad llym a ddilynodd ddiwedd y Rhyfeloedd Napoleonaidd yn 1815 effaith ddrwg ar ardaloedd ffermio'r iseldir hefyd. Oherwydd y dirwasgiad hwnnw, gwaethygwyd effeithiau'r newidiadau amaethyddol a oedd eisoes yn ysgogi ymfudo o'r ardaloedd gwledig. Dyma all-lif a fyddai'n dod yn nodwedd amlwg o fywyd Cymru drwy gydol y bedwaredd ganrif ar bymtheg ac wedi hynny. Roedd twf yn y boblogaeth, lledaeniad cau'r tiroedd a chyfuno ffermydd i greu unedau mwy, oll yn ychwanegu at y gystadleuaeth am dir, tra oedd mabwysiadu cyfraith tir Lloegr yn arwain at ansicrwydd tirddaliadaeth, rhenti mympwyol ac iawndaliadau annigonol. Gwnaed yr achosion sylweddol hyn o anfodlonrwydd yn fwy difrifol o ganlyniad i wahaniaethau crefyddol, cymdeithasol, ieithyddol a diwylliannol rhwng y tirfeddiannwr a'r tenant. Lliwiwyd cydberthynas pobl â'i gilydd yn yr ardaloedd gwledig am lawer o'r bedwaredd ganrif ar bymtheg gan y tyndra a grewyd gan y rhaniad rhwng, ar y naill law, werin a oedd yn Gymraeg ei hiaith, Anghydffurfiol ei chrefydd ac erbyn ail hanner y bedwaredd ganrif ar bymtheg yn Rhyddfrydol ei gwleidyddiaeth, a thirfeddianwyr Anglicanaidd, Ceidwadol a Saesneg eu hiaith ar y llaw arall. Mae rhai haneswyr wedi dadlau bod yr elyniaeth ar lefel bersonol yn llai dwys nag a honnwyd ar y pryd.[42] Fodd bynnag, roedd llawer yng Nghymru wledig yr adeg honno, gan gynnwys, yn allweddol, arweinwyr blaenllaw sefydlu'r drefedigaeth Gymreig ym Mhatagonia, o'r farn fod tirfeddianwyr o Saeson estron yn ormeswyr yr oedd yn rhaid i ffermwyr mynydd yng Nghymru ffoi rhagddynt. Ac yn wir, gadael y tir a wnaeth llawer, o ddiwedd y ddeunawfed ganrif ymlaen. Symudodd y mwyafrif i drefi diwydiannol newydd yn ne Cymru, neu i ganolfannau trefol yn Lloegr, yn enwedig i Lundain a Lerpwl. Ond denwyd llawer hefyd i UDA gan y gobaith am dir rhad neu am ddim yno.

Mae mudo o gefn gwlad Cymru i'r trefi a'r ardaloedd diwydiannol (yng Nghymru, Lloegr neu dramor) yn un o themâu canolog hanes Cymru'r bedwaredd ganrif ar bymtheg. Adlewyrchir hyn yn hanes y Cymry ym Mhatagonia hefyd. Dengys dadansoddiadau Glyn Williams a D. Leslie Davies fod mwyafrif y fintai gyntaf a aeth i'r Wladfa yn hanu o gymoedd glo de Cymru (yn enwedig Rhondda a Chynon) ac o blith y Cymry yn Lerpwl, lle y gwnaed y trefniadau i sefydlu'r drefedigaeth.[43] Roedd sawl teulu yn dod o ardaloedd chwareli llechi gogledd Cymru ac roedd cynrychiolaeth hefyd o UDA. Ychydig yn unig a ddenwyd yn uniongyrchol o'r ardaloedd gwledig yng Nghymru, sy'n awgrymu ar yr olwg gyntaf mai mudiad diwydiannol ydoedd yn bennaf. Er hynny, ganed llawer o'r arloeswyr, o bosibl eu hanner, yn yr ardaloedd gwledig ac yna symudasant i'r canolfannau diwydiannol a threfol. Mae Glyn Williams yn awgrymu mai cymhelliad posibl yr ymfudwyr a aeth i Batagonia o'r canolfannau diwydiannol a threfol oedd yr awydd i ddychwelyd i fywyd amaethyddol, ac mai'r hyn a'u denodd at Ddyffryn Camwy oedd y gobaith am dir amaethyddol yn rhad ac am ddim.[44]

Mae'r cwestiwn pam yr ymfudodd pobl gyffredin i'r Wladfa yn un cymhleth a niwlog ac wedi achosi tipyn o anghytundeb ymysg haneswyr y fenter. Tra bod trefnwyr y Wladfa wedi eu hysgogi gan gymhellion cenedlaetholgar, cred rhai sylwebyddion i rai o'r ymsefydlwyr cyntaf gael eu cymell gan ystyriaethau economaidd. Barn Glyn Williams ar y mater yw: '[I]t would appear that the leaders of the movement were motivated by nationalistic ideals, while some of those recruited for the movement chose to emigrate in order to improve their economic status.'[45] Awgryma R. Bryn Williams fod yr ymfudwyr i'r Wladfa wedi eu cyflyru yn bennaf gan dlodi a'r awydd i wella eu sefyllfa ac nid gan ysfa genedlaetholgar i adeiladu Cymru newydd.[46] Yn hyn o beth, o leiaf, roedd ganddynt lawer yn gyffredin â'r miloedd o ymfudwyr eraill a adawodd Gymru am leoliadau di-rif eraill yn ystod oes aur ymfudo o Gymru.[47] Eto, mae sylwebyddion eraill yn pwysleisio lle canolog cymhellion cenedlaetholgar a delfrydyddol ar ran yr ymfudwyr. Dengys D. Leslie Davies fod 'awydd gwirioneddol wlatgar, dros arddel y Gymraeg a sicrhau dyfodol cenedlaethol i'r Cymry yn ogystal â thros berchen tir, ar waith ymysg [...] o leiaf rhai o'r gweithwyr cyffredin [o Aberdâr, Aberpennar a Merthyr] a ddewisodd fynd i Batagonia', a bod '[t]ystiolaeth eu bod yn cyfrannu o'r efengyl genedlaethol lawn cymaint â'u harweinwyr'.[48] Mae Glyn Williams wedi gwahaniaethu rhwng ymfudwyr y fintai gyntaf i'r Wladfa a'r rheini a'u dilynodd ymhellach ymlaen. Awgryma fod ysgogiadau economaidd wedi bod yn llawer mwy pwysig, o bosibl, i'r Cymry a ymunodd â'r Wladfa wedi iddi gael ei sefydlu.[49] Fel y noda Gareth Alban Davies, '[T]he interplay between millenarianism and economic betterment would remain a constant, and provides one of the basic tensions in the foundation and evolution of the Welsh colony in Patagonia.'[50] Gellir dadlau bod ystyried y cyd-destun ymfudol ehangach yn ein hatgoffa mai ymfudiad oedd y symudiad i'r Wladfa wedi'r cyfan ac mai ymfudwyr oedd yr arloeswyr. Roedd rhaid iddynt bwyso a mesur a ddylent ymfudo ai peidio, ac os oeddent yn penderfynu gadael, i ble, a phryd. Yn y trafodaethau hyn roedd dylanwad perswâd, gwybodaeth, ffactorau personol a oedd yn benodol i bob unigolyn, a gweithrediadau a barn perthnasau a chyfeillion yn amrywio, ond bob amser yn debygol o fod yn bwysig.[51]

Mae sefydlu'r Wladfa, felly, yn dilyn ac, ar yr un pryd, yn gwrthdaro ag ymfudo o Gymru yn gyffredinol yn y cyfnod hwn, a gellir gweld yr un patrwm yn y berthynas rhwng y mudiad penodol i sefydlu gwladfa ym Mhatagonia ac ymdrechion eraill i sefydlu gwladfa Gymreig. Nid oedd gweledigaeth Michael D. Jones am drefedigaeth Gymreig yn gwbl newydd ac nid ef oedd y cyntaf i awgrymu'r syniad. Cyfraniad i drafodaeth a oedd eisoes yn bod oedd y gyfres o ysgrifau a gyhoeddodd yng nghyfnodolyn yr Annibynwyr yn America, *Y Cenhadwr*

21

Americanaidd, yn 1848–49, lle y trafodai le'r iaith Gymraeg a lle y crybwyllodd am y tro cyntaf ei gynnig am drefedigaeth Gymreig.[52] Erbyn canol y bedwaredd ganrif ar bymtheg gwelwyd sawl ymgais i sefydlu Cymru newydd ar dir Gogledd America, gan gynnwys ymdrech aflwyddiannus Morgan John Rhys i sefydlu trefedigaeth Gymreig yn Beula, gorllewin Pensylfania, yn 1795.[53] Yn 1856 sefydlwyd Brynffynon, trefedigaeth Samuel Roberts ('S. R.') yn Tennessee, ac ymhellach i ffwrdd sefydlodd Thomas Benbow Phillips drefedigaeth Gymraeg ei hiaith ar gyfer rhyw gant o Gymry, yn bennaf o drefi diwydiannol gogledd-orllewin sir Fynwy, yn Rio Grande do Sul ym Mrasil yn 1850.[54] Bu'r ymdrechion hyn oll yn fethiant.

Yr hyn sy'n wahanol am weledigaeth Michael D. Jones ar gyfer y Wladfa ym Mhatagonia yw iddo fod yn benderfynol y byddai'r famwlad newydd yn dalaith Gymreig gyfannol ac ymreolaethol lle y byddai'r Gymraeg yn iaith swyddogol crefydd, addysg a llywodraeth.[55] Roedd yr iaith Gymraeg a'i dyfodol yn ganolog i'w gred yn y mater hwn. Yn ystod ei fywyd mabwysiadodd Michael D. Jones agwedd wahanol tuag at y Gymraeg o'i chymharu â'r mwyafrif o'i gyd-arweinwyr crefyddol a diwylliannol, a oedd yn ansicr eu hagweddau tuag at gynnal y famiaith. Drwy gydol y bedwaredd ganrif ar bymtheg ystyrid Saesneg yn gyffredinol yn iaith cynnydd, bywyd cyhoeddus, diwydiant a busnes, tra ystyrid y Gymraeg yn israddol ac yn rhwystr dianghenraid i welliannau cymdeithasol ac economaidd. Fodd bynnag, roedd Michael D. Jones o'r farn y dylid gwarchod yr iaith frodorol, oherwydd ei bod yn ganolog i genedligrwydd Cymreig ac i ddyfodol y genedl; roedd tynged yr iaith yn fater gwleidyddol. Roedd ei gasgliadau ynghylch trefedigaeth yn annatod glwm â'i ddadansoddiad o le'r iaith Gymraeg yng Nghymru ei hun yn ogystal ag yn UDA, a'i pherthynas â diwylliant, crefydd, moesoldeb ac, yn y bôn, â hunaniaeth Gymreig. Wrth feddwl felly, roedd arweinwyr y fenter Batagonaidd yn ymateb i ganlyniadau negyddol yr ymfudo cyffredinol, canlyniadau a welwyd ac a feirniadwyd ganddynt ar y pryd. Cred Michael D. Jones oedd bod y Cymry yn UDA yn or-dueddol o ildio i'r hyn a ddisgrifiodd fel 'yr elfen doddawl'. Yno, yn ei dyb ef, yr oedd mewnfudwyr o Gymru yn colli'r Gymraeg a'u gafael ar eu traddodiadau yn gyflym. Roedd hyn yn achos pryder mawr iddo, ac fel sy'n hysbys, daeth i'r casgliad fod angen ffurfio 'Gwladychfa Gymreig', sef ail famwlad wleidyddol annibynnol ar gyfer y Cymry, er mwyn gwyrdroi hyn. Credai y dylai'r Cymry dramor ymgartrefu mewn man lle na fyddent yn gorfod wynebu dylanwadau a bygythiadau estron na gormes. Oherwydd hyn, mae llawer o haneswyr yn pwysleisio bod yr amodau a bennodd ddatblygiad a chynhaliaeth yr iaith Gymraeg ym Mhatagonia yn wahanol iawn oherwydd bod y syniadau y tu ôl i'r ymfudo mor wahanol.[56]

Ond wedi dweud hyn, yn ei ymgais i sicrhau trefedigaeth Gymreig newydd o'r fath, nid oedd Michael D. Jones a'i gyd-weithwyr am greu ffrwd newydd, wahanol o ymfudo. Yn hytrach, eu nod, ar y cychwyn o leiaf, oedd newid cyfeiriad yr all-lif a oedd eisoes yn nodwedd arwyddocaol o fywyd Cymru bryd hynny, gan geisio dylanwadu ar y bobl a oedd eisoes wedi penderfynu ar ymfudo, i fynd i Batagonia yn hytrach na lleoliadau eraill. Crisialwyd y safbwynt hwn yng ngeiriau 'Amcanion' Cwmni Ymfudol a Masnachol y Wladva Gymreig Cyfyngedig, a luniwyd yn 1866:

> Mae mudiad yn bodoli er's blynyddoedd i droi cyfran o ffrwd fawr Ymfudiaeth Gymreig i ryw UN WLAD – yn lle ei gadael i lwyr golli yn eigion Ymfudiaeth pob cenedl dan haul – er mwyn i'r Cymry gael sefydlu i gyd a'u gilydd, a thrwy hyny gadw yn ddianaf eu hiaith genedlaethol a'u harferion crefyddol, tra yn manteisio i'r eithaf ar yr egni, diwydrwydd a synwyr cryf sydd yn hynodi y genedl Gymreig drwy'r byd.[57]

Oherwydd nad creu ffrwd newydd o ymfudwyr o Gymru oedd eu nod, ond yn hytrach ddargyfeirio i'r Wladfa y Cymry hynny a oedd eisoes wedi ymfudo neu'n bwriadu gwneud hynny, byddai angen i drefnwyr y mudiad roi mwy o bwyslais ar bropaganda a pherswâd er mwyn casglu ymfudwyr. Dyma gyd-destun ymgyrchoedd cryf pwyllgor Lerpwl wedi 1861 i hyrwyddo'r mudiad yn y wasg a chasglu ymfudwyr. Fel y dengys Gareth Alban Davies, chwaraeodd y gair argraffedig 'rôl genhadol' hanfodol wrth ddod â threfedigaeth Patagonia i fodolaeth.[58] Gwelir hyn nid yn unig yn *Llawlyfr y Wladychfa Gymreig* – y llawlyfr ar gyfer y fenter a luniodd ysgrifennydd y pwyllgor, Hugh Hughes ('Cadfan Gwynedd'), ac a gyhoeddwyd yn Lerpwl yn 1862 – ond ym mhenderfyniad Lewis Jones i fynd ati i droi ei arbenigedd fel argraffydd at wasanaeth y fenter. Roedd yn ymwybodol o'r manteision a ddeuai o gyhoeddusrwydd yn y papurau newydd, yn enwedig pan oedd agwedd rhai papurau newydd yng Nghymru mor wrthwynebus i'r cynlluniau i sefydlu Gwladfa ym Mhatagonia.[59] Yng Ngorffennaf 1862 cyhoeddodd Lewis Jones rifyn cyntaf y papur newydd *Y Ddraig Goch*. Datganodd yno mai nod y papur oedd 'i gyraedd yr amcan yr ymestynwn ato. Yr amcan eithaf hwnw cofier yw y Wladychfa Gymreig.'[60] Disgrifiodd Gareth Alban Davies arddull y papur fel *'subtle combination of evenhandedness and partisanship'*.[61] Ymddangosodd *Y Ddraig Goch* rhwng Gorffennaf a Thachwedd 1862, a chafwyd ail gyfres rhwng Medi a Thachwedd 1863. (Yn ddiweddarach byddai Lewis Jones yn flaenllaw yn cyhoeddi papurau newyddion yn y drefedigaeth Gymreig yn Nyffryn Camwy, megis *Ein Breiniad* a'r *Drafod*.)[62] Mae rhywfaint o amheuaeth a gafodd *Y Ddraig Goch* gymaint o ddylanwad ag yr honnai Lewis Jones yn ddiweddarach yn ei *Hanes y Wladva Gymreig*.[63] Serch hynny mae Gareth Alban Davies yn sicr yn gywir i farnu bod y nifer sylweddol o bobl o ardal Lerpwl a ffurfiodd ran o'r fintai gyntaf o ymfudwyr yn tystio i lwyddiant ymdrechion recriwtio lleol drwy gyfrwng y papur a'r llawlyfr.[64] Trefnwyd nifer o gyfarfodydd cyhoeddus drwy Gymru gyfan hefyd. Yn ogystal â mynd ati'n fwriadol i gynhyrchu ei chyhoeddusrwydd ei hun, cafodd yr ymgyrch lawer o sylw hefyd mewn papurau newydd a chyfnodolion yng Nghymru ac yn UDA.

Canlyniad anorfod hyn oedd y byddai eu cynlluniau mewn cystadleuaeth uniongyrchol â chynlluniau trefedigaethol eraill a oedd yn datblygu yr un pryd, yn enwedig yn UDA. Y mwyaf difrifol a phellgyrhaeddol o'r rhain oedd ymgais perchnogion *Y Drych* i sefydlu trefedigaethau Cymreig eu hunain ar diriogaethau yng ngorllewin UDA. Yn yr 1850au trodd *Y Drych* yn elyniaethus iawn i'r cynllun i sefydlu Gwladfa ym Mhatagonia.[65] A dyna reswm arall pam na ellid deall yn iawn holl gymhlethdod sefydlu'r Wladfa, a'r ymateb iddi, heb ystyried y cyd-destun byd-eang. Pwnc hynod o ddadleuol, a dryslyd hyd yn oed, oedd y Wladfa trwy gydol y ganrif, ac enynnodd wrthwynebiad ffyrnig a di-flewyn-ar-dafod. Esgorodd ar drafodaethau llosg a chwerw yn y wasg yng Nghymru, UDA ac Awstralia bell, hyd yn oed.[66] Yn wir, beth bynnag oedd ymateb trwch y boblogaeth yng Nghymru i'r Wladfa, ni welwyd erioed anwybyddu'r prosiect na difaterwch yn ei gylch gan y wasg. Yn hytrach, rhoddodd gryn amlygrwydd i'r fenter. Tueddodd y wasg i fod naill ai o blaid neu yn erbyn y Wladfa, gyda rhai papurau yn dangos cefnogaeth gynnes iddi, ac eraill yn dangos gwrthwynebiad dirmygus. Roedd sffêr gyhoeddus Gymreig yn prysur ddatblygu yn ail hanner y bedwaredd ganrif ar bymtheg, ac yn rhoi llwyfan i drafodaethau ar bob math o bynciau. Roedd ymfudo, a hynt a helynt y Cymry dramor, yn cynnwys y Wladfa, yn rhan annatod o'r sylw hwnnw. Gellir dadlau felly fod pwnc y Wladfa yn bwydo rhyng-genedligrwydd *(transnationality)* y Cymry.[67]

I grynhoi. Nodwyd yma rai o nodweddion pwysicaf y cefndir yng Nghymru ac ymfudo ohoni yn gyffredinol yn y bedwaredd ganrif ar

bymtheg, a'r cysylltiadau cymhleth ac aml eu gwead a oedd rhwng y
nodweddion hyn â'r ymfudo i Batagonia. Mae rhai elfennau ynghylch
sefydlu'r Wladfa yn 1865 a'i datblygiad ers hynny yn unigryw yn holl
hanes ymfudo o Gymru yn y cyfnod modern. Dyma'r unig ymdrech i
sefydlu Gymru Newydd dramor a oroesodd, sut bynnag y datblygodd
ers ei sefydlu. Yn amlwg hefyd, 'un o wyrthiau pennaf hanes Dyffryn
Camwy yw'r ffaith i'r iaith Gymraeg oroesi yno am fwy na chant a
deugain o flynyddoedd ar ôl glaniad y Gwladfawyr cyntaf'.[68] Ni ellir
dweud hyn *yn gyffredinol* am yr un gymuned arall yr ymsefydlodd Cymry
ynddi yn y bedwaredd ganrif ar bymtheg,[69] er bod y Gymraeg, wrth gwrs,
wedi ei siarad, ei hysgrifennu, a'i throsglwyddo o'r naill genhedlaeth i'r
llall mewn sawl man yn y byd yn ystod y ddwy ganrif ddiwethaf. Ond er
mwyn iawn ddeall natur a hyd yn oed unigrywiaeth y Wladfa rhaid cofio
hefyd fod ganddi ei dimensiwn rhyngwladol a'i bod yn rhan o batrymau
a phrosesau ymfudo o Gymru yn gyffredinol yn ystod y cyfnod hwn.
Roedd sefydlu'r Wladfa yn adlewyrchu rhai o hanfodion canolog yr
ymfudo ar y naill law ond yn adwaith yn erbyn eraill ohonynt ar y llaw
arall. Yng nghyd-destun yr ymfudo o Gymru roedd y Wladfa ar wahân ac
wedi ei chydblethu yr un pryd.

Nodiadau

[1] Alun Davies, adolygiad o *Y Wladfa* (R. Bryn Williams), *Morgannwg*, 7 (1963), t.137.

[2] Nid yw'n hysbys faint yn union oedd yn y fintai gyntaf. Gw. y trafodaethau ar y pwynt hwn yn David Leslie Davies, *Matthews, Morgannwg a'r Mimosa* ([Aberystwyth]: Cymdeithas Cymru–Ariannin, [2007]), tt.6–7; Elvey MacDonald, *Yr Hirdaith* (Llandysul: Gwasg Gomer, 1999), tt.213–20; Abraham Matthews, *Hanes y Wladfa Gymreig yn Patagonia* (Aberdâr: Mills ac Evans, 1894), tt.12, 14, 144–6; Susan Wilkinson, *Mimosa: The Life and Times of the Ship that Sailed to Patagonia* (Tal-y-bont: Y Lolfa, 2007), tt.129–37, 235–8; R. Bryn Williams, *Y Wladfa* (Caerdydd: Gwasg Prifysgol Cymru, 1962), tt.82, 306–7.

[3] Gw. yr arddangosfa ddiweddar, 'Y Cymry a'r Tehuelches', a'r wefan *Glaniad*: www.glaniad.com/.

[4] Am drafodaeth ar astudiaethau diweddar yn y Sbaeneg, gw. Walter A. Brooks a Geraldine Lublin, 'Croesi Ffiniau Diwylliannol', *Taliesin*, 125 (Haf 2005), tt.94–6.

[5] Yn y bennod hon dibynnir yn bennaf ar Alun Davies, 'Michael D. Jones a'r Wladfa', *Trafodion Anrhydeddus Gymdeithas y Cymmrodorion*, Sesiwn 1966: Rhan 1, tt.73–87 (a ailgyhoeddir yn y gyfrol hon); Bill Jones, 'Gales, la Patagonia y la emigración' / 'Wales, Patagonia and Emigration', yn *Una Frontera Lejana. La Colonización Galesa del Chubut 1867–1935* (Buenos Aires: Fundación Antorchas, 2003), tt.7–17, 150–5; Robert Owen Jones, 'Yr Iaith Gymraeg yn y Wladfa', yn *Iaith Carreg fy Aelwyd: Iaith a Chymuned yn y Bedwaredd Ganrif ar Bymtheg*, gol. Geraint H. Jenkins (Caerdydd: Gwasg Prifysgol Cymru, 1998), tt.281–305; Elvey McDonald, *Yr Hirdaith*; Dafydd Tudur, ' "Tad y Wladfa"? Michael D. Jones a Sefydlu'r Wladfa ym Mhatagonia', yn *Cof Cenedl XXII*, gol. Geraint H. Jenkins (Llandysul: Gwasg Gomer, 2007), tt.99–127; Dafydd Tudur, 'The Life, Thought and Work of Michael Daniel Jones (1822–1898)' (traethawd PhD anghyhoeddedig, Prifysgol Cymru [Bangor], 2006); Glyn Williams, *The Desert and the Dream: A Study of Welsh Colonization in Chubut, 1865–1915* (Caerdydd: Gwasg Prifysgol Cymru, 1975); R. Bryn Williams, *Y Wladfa*.

[6] Ceir sawl cofnod cyhoeddedig gan gyfoeswyr a oedd yn flaenllaw yn y fenter, e.e. Lewis Jones, *Hanes y Wladva Gymreig, Tiriogaeth Chubut, yn y Weriniaeth Arianin, De Amerig* (Caernarfon: Cwmni'r Wasg Genedlaethol Gymreig, 1898) ac Abraham Matthews, *Hanes y Wladfa Gymreig yn Patagonia*. Am drafodaeth ar 'lenyddiaeth gofiannol' y Wladfa, gw. Paul W. Birt (gol.), *Bywyd a Gwaith John Daniel Evans El Baqueano* (Llanrwst: Gwasg Carreg Gwalch, 2004), tt.42–8.

[7] Am drafodaethau helaethach, gw. Alun Davies, 'Michael D. Jones a'r Wladfa'; R. Tudur Jones, 'Michael D. Jones a Thynged y Genedl', yn *Cof Cenedl [I]*, gol. Geraint H. Jenkins (Llandysul: Gwasg Gomer, 1986), tt.95–123 (a ailgyhoeddir yn y gyfrol hon); Dafydd Tudur, 'Tad y Wladfa'; Huw Walters, 'Michael D. Jones a'r Iaith Gymraeg', yn *Cof Cenedl XVII*, gol. Geraint H. Jenkins (Llandysul: Gwasg Gomer, 2002), tt.103–34.

[8] Dafydd Tudur, 'Tad y Wladfa', dyf. ar dud. 126; idem, 'Life, Thought and Work of Michael Daniel Jones', tt.137–76, 243–76.

[9] Dafydd Tudur, 'Tad y Wladfa', t.121.

[10] Gw. Glyn Williams, *Desert and the Dream*, t.34; R. Bryn Williams, *Y Wladfa*, tt.73–4.

[11] Geraint Dyfnallt Owen, *Crisis in Chubut: A Chapter in the History of the Welsh Colony in Patagonia* (Abertawe: Christopher Davies, 1977), tt.7–11; Glyn Williams, *Desert and the Dream*, tt.29–30; Elvey MacDonald, *Yr Hirdaith*, t.11. Gw. hefyd Glyn Williams, 'Welsh

Settlers and Native Americans in Patagonia', *Journal of Latin American Studies*, 11:1 (Mai 1979), tt.41–66.

[12] Dafydd Tudur, 'Tad y Wladfa', tt.119–20.

[13] G. D. Owen, *Crisis in Chubut*, t.139.

[14] E. G. Bowen, 'The Welsh Colony in Patagonia 1865–1885: A Study in Historical Geography', *Geographical Journal*, 132:1 (Mawrth, 1966), tt.16–27, dyf. ar dud. 17; Hugh Hughes, *Llawlyfr y Wladychfa Gymreig* (Lerpwl: L. Jones & Co., 1862).

[15] Yn ogystal â'r ffynonellau a grybwyllwyd yn nodyn 5, gw. Ged Martin, 'Michael Daniel Jones and Welsh Oregon: A Note', *Cylchgrawn Cymdeithas Hanes a Chofnodion Sir Feirionnydd*, 9:3 (1983), tt.340–2.

[16] John E. Baur, 'The Welsh in Patagonia: An Example of Nationalistic Migration', *Hispanic American Historical Review*, 24:4 (Tachwedd, 1954), tt.468–92, dyf. ar dud. 468.

[17] Hugh Hughes, *Llawlyfr y Wladychfa Gymreig*, t.43.

[18] Glyn Williams, *Desert and the Dream*, t.191.

[19] R. O. Jones, 'Yr Iaith Gymraeg yn y Wladfa', t.282.

[20] Walter Brooks, 'Polisïau Addysg, Iaith a Hunaniaeth yn y Wladfa (1900–1946)', *Y Traethodydd*, Hydref 2008, tt.232–50, dyf. ar dud. 232.

[21] R. O. Jones, 'Yr Iaith Gymraeg yn y Wladfa', t.281.

[22] Am drafodaethau gwerthfawr ar y datblygiadau hyn yn y Wladfa, gw. Walter Brooks, 'Polisïau Addysg, Iaith a Hunaniaeth yn y Wladfa'; R. O. Jones, 'Yr Iaith Gymraeg yn y Wladfa', tt.300–5; Robert Owen Jones, 'Trai a . . . Gobaith: Hanner Canrif yn Hanes y Gymraeg ym Mhatagonia (1955–2005), II', *Y Traethodydd*, Gorffennaf 2006, tt.148–61; Elvey MacDonald, 'Trai a . . . Gobaith: Hanner Canrif yn Hanes y Gymraeg ym Mhatagonia (1955–2005), I', *Y Traethodydd*, Gorffennaf 2006, tt.133–47; R. Bryn Williams, *Y Wladfa*, tt.254–85.

[23] Walter Brooks, 'Polisïau Addysg, Iaith a Hunaniaeth yn y Wladfa', t.233.

[24] Dafydd Tudur, 'Life, Thought and Work of Michael Daniel Jones', t.275.

[25] Glyn Williams, *Desert and the Dream*, t.191; R. O. Jones, 'Yr Iaith Gymraeg yn y Wladfa', t.281.

[26] Gw. R. O. Jones, 'Trai a . . . Gobaith, II'; Elvey MacDonald, 'Trai a . . . Gobaith, I'.

[27] Glyn Williams, *The Welsh in Patagonia: The State and the Ethnic Community* (Caerdydd: Gwasg Prifysgol Cymru, 1991), t.ix; Walter Brooks a Geraldine Lublin, 'Croesi Ffiniau Diwylliannol'.

[28] Gw. sylwadau Saunders Lewis yn *Tynged yr Iaith* (Llundain: BBC, 1962), t.19: 'Hyd at heddiw mae'n diffyg ni o ymwybyddiaeth cenedl, ein hamddifadrwydd ni o falchter cenedl, yn rhwystro inni amgyffred arwyddocâd ac arwriaeth yr antur ym Mhatagonia.'

[29] Gw. y drafodaeth yn Anne K. Knowles, 'Migration, Nationalism, and the Construction of Welsh Identity', yn *Nested Identities: Nationalism, Territory, and Scale*, gol. Guntram H. Herb a David H. Kaplan (Lanham, Md: Rowman and Littlefield, 1999), tt.289–315.

[30] Seilir y crynodeb a ganlyn ar Bill Jones, 'Cymry "Gwlad yr Aur": Ymfudwyr Cymreig yn Ballarat, Awstralia, yn Ail Hanner y Bedwaredd Ganrif ar Bymtheg', *Llafur*, 8:2 (2001), tt.41–62; idem, '*Raising the Wind': Emigrating from Wales to the USA in the Late Nineteenth and Early Twentieth Centuries* (Caerdydd: Ysgol y Gymraeg, Prifysgol Caerdydd, 2004); William D. Jones, *Wales in America: Scranton and the Welsh, 1860–1920* (Caerdydd: Gwasg Prifysgol Cymru, 1993); Anne Kelly Knowles, *Calvinists Incorporated: Welsh Immigrants on Ohio's Industrial Frontier* (Chicago: Gwasg Prifysgol Chicago, 1997); idem, 'Immigrant Trajectories through the Rural–Industrial Transition in Wales and the United States 1795–1850', *Annals of the Association of American Geographers*, 85:2 (1995),

tt.246–66; Ronald L. Lewis, *Welsh Americans: A History of Assimilation on the Coalfields* (Chapel Hill, NC: Gwasg Prifysgol Gogledd Carolina, 2008); William E. Van Vugt, *Britain to America: Mid-Nineteenth-Century Immigrants to the United States* (Urbana, Ill: Gwasg Prifysgol Illinois, 1999).

[31] Er enghraifft, adeiladwyd y tŷ cyntaf yn y Gaiman gan David D. Roberts o Bensylfania yn 1874; Elvey MacDonald, *Yr Hirdaith*, t.175. Am Gymry a symudodd o Awstralia i'r Wladfa, gw. Bill Jones, 'Golwg ar y Wladfa o Awstralia yn yr 1860au a'r 1870au', yn y gyfrol hon.

[32] Gw. Elvey MacDonald, *Yr Hirdaith*; R. Bryn Williams, *Y Wladfa*, t.6; Dafydd Tudur, 'Tad y Wladfa'.

[33] Aled Jones a Bill Jones, *Welsh Reflections: Y Drych and America, 1851–2001* (Llandysul: Gwasg Gomer, 2001), tt.7, 25–6.

[34] Gw. Bill Jones, 'Golwg ar y Wladfa o Awstralia yn yr 1860au a'r 1870au'.

[35] Gw. Robert Owen Jones, 'O Gymru i Saskatchewan drwy Batagonia', yn y gyfrol hon; Bill Jones, 'Golwg ar y Wladfa o Awstralia yn yr 1860au a'r 1870au'; Michele Langfield a Peta Roberts, *Welsh Patagonians: The Australian Connection* (Darlinghurst, NSW: Crossing Press, 2005); Michele Langfield, ' "Filching Argentine Colonists": The Encouragement of Patagonians to the Northern Territory in the Early Twentieth Century', *Journal of Northern Territory History*, 13 (2002), tt.33–47; idem, 'A Displaced Britishness: Welsh Patagonians in Canada and Australia', yn *Exploring the British World: Identity, Cultural Production, Institutions*, gol. Kate Darian-Smith, Patricia Grimshaw, Kiera Lindsey a Stuart Mcintyre (Melbourne: RMIT Publishing, 2004), tt.161–91; G. D. Owen, *Crisis in Chubut*, tt.59–96.

[36] G. D. Owen, *Crisis in Chubut*, tt.97–138.

[37] Glyn Williams, *Desert and the Dream*, tt.36–7.

[38] R. Bryn Williams, *Y Wladfa*, t.297. Ymddengys mai amcangyfrif o'r nifer a ymfudodd o Gymru yw hwn. Awgryma'r awdur hefyd fod traean o'r rhain wedi dychwelyd i'r famwlad.

[39] R. Bryn Williams, *Y Wladfa*, t.321; W. D. Jones, *Wales in America*, t.255.

[40] Am ymdriniaeth ar y cefndir yng Nghymru yn y cyfnod hwn, gw. John Davies, *Hanes Cymru*, argraffiad newydd (Llundain: Penguin, 2007).

[41] Gw., er enghraifft, Emrys Jones, *The Welsh in London, 1500-2000* (Caerdydd: Gwasg Prifysgol Cymru, 2001); Anne Kelly Knowles, 'Religious Identity as Ethnic Identity: The Welsh in Waukesha County', yn *Wisconsin Land and Life*, gol. Robert C. Ostergren a Thomas R. Vale (Madison, Wis: Gwasg Prifysgol Wisconsin, 1997), tt.282–99; Jay G. Williams III, *Songs of Praise: Welsh-Rooted Churches beyond Britain* (Clinton, NY: Gwasg Gwenfrewi Santes, 1996). Am Batagonia, gw. Robert Owen Jones, *Yr Efengyl yn y Wladfa* (Pen-y-bont ar Ogwr: Llyfrgell Efengylaidd Cymru, 1987), lle y dadleuir mai 'un o'r ffactorau a fu'n foddion gwarchod a chynnal y Wladfa oedd y wedd grefyddol' (t.8).

[42] Matthew Cragoe, *An Anglican Aristocracy: The Moral Economy of the Landed Estate in Carmarthenshire, 1832–1895* (Rhydychen: Gwasg Clarendon, 1996); David W. Howell, *Land and People in Nineteenth Century Wales* (Llundain: Routledge a Kegan Paul, 1978).

[43] Glyn Williams, *Desert and the Dream*, tt.35–7; D. L. Davies, *Matthews, Morgannwg a'r Mimosa*.

[44] Glyn Williams, *Desert and the Dream*, t.35.

[45] Glyn Williams, *Desert and the Dream*, t.38.

[46] R. Bryn Williams, *Y Wladfa*, t.82.

[47] Am ddatganiad grymus o'r pwynt hwn, gw. Anne K. Knowles, 'Migration, Nationalism, and the Construction of Welsh Identity'.

[48] D. L. Davies, *Matthews, Morgannwg a'r Mimosa*, tt.9–16, dyf. ar dud. 15, 16. Yn ôl yr awdur, presenoldeb Abraham Matthews yn y cymoedd hyn oedd y ffactor bwysicaf 'wrth gadw'r ddelfryd wladfaol yn fyw dros gyfnod rhwng 1861 a 1865' (t.14).

[49] Glyn Williams, *Desert and the Dream*, t.190.

[50] Gareth Alban Davies, 'Wales, Patagonia and the Printed Word: The Missionary Role of the Press', *Llafur*, 6:4 (1995), tt.44–59, dyf. ar dud. 45.

[51] Bill Jones, *Raising the Wind*; Anne Kelly Knowles, *Calvinists Incorporated*.

[52]Gw. y drafodaeth yn Dafydd Tudur, 'Life, Thought and Work of Michael Daniel Jones', tt.139–42.

[53] Gw. Gwyn A. Williams, *The Search for Beulah Land: The Welsh and the Atlantic Revolution*, (Llundain: Croom Helm, 1980).

[54] Gw. Dafydd Tudur, 'Life, Thought and Work of Michael Daniel Jones', tt.142–4; Glanmor Williams, *Samuel Roberts Llanbrynmair* (Caerdydd: Gwasg Prifysgol Cymru, 1950); Wilbur S. Shepperson, *Samuel Roberts: A Welsh Colonizer in Civil War Tennessee* (Knoxville, TN: Gwasg Prifysgol Tenessee, 1961); R. Bryn Williams, *Y Wladfa*, tt.7–14.

[55] Gw. Alun Davies, 'Michael D. Jones a'r Wladfa'; R. Tudur Jones, 'Michael D. Jones a Thynged y Genedl'; Huw Walters, 'Michael D. Jones a'r Iaith Gymraeg'.

[56] Gw., er enghraifft, Emrys Jones ac W. R. Owen, 'Welsh-speaking in the New World: II. Patagonia', *Lochlann*, 1 (1958), tt.251–60; R. O. Jones 'Yr Iaith Gymraeg yn y Wladfa'.

[57] *Cwmni Ymfudol a Masnachol y Wladva Gymreig Cyfyngedig* (Caerlleon: Griffith, [1866?]).

[58] Gareth Alban Davies, 'The Welsh Press in Patagonia', yn *A Nation and its Books: A History of the Book in Wales*, gol. Philip H. Jones ac Eiluned Rees (Aberystwyth: Llyfrgell Genedlaethol Cymru, 1998), tt.265–76.

[59] Gw. Archifau Prifysgol Bangor, Llsg. Bangor 11296: Lewis Jones at Michael D. Jones, 29 Mai 1862.

[60] *Y Ddraig Goch*, 5 Gorffennaf 1862.

[61] Gareth Alban Davies, 'Wales, Patagonia and the Printed Word', t.48.

[62] Gareth Alban Davies, 'The Welsh Press in Patagonia'; Dafydd Tudur, *Lewis Jones a'r Wladfa Gymreig* ([Aberystwyth]: Cymdeithas Cymru–Ariannin a Chyngor Gwynedd. 2005), tt.16, 19–20.

[63] Lewis Jones, *Hanes y Wladva Gymreig*, tt.34–5.

[64] Gareth Alban Davies, 'Wales, Patagonia and the Printed Word', t.49.

[65] Aled Jones a Bill Jones, *Welsh Reflections*, tt.25–6.

[66] Gw. Bill Jones, 'Golwg ar y Wladfa o Awstralia yn yr 1860au a'r 1870au'.

[67] Am y berthynas rhwng ymfudo a rhyng-genedligrwydd, gw. Bill Jones, ' "Going into Print": Published Immigrant Letters, Webs of Personal Relations, and the Emergence of the Welsh Public Sphere', yn *Letters Across Borders: The Epistolary Practices of International Migrants*, gol. Bruce S. Elliott, David A. Gerber a Suzanne M. Sinke (Basingstoke: Palgrave, 2006), tt.175–99; idem, 'Inspecting the "Extraordinary Drain": Emigration and the Urban Experience, Merthyr Tydfil in the 1860s', *Urban History*, 32:1 (Mai 2005), tt.100–13.

[68] Walter Brooks, 'Polisïau Addysg, Iaith a Hunaniaeth yn y Wladfa', t.232.

[69] Yn ôl Robert Owen Jones, 'Ni pharhaodd y Gymraeg cyhyd mewn unrhyw sefydliad na threfedigaeth arall a sefydlwyd gan y Cymry. Ym mhob achos arall llwyddiant tymor byr a gafwyd y tu allan i Gymru'; R. O. Jones, 'Yr Iaith Gymraeg yn y Wladfa', t.282.

Yr Hen Gapel, Llanuwchllyn
(Llun: Ifor Owen)

Michael Jones (1785-1853), tad Michael D. Jones

Michael D. Jones:
Y Cyfnod Ffurfiannol Cynnar*

E. Wyn James

'Blaen filwr y deffroad Cymreig yn ei holl agweddau';[1] 'tad cenedlaetholdeb cyfoes Cymreig';[2] 'Cymro pennaf y bedwaredd ganrif ar bymtheg; y cenedlaetholwr mwyaf ar ôl Owain Glyndŵr'.[3] Dyna rai o'r enwau a roddwyd ar Michael D. Jones (1822–98), 'y Michael mawr o Fodiwan', chwedl Gwenallt yn ei gerdd 'Cwm Tryweryn'.[4] Roedd Michael D. Jones yn destun amlwg ar gyfer cynhadledd undydd gyntaf Canolfan Uwchefrydiau Cymry America, am fod ei fywyd a'i waith yn cyffwrdd, mewn rhyw ffordd neu'i gilydd, â dau gyfandir America, y De a'r Gogledd, yn ogystal â Chymru. Ond yr oedd rheswm da arall dros ei ddewis yn destun i'r gynhadledd, sef am fod cyn lleied o astudio manwl wedi bod ar ei fywyd a'i waith yn ystod y ganrif a aeth heibio.

Y rhai amlycaf a fu ar ei drywydd yn y cyfnod diweddar, mewn print o leiaf, yw D. Gwenallt Jones, R. Bryn Williams a'i fab, Glyn, Alun Davies (Abertawe), ac uwchlaw neb efallai, ei olynydd yng Ngholeg Bala-Bangor, R. Tudur Jones. Fe ddywedodd y diweddar Athro Alun Davies mewn anerchiad yn y Bala yn 1965 iddo resynu mewn anerchiad blaenorol yn y dref honno yn 1951 'oherwydd nad oedd gennym astudiaeth gyflawn a boddhaol o fywyd a gwaith Michael D. Jones', ac mae'r un oedd y sefyllfa o hyd yn 1965. A gallwn ychwanegu mai'r un yw'r sefyllfa heddiw yn 2001.[5] Yn waeth byth, nid yw'n rhwydd cael hyd i'w weithiau cyhoeddedig. Ymddangosodd erthyglau a llythyrau ganddo yn gyson dros y blynyddoedd mewn cylchgronau a phapurau newydd megis *Y Cronicl, Y Gwron Cymreig, Y Ddraig Goch, Y Celt, Y Geninen* a *Baner ac Amserau Cymru*, ac y mae nifer o'i lythyrau personol wedi goroesi, yn bennaf yng nghasgliadau llawysgrifau'r Llyfrgell Genedlaethol ac yn Archifdy Prifysgol Bangor; ond nis casglwyd hwy ynghyd erioed.[6] Cyhoeddwyd cofiant i Michael D. Jones yn 1903, bum mlynedd ar ôl ei farw, gan un o'i ddisgyblion, y cymeriad lliwgar a dadleugar hwnnw, Dr Evan Pan Jones (1834–1922);[7] ac er ei fod yn anfoddhaol fel cofiant ar sawl cyfrif, un o'i rinweddau yw bod nifer o

---

*Darlith agoriadol Cynhadledd Flynyddol Gyntaf Canolfan Uwchefrydiau Cymry America, Prifysgol Caerdydd, 20 Hydref 2001. Testun y gynhadledd oedd 'Michael D. Jones, America a Chenedlaetholdeb Cymreig'.

ysgrifau a llythyrau Michael D. Jones yn cael eu hatgynhyrchu yng nghwrs y cofiant – er bod Pan Jones yn eu golygu'n eithaf trwm ar adegau. Ond dyna'r unig fan hwylus i gael gafael arnynt heddiw.

Yn y pethau hyn oll, bu tynged Michael D. Jones yn bur wahanol i gyfoeswr iau iddo, un y gellir ei osod yn ei linach ac a gyfrifir gydag ef yn 'dad Cenedlaetholdeb Cymreig yn y cyfnod modern',[8] er nad oedd mor amlwg o bell ffordd â Michael D. Jones yn ystod ei oes ef ei hun. Emrys ap Iwan (Robert Ambrose Jones, 1848–1906) yw hwnnw. Er nad oes gennym astudiaeth fanwl ddiweddar o'i fywyd a'i waith yntau ychwaith, cafwyd cofiant nodedig o ddylanwadol iddo gan T. Gwynn Jones yn 1912; cyhoeddwyd ei 'homilïau' yn gyfrolau yn fuan ar ôl ei farw; casglwyd ei ysgrifau ynghyd yn dair cyfrol gan D. Myrddin Lloyd rhwng 1937 ac 1940; a chafwyd nifer o astudiaethau pwysig arno ef a'i waith yn ystod ail hanner yr ugeinfed ganrif, gan gynnwys cyfres o Ddarlithiau Blynyddol gan Gymdeithas Emrys ap Iwan, Abergele, yn yr 1980au. Mor wahanol yw sefyllfa Michael D. Jones, er gwaethaf ei bwysigrwydd yn ei ddydd ac amlygrwydd ei enw ym mantra'r mudiad cenedlaethol yng Nghymru'r ugeinfed ganrif. Pam, tybed, y gwahaniaeth rhyngddynt? Ai am fod Emrys ap Iwan yn llenor gwell, efallai?[9]

Gellir rhannu bywyd Michael D. Jones, fel Oes Victoria ei hun,[10] yn dri chyfnod. Dyna, i ddechrau, y cyfnod cynnar, ffurfiannol, o'i enedigaeth yn 1822 hyd at ei ddychweliad o America yn 1849 a'i gyfnod fel gweinidog yn ardal Caerfyrddin rhwng 1850 ac 1854. Wedyn, cawn gyfnod anterth ei weithgarwch yn ystod y tri degawd rhwng 1855 ac 1885 – dyma, yn fras, gyfnod ei brifathrawiaeth yng Ngholeg yr Annibynwyr yn y Bala, cyfnod o frwydro dygn o blaid rhyddid personol, gwladol a chenedlaethol,[11] a chyfnod sefydlu'r Wladfa ym Mhatagonia, ei Gymru Gymraeg rydd ddelfrydol ym mhen draw'r byd. Ac yna cafwyd diwetydd digon gweithgar yng nghanol berw Mudiad Cymru Fydd, o tua 1886 hyd ei farw yn 1898, cyfnod o drosglwyddo'r awenau i do o arweinwyr iau, megis O. M. Edwards, Tom Ellis, David Lloyd George a J. Herbert Lewis.[12]

Ein nod yn yr hyn sy'n dilyn yw rhoi cyflwyniad cyffredinol i fywyd a meddwl Michael D. Jones, ond gan ganolbwyntio'n bennaf ar y dylanwadau ffurfiannol cynnar, ac yn arbennig ar y blynyddoedd hyd at ei ymweliad cyntaf ag America yn 1848–49.

Fe'i ganed ar 2 Mawrth 1822 yn nhŷ'r Hen Gapel, Llanuwchllyn, ym mhen gorllewinol Llyn Tegid. Mae Pan Jones, wrth agor ei gofiant i Michael D. Jones, yn bur ddilornus o ardal Llanuwchllyn o ran ei phrydferthwch naturiol. 'Ni wastraffodd natur fawr o'i cheinion ar y lle,' meddai, 'ni cheir yno greigiau ysgythrog, dim ond crib unffurf ac anfarddonol Bwlchygroes yn rhwygo y cymylau [...] ac ni cheir yno ddoldiroedd coediog oddigerth ychydig ar ymylon y Llyn.' Yr oedd rhywun, meddai Dr Pan, wedi awgrymu mai'r ateb i'r cwestiwn 'I ba ddiben y creodd Duw y fath le tlawd â Phenllyn?', fyddai: 'Fe'i creodd rhag fod twll yno'![13]

Mae ymateb Michael D. Jones i ardal Llanuwchlyn yn drawiadol o wahanol i eiddo ei gofiannydd:

> Mae mynyddau mawrion a chreigiau yn amgylchu Llanuwchllyn yn mhob cyfeiriad, y rhai a rigolir gan luaws o ribynau arianaidd o nentydd, ac hefyd gan gymoedd rhamantus. [...] O graig [Castell Carndochan ...] y mynych glywir y dylluanod yn dolefain ac yn twhwan ar hirnos gauaf. Yn uwch i fyny i'r Cwm [...] gwelir yr afon Lliw yn trochioni hyd risiau Rhaiadr Mwy. Treuliodd Ap Fychan lawer o oriau ei ieuenctyd i ymhyfrydu yn swynion barddonol y llanerchau hyn. [...] Yn nghoed Dolfudr, clywai y gog yn canu ei chlych deunod, a'r fronfraith, a'r fwyalchen, ac aderyn du y graig yn telori.

... ac felly ymlaen.[14] Tueddwn i gysylltu Michael D. Jones ag arddull ddiflewyn-ar-dafod, braidd yn wawdlyd, ond y mae'n werth cofio bod elfen fwy telynegol a rhamantaidd i'w chael yn gyfochrog â'r gerwinder hwnnw.

Mae'r darn a ddyfynnwyd yn fodd i bwysleisio nid yn unig y wedd ramantaidd ar ei gymeriad, ond hefyd ei hofíter mawr o'r bywyd gwledig ac o anifeiliaid. Dywed W. Keinion Thomas amdano: 'Yr oedd yn meddu ysbryd prudd y Celt; a hoffai dori o lwybr y tren i ganol unigrwydd a gwylltleoedd ei wlad.'[15] (Y trên, rhaid cofio, oedd y symbol pennaf yn yr oes honno o'r byd newydd, modern, ac o'r ymseisnigo cyflym a ddeuai yn ei sgil.)[16] I Michael D. Jones, y bywyd gwledig oedd cynefin naturiol y ddynoliaeth. Dyna, yn ei dyb ef, y bywyd a hybai iechyd a moes a chrefydd, o'i gymharu â'r bywyd trefol a hybai falchter, diogi a materoliaeth.[17] Gwisgai'n werinol a hoffai fwydydd syml y wlad. Codai'n fore iawn bob amser; a phan fyddai ar daith bregethu ac yn aros mewn ffermdy, nid oedd dim yn well ganddo na mynd allan yn y bore bach i'r buarth ac i blith yr anifeiliaid; ac yn ôl y sôn, yr oedd yr un mor gartrefol yn trafod rhagoriaethau ci a cheffyl â gwas ffarm ag y byddai yn trafod teithi Groeg a Hebraeg â myfyrwyr coleg.[18]

Arddull seml a chartrefol sydd i'w bregethau, ac y mae llawer o'r eglurebau a'r cymariaethau sydd ynddynt, ac yn ei ysgrifau, yn codi o fywyd y wlad ac o fyd anifeiliaid. Er enghraifft, fe ddywedodd rywdro ar stryd y Bala wrth ddyn a oedd yn ceisio cadw achos crefyddol gwan i fynd, a dim ond ef ei hun yn mynychu'r capel hwnnw erbyn y diwedd:

> Y mae arnaf ofn mai crefydd cath sydd genych, Edward: y mae hono yn glynu wrth dŷ yn fwy na pherson. Byddai yn well genyf fi grefydd ci: y mae hwnw yn glynu wrth berson: ac yr wyf yn credu mai crefydd yn eich dwyn at bersonau fyddai yr oreu i chwithau. Yn nghwmpeini eu gilydd y mae coed yn tyfu oreu.[19]

A dyma sylw ganddo ar ddechrau ysgrif ar ramadeg y Gymraeg yn *Y Geninen*, Ionawr 1890:

> 'Yn' sydd air anhawdd i roddi rheolau i'w iawn ddefnyddio yn y Gymraeg. Mân eiriau pob iaith, fel dynion bychain a cheiliogod dandi, yw'r rhai mwyaf anhawdd i'w trin.

Gwedd arall ar ei hoffter o fywyd y wlad a'i adnabyddiaeth o fyd anifeiliaid oedd ei frwydfrydedd dros hela a physgota. Mae stori amdano, pan oedd yn weinidog ifanc ym Mwlchnewydd, ger Caerfyrddin, yn yr 1850au, yn cyrraedd yn hwyr i oedfa lle'r oedd y Parch. David Rees (1801–69), gweinidog Capel Als, Llanelli a golygydd *Y Diwygiwr*, yn bregethwr gwadd. Yr oedd yn hwyr am ei fod wedi colli cyfrif o'r amser yng nghanol yr hwyl o saethu cyffylogiaid gydag un o foneddigion yr ardal. Pwdodd David Rees ag ef, a datgan ei fod yn ofni ei fod yn troi allan i fod yn oferddyn; ond newidiodd ei farn ar ôl clywed Michael D. Jones yn gweiddi 'Marc' droeon yn ei gwsg y noson honno. Rhaid ei fod yn breuddwydio am destun pregeth yn Efengyl Marc, meddyliodd David Rees, heb sylweddoli mai breuddwydio am y saethu yr oedd Michael D. Jones, ac yn gweiddi 'Marc' yn ôl arfer saethwyr cyn tanio![20]

Pysgota a ddaeth ag ef i wrthdrawiad cyhoeddus am y tro cyntaf, ond nid am y tro olaf o bell ffordd, â'r tirfeddiannwr lleol yn ardal Llanuwchllyn, Syr Watkin Williams Wynn o Wynnstay, a oedd yn berchen ar stad Glan-llyn (canolfan Urdd Gobaith Cymru bellach). Pan oedd Michael D. Jones tua 22 oed, penodwyd cipar i geisio rhwystro'r werin bobl rhag pysgota ar hoff afon bysgota Michael D. Jones, sef afon Lliw, a redai heibio i Hen Gapel Llanuwchllyn. Trefnodd gyfarfod protest yn y Bala, a llwyddwyd i gael gwared ar y cipar, er y bu ond y dim i dad Michael D. Jones gael ei droi allan o'i denantiaeth oherwydd yr helynt.[21] Mae'n amlwg bod y profiadau cynnar hyn o wrthdaro â'r boneddigion yn rhai ffurfiannol o safbwynt ei ymgyrchoedd radicalaidd diweddarach, ymgyrchoedd a gyrhaeddodd eu penllanw, ar un olwg, pan drechodd ef stiward Syr Watcyn yn etholiadau cyntaf Cyngor Sir Meirionnydd yn 1889.[22] Ac mae'n amlwg bod Michael D. Jones yn ymhyfrydu ar hyd ei fywyd yn ei weithgarwch fel potsiar ar dir y byddigions, yn llythrennol yn ogystal ag yn wleidyddol.

Mab oedd Michael D. Jones i'r Parch. Michael Jones (1785–1853), a ddaeth yn weinidog ar y gynulleidfa Annibynnol (ond pur bresbyteraidd ei threfniadaeth fewnol)[23] yn yr Hen Gapel, Llanuwchllyn, yn 1814, yn olynydd i'r diwinydd enwog, Dr George Lewis (1763–1822). Brodor o ardal Neuadd-lwyd yng Ngheredigion oedd Michael Jones, a Llanuwchllyn oedd ei ofalaeth gyntaf; daeth yno'n syth o athrofa'r Annibynwyr yn Wrecsam (lle y bu'n gyd-efrydydd â Robert Everett, a ddaeth maes o law yn un o arweinwyr amlycaf y Cymry yng Ngogledd America).[24] Canlyniad symudiad Michael Jones i Lanuwchllyn oedd troi'r Hen Gapel yn fuan yn ganolbwynt i un o'r dadleuon diwinyddol pwysicaf a chwerwaf a welodd yr Annibynwyr yn ystod y bedwaredd ganrif ar bymtheg.

Bu'r cyfnod rhwng 1800 ac 1840 yn gyfnod o ddadlau diwinyddol brwd yng Nghymru, yn troi yn arbennig o gwmpas natur Calfiniaeth.[25] Tuedda rhai i ystyried y dadleuon hyn yn 'ymarferiadau [...] ar bynciau technegol mewn diwinyddiaeth',[26] a'r pynciau hynny yn aml yn haniaethol a braidd yn ddibwys. Mae R. Tudur Jones yn nes ati wrth bwysleisio bod y dadleuon hyn yn mynegi argyhoeddiadau a phryderon 'am werthoedd, am sefydlogrwydd cymdeithas ac am ystyrlonedd bywyd'.[27] Wedi'r cyfan, y mae'r hyn a gredwn, bob yr un ohonom ym mhob oes, yn effeithio'n sylfaenol ar ein hymddygiad a'n hymateb i'r byd o'n cwmpas. Fe welwn hynny'n glir yn achos y 'Galfiniaeth Gymhedrol' – neu'r 'System Newydd' fel y'i gelwid yn aml – a gofleidiwyd yn eang gan Gristnogion Cymru wrth i'r bedwaredd ganrif ar bymtheg fynd yn ei blaen. Craidd yr anghytundeb rhwng pobl y 'System Newydd' a'r Calfiniaid mwy traddodiadol oedd y cwestiwn ynghylch dros bwy y bu Crist farw – ai dros yr etholedigion yn unig, fel y mynnai'r Calfiniaid traddodiadol, ai ynteu dros bawb, fel y dadleuai deiliaid y 'System Newydd'. Y 'System Newydd' a ddaeth yn ddiwinyddiaeth uniongred ymhlith yr Annibynwyr erbyn canol y bedwaredd ganrif ar bymtheg; a dyma R. Tudur Jones i egluro oblygiadau ymarferol hynny:

Dunamig [y 'System Newydd'] oedd cysylltu Croes Crist â holl fywyd y ddynoliaeth. Peth rhwydd iawn i Galfiniaeth yw meddwl am farw Crist fel digwyddiad esoterig o fendith yn unig i gylch caeëdig yr etholedigion. Cam bychan sydd wedyn i'r safbwynt fod pob bywyd seciwlar ac ysbrydol arall yn perthyn i'r Diafol ac nad oes a fynno Crist a Christionogion ag ef. Ond yn athrawiaeth [y 'System Newydd'], daw Crist a'i farwolaeth yn ganolog ac yn berthnasol i holl fywyd dynion a dyletswydd Cristionogion yw tystio i'r gwirionedd hwn ymhob ffordd bosibl, mewn moesoldeb, mewn ymdrech genhadol ac mewn gwaith cymdeithasol a gwleidyddol. Rhoddai'r 'Sustem Newydd' hon bwyslais trwm ar gyfrifoldeb personol pob dyn. A geilw ar ddynion i weithredu. Dyma'r pridd y tyfodd unigolyddiaeth brysur ac ymosodol oes Victoria ohono. At hynny, pwysleisiai dynerwch a thosturi Duw a ffrwyth hynny oedd magu moesoldeb tynerach tuag at ddynion. Dyma wreiddyn yr ymgyrchoedd yn erbyn gormes, yn erbyn cam-drin plant, yn erbyn crogi a llu o ddrygau cymdeithasol eraill.[28]

Fe fu'r newidiadau diwinyddol hyn, felly, yn gyfrwng i ryddhau egni sylweddol ymhlith Cristnogion Cymru i gyfeiriad gweithredu cymdeithasol wrth i'r bedwaredd ganrif ar bymtheg fynd yn ei blaen.

Yr oedd Michael Jones, tad Michael D., yn un o arloeswyr y 'System Newydd' ymhlith yr Annibynwyr, ac fe greodd hynny dyndra mawr rhyngddo ef a'r Calfiniaid mwy traddodiadol yn y gynulleidfa yn Llanuwchllyn, tyndra a arweiniodd at ymrannu eglwysig yno yn niwedd 1821, ychydig fisoedd cyn geni Michael D. Jones; ac yr oedd yr ymrannu hwnnw mor ddwfn nes ei bod yn 1839 cyn i'r ddwy blaid gymodi'n derfynol ac ailymuno'n un achos eto, o dan weinidogaeth Michael Jones.[29]

Nid Michael Jones oedd prif ladmerydd y 'System Newydd' ymhlith yr Annibynwyr,[30] ond y mae'n arwyddocaol mai yn Llanuwchllyn yr oedd ystorom 'Brwydr y Systemau' ar ei chryfaf yn eu plith;[31] oherwydd er bod hyd yn oed ei wrthwynebwyr yn cytuno bod Michael Jones yn ddyn da ac egwyddorol, yr oedd ei gefnogwyr mwyaf brwd yn gorfod cyfaddef ei fod yn gymeriad penderfynol ac anhyblyg, a ddefnyddiai fwy o 'wawdiaith' nag o 'eiriau denu', ac a dueddai i guddio ei deimladau yn ormodol.[32] 'Safodd Mr. Jones fel derwen gadarn yn nghanol y dymestl. Ni symudai fodfedd o'i sefyllfan er yr holl ruthro a fu arno', meddai Ap Vychan am Michael Jones.[33] Un o gyffelyb natur oedd ei wraig, Mari Hughes o Gwmcarnedd Isaf, Llanbryn-mair, yn ôl y sôn;[34] ac nid yw'n syndod felly weld eu mab, Michael D. Jones, yn dangos yr un nodweddion. Nid damwain ydyw, mae'n siŵr, mai ef oedd yng nghanol un o'r dadleuon mawr eraill a siglodd yr Annibynwyr i'w seiliau yn ystod y bedwaredd ganrif ar bymtheg, sef 'Brwydr y Cyfansoddiadau' yn yr 1870au a'r 1880au – dadl sy'n codi'n rhannol o argyhoeddiadau Michael D. Jones ynghylch dilyn llwybr cydweithredol yn eglwysig ac yn wleidyddol, yn hytrach na gwyro at unigolyddiaeth ar y naill law a thotalitariaeth ar y llaw arall. Mae'n ddadl hefyd sy'n adlewyrchu ei argyhoeddiad y dylai pob cylch o'n bywyd – yr ysgol, y teulu, yr eglwys, ac yn y blaen – fod yn sofran o dan Dduw a'i ddeddf foesol, heb fod yr un o'r cylchoedd hynny, megis y wladwriaeth neu'r eglwys dyweder, yn tra-arglwyddiaethu ar y lleill.[35] Yr oedd egwyddorion pwysig yn y fantol ym 'Mrwydr y Cyfansoddiadau'; ond nid yw'n syndod mai Michael D. Jones oedd yn ei chanol hi! Fel y dywedodd Gwenallt am Michael Jones, y tad a'r mab fel ei gilydd:

> Gan y ddau yr oedd y ddawn i ymresymu yn gadarn, y dewrder i lynu wrth egwyddorion a'r anallu i weled safbwynt eu gwrthwynebwyr. Rhinweddau'r pen oedd eu rhinweddau hwy yn hytrach na rhinweddau'r galon, canys cadwent reolaeth dynn ar eu teimladau, mor dynn fel y tybid eu bod yn galed a didosturi. Ymennydd ymarferol a gwyddonol oedd ganddynt: ychydig o le a roid yn eu bywyd i'r synhwyrau. Nid oedd iddynt hyfrydwch mewn llun a lliw a llenyddiaeth. Nid oedd gan Fichael D. Jones dymer a dawn llenor: dyna'r gwahaniaeth pwysicaf rhyngddo ac Emrys ap Iwan.[36]

Roedd Michael Jones y tad yn cadw ysgol yn ogystal â ffermio a gweinidogaethu, ac yr oedd yn ôl y sôn yn athro digon dawnus, er braidd yn llym ei ddisgyblaeth. Bu Michael D. Jones yn ysgol ei dad, gan feistroli elfennau Groeg a Lladin erbyn cyrraedd ei ddeuddeng mlwydd oed. Bu am ryw ddwy flynedd wedyn yn cynorthwyo ei dad yn yr ysgol, ac yna yn bymtheng mlwydd oed aeth yn brentis dilledydd i Wrecsam. Cododd ei bac yn fuan, ar ôl ffrwgwd rhyngddo ac un o'r gweithwyr a oedd yn dwyn arian o'r gweithdy, am nad oedd Michael D. Jones yn fodlon cadw'n dawel ar y mater.[37] Aeth adref i Lanuwchllyn a'i fryd bellach ar fynd i'r weinidogaeth. Dechreuodd bregethu yn 16 oed, ac yn 1840 aeth i Goleg Presbyteraidd Caerfyrddin, er mwyn hyfforddi wrth draed cyfaill i'w dad ac un o brif hyrwyddwr y 'System Newydd' yn neheudir Cymru, y Parch. David Davies (1791–1864), Pant-teg, a oedd yn athro yn y coleg ar y pryd.[38]

Dywed Pan Jones fod Michael D. Jones wedi mynd ag ef i'r coleg yng Nghaerfyrddin 'yr arferion oedd wedi ffurfio ar yr aelwyd yn Llanuwchllyn, gweithio yn galed, codi yn fore, a byw yn syml'.[39] Mae'r gwirionedd ychydig yn fwy cymhleth! Yn ôl adroddiad yr arholwyr yng Ngorffennaf 1841, yr oedd ei ymddygiad yn llai na boddhaol. 'Bu'n anufudd i'r athrawon, a bu'n absennol o'r Coleg am chwech wythnos cyn yr arholiadau, gyda'r bwriad [...] o'u hosgoi'n llwyr.' Cafodd faddeuant am ei fod, meddid, wedi 'ei gylcharwain ar gyfeiliorn gan un o'r myfyrwyr mwyaf anystywallt'; ac yn sgil ei bardwn fe dorchodd Michael D. Jones ei lewys, gan ennill y wobr flaenaf yn y dosbarth am ei waith y flwyddyn ddilynol.[40] Athroniaeth oedd prif faes ei ddiddordeb yng Nghaerfyrddin, ac yna yn 1844 symudodd i Goleg Highbury yn Llundain (un o golegau amlycaf yr Annibynwyr, a ddaeth yn 1850 yn rhan o New College, Llundain)[41] i barhau ei astudiaethau, gan ganolbwyntio ar feirniadaeth feiblaidd a diwinyddiaeth gyfundrefnol.[42]

Gadawodd Goleg Highbury yn niwedd 1847. Er bod sawl eglwys yn ystyried rhoi galwad iddo, gan gynnwys dwy eglwys Saesneg fawr yn Llundain, penderfynodd gymryd 'blwyddyn allan' a mynd i'r Unol Daleithiau, ac i Cincinnati yn benodol, 'yn benaf mewn trefn i gael gweled "Gweriniaeth gartref" a "Chaethwasiaeth mewn ymarferiad," a'i fod yn awyddus iawn am ddeall y manteision a'r anfanteision oedd i'r Cymry yn America'.[43] Yr oedd llawer o gysylltiadau teuluaidd ganddo yn yr Unol Daleithiau, yn enwedig yn Ohio. Yr oedd ei chwaer, Mary Ann, yn byw yno, yn briod â chefnder i William Bebb (1802–73), rheolwr talaith Ohio rhwng Rhagfyr 1846 ac Ionawr 1849;[44] ac yr oedd yno hefyd ddigon o berthnasau a chydnabod eraill, yn enwedig o ardal enedigol ei fam yn Llanbryn-mair, i sicrhau y byddai croeso cynnes yn ei ddisgwyl. Ond, fel yr awgrymwyd eisoes, nid gweld ei berthnasau oedd ei brif amcan wrth fynd yno, ond yn hytrach ei addysgu ei hun yn ymarferol mewn materion radical a Chymreig.

Yr oedd dinas ifanc, ffyniannus Cincinnati yn lle da ar gyfer hynny, am fod y Cymry yn elfen gref yn ei phoblogaeth ac am ei bod yn rhan o dalaith rydd Ohio ac ar yr un pryd yn agos i dalaith gaeth Kentucky. Cafodd y pregethwr mawr hwnnw ymhlith Cymry Lerpwl, Henry Rees (1798–1869), brofiad o hynny pan fu ar daith yn America yn 1839, yn ymweld ag eglwysi'r Methodistiaid Calfinaidd Cymreig yno. Cyrhaeddodd Cincinnati ar 10 Gorffennaf, a chael 'llawer o Gymry yn [y ddinas] a'i hamgylchoedd'; ac meddai:

Mae Cincinnati ar làn afon Ohio, yn ddinas fawr, a'i marsiandïaeth yn debyg o gynnyddu fwy-fwy. Aethom dros yr Ohio un diwrnod i dalaeth Kentucky; y waith gyntaf erioed, a'r olaf byth, ni a hyderwn, i ni sengyd ar dir caeth-wasanaeth; y *system* atgas hòno ag sydd ar unwaith yn fagwraeth i holl nwydau anifeilaidd y *slave*, a nwydau dieflig ei feistr, ac yn llwyr-ddifa dynoliaeth yn mhob un o'r ddau. Beth? cristion yn hòni hawl yn ngwaed a chnawd ei gyd-greadur! yn trin ei frawd fel ei fuwch! ïe, a hyny yn America fawr ei bost am ryddid![45]

Mae'n werth nodi hefyd, wrth fynd heibio, fod gan Harriet Beecher Stowe (1811–96) gysylltiadau agos â Cincinnati, gan fod ei thad yn Llywydd Coleg Diwinyddol Lane yno rhwng 1832 ac 1850.[46] Tynnodd yn drwm ar ei phrofiadau o fyw ar y ffin rhwng talaith gaeth ac un rhydd yn Cincinnati wrth lunio ei nofel *Uncle Tom's Cabin* (1852), a fu mor ddylanwadol yn yr ymgyrch yn erbyn caethwasiaeth. Ymddangosodd tri fersiwn Cymraeg o'r nofel honno yn 1853, un ohonynt yn addasiad gan frawd Henry Rees, sef y gweinidog Annibynnol, Gwilym Hiraethog (William Rees, 1802–83).

Mae John Davies, yn ei gyfrol fawr *Hanes Cymru*, yn awgrymu mai 'ei brofiad yn yr Unol Daleithiau a wnaeth genedlaetholwr o Michael Daniel Jones'.[47] Ond hyd y gwelaf i, er bod y cyfnod hwnnw yn un ffurfiannol bwysig yn ei hanes, yr oedd y prif argyhoeddiadau a oedd i lywio ei fywyd – ei Gristnogaeth efengylaidd, ei radicaliaeth a'i genedlaetholdeb – oll yn eu lle erbyn iddo gyrraedd America yng ngwanwyn 1848.

Etifedd i'w dad ydoedd yn achos ei Gristnogaeth efengylaidd a radicalaidd. Un o'r prosesau allweddol sydd ar waith yng Nghymru yn ail hanner y ddeunawfed ganrif a hanner cyntaf y bedwaredd ganrif ar bymtheg yw'r modd y mae etifeddion yr Hen Ymneilltuwyr (yr Annibynwyr a'r Bedyddwyr) a phlant y Diwygiad Efengylaidd (y Methodistiaid) yn ymdoddi fwyfwy i'w gilydd o ran eu pwysleisiadau. Yn gyffredinol, gellid dweud mai pwyslais ar oleuni, ar reswm, ar fanylder credo a buchedd, a nodweddai Hen Ymneilltuwyr y ddeunawfed ganrif. Ac fel y gellid ei ddisgwyl gan rai a fynnai eu rhyddid oddi wrth yr Eglwys Wladol, yr oedd tuedd radical gref yn perthyn iddynt. O'r ochr arall, gellid dweud mai'r hyn a nodweddai ddychweledigion y Diwygiad Efengylaidd oedd pwyslais cryf ar ffydd bersonol, ar gredu â'r galon yn ogystal â'r pen, ac ar fynegi'r ffydd honno'n wresog. Ond yr hyn a welwn – o dan ddylanwad y Diwygiad

Efengylaidd ei hun ynghyd â'r gyfres gyson o ddiwygiadau a'i dilynodd ymhell i mewn i'r bedwaredd ganrif ar bymtheg – yw llawer o blith y Bedyddwyr a'r Annibynwyr yn mynd yn fwyfwy 'methodistaidd' o ran eu pwyslais ar brofiad personol ac addoli gwresog, tra bod y Methodistiaid ar y llaw arall yn cael eu radicaleiddio fwyfwy, yn rhannol o dan ddylanwad y math 'tanllyd', 'newydd' hwn o Ymneilltuwr.[48] Yr oedd tad Michael D. Jones yn ymgorfforiad, mewn gwirionedd, o'r briodas honno rhwng efengylyddiaeth a radicaliaeth. Oherwydd tra oedd ef ei hun yn un a roddai bwys mawr ar y meddwl a rheswm a gweithredu moesol, yr oedd arno hefyd ôl dylanwad efengylyddiaeth, fel y gwelir o'r ffaith ei fod yn un o arloeswyr y 'System Newydd' ymhlith yr Annibynwyr, cyfundrefn ddiwinyddol a oedd yr un pryd yn radical ac yn efengylaidd. Cofier hefyd fod ei rieni, ill dau, yn Fethodistiaid o Geredigion, y naill yn Wesle a'r llall yn Galfin.[49]

Etifedd i'w dad oedd Michael D. Jones, felly, o ran ei efengylyddiaeth a'i radicaliaeth, er ei fod yn fwy o wleidydd ac yn fwy o Armin hefyd na'i dad. Ond y mae'n werth nodi dau ddylanwad penodol arall arno yn ei ieuenctid yng nghyd-destun ei efengylyddiaeth a'i radicaliaeth.

Un peth a fyddai wedi cadarnhau ei efengylyddiaeth oedd yr adfywiad ysbrydol grymus a dorrodd allan yng ngogledd Cymru yn niwedd 1839, pan oedd Michael D. Jones yn 17 mlwydd oed. Roedd cysylltiadau Americanaidd arwyddocaol i'r diwygiad hwnnw. Fe'i gelwir weithiau yn 'Ddiwygiad Finney', oherwydd y ffordd y dylanwadwyd ar natur yr adfywiad gan gyfrol yr Americanwr, Charles G. Finney, a gyfieithwyd i'r Gymraeg yn 1839 dan y teitl *Darlithiau ar Adfywiadau Crefyddol*. Ffigur allweddol yn nechreuadau'r diwygiad yn 1839 oedd B. W. Chidlaw (1811–92), brodor o'r Bala a ymfudodd i'r Unol Daleithiau yn 1821 ac a ddaeth yn arweinydd crefyddol amlwg yno, yn enwedig fel sefydlydd ysgolion Sul. Bu ar ymweliad â Chymru am chwe mis rhwng Hydref 1839 a Mawrth 1840 ac yn ystod y cyfnod hwnnw bu'n gyfrwng tanio'r diwygiad mewn sawl man, nid lleiaf yn yr Hen Gapel, Llanuwchllyn ar Sul olaf 1839. Wrth ysgrifennu ei hunangofiant ymhen blynyddoedd lawer wedyn, gallai Ben Chidlaw ddweud am y nos Sul ysgytiol honno yn Llanuwchllyn:

> *I dismissed the congregation with the usual benediction, but no one went out. The tide was evidently rising, manifested in sobs and tears, and the outcry of many for mercy and the forgiveness of sin. Again, I dismissed the audience, but there was no movement for the doors. I*

knew not what to do; the place, and the scenes around me, were
awful, because of the presence of the Lord. [...] I had never before
such an experience of awe, solemity and helplessness, and I knew not
what to do or say. [...] I asked some one to offer prayer. This was
done, and, while the suppliant was pouring out his soul before the
mercy seat, agonizing in prayer, others cried aloud for mercy, and
some, in thanksgiving, loudly praised the Lord.[50]

Cododd cant a hanner ar eu traed y noson honno, i ddangos eu bod naill
ai wedi dod i ffydd yng Nghrist neu yn chwilio o ddifrif am
iachawdwriaeth – gan gynnwys dau o blant Michael Jones, y gweinidog[51]
– ac yn sgil yr oedfa honno, treblwyd aelodaeth yr Hen Gapel.[52]
Beirniadai Emrys ap Iwan rai crefyddwyr efengylaidd am wneud
'dechrau crefydd yn ddiwedd crefydd'.[53] Ni ellir cyhuddo Michael D.
Jones o hynny, fel y gwelir, er enghraifft, o'r dyfyniad hwn o'i erthygl
'Cymru Fu, a Chymru Fydd' yn *Y Geninen*, Hydref 1893:

Y mae dysgawdwyr gwleidyddol Cymru, a'n pregethwyr hefyd i
raddau, wedi dysgu'r bobl i ufuddhau i'r awdurdodau goruchel
yn mhob peth; ac y mae'r bobl wedi myned mor wasaidd a
goddefus, fel y caiff swyddogion y llywodraeth, mewn llawer lle,
saco'u bysedd yn eu llygaid, heb iddynt wingo. [...] Mae'n bryd
i ni roddi heibio'r syniad mai rhyw beth i'n talu yn y byd nesaf yn
unig yw crefydd, am i ni oddef pob cam a sarhâd yn y bywyd hwn
mor amyneddgar â Job, ac yna y cawn fyned gyda Lazarus i
fynwes Abraham. Dywedir yn Ngweddi'r Arglwydd, 'Gwneler dy
ewyllys ar y *ddaear* megys yn y nef.' Mae eisieu i ni ymdrechu ein
goreu am nefoedd fach ar y ddaear, yn ernes o nefoedd ragorach
tu hwnt i'r sêr.[54]

Ond wedi dweud hynny, rhaid pwysleisio mai 'efengylaidd' yn hytrach
na 'rhyddfrydol' oedd Michael D. Jones o ran ei ddaliadau diwinyddol,
ac mai ei flaenoriaeth bennaf ar hyd ei oes oedd, nid diwygio
cymdeithasol ond gweld unigolion yn cael eu haileni'n ysbrydol. 'At
aileni dynion y cyrchai Crist [...],' meddai, 'ac ond cael newid dynion yn
gyffredinol oddifewn, yn mhen yspaid, difodid caethwasiaeth, a phob
gormes gwladol a chrefyddol.'[55]

Y dylanwad cynnar arall, a fyddai wedi cadarnhau radicaliaeth
Michael D. Jones yn ogystal â'i efengylyddiaeth, oedd dylanwad Hugh
Pugh (1803–68), a gydweithiai'n agos â'i dad yn y weinidogaeth

41

Annibynnol yng nghyffiniau'r Bala rhwng 1827 ac 1837, pan symudodd i Fostyn, sir y Fflint, i olynu Gwilym Hiraethog yn weiniog yr eglwys Annibynnol yno.[56] Cymeriad o flaen ei oes oedd Hugh Pugh. Er nad yw ei enw mor gyfarwydd heddiw ag un Gwilym Hiraethog neu S. R., dyweder, yr oedd yn un o brif arloeswyr Rhyddfrydiaeth wleidyddol yn y Gogledd. Brodor o Dywyn, Meirionnydd ydoedd.[57] Treuliodd ei arddegau yn Llundain mewn swyddfa cyfreithiwr yn ystod y dydd ac yn llyncu llyfrau megis *Taith y Pererin, Robinson Crusoe* a'r *Arabian Nights* yn ei oriau hamdden, cyn dychwelyd i Gymru oherwydd ei iechyd bregus. Ar ôl cyfnod yn athro ysgol, fe'i hordeiniwyd yn weinidog gyda'r Annibynwyr yn 1827.

Hugh Pugh oedd un o'r rhai cyntaf i ymgyrchu o blaid datgysylltu'r Eglwys Anglicanaidd. Yn 1833, tra oedd yn gweinidogaethu yn ardal y Bala, sefydlodd 'Gymdeithas Gwŷr Ieuainc Penllyn ac Edeyrnion', cymdeithas a chanddi'r nod o 'ddysgu a thaenu egwyddorion Ymneillduaeth' a dangos bod y syniad o eglwys wladol yn niweidiol ac yn anysgrythurol 'ac yn wrthwyneb i natur ysbrydol teyrnas Crist'.[58] Roedd hynny ddeng mlynedd a mwy cyn sefydlu cymdeithas ddylanwadol Edward Miall, y 'Liberation Society' (neu a rhoi iddi ei henw llawn, 'The Society for the Liberation of Religion from State Patronage and Control').[59] Canlyniad hyn, meddai cofiant Hugh Pugh, oedd bod

> y genhedlaeth honno o wyr ieuaingc, (a henafgwyr hefyd) [a oedd ym Mhenllyn ac Edeirnion yn ystod arddegau Michael D. Jones] yn mhell o flaen eu cydoeswyr yn Nghymru, ac yn sicr ynte, yn Lloegr, mewn gwybodaeth yn egwyddorion Ymneillduaeth a chrefydd rydd. Yr oedd llawer o'r gwyr ieuaingc hyny yn alluog i ddadleu yn fedrus o blaid yr egwyddor wirfoddol, ac yn erbyn yr un orfodol mewn crefydd, a thros y priodoldeb a'r angenrheidrwydd o ddadgysylltu a dadwaddoli yr Eglwys Sefydledig. Athrawiaeth newydd a dyeithr iawn yn y dyddiau hyny.[60]

A diddorol gweld Michael D. Jones ei hun yn sefydlu cymdeithas nid annhebyg, 'Cymdeithas Ddiwygiadol y Bala', ar ôl iddo ddychwelyd i'r Bala yn Brifathro Coleg yr Annibynwyr yno.[61]

O ran ei Gymreictod, yr oedd Michael D. Jones unwaith eto yn etifedd i'w dad. Un o'r mudiadau a esgeulusir, braidd, wrth drafod y bedwaredd ganrif ar bymtheg yng Nghymru yw'r mudiad Cymreigyddol sy'n dechrau blodeuo o tua 1820 ymlaen.[62] Mae'n rhan o ddeffroad diwylliannol ehangach, sy'n cynnwys gweithgarwch yr 'Hen Bersoniaid Llengar' a'r Cymdeithasau Taleithiol,[63] ac sydd i raddau yn ffrwyth y rhyddhau egni ysbrydol, diwylliannol a gwleidyddol a welwyd yn sgil Diwygiad Beddgelert, fel y gelwir yr adfywiad crefyddol grymus hwnnw a ledodd trwy'r wlad yn y blynyddoed yn dilyn diwedd y Rhyfeloedd Napoleonaidd yn 1815.[64] Un o'r cyfryngau pennaf ar gyfer hybu'r cymdeithasau Cymreigyddol hyn oedd *Seren Gomer*, cylchgrawn arloesol Joseph Harris ('Gomer'; 1773–1825), ac yn ystod yr 1820au a'r 1830au y mae tudalennau'r cylchgrawn hwnnw'n frith o hanesion am sefydlu cymdeithasau Cymreigyddol ym mhob cwr o'r wlad ac o adroddiadau am eu gweithgareddau. Yn wahanol i'r Cymdeithasau Taleithiol, a dueddai i fod ym meddiant clerigwyr yr Eglwys Wladol a haenau uwch y gymdeithas, yr oedd y cymdeithasau Cymreigyddol yn gymdeithasau lleol a dueddai i fod yn fwy 'eciwmenaidd', yn grefyddol ac yn gymdeithasol. Gweithredent fel mannau cyfarfod i wahanol ffrydiau'r deffroad cenedlaethol, gan ddenu eu haelodaeth o bob elfen yn y gymuned a oedd am goleddu'r Gymraeg a'i diwylliant. Golygfa nid anghyffredin yn y cyfnod hwnnw fyddai gweld offeiriad Anglicanaidd, Bedyddiwr efengylaidd ac Undodwr pybyr – ac ambell Fethodist hyd yn oed – ysgwydd wrth ysgwydd mewn cymdeithas Gymreigyddol yn hyrwyddo'r bywyd diwylliannol Cymraeg.

Sefydlwyd cymdeithas Gymreigyddol yn Llanuwchllyn yn gynnar yn yr 1820au, ac arwydd o'i ymrwymiad i'r Gymraeg ac i'w Gymreictod yw bod tad Michael D. Jones yn un o'r aelodau,[65] er gwaethaf y ffaith bod y gymdeithas honno'n cyfarfod, yn ôl arfer y cyfnod, yn y dafarn leol, a Michael Jones – fel Michael D. Jones yntau – yn ddirwestwr brwd ac arloesol, heb sôn am fod yn elyn anghymodlon i dybaco.[66] Edwino a wna'r cymdeithasau Cymreigyddol wrth inni nesu at ganol y bedwaredd ganrif ar bymtheg, a'r egnïon diwylliannol yn cael eu sianelu'n gynyddol i gymdeithasau cyfeillgar, i gymdeithasau dirwestol ac yn bennaf oll, efallai, i'r capeli Anghydffurfiol, wrth i'r bywyd diwylliannol Cymraeg fynd yn fwy sectyddol (yn sgil Brad y Llyfrau Gleision)[67] a chael ei feddiannu i raddau helaeth yn ail hanner y ganrif gan Anghydffurfiaeth: dyddiau hegemoni'r 'genedl Anghydffurfiol, Ryddfrydol Gymreig'. O tua 1850 dechreuodd cyfarfodydd diwylliannol a chystadleuol fynd yn rhan gyffredin o arlwy'r capeli Anghydffurfiol,[68] a diddorol gweld mai un o'r pethau a wnaeth Michael D. Jones ar ôl mynd yn weinidog i'w ofalaeth gyntaf ym Mwlchnewydd yn 1850 oedd sefydlu Cymdeithas Lenyddol yn gysylltiedig â'r capel, 'yr hon a adawodd ddylanwad deallol a chrefyddol da iawn ar ieuengctyd y cyfnod hwnw'.[69]

Y gymdeithas Gymreigyddol amlycaf – er nad oedd hi'n gwbl nodweddiadol o'r cymdeithasau Cymreigyddol yn gyffredinol, am ei bod yn fwy o dan ddylanwad haenau uwch y gymdeithas a chlerigwyr yr Eglwys Wladol – oedd Cymreigyddion y Fenni, a sefydlwyd yn 1833. Tyfodd yn sefydliad cenedlaethol, a gwelwyd y miloedd yn tyrru i wylio'r gorymdeithiau lliwgar o feirdd a cherddorion, ysgolheigion a boneddigion, a ddeuai i'r Fenni adeg cynnal ei heisteddfodau. Yr arweinwyr allweddol oedd Thomas Price ('Carnhuanawc'; 1787–1848) ac Arglwyddes Llanofer ('Gwenynen Gwent'; 1802–96), ac er i'r Gymdeithas bara am rai blynyddoedd ar ôl marwolaeth Carnhuanawc yn 1848, fe ddiflannodd y peth byw gyda'i farw ef.[70]

Dau fudiad a fu'n ymgiprys â'i gilydd yn Ewrop yn y ddeunawfed ganrif ac i mewn i'r bedwaredd ganrif ar bymtheg yw'r Ymoleuo (yr *Aufklärung*; yr *Enlightenment*), ar y naill law, ac, ar y llaw arall, y mudiad rhamantaidd a gododd i raddau fel adwaith yn erbyn pwyslais yr Ymoleuo ar reswm a'r deall. Symudiad a weithiai fel arfer i gyfeiriad 'moderneiddio' ac integreiddio pobloedd oedd yr Ymoleuo. Dyna, meddai Robin Okey, sy'n esbonio 'agwedd negyddol haneswyr y cenhedloedd di-wladwriaeth [yng nghanol Ewrop] tuag at Absoliwtiaeth Oleuedig fel cyfnod o ganoli, o "almaeneiddio", "rwsegeiddio" neu o "ddigenedlaetholi" yn gyffredinol'.[71] Ac meddai Gwenallt:

Mudiad ydoedd [yr *Aufklärung*] a roes bwyslais ar ddyn, ar yr hyn oedd yn gyffredin a chyffredinol mewn dynion. Gallai dyn â'i reswm esbonio'r greadigaeth; nid oedd raid wrth ddatguddiad goruwchnaturiol: a gallai dyn hefyd drefnu ei fywyd yn rhesymol ac ymddatblygu, a chiliai pob ofergoeliaeth o flaen cynnydd gwybodaeth. Gwendidau oedd y gwahaniaethau rhwng dynion a chenhedloedd, a diflannai'r rhain hefyd ar yr ymdaith at y ddynoliaeth berffaith.[72]

O'r ochr arall, pwysleisiai'r mudiad rhamantaidd fod 'yn natur dyn elfennau dyfnach na rheswm, sef teimlad, nwyd, angerdd a sythwelediad'. I'r Rhamantwyr, 'nid gwendidau oedd y gwahaniaethau rhwng dynion a chenhedloedd, gwahaniaethau fel hinsawdd, daearyddiaeth, hanes, diwylliant, iaith, llenyddiaeth a'r celfyddydau cain'.[73] Un o arloeswyr y meddwl rhamantaidd oedd yr athronydd Almaenig, Johann Gottfried Herder (1744–1803). Dadleuai Herder mai brodwaith o ddiwylliannau amrywiol yw gwareiddiad yn ei hanfod, pob un yn unigryw ac yn werthfawr, a phob un yn cael ei ddiffinio, ei ddiogelu a'i draddodi trwy iaith (nid hil) a chan y gymuned a grëwyd gan yr iaith honno. Arweiniodd hyn oll at bwyslais mawr ar y gymuned genedlaethol a'i gwerth; ar y werin bobl, sef y sawl a ystyrid yn brif gynheiliaid y gymuned genedlaethol honno; ac ar astudio hanes, iaith a thraddodiadau'r gymuned genedlaethol, ac arferion ei gwerin.[74] Canlyniad pellach oedd ennyn ymhlith y Rhamantwyr ddiddordeb mawr yn yr Oesoedd Canol, am eu bod yn canfod yno batrwm o gyfundrefn gymdeithasol sefydlog ac integreiddiedig, cyfundrefn a seiliwyd ar bwysigrwydd cymuned yn hytrach nag ar ryddid yr unigolyn.[75]

Beth sydd a wnelo hyn oll â Michael D. Jones ac â Chymreigyddion y Fenni? Yn un peth, y mae lle cryf i gredu bod Cymreigyddion y Fenni, onid yr holl fudiad Cymreigyddol yn wir, yn tarddu'n rhannol o genedlaetholdeb diwylliannol rhamantaidd Herder a'i ddilynwyr. Yn ôl John Davies, er enghraifft, yn ei *Hanes Cymru*:

> Ledled Ewrop yn hanner cynta'r [bedwaredd ganrif ar bymtheg], bu gwŷr amryddawn, egnïol – clerigwyr gan amlaf – a'u bryd ar roi urddas i ddiwylliant grwpiau ethnig (neu genhedloedd) anfreintiedig. Yng Nghymru, Carnhuanawc yw'r enghraifft fwyaf llachar o'r ffenomen hon. Fe'i hysbrydolwyd gan yr un syniadau ag a ysbrydolai'r athronydd Almaenig, Herder (1744–1803), sef fod pob diwylliant ethnig yn unigryw werthfawr, ac mai'r lliaws tlawd yw gwarcheidwaid y diwylliannau hynny.[76]

Ond gallwn fynd ymhellach na dweud bod Carnhuanawc a'r 'Hen Bersoniaid Llengar' wedi drachtio yn gyffredinol o'r un awyrgylch syniadol â Herder, oherwydd y mae Geoffrey Powell yn ei ddarlith bwysig 'Prosiect Llanofer' wedi dadlau'n argyhoeddiadol fod dylanwad athroniaeth Herder wedi treiddio'n uniongyrchol i gylchoedd y Cymreigyddion trwy frawd-yng-nghyfraith Arglwyddes Llanofer, y llysgennad Prwsaidd, Christian Bunsen (1791–1860). Bu ef mewn cysylltiad â rhai o athronwyr a diwinyddion amlycaf yr Almaen ac arddelai argyhoeddiadau tebyg i Herder ynghylch iaith a chenedl; ac fe fu hefyd yn gefnogwr brwd i weithgareddau Cymreigyddion y Fenni.[77]

Un o'r pethau sy'n gwahaniaethu Michael D. Jones oddi wrth y to o radicaliaid a fu mor ddylanwadol yng Nghymru yng nghanol y bedwaredd ganrif ar bymtheg – pobl megis David Rees, Llanelli, ac S. R.

– yw ei bwyslais ar gymuned a chenedl ac iaith a hanes. Rhyddid yr unigolyn a'r fasnach rydd, yn hytrach na chenedlaetholdeb, a aeth â bryd y radicaliaid eraill hynny.[78] O ble, felly, y cafodd Michael D. Jones ei bwyslais ar iaith a chymuned? Un posibilrwydd yw i hynny ei gyrraedd trwy'r mudiad Cymreigyddol. Gwelwyd eisoes fod ei dad yn aelod cynnar o'r gymdeithas Gymreigyddol yn Llanuwchllyn. Ac er na fyddid, ar un wedd, yn cyplysu Michael D. Jones â'r boneddigion a'r clerigwyr a lywiai Gymdeithas Cymreigydddion y Fenni, yr oedd yng Nghymru yng nghanol y bedwaredd ganrif ar bymtheg fwy o ymwneud rhwng pobl â'i gilydd ar draws ffiniau dosbarth ac enwad mewn materion diwylliannol a chrefyddol nag y rhoddwn gyfrif amdano yn aml. Er enghraifft, y mae'r rhestr o bobl amlwg yn y bywyd crefyddol, yng Nghymru ac yn Lloegr, y bu'r radical Annibynnol S. R. mewn cysylltiad â hwy yn ystod ei fywyd, yn un hirfaith ac amrywiol iawn, ac yn cynnwys 'Hen Bersoniaid Llengar' megis Ifor Ceri, Gwallter Mechain, Ioan Tegid a Thomas Richards, Darowen.[79] Ac y mae ambell beth sydd, yn ogleisiol, fel petai'n cysylltu Michael D. Jones â chylch Llanofer a Chymreigyddion y Fenni, yn uniongyrchol neu yn anuniongyrchol. Dyna arfer Michael D. Jones o wisgo dillad gwerinol: brethyn cartref, crys gwlanen a chlos pen-glin.[80] Ar wahân i atynfa gyffredinol y bywyd gwledig, gwerinol iddo, un rheswm dros eu gwisgo oedd ei argyhoeddiad y dylai gweinidog ennill parch oherwydd ei effeithiolrwydd fel bugail a phregethwr ac nid ar gyfrif unrhyw wisg glerigol.[81] Ond yr oedd rheswm arall hefyd, sef ei fod am gefnogi diwydiannau lleol trwy eu gwisgo. Yn achos Carnhuanawc, yntau, yr oedd pob dilledyn a wisgai wedi ei gynhyrchu'n lleol, a byddai ef ac Arglwyddes Llanofer yn pwysleisio'n gyson yr angen i gefnogi diwydiannau lleol trwy wisgo gwlân Gymreig yn hytrach na chotwm.[82] Darllenwn, wedyn, am Michael D. Jones yn anfon ei feibion at delynor Llanofer, Thomas Gruffydd, i ddysgu'r delyn deires; a gwyddom i Michael D. Jones ei hun fod yn Llanofer yn 1877, yn cyflwyno croen cadno o'r Wladfa i'r Arglwyddes.[83] Awgrymog hefyd yw cyplysu diddordeb byw Carnhuanawc a Michael D. Jones ill dau yn hanes Cymru, a'r lle canolog a oedd i'r iaith Gymraeg yn eu rhaglenni ill dau.[84] Ond beth bynnag oedd yr union gysylltiadau rhwng Michael D. Jones a'r mudiad Cymreigyddol, ac a Chymreigyddion y Fenni yn benodol, y mae'n ddiddorol gweld Glanmor Williams yn pwysleisio ei fod yn etifedd i syniadau Herder, er ei fod yn awgrymu sianel arall yn hytrach na'r mudiad Cymreigyddol ar gyfer trosglwyddo'r dylanwad hwnnw:

Michael D. Jones oedd y *cenedlaetholwr* cyntaf [o'i gymharu â'r gwladgarwyr a aeth o'i flaen], am mai ef oedd y Cymro cyntaf i dderbyn dwy ddogma hanfodol cenedlaetholdeb newydd y [bedwaredd ganrif ar bymtheg], sef, yn gyntaf, y syniad am dwf hanesyddol y genedl, ei bod wedi tyfu'n organig fel planhigyn, ac yn ail, mai'r uned ddynol ddilys yw'r genedl ac mai hi sy'n hawlio teyrngarwch politicaidd a chymdeithasol a diwylliannol ei deiliaid. Ffynhonnell y syniadau hyn, os gellir eu holrhain yn ôl at waith un awdur, oedd yr Almaenwr, Herder. Fe'u datblygwyd a'u propagandeiddio trwy Iwrop gan ei ddisgyblion enwog megis Kossuth a Mazzini.[85]

Hwyrach i'r mudiad Cymreigyddol fod yn gyfrwng i feithrin cenedlaetholdeb Michael D. Jones, a hwyrach i'r mudiad hwnnw fod yn sianel i ddylanwadau Herderaidd a Rhamantaidd ei gyrraedd. Ond pan drown at yr Hwngariad a enwir gan Glanmor Williams ar ddiwedd y dyfyniad uchod, sef Lajos Kossuth (1802–94), yr ydym ar dir tipyn sicrach.

Kossuth oedd arweinydd y gwrthryfel gan Hwngari yn erbyn y meistr imperialaidd, Awstria, a ddechreuodd yng ngwanwyn 1848, tua'r adeg yr aeth Michael D. Jones i America am y tro cyntaf. Y mae Gwrthryfel Hwngari yn garreg filltir bwysig yn hanes twf cenedlaetholdeb a radicaliaeth yng Nghymru. Derbyniodd gryn gefnogaeth yng Nghymru. Un a fu'n weithgar iawn yn codi cefnogaeth i'r gwrthryfel oedd Hugh Derfel Hughes (1816–90), Methodist Calfinaidd ifanc o gylch y Bala a weithiai fel pwyswr yn chwarel y Penrhyn, Bethesda ar y pryd. Dywed ef, mewn llythyr yn Chwefror 1850, iddo fynychu cyfarfod cyhoeddus ym Mangor a drefnwyd i gefnogi'r gwrthryfel, a bod tua 3,000 o bobl yn bresennol yno.[86] Cefnogi achos rhyddid oedd un o'r rhesymau pennaf dros y gefnogaeth i'r gwrthryfel yng Nghymru, fel yn Lloegr; ond y mae dimensiwn cenedlaethol pendant i'r ymateb yng Nghymru hefyd. Dywed Marian Henry Jones, er enghraifft, mai dyma'r tro cyntaf i rywrai hawlio yn enw pobl Cymru eu bod yn cydymdeimlo â chenedl arall yn ei brwydr i fod yn rhydd.[87]

Mae'n amlwg o'r cyfeiriadau cyson gan Michael D. Jones at Kossuth dros y blynyddoedd fod Kossuth yn gryn arwr ganddo ac yn gryn ddylanwad arno, a bod Michael D. Jones yn ymateb iddo ef a'i wrthryfel fel cenedlaetholwr yn ogystal ag fel carwr rhyddid. Dyma Michael D. Jones, er enghraifft, yn ysgrifennu am Kossuth yn 1890:

Yr oedd y gwladgarwr Hungaraidd bydenwog Kossuth fel seren
oleu yn ffurfafen Ewrop wedi tanio llawer enaid a'r athrawiaeth
anfarwol o 'hawl pob cenedl i lywodraethu ei hunan', a rhwng
dylanwadau chwyldroadau mawrion 1848, ac addysg Kossuth,
nid yw cenhedloedd goresgynedig Ewrop wedi ymdawelu hyd
heddyw, ond edrychant yn obeithiol yn mlaen at jiwbili
pobloedd a chenhedloedd gorthrymedig.[88]

Yn 1847, y flwyddyn cyn Gwrthryfel Hwngari, gwelwyd cyhoeddi'r
adroddiadau ar addysg yng Nghymru a adwaenwn fel 'Brad y Llyfrau
Gleision'; ac y mae'r naill ddigwyddiad yn atgyfnerthu'r llall o safbwynt
hybu twf cenedlaetholdeb yng Nghymru. Awgryma Marian Henry
Jones, er enghraifft, fod Gwrthryfel Hwngari wedi rhoi cyfle i'r Cymry
ddangos, yn wyneb ensyniadau i'r gwrthwyneb gan awduron y Llyfrau
Gleision ac eraill, nad gwerin hanner barbaraidd yn gwybod fawr ddim
am y byd y tu allan i Gymru mo pobl Cymru.[89]

Brad y Llyfrau Gleision a Kossuth, meddai Gwenallt, 'a droes
Fichael D. Jones ac R. J. Derfel yn genedlaetholwyr: hwynt-hwy oedd y
ddau genedlaetholwr cyntaf'.[90] Mae rhai wedi awgrymu bod Gwrthryfel
Hwngari, a'r gwrthryfeloedd eraill a fu yn erbyn gormes ac o blaid
hawliau cenedlaethol ar draws Ewrop yn 1848, yn elfen bwysig yn
natblygiad gweledigaeth genedlaethol Michael D. Jones tra oedd ef yn
America. Mae'n anodd bod yn bendant ynghylch hynny. Aeth Michael
D. Jones i America tua'r adeg y dechreuodd Gwrthryfel Hwngari, ac er y
byddai, yn ddiau, wedi clywed am hynt a helynt y chwyldroadau ar dir
mawr Ewrop tra oedd yn Cincinnati – yr oedd tua chwarter poblogaeth
Cincinnati erbyn 1848–49 yn ymfudwyr o dras Almaenig, ac yn eu plith
nifer dda o ffoduriaid o'r chwyldroadau hynny[91] – nid yw'n sôn
amdanynt yn ei lythyrau i'r *Cenhadwr Americanaidd* yn 1848–49. Yn wir,
mae Gwenallt yn awgrymu mai wedi iddo ddychwelyd i Gymru, ac yn
benodol ar ôl iddo ddarllen llyfr Cymraeg ar Kossuth a gyhoeddwyd yn
y Bala yn 1852, y daeth ddylanwad Kossuth arno yn ei rym;[92] a byddai
hynny'n gyson â'r ffaith mai ar ôl i Michael D. Jones ddychwelyd o
America yn haf 1849 y dechreuodd yr ymgyrch o blaid Kossuth a
Gwrthryfel Hwngari godi stêm o ddifrif yng Nghymru.

Ond pan drown at Frad y Llyfrau Gleision, gallwn ddweud yn
bendant i hynny fod yn ddylanwad ar Michael D. Jones tra oedd yn
America. 'Darllener hanes ein cenedl gan y Saeson a bradwyr
llwgrwobrwyedig, yn y Llyfrau Gleision, a gwaed pwy Gymro a all beidio
ag ymferwi?' gofynnodd yn y llythyr a ysgrifennodd yn Cincinnati ar 4

Hydref 1848 lle y mae'n dadlau dros wladfa Gymreig –y 'ddogfen gyntaf o bwys yn hanes cenedlaetholdeb Cymreig *gwleidyddol* modern', yn ôl Bobi Jones.[93] Erbyn y ddogfen honno y mae i'r Gymraeg le ganolog yn agenda genedlatholgar Michael D. Jones. Meddai ynddi:

> A ydyw ein hiaith, ein harferion, ein crefydd a'n moesau fel cenedl, ddim yn werth eu cadw i fyny? Ac onid ydyw hanes ein cenedl yr ochr hyn i'r Werydd, yn gystal a'r ochr draw, ddim yn profi fod colli ein hiaith yn golli y tri eraill i raddau yn agos yn mhob amgylchiad; yn llwyr ar lawer tro? Dywedaf yn hyf ei fod. Ac wrth golli ein hiaith, ein harferion, ein moesau a'n crefydd, beth y mae Satan yn ei roi i ni yn eu lle? A ydym yn cael gwybodaeth a gwareidd-dra? Os bod yn goeglyd a balch a mursenaidd ydyw bod yn wybodus a gwaraidd, diamheu ein bod yn fwy felly o lawer.[94]

Nid felly y bu ei agwedd erioed. Yr oedd addysg yn bwnc trafod brwd yng Nghymru trwy gydol yr 1840au. Ymunodd Michael D. Jones yn y trafod pan oedd yn fyfyriwr yn Llundain gydag ysgrif o dan y ffugenw 'Dan o Wynedd' yn *Y Dysgedydd* yn Awst 1845, yn dwyn y teitl 'Dysgeidiaeth'.[95] Dadl dros ddysgu trwy gyfrwng y Gymraeg yw'r ysgrif. Ynddi mae'n pwysleisio ei bod yn llawer mwy effeithiol i addysgu gwerin bobl Cymru trwy gyfrwng y Gymraeg yn hytrach na'r Saesneg, ac o'r herwydd y mae'n 'annog y Cymry i goledddu eu hiaith yn eu hysgolion dyddiol'. Ond dyma, yn llawn, y paragraff y digwydd y geiriau hynny ynddo:

> O'm rhan fy hun, er cymaint fy mharch i'r Gymraeg, nis gallaf lai nag addef y byddai ei diddymiad yn fanteisiol i Gymru; ond gan ei bod wedi sefyll am gymmaint gannoedd o flynyddoedd, ac y mae yn dra thebyg na ddiddymir hi yn fuan, a chan fod y Cymry yn genedl ddigon lluosog er cynnal llythyriant o'u heiddo eu hunain, gyda phob gostyngeiddrwydd, ac etto yn ëon, dymunwyf annog y Cymry i goledddu eu hiaith yn eu hysgolion dyddiol, a mynu llythyriant Gymreig fras, gan fod genym ddynion, trwy drugaredd, cymhwys i'r gorchwyl.

Roedd hyn yn safbwynt cyffredin iawn yn y cyfnod dan sylw, ac yn fwy cadarnhaol nag agwedd llawer un arall ar y pryd, a oedd am gyflymu tranc y Gymraeg er lles tymor-hir y genedl.[96] Ond ni ellir dychmygu

Michael D. Jones yn llunio cymalau cyntaf y paragraff uchod wedi ei gyfnod yn America yn 1848–49, oherwydd erbyn hynny yr oedd wedi ei argyhoeddi ynghylch lle canolog yr iaith Gymraeg o ran diogelu parhad hunaniaeth a diwylliant y Cymry, a bod parhad eu crefydd a'u moesau ynghlwm wrth yr iaith.[97]

Un o nodweddion pennaf meddwl Michael D. Jones yw'r ffordd y mae holl elfennau ei athroniaeth wleidyddol yn gwau yn ei gilydd yn un cyfanwaith.[98] Wrth sôn am gyfanrwydd ei weledigaeth, dywed Bobi Jones ei fod yn tybio 'iddo lwyddo rywfodd i gysylltu'n organaidd ei radicaliaeth "chwith", ei wladgarwch rhamantaidd a diwylliannol, a'i genedlaetholdeb gwleidyddol oherwydd iddo edrych ar y Llyfrau Gleision o America'.[99] Dichon fod hynny'n wir. Yn ddiau yr oedd y profiad a gafodd o edrych ar Gymru o berspectif America yn un hynod bwysig yn natblygiad ei feddwl a'i weledigaeth, ac yn un y gellir ei gyffelybu i'r olwg a gafodd Saunders Lewis ar Gymru o ffosydd Ffrainc yn ystod y Rhyfel Byd Cyntaf neu'r olwg a gafodd Gwenallt ar sir Gaerfyrddin o orllewin Iwerddon yn 1929. Yn America yr atgyfnerthwyd argyhoeddiad Michael D. Jones fod colli'r iaith Gymraeg yn golygu colli crefydd, moesau ac arferion y Cymry, am iddo bellach weld hynny'n digwydd ar *ddwy* ochr Môr Iwerydd. Ond rhaid cofio, yn wahanol i Wrthryfel Hwngari, fod helynt Brad y Llyfrau Gleision, a'r ton o ieithgarwch a gododd yn ei sgil,[100] wedi dechrau o ddifrif rai misoedd *cyn* i Michael D. Jones ymadael am America yng ngwanwyn 1848;[101] ac anodd credu nad oedd y Llyfrau Gleision wedi dechrau peri i'w waed 'ymferwi', a'i droi yn ieithgarwr brwd, cyn iddo gyrraedd tir America.

Er mor allweddol bwysig, felly, oedd profiadau Michael D. Jones yn America, ni ddylid anghofio pwysigrwydd y dylanwadau ffurfiannol cynharach. Cynhaeaf yr hadau a heuwyd yng Nghymru a gafwyd yn America yn 1848–49.

Nodiadau

[1]Owen M. Edwards, *Clych Atgof ac Ysgrifau Eraill*, gol. Thomas Jones (Wrecsam: Hughes a'i Fab, [1958]), t.67.

[2]Glyn Williams, 'Ail-gloriannu Michael D. Jones', *Y Faner*, 23 Medi 1983, t.12.

[3]D. Gwenallt Jones, 'Hanes Mudiadau Cymraeg a Chenedlaethol y Bedwaredd-Ganrif-ar-Bymtheg', yn *Seiliau Hanesyddol Cenedlaetholdeb Cymru*, gol. D. Myrddin Lloyd (Caerdydd: Plaid Cymru, 1950), t.113.

[4]Christine James (gol.), *Cerddi Gwenallt: Y Casgliad Cyflawn* (Llandysul: Gwasg Gomer, 2001), t.220. Bodiwan oedd enw cartref Michael D. Jones yn y Bala.

[5]Oddi ar draddodi'r geiriau hyn yn 2001, cafwyd traethawd PhD arno gan Dr Dafydd Tudur, ŵyr i'r diweddar Brifathro R. Tudur Jones, 'The Life, Thought and Work of Michael Daniel Jones (1822–1898)' (Prifysgol Cymru [Bangor], 2006).

[6]Mae modd gweld copïau digidol o rai ohonynt bellach ar y wefan 'Glaniad': www.glaniad.com/

[7]Arno, gw. E. G. Millward, ' "Dicter Poeth y Dr Pan" ', yn *Cof Cenedl IX*, gol. Geraint H. Jenkins (Llandysul: Gwasg Gomer, 1994), tt.163–90.

[8]Saunders Lewis, 'Tynged yr Iaith', yn *Ati, Wŷr Ifainc: Ysgrifau gan Saunders Lewis*, gol. Marged Dafydd (Caerdydd: Gwasg Prifysgol Cymru, 1986), t.93; Meic Stephens (gol.), *Cydymaith i Lenyddiaeth Cymru*, ail argraffiad (Caerdydd: Gwasg Prifysgol Cymru, 1997), t.406.

[9]Dyna, o leiaf, awgrym Gwynfor Evans yn *Aros Mae* (Abertawe: Gwasg John Penry, 1971), t.285: 'Yn wahanol i Emrys ap Iwan, dylanwadodd Michael D. Jones ar ei genhedlaeth ei hun, a hynny i raddau mawr trwy ei weithgareddau. Fel llenor y cyfrannodd Emrys ap Iwan i'r meddwl cenedlaethol, ac ar ôl i T. Gwynn Jones gyhoeddi ei gofiant ardderchog ym 1912 yr ymdeimlwyd fwyaf â'i ddylanwad.'

[10]A. H. Williams, *Cymru Oes Victoria* (Caerdydd: Gwasg Prifysgol Cymru, 1973), t.11.

[11]D. Gwenallt Jones, 'Michael D. Jones (1822–1898)', yn *Triwyr Penllyn*, gol. Gwynedd Pierce (Caerdydd: Plaid Cymru, [1956]), t.11.

[12]R. Tudur Jones, *Ffydd ac Argyfwng Cenedl*, cyf. 2 (Abertawe: Tŷ John Penry, 1982), t.249; idem, *Hanes Annibynwyr Cymru* (Abertawe: Undeb yr Annibynwyr Cymraeg, 1966), t.273; idem, 'Religion, Nationality and State in Wales, 1840–1890', yn *Religion, State and Ethnic Groups*, gol. Donal A. Kerr (Aldershot: Dartmouth Publishing Co., 1990), tt.273–5; R. M. Jones, *Ysbryd y Cwlwm: Delwedd y Genedl yn ein Llenyddiaeth* (Caerdydd: Gwasg Prifysgol Cymru, 1998), tt.290–2; Dafydd Glyn Jones, 'The Welsh Language Movement', yn *The Welsh Language Today*, gol. Meic Stephens (Llandysul: Gwasg Gomer, 1973), tt.270–2; Glyn Williams, 'Nationalism in Nineteenth Century Wales: The Discourse of Michael D. Jones', yn *Crisis of Economy and Ideology: Essays on Welsh Society, 1840–1980*, gol. Glyn Williams ([Bangor]: British Sociological Association, Sociology of Wales Study Group, 1983), tt.196–7. Am dystiolaeth fanwl O. M. Edwards i ddylanwad pellgyrhaeddol Michael D. Jones arno, gw. E. Pan Jones, *Oes a Gwaith y Prif Athraw, y Parch. Michael Daniel Jones, Bala* (Y Bala: H. Evans, 1903), tt.96–9.

[13]Pan Jones, *Oes a Gwaith... Michael Daniel Jones*, t.9.

[14]Michael D. Jones a D. V. Thomas (gol.), *Cofiant a Thraethodau Duwinyddol y Parch. R. Thomas, (Ap Vychan), Bala* (Dolgellau: W. Hughes, [1882?]), tt.79–80 (yn yr adran 'Nodiadau ar Ap Vychan').

[15]Pan Jones, *Oes a Gwaith... Michael Daniel Jones*, t.346.

[16]Gw., er enghraifft, D. Gwenallt Jones, 'Hanes Mudiadau Cymraeg a Chenedlaethol y Bedwaredd-Ganrif-ar-Bymtheg', t.111.

[17]Dafydd Tudur, 'Life, Thought and Work of Michael Daniel Jones', tt.96–8.

[18]Pan Jones, *Oes a Gwaith… Michael Daniel Jones*, tt.316, 326, 340–1. Cofier i Michael D. Jones gyhoeddi llawlyfr ar gadw gwenyn, *Y Gwenynydd*, yn 1888.

[19]T. Talwyn Phillips, 'Y Prifathraw Michael D. Jones. II', *Y Geninen*, 17:4 (Hydref 1899), t.285.

[20]Pan Jones, *Oes a Gwaith… Michael Daniel Jones*, tt.327–8.

[21]T. Talwyn Phillips, 'Y Prifathraw Michael D. Jones. I', *Y Geninen*, 17:3 (Gorffennaf 1899), t.168; Pan Jones, *Oes a Gwaith… Michael Daniel Jones*, tt.37, 232.

[22]Pan Jones, *Oes a Gwaith… Michael Daniel Jones*, tt.245–8.

[23]R. T. Jenkins, *Hanes Cynulleidfa Hen Gapel Llanuwchllyn* (Y Bala: Robert Evans a'i Fab, 1937), tt.137–9.

[24]Ar Robert Everett (1791–1875), gw. Jerry Hunter, *I Ddeffro Ysbryd y Wlad: Robert Everett a'r Ymgyrch yn erbyn Caethwasanaeth Americanaidd* (Llanrwst: Gwasg Carreg Gwalch, 2007). Yr oedd Everett, fel ei gyd-fyfyriwr, Michael Jones, yn un o brif hyrwyddwyr y 'System Newydd' ymhlith yr Annibynwyr – gw. isod. Robert Everett oedd cyhoeddwr a golygydd *Y Cenhadwr Americanaidd*, y cylchgrawn yr ymddangosodd y gyfres bwysig o lythyrau ynddo gan y Michael D. Jones ifanc pan oedd yn America yn 1848–49.

[25]Y *locus classicus* ar gyfer trafodaeth ar y dadleuon hyn yw unfed bennod ar ddeg cyfrol Dr Owen Thomas, Lerpwl, *Cofiant y Parchedig John Jones, Talsarn* (Wrecsam: Hughes a'i Fab, [1874]). Gw. hefyd R. Tudur Jones, *Hanes Annibynwyr Cymru*, tt.169–76, a'r cyfeiriadau llyfryddol a nodir yno.

[26]W. J. Gruffydd, 'Rhagarweiniad i'r Bedwaredd Ganrif ar Bymtheg', *Y Llenor*, 15:2 (Haf 1936), t.121. Tebyg, at ei gilydd, yw safbwynt R. T. Jenkins – gw., er enghraifft, ei *Hanes Cymru yn y Bedwaredd Ganrif ar Bymtheg* (Caerdydd: Gwasg Prifysgol Cymru, 1933), tt.38–9 – er ei fod, fel Gruffydd, yn cydnabod pwysigrwydd y dadleuon yn hanes y cyfnod.

[27]R. Tudur Jones, *Duw a Diwylliant: Y Ddadl Fawr, 1800–1830* ([Caerdydd]: Amgueddfa Werin Cymru, 1986), t.2.

[28]R. Tudur Jones, *Hanes Annibynwyr Cymru*, t.175.

[29]R. T. Jenkins, *Hanes Cynulleidfa Hen Gapel Llanuwchllyn*, tt.143, 161. Adroddir hanes yr anghydfod yn fanwl gan R. T. Jenkins ym mhumed bennod y gyfrol honno. Elfen arall yn y tyndra oedd bod Michael Jones yn 'gynulleidfaol' ei argyhoeddiadau ynghylch trefn eglwysig, ac yn wrthwynebus i'r drefn 'bresbyteraidd' a oedd yn bodoli yn yr Hen Gapel adeg ei ddyfodiad yno.

[30]Y Parch. John Roberts (1767–1834), Llanbryn-mair, oedd hwnnw, a oedd yn ei dro yn ddisgybl yn y materion hyn i Gymro arall, Dr Edward Williams (1750–1813), Rotherham. Dylid nodi bod ei feibion, Samuel a John Roberts ('S. R.' a 'J. R.'), a oedd hefyd yn weinidogion dylanwadol ymhlith yr Annibynwyr, wedi cymryd cam pellach na'u tad oddi wrth Galfiniaeth draddodiadol, i gyfeiriad Arminiaeth. Felly hefyd Michael D. Jones – er na roddai lawer o bwys ar labeli a chyfundrefnau diwinyddol. Gw. R. Tudur Jones, *Yr Undeb: Hanes Undeb yr Annibynwyr Cymraeg, 1872–1972* (Abertawe: Gwasg John Penry, 1975), t.60; idem, 'Diwylliant Colegau Ymneilltuol y Bedwaredd Ganrif ar Bymtheg', *Ysgrifau Beirniadol V*, gol. J. E. Caerwyn Williams (Dinbych: Gwasg Gee, 1970), t.144; Dafydd Tudur, 'Life, Thought and Work of Michael Daniel Jones', tt.41–4. Ar Dr Edward Williams a'i ddylanwad, gw. W. T. Owen, *Edward Williams, D.D., 1750–1813: His Life, Thought and Influence* (Caerdydd: Gwasg Prifysgol Cymru, 1963).

[31]R. T. Jenkins, *Hanes Cynulleidfa Hen Gapel Llanuwchllyn*, t.137.

[32]Pan Jones, *Oes a Gwaith... Michael Daniel Jones*, tt.12–13; R. T. Jenkins, *Hanes Cynulleidfa Hen Gapel Llanuwchllyn*, tt.133–4; llythyr Robert Thomas ('Ap Vychan') yn Thomas Rees a John Thomas, *Hanes Eglwysi Annibynol Cymru*, cyf. 1 (Lerpwl: Swyddfa y 'Tyst Cymreig', [1871]), tt.416–20, ynghyd â'r ysgrif fywgraffyddol ar Michael Jones yn yr un gyfrol, tt.409–11; Thomas Stephens (gol.), *Album Aberhonddu* (Merthyr Tudful: Joseph Williams, 1898), t.58.

[33]Thomas Rees a John Thomas, *Hanes Eglwysi Annibynol Cymru*, cyf.1, t.419.

[34]Pan Jones, *Oes a Gwaith... Michael Daniel Jones*, tt.13–14; R. T. Jenkins, *Hanes Cynulleidfa Hen Gapel Llanuwchllyn*, t.134.

[35]Gw. R. Tudur Jones, *The Desire of Nations* (Llandybïe: Christopher Davies, 1974), t.187; idem, 'Abraham Kuyper', yn *Ysgrifau Diwinyddol II*, gol. Noel A. Gibbard (Pen-y-bont ar Ogwr: Gwasg Efengylaidd Cymru, 1988), t.122; idem, 'Religion, Nationality and State in Wales, 1840–1890', t.273.

[36]D. Gwenallt Jones, 'Michael D. Jones (1822–1898)', t.3.

[37]Pan Jones, *Oes a Gwaith... Michael Daniel Jones*, tt.18–19.

[38]Pan Jones, *Oes a Gwaith... Michael Daniel Jones*, tt.20–1; E. Pan Jones, *Oriel Coleg Presbyteraidd Caerfyrddin* (Merthyr Tudful: Joseph Williams a'i Feibion, 1909), t.60; Dewi Eirug Davies, *Hoff Ddysgedig Nyth: Cyfraniad Coleg Presbyteraidd Caerfyrddin i Fywyd Cymru* (Abertawe: Tŷ John Penry, 1976), tt.112, 161–6. Y rheswm arall a roddir dros anfon Michael D. Jones i Gaerfyrddin yw am fod 'osgo feddyliol y Deheuwyr yn weinidogion ac eglwysi yn fwy rhydd na'r Gogleddwyr' (Pan Jones, *Oes a Gwaith... Michael Daniel Jones*, t.21, a cf. t.51).

[39]Pan Jones, *Oes a Gwaith... Michael Daniel Jones*, t.21.

[40]Dewi Eirug Davies, *Hoff Ddysgedig Nyth*, tt.112–13.

[41]R. Tudur Jones, *Congregationalism in England 1662–1962* (Llundain: Independent Press, 1962), tt.177–8, 235–6.

[42]Pan Jones, *Oes a Gwaith... Michael Daniel Jones*, tt.21–2. Meddai Dr Pan amdano yn y cyfnod hwn: 'Ymgydnabyddodd â phob Corph o Dduwinyddiaeth oedd o hyd cyrhaedd, ond ni chymerai ei gaethiwo gan un o honynt' (t.22).

[43]Pan Jones, *Oes a Gwaith... Michael Daniel Jones*, tt.30–1.

[44]Roedd William Bebb yn gefnder i Samuel Roberts ('S. R.'). Chwaraeodd ef a'i gefnder, Evan Bebb Jones (gŵr Mary Ann, chwaer Michael D. Jones), ran yn ymgais aflwyddiannus 'S. R.' i sefydlu trefedigaeth Gymreig yn nwyrain Tennessee yn yr 1850au – gw. Glanmor Williams, *Samuel Roberts Llanbrynmair* (Caerdydd: Gwasg Prifysgol Cymru, 1950), t.76.

[45]Owen Thomas, *Cofiant y Parchedig Henry Rees*, cyf. 1 (Wrecsam: Hughes a'i Fab, 1890), t.304.

[46]Bu nifer o Gymry ar staff Coleg Diwinyddol Lane dros y blynyddoedd, gan gynnwys Dr Llewelyn Ioan Evans (1833–92), a fu'n fyfyriwr i Lewis Edwards yn y Bala – gw. D. Densil Morgan, 'Wales, the Princeton Theology and a Nineteeth Century Battle for the Bible', *The Journal of Welsh Religious History*, 2 (2002), tt.51–81. Roedd Harriet Beecher Stowe hithau o dras Cymreig, gan fod un o'i hynafiaid, Mary Roberts, wedi ymfudo i America o Landdewibrefi yng Ngheredigion yn y ddeunawfed ganrif. Yr oedd Harriet a'i brawd, y pregethwr enwog, Henry Ward Beecher, yn ymwybodol o'u cysylltiadau Cymreig.

[47]John Davies, *Hanes Cymru* (Harmondsworth: Allen Lane, 1990), t.402.

[48]Trafodais rai enghreifftiau o hyn yn E. Wyn James, ' "Seren Wib Olau": Gweledigaeth a Chenhadaeth Morgan John Rhys (1760–1804)', *Trafodion Cymdeithas Hanes y Bedyddwyr*, 2007, tt.5–37; idem, 'Welsh Ballads and American Slavery', *The Welsh Journal of Religious History*, 2 (2007), tt.59–86. Am y modd y daeth yr Annibynwyr a'r Bedyddwyr

yn fwyfwy tanllyd eu haddoli, eu pregethu a'u cenhadu, gw. R. Tudur Jones, *Grym y Gair a Fflam y Ffydd: Ysgrifau ar Hanes Crefydd yng Nghymru*, gol. D. Densil Morgan (Bangor: Canolfan Uwch-Efrydiau Crefydd yng Nghymru, Prifysgol Cymru, Bangor, 1998), ac yn enwedig pennod 9, ' "Y Dwym Ias" a'r "Sentars Sychion" '; D. Densil Morgan, *Christmas Evans a'r Ymneilltuaeth Newydd* (Llandysul: Gwasg Gomer, 1991). Gw. hefyd R. T. Jenkins, 'Yr Annibynwyr Cymreig a Methodistiaeth', yn *Hanes ac Egwyddorion Annibynwyr Cymru* (Abertawe: Undeb yr Annibynwyr Cymraeg, 1939), tt.129–44. Ar radicaleiddio'r Methodistiaid, gw. D. E. Jenkins. 'John Elias a Gwleidyddiaeth y Cyfundeb', *Y Traethodydd*, 1937, tt.127–39.

[49]R. T. Jenkins, *Hanes Cynulleidfa Hen Gapel Llanuwchllyn*, tt.131–2; Thomas Stephens (gol.), *Album Aberhonddu*, t.57. Er mai yn gymharol hwyr yn eu bywydau yr ymunodd rhieni Michael Jones â'r Methodistiaid Calfinaidd a Wesleaidd, mae eu cysylltiadau eglwysig yn arwydd o'r awyrgylch Methodistaidd a oedd yn cyniwair o'i gwmpas yng ngwlad Daniel Rowland yn ystod ei ieuenctid. O safbwynt ei radicaliaeth a'i Galfiniaeth, mae'n werth nodi i Michael Jones dderbyn peth o'i addysg gynnar gan y radical Ariaidd, David Davis (1745–1827), Castellhywel, cyn symud at y Calfiniaid, Jenkin Lewis a George Lewis, yn academi'r Annibynwyr yn Wrecsam.

[50]B. W. Chidlaw, *The Story of My Life* (Philadelphia: W. H. Hirst, 1890); dyfynnwyd yn D. Geraint Jones, *Favoured with Frequent Revivals: Revivals in Wales 1762–1862* (Caerdydd: Heath Christian Trust, 2001), tt.90–1. Dylid ychwanegu, efallai, er bod 'diwygiadau' yn rhan o'u byd, mai gofalus oedd ymateb y ddau Michael Jones iddynt, am eu bod, o ran eu cymeriadau, yn rhai a guddiai eu teimladau, a hefyd am eu bod (yn rhannol dan ddylanwad athronwyr yr Oleuedigaeth) yn gosod mwy o bwys ar reswm nag ar emosiwn – gw. R. T. Jenkins, *Hanes Cynulleidfa Hen Gapel Llanuwchllyn*, tt.133, 168; Dafydd Tudur, 'Life, Thought and Work of Michael Daniel Jones', t.47.

[51]Dywed Ben Chidlaw mai un o feibion ac un o ferched y gweinidog a ddaeth dan ddylanwad y diwygiad y noson honno, ond nid yw'n eu henwi. Roedd pump o blant – dau fab a thair merch – gan Michael Jones a'i wraig, Mari. Gellir tybio mai'r mab arall, Edward (meddyg a fu farw ar ei ben-blwydd yn 24 mlwydd oed yn 1850) yw'r un dan sylw, gan fod Michael D. Jones wedi dod yn Gristion tua phum mlynedd ynghynt, ar 26 Hydref 1834 – gw. Dafydd Tudur, 'Life, Thought and Work of Michael Daniel Jones', tt.18–19.

[52]R. T. Jenkins, *Hanes Cynulleidfa Hen Gapel Llanuwchllyn*, tt.166–8; D. Geraint Jones, *Favoured with Frequent Revivals*, tt.38–9, 88–92; Henry Hughes, *Hanes Diwygiadau Crefyddol Cymru* (Caernarfon: Cwmni'r Wasg Genedlaethol Gymreig, [1906]), pennod 38; William Rees ('Gwilym Hiraethog') a Thomas Roberts ('Scorpion'), *Cofiant am y Diweddar Barch. Hugh Pugh, Mostyn* (Lerpwl: Swyddfa'r 'Tyst Cymreig', 1870), t.27; R. Tudur Jones, *Hanes Annibynwyr Cymru*, tt.200–2. Ben Chidlaw, maes o law, a fyddai'n ordeinio Michael D. Jones i'r weinidogaeth, yn Cincinnati yn Rhagfyr 1848 – gw. Pan Jones, *Oes a Gwaith... Michael Daniel Jones*, t.33.

[53]Gw. Bobi Jones, *Crist a Chenedlaetholdeb* (Pen-y-bont ar Ogwr: Gwasg Efengylaidd Cymru, 1994), t.57.

[54]O ran ei syniadaeth ddiwinyddol, diddorol yw sylwi bod Michael D. Jones yn credu y byddai Milflwyddiant, cyfnod o 'nefoedd ar y ddaear', yn rhagflaenu diwedd y byd, ac mai un o nodweddion y cyfnod dedwydd hwnnw fyddai amrywiaeth ieithoedd, a phob cenedl yn ei llywodraethu ei hun ac yn byw mewn heddwch â'i gilydd – gw. Pan Jones, *Oes a Gwaith... Michael Daniel Jones*, tt.63, 176. Yr oedd gweithgarwch Michael D. Jones dros y Gymraeg a hunanlywodraeth i Gymru, felly, yn rhan o'i genhadaeth grefyddol i hyrwyddo 'teyrnas Crist' a'i Ailddyfodiad. Ar bwysigrwydd Milenariaeth i fudiadau cenhadol a

radicalaidd diwedd y ddeunawfed ganrif a dechrau'r bedwaredd ar bymtheg, gw. E. Wyn James, 'Williams Pantycelyn a Gwawr y Mudiad Cenhadol', yn *Cof Cenedl XVII*, gol. Geraint H. Jenkins (Llandysul: Gwasg Gomer, 2002), tt.65–101; idem, ' "Seren Wib Olau": Gweledigaeth a Chenhadaeth Morgan John Rhys (1760–1804)'.

[55]*Y Celt*, 9 Tachwedd 1883, t.8; dyfynnwyd yn R. Tudur Jones, 'Cwmni'r "Celt" a Dyfodol Cymru', *Trafodion Anrhydeddus Gymdeithas y Cymmrodorion*, 1987, tt.141–2 (a ailgyhoeddir yn y gyfrol hon). Cf. Pan Jones, *Oes a Gwaith... Michael Daniel Jones*, t.95.

[56]Mae'n arwyddocaol mai Michael D. Jones a ddewiswyd i gyflwyno tyste i Hugh Pugh ar ran eglwysi Annibynnol ei hen ofalaeth ym Mhenllyn ac Edeirnion, mewn cyfarfod yn Llandrillo yn 1867 – gw. William Rees a Thomas Roberts, *Cofiant am y Diweddar Barch. Hugh Pugh, Mostyn*, tt.34–8; Huw Walters, 'Michael D. Jones a'r Iaith Gymraeg', yn *Cof Cenedl XVII*, gol. Geraint H. Jenkins (Llandysul: Gwasg Gomer, 2002), t.113.

[57]Perthynai'n agos i William Hugh (1749–1829), arweinydd seiat y Methodistiaid Calfinaidd yn Llanfihangel-y-Pennant pan gerddodd aelod o'r seiat honno, Mary Jones, i'r Bala yn 1800 i ymofyn Beibl gan Thomas Charles, a thrwy hynny ysgogi sefydlu Cymdeithas y Beibl. Perthynas agos arall iddo (ei dad-cu o bosibl) oedd Dr Pugh (m. 1809), Pennal, y dyn hysbys a oedd yn bennaf erlidiwr y Methodistiaid yn yr ardal. Gw. Robert Owen, *Hanes Methodistiaeth Gorllewin Meirionydd*, cyf. 1 (Dolgellau: E. W. Evans, 1889), tt.11–12, 23–4, 41–2, 55–6, 63, 73, 78–81, 199–200.

[58]William Rees a Thomas Roberts, *Cofiant am y Diweddar Barch. Hugh Pugh, Mostyn*, tt.15–16.

[59]Gw. Ieuan Gwynedd Jones, 'The Liberation Society and Welsh Politics, 1844 to 1868', *Explorations and Explanations* (Llandysul: Gwasg Gomer, 1981), tt.236–68.

[60]William Rees a Thomas Roberts, *Cofiant am y Diweddar Barch. Hugh Pugh, Mostyn*, t.16. Cf. R. Tudur Jones, *Hanes Annibynwyr Cymru*, tt.207–10. Ymyrch a fu'n gyfrwng pwysig i radicaleiddio Ymneillduwyr Cymru oedd y mudiad i ddileu caethwasiaeth, a diddorol gweld bod Hugh Pugh yn ffigur amlwg yn yr ymgyrch honno yn yr 1830au; R. Tudur Jones, *Hanes Annibynwyr Cymru*, t.206.

[61]D. Gwenallt Jones, 'Michael D. Jones (1822–1898)', t.9; Pan Jones, *Oes a Gwaith... Michael Daniel Jones*, tt.215–16.

[62]Ar y mudiad hwn, gw. E. Wyn James, 'Ieuan Gryg: Cymro, Cyfieithydd a Chyn-Fedyddiwr', *Trafodion Cymdeithas Hanes Bedyddwyr Cymru*, 1987, tt.13–16; Evan O. Pugh, 'Cymdeithasau', yn *Gwŷr Llên y Bedwaredd Ganrif ar Bymtheg a'u Cefndir*, gol. Dyfnallt Morgan (Llandybïe: Llyfrau'r Dryw, 1968), tt.164–74, ynghyd â'i draethawd MA anghyhoeddedig, 'Hanes Cymdeithas Cymreigyddion Llundain a'i Changhennau yng Nghymru, hyd tua 1870, ar wahân i Gymdeithas Cymreigyddion y Fenni' (Prifysgol Cymru [Aberystwyth], 1963); Mair Elvet Thomas, *Afiaith yng Ngwent: Hanes Cymdeithas Cymreigyddion y Fenni, 1833–1854* (Caerdydd: Gwasg Prifysgol Cymru, 1978); Sian Rhiannon Williams, *Oes y Byd i'r Iaith Gymraeg: Y Gymraeg yn Ardal Ddiwydiannol Sir Fynwy yn y Bedwaredd Ganrif ar Bymtheg* (Caerdydd: Gwasg Prifysgol Cymru, 1992), pennod 3.

[63]Arnynt, gw. R. T. Jenkins a Helen M. Ramage, *A History of the Honourable Society of Cymmrodorion and the Gwyneddigion and Cymreigyddion Societies* (Llundain: Anrhydeddus Gymdeithas y Cymmrodorion, 1951); Bedwyr Lewis Jones, 'Yr Hen Bersoniaid Llengar' (Gwasg yr Eglwys yng Nghymru, [1963]), a ailgyhoeddwyd yn y detholiad o'i weithiau beirniadol dan olygyddiaeth Gerwyn Wiliams, *Gorau Cyfarwydd* (Cyhoeddiadau Barddas, 2002); Mari Ellis, 'Y Personiaid Llengar a Llên y Werin', yn *Gwerin Gwlad*, cyf. 1, gol. E. Wyn James a Tecwyn Vaughan Jones (Llanrwst: Gwasg

Carreg Gwalch, 2008), tt.113–39.

[64]Henry Hughes, *Hanes Diwygiadau Crefyddol Cymru*, tt.278–9. Ar Ddiwygiad Beddgelert, gw. Eryl Davies, *The Beddgelert Revival* (Pen-y-bont ar Ogwr: Gwasg Bryntirion, 2004).

[65]Michael D. Jones a D. V. Thomas (gol.), *Cofiant a Thraethodau Duwinyddol y Parch. R. Thomas, (Ap Vychan), Bala*, tt.88–9. Ar ymwneud Annibynwyr radicalaidd ifainc megis Gwilym Hiraethog a Chaledfryn â mudiad y Cymreigyddion, gw. R. Tudur Jones, 'Agweddau ar Ddiwylliant Ymneilltuwyr (1800–1850)', *Trafodion Anrhydeddus Gymdeithas y Cymmrodorion*, Sesiwn 1963: Rhan 2, tt.185–8.

[66]Thomas Rees a John Thomas, *Hanes Eglwysi Annibynol Cymru*, cyf. 1, t.410; Pan Jones, *Oes a Gwaith...Michael Daniel Jones*, tt.94, 110, 116; Michael D. Jones, 'Cymru Fu, a Chymru Fydd. II', *Y Geninen*, 12:2 (Ebrill 1894), tt.92–3; D. Gwenallt Jones, 'Michael D. Jones (1822–1898)', t.4. Sefydlwyd Cymdeithas Ddirwestol yn Llanuwchllyn yn Hydref 1836, ac yr oedd Michael Jones (y tad) yn un o'r cyntaf i ymuno â hi – gw. John Thomas, *Jubili y Diwygiad Dirwestol yn Nghymru* (Merthyr Tudful: Joseph Williams, 1885), t.93. Sefydlwyd y Gymdeithas Ddirwestol Gymreig gyntaf yn Lerpwl ym Mawrth 1835, a daeth y Michael D. Jones ifanc yn llwyrymwrthodwr yn lled fuan wedi hynny – gw. Pan Jones, *Oes a Gwaith...Michael Daniel Jones*, t.94.

[67]John Davies, *Hanes Cymru*, t.377. Fel y dywed John Davies: 'Yn ymateb yr Anghydffurfwyr [i'r Llyfrau Gleision ...] ceir hedyn y syniad mai pobl y capel oedd yr unig Gymry go-iawn, a bod Cymreictod yn gyfystyr ag Anghydffurfiaeth.' Cf. yr ymateb i Frad y Llyfrau Gleision mewn erthygl ddienw yn dwyn y teitl 'Anwybodaeth ac Anfoesoldeb Enbyd yn Nghymru' yn *Y Dysgedydd*, Chwefror 1848, tt.50–1: 'Yn ol hysbysiad Goruchwylwyr y Llywodraeth, yr iaith Gymraeg ac Ymneillduaeth ydyw yr achosion o holl anwybodaeth ac anfoesoldeb y Cymry. Y gwir yw nad oes un gobaith i'r Eglwys wladol ddyfod i fyny yn Nghymru cyhyd ag y parhao yr iaith Gymraeg, ac mai ei hunig obaith ydyw sefydlu ei hun yn Ngwyllt Walia yn y rhyferthwy, a'r cyfnewidiad gymerai le yn ninystr hen iaith gynhes Ynys Prydain. [...] Cenedl o Ymneillduwyr ydyw y Cymry [...] ac nid oes gobaith byth [i Eglwys Loegr] lwyddo cyhyd ag y siaredir yr iaith Gymraeg.'

[68]Gw. E. Wyn James, 'Daniel Owen y Bardd a Chyfarfodydd Cystadleuol Roger Edwards', *Llên Cymru*, 17:3–4 (1993), tt.316–18.

[69]Thomas Rees a John Thomas, *Hanes Eglwysi Annibynol Cymru*, cyf. 3 (Lerpwl: Swyddfa y 'Tyst Cymreig', 1873), t.452; gw. hefyd Pan Jones, *Oes a Gwaith...Michael Daniel Jones*, tt.58–9.

[70]E. Wyn James, 'Thomas Burgess a Charnhuanawc', *Barn*, 366/7 (Gorffennaf/Awst 1993), t.37.

[71]Robin Okey, 'Iaith ac Addysg mewn Cenhedloedd Di-wladwriaeth yn Ewrop, 1800–1918', yn *Brad y Llyfrau Gleision*, gol. Prys Morgan (Llandysul: Gwasg Gomer, 1991), t.204.

[72]D. Gwenallt Jones, 'Michael D. Jones (1822–1898)', t.12. Mae'n werth nodi bod nifer erbyn hyn yn dadlau bod dwy gangen neu ddwy wedd ar yr Ymoleuo, y naill yn cynrychioli'r dull meddwl a ddisgrifir gan Gwenallt, sy'n 'mabwysiadu'r hunan, dyn, yn rhagdyb ac yn absoliwt', ac yna gwedd arall sy'n credu mai 'gwybodaeth Duw yw'r rhagdyb a'r absoliwt'. Cynigiodd Bobi Jones yn ddiweddar y dylid defnyddio dau derm gwahanol yn y Gymraeg i gynrychioli'r ddwy wedd hyn, sef 'Ymoleuo' ar gyfer y wedd ddyn-ganolog a'r 'Oleuedigaeth' ar gyfer yr un Dduw-ganolog. Ar hyn, gw. ymhellach E. Wyn James, ' "Seren Wib Olau": Gweledigaeth a Chenhadaeth Morgan John Rhys (1760–1804)', tt.19–20.

[73]D. Gwenallt Jones, 'Michael D. Jones (1822–1898)', t.12.

[74]Gw. R. Tudur Jones, *The Desire of Nations*, tt.122–3; Robin Okey, 'Iaith ac Addysg mewn Cenhedloedd Di-wladwriaeth yn Ewrop, 1800–1918', tt.204–6; F. M. Barnard (gol.), *J. G. Herder on Social and Political Culture* (Llundain: Gwasg Prifysgol Caergrawnt, 1969).

[75]Gellir gweld delfrydu nid annhebyg ar yr Oesoedd Canol gan y clasurydd rhamantaidd hwnnw, Saunders Lewis, yn ei gyfrol o ysgrifau gwleidyddol, *Canlyn Arthur*. Yn wir, gellid dadlau mai Michael D. Jones, mewn sawl ffordd, oedd Saunders Lewis y bedwaredd ganrif ar bymtheg. Dyna gysonder gwelediaeth y ddau, a honno'n weledigaeth Gristnogol; dyna eu pwyslais, ill dau, ar y 'ddeddf foesol' ac ar sefydliadau cydweithredol, heb sôn am y lle canolog a roddai'r ddau i'r Gymraeg; a dyna'r ffordd, wedyn, y maent ill dau yn gymeriadau 'ar wahân', yn sefyll yn erbyn y llif – gw. R. M. Jones, *Ysbryd y Cwlwm*, tt.284, 291, 307, 332; Dafydd Glyn Jones, 'His Politics', yn *Presenting Saunders Lewis*, gol. Alun R. Jones a Gwyn Thomas, ail argraffiad (Caerdydd: Gwasg Prifysgol Cymru, 1983), tt.59–61; R. Tudur Jones, *Ffydd ac Argyfwng Cenedl*, cyf. 2, tt.245, 249; idem, 'Michael D. Jones a Nimrodaeth Lloegr', *Y Genhinen*, 24:3–4 (1974), t.164; idem, *The Desire of Nations*, tt.182, 206; D. Gwenallt Jones, 'Michael D. Jones (1822–1898)', t.22; Dafydd Tudur, 'Life, Thought and Work of Michael Daniel Jones', tt.6–7.

[76]John Davies, *Hanes Cymru*, t.372.

[77]Darlith i Gyfeillion Llyfrgell Genedlaethol Cymru yn 2000 oedd un Geoffrey Powell. Fe'i cyhoeddwyd ar wefan y Llyfrgell: <http://www.llgc.org.uk/fileadmin/documents/pdf/geoffrey_powell_c.pdf>. Gw. hefyd Mair Elvet Thomas, *Afiaith yng Ngwent*. Bu Bunsen yn gyfrwng i dynnu sawl ysgolhaig Almaenig i gystadlu ar destunau traethodau Eisteddfodau Cymreigyddion y Fenni.

[78]John Davies, *Hanes Cymru*, t.402; R. M. Jones, *Ysbryd y Cwlwm*, t.286; R. Tudur Jones, *Grym y Gair a Fflam y Ffydd*, pennod 11; idem, *Hanes Annibynwyr Cymru*, tt.268–73. Fel y noda R. Tudur Jones yn *Hanes Annibynwyr Cymru*, t.273, dechreuodd radicaliaeth *laissez-faire* a'r farchnad rydd edwino ar ôl tua 1870, a gwelwyd to o arweinwyr iau, a gysylltwn â Mudiad Cymru Fydd, yn closio at bwyslais Michael D. Jones.

[79]Samuel Roberts, *Funeral Addresses* (Conwy: R. E. Jones, [1880]), tt.112–28. Yn ogystal â'r cymdeithasau Cymreigyddol, yr oedd canghennau lleol Cymdeithas y Beibl yn fannau cyfarfod pwysig yn y cyfnod ar gyfer pobl ar draws yr enwadau.

[80]D. Gwenallt Jones, 'Michael D. Jones (1822–1898)', tt.16–17; R. M. Jones, *Ysbryd y Cwlwm*, t.291.

[81]R. Tudur Jones, *Ffydd ac Argyfwng Cenedl*, cyf. 2, t.229.

[82]Dafydd Tudur, 'Michael D. Jones's Costume: An Expression of His Political and Religious Beliefs', *The Journal of Welsh Religious History*, 3 (2003), tt.53–68; [Jane Williams ('Ysgafell')], *The Literary Remains of the Rev. Thomas Price, Carnhuanawc*, cyf. 2 (Llanymddyfri: William Rees, 1855), tt.287–8, 307–8, 355–6; Sian Rhiannon Williams, 'Llwydlas, Gwenynen Gwent a Dadeni Diwylliannol y Bedwaredd Ganrif ar Bymtheg', yn *Cof Cenedl XV*, gol. Geraint H. Jenkins (Llandysul: Gwasg Gomer, 2000), t.125.

[83]Ann Rosser, *Telyn a Thelynor: Hanes y Delyn yng Nghymru, 1700–1900* ([Caerdydd]: Amgueddfa Werin Cymru, 1981), tt.105, 107; Dafydd Tudur, 'Life, Thought and Work of Michael Daniel Jones', t.105. Mae'n amlwg bod Dr Pan Jones, disgybl a chofiannydd Michael D. Jones, ar delerau da iawn ag Arglwyddes Llanofer. Treuliodd ei wyliau yn Llanofer dros sawl blwyddyn yn ystod ei 1860au, pan oedd yn fyfyriwr yn yr Almaen, ac yn 1869 cynigiodd yr Arglwyddes iddo gyflog o £80 y flwyddyn a'i lety pe bai'n aros yno yn hytrach na derbyn galwad i fynd yn weinidog – gw. E. Pan Jones, *Oes Gofion* (Y Bala: H. Evans, [1911?]), tt.47–8. Cyswllt diddorol arall rhwng y Bala a Llanofer yw John Jones

('Tegid' neu 'Ioan Tegid'; 1792–1852), un o'r 'Hen Bersoniaid Llengar' ac un a fu'n cynorthwyo'r Arglwyddes Charlotte Guest i baratoi ei chyfieithiad o'r Mabinogion i'r Saesneg.

[84]Cf. y pwyslais ar y Gymraeg gan Anglicaniaid gwlatgar megis Dewi o Ddyfed (David James, 1803–71) a'r 'Association of Welsh Clergy in the West Riding of the County of York' yn yr un cyfnod – gw. R. Tudur Jones, 'Yr Eglwysi a'r Iaith Gymraeg yn y Bedwaredd Ganrif ar Bymtheg', yn *'Gwnewch Bopeth yn Gymraeg': Yr Iaith Gymraeg a'i Pheuoedd 1801–1911*, gol. Geraint H. Jenkins (Caerdydd: Gwasg Prifysgol Cymru, 1999), tt.217–19; idem, 'Yr Eglwysi a'r Iaith yn Oes Victoria', *Llên Cymru*, 19 (1996), tt.152–5.

[85]Glanmor Williams, adolygiad ar *Seiliau Hanesyddol Cenedlaetholdeb Cymru*, Y Llenor, 30:2 (Haf 1951), t.102. Gwladgarwr Eidalaidd radical oedd Giuseppe Mazzini (1805–72), a fu'n amlwg yn yr ymgyrch i greu Eidal unedig ac annibynnol. Bu'n gohebu â Gwilym Hiraethog, ac y mae rhai o lythyrau Mazzini ato, yn dyddio o'r blynyddoedd 1861–64, yn y Llyfrgell Genedlaethol (Llsg. LlGC 13705C). Gw. E. D. Jones, ' "Gwilym Hiraethog" a Giuseppe Mazzini', *Cylchgrawn Llyfrgell Genedlaethol Cymru*, 1:3 (Haf 1940), t.149; T. Gwynfor Griffith, 'Italy and Wales', *Trafodion Anrhydeddus Gymdeithas y Cymmrodorion*, Sesiwn 1966: Rhan 2, tt.294–8. Mae Michael D. Jones yn cyfeirio at Mazzini mewn erthygl yn *Y Ddraig Goch* yn Awst 1876 – gw. Dafydd Tudur, 'Life, Thought and Work of Michael Daniel Jones', t.111.

[86]Mewn llythyr at Eben Fardd (Ebenezer Thomas, 1802–63), dyddiedig 4 Chwefror 1850, yn LlGC, Llsg. Cwrtmawr, 77B. Roedd Hugh Derfel Hughes yn dad-cu i Syr Ifor Williams.

[87]Marian Henry Jones, 'Wales and Hungary', *Trafodion Anrhydeddus Gymdeithas y Cymmrodorion*, Sesiwn 1968: Rhan 1, t.8.

[88]*Y Celt*, 7 Mawrth 1890; dyfynnwyd yn rhagymadrodd D. Gwenallt Jones i'w *Detholiad o Ryddiaith Gymraeg R. J. Derfel*, [cyf. 1] (Y Clwb Llyfrau Cymreig, 1945), t.20.

[89]Marian Henry Jones, 'Wales and Hungary', t.23.

[90]D. Gwenallt Jones, 'Michael D. Jones (1822–1898)', t.11. Ar Robert Jones Derfel (1824–1905), a oedd fel Hugh Derfel Hughes yn frodor o Landderfel, gw. rhagymadrodd Gwenallt yn *Detholiad o Ryddiaith Gymraeg R. J. Derfel*; Arthur Meirion Roberts, 'R. J. Derfel, 1824–1905', *Y Traethodydd*, Ionawr 2009, tt.34–54. Er i Gwenallt alw Michael D. Jones ac R. J. Derfel 'y ddau genedlaetholwr cyntaf', sylwer iddo ddweud hyn am y Barnwr A. J. Johnes (1809–71) yn ei ragymadrodd i'w ddetholiad o ryddiaith R. J. Derfel: 'Arthur J. Johnes oedd tad y mudiad cenedlaethol yn hanner cyntaf y [bedwaredd ganrif ar bymtheg], ac ni allai fyw ond yn Sir Feirionnydd' (t.20) – er rhaid cofio mai un o sir Drefaldwyn oedd Johnes! Roedd A. J. Johnes yn drwm dan ddylanwad yr 'Hen Bersoniaid Llengar' a chylch Llanofer. Ef a Gwilym Hiraethog oedd y prif arweinwyr yng Nghymru yn yr ymgyrch i gefnogi gwrthryfel yr Hwngariaid; a diddorol yw gweld iddo rannu llwyfan â thad Michael D. Jones mewn cyfarfod cyhoeddus yn y Bala i gefnogi'r Hwngariaid, 28 Rhagfyr 1849 – gw. Marian Henry Jones, 'Wales and Hungary', tt.16–17, 18–19. Sylwer bod R. T. Jenkins o'r farn bod Gwilym Hiraethog 'ar fwy nag un ystyr yn dad cenedlaetholdeb gwleidyddol Cymru' ('Yr Annibynwyr Cymreig a Methodistiaeth', tt.141–2).

[91]Dr Jerry Hunter, mewn darlith yn 2001, a dynnodd sylw at y ffaith fod ffoduriaid o chwyldroadau Cyfandir Ewrop – 'The Forty Eighters' fel y'u gelwid – wedi dechrau cyrraedd Cincinnati erbyn cyfnod Michael D. Jones yno. Er enghraifft, yn Nhachwedd 1848, tra oedd ar ymweliad â Cincinnati, bu Friedrich Hecker (1811–81), un o'r 'Forty Eighters' amlycaf, yn gyfrifol am ffurfio yno y gangen Americanaidd gyntaf (mae'n debyg) o'r gymdeithas radicalaidd a gwladgarol Almaenaidd, y *Turnverein*. Gw. Carl Wittke,

'Ohio's Germans, 1840–1875', *Ohio Historical Quarterly*, 66:4 (Hydref 1957), tt.340, 344, 347–9; idem, *Refugees of Revolution: The German Forty-Eighters in America* (Philadelphia: Gwasg Prifysgol Pensylfania, 1952); Robert Knight Barney, 'America's First Turnverein: Commentary in Favor of Louisville, Kentucky', *Journal of Sport History*, 11:1 (Gwanwyn 1984), tt.134–5; Thomas Adam (gol.), *Germany and the Americas* (Santa Barbara, CA: ABC-CLIO, 2005), tt.240, 243.

[92]D. Gwenallt Jones, 'Michael D. Jones (1822–1898)', tt.10–11. Gw. hefyd Dafydd Tudur, 'Life, Thought and Work of Michael Daniel Jones', tt.109–14.

[93]*Y Cenhadwr Americanaidd*, Rhagfyr 1848, t.365; R. M. Jones, *Ysbryd y Cwlwm*, tt.282–4. Gogleisiol yw cofio mai 1848 oedd blwyddyn cyhoeddi *Maniffesto Comiwnyddol* Marx ac Engels.

[94]*Y Cenhadwr Americanaidd*, Rhagfyr 1848, t.364. Noder bod y fersiwn o'r llythyr a gyhoeddwyd gan Pan Jones yn *Oes a Gwaith... Michael Daniel Jones*, tt.41–6, wedi ei olygu'n eithaf trwm. Sylwadau yn *Y Cenhadwr Americanaidd*, Awst 1848, t.244, o blaid gwladfa Gymreig gan frodor arall o Lanuwchllyn – y Parch. Morris Roberts (1799–1878), Remsen – a ysgogodd Michael D. Jones i lunio ei lythyr ef ar yr un pwnc.

[95]Gw. Dafydd Tudur, 'Life, Thought and Work of Michael Daniel Jones', t.84. Ceir cerdd fer, 'Wrth Weled Baban', gan 'Dan o Wynedd' yn *Y Dysgedydd*, Ionawr 1848, t.23.

[96]Gw., er enghraifft, E. G. Millward, 'Cymhellion Cyhoeddwyr yn y XIX Ganrif', yn *Astudiaethau Amrywiol*, gol. Thomas Jones (Caerdydd: Gwasg Prifysgol Cymru, 1968), tt.67–83; Huw Walters, 'Y Gymraeg a'r Wasg Gylchgronol', yn *'Gwnewch Bopeth yn Gymraeg': Yr Iaith Gymraeg a'i Pheuoedd 1801–1911*, gol. Geraint H. Jenkins (Caerdydd: Gwasg Prifysgol Cymru, 1999), tt.339–42.

[97]Dafydd Tudur, 'Life, Thought and Work of Michael Daniel Jones', tt.86–9. Diddorol gweld Michael D. Jones yn pwysleisio mewn llythyrau yn *Y Cenhadwr Americanaidd* ac yn *Y Dysgedydd* yn Ebrill 1849 mai ardaloedd mwyaf Seisnigedig Cymru, megis sir Faesyfed, oedd yr ardaloedd mwyaf anfoesol yng Nghymru. Ceir dadleuon tebyg gan Ieuan Gwynedd (Evan Jones; 1820–52) yntau wrth iddo ymgyrchu yn erbyn y Llyfrau Gleision. Trawiadol yw gweld mai tri gŵr ifanc o gyffiniau'r Bala – Ieuan Gwynedd, R. J. Derfel a Michael D. Jones – oedd y mwyaf brwd eu hamddiffyniad o'r Gymraeg yng nghanol y protestio chwyrn yn erbyn y Llyfrau Gleision. Bu mam Ieuan Gwynedd yn aelod yn yr Hen Gapel, Llanuwchllyn, ond ochrodd gyda gwrthwynebwyr Michael Jones adeg 'Brwydr y Systemau'; ond yn achos Brad y Llyfrau Gleision, yr oedd y ddau fab, Michael D. Jones ac Ieuan Gwynedd ar yr un ochr! Ar ddiwedd llythyr yn *Y Cenhadwr Americanaidd*, Ebrill 1851, t.126, ceir hyn gan Michael D. Jones: 'Y mae iechyd Ieuan Gwynedd yn lled ddrwg o hyd; ond er ei fod megys yn nghrafangau angeu er ys talm, y mae yn ysgrifenu cymaint ag erioed.'

[98]R. Tudur Jones, *Ffydd ac Argyfwng Cenedl*, cyf. 2, tt.247, 249. Yn fwy felly, gellid dadlau, nag yn achos ei ddisgybl enwocach, Emrys ap Iwan, o gofio sylwadau Dafydd Glyn Jones: '*[Emrys ap Iwan's] message may be seen as part of Michael D. Jones's doctrine, separated from the whole, but expressed with an articulateness surpassing that of its original author. We do not find in Emrys's writings a vision of social justice comparable to that of Michael D. Jones in breadth and coherence, but we find the clearest vision yet of the importance of language as a political factor*' (Dafydd Glyn Jones, 'The Welsh Language Movement', t.274).

[99]R. M. Jones, *Ysbryd y Cwlwm*, t.287.

[100]Gw., er enghraifft, Iorwerth Jones, *David Rees y Cynhyrfwr* (Abertawe: Gwasg John Penry, 1971), tt.240–4, 274.

[101]Gw. Prys Morgan, 'From Long Knives to Blue Books', yn *Welsh Society and Nationhood*, gol. R. R. Davies *et al* (Caerdydd: Gwasg Prifysgol Cymru, 1984), tt.208–9.

Michael D. Jones a Thynged y Genedl*

R. Tudur Jones

Ym mhlwyf Llanuwchllyn ar 2 Mawrth 1822 y ganed Michael Daniel Jones, yn fab i Michael Jones (1785–1853), gweinidog yr Annibynwyr. Cafodd ei addysg wrth draed ei dad, ac ar ôl hynny yng Ngholeg Presbyteraidd Caerfyrddin, gan orffen yng Ngholeg Annibynnol Highbury, Llundain. Wedi gorffen ei addysg penderfynodd fynd i weld y byd. Felly, yn 1848 hwyliodd am America. Yr oedd 1848 yn flwyddyn bwysig yn hanes Ewrop. Dyna flwyddyn y chwyldroadau a'r flwyddyn pan gipiodd Louis Kossuth (1802–94) awenau llywodraeth yn Hwngari. Ysgrifennodd Gwilym Hiraethog yn wresog o blaid ei ymgyrch i ennill rhyddid ei wlad a daeth yn arwr i lu o radicaliaid mewn llawer gwlad. Lawer gwaith yn ystod y blynyddoedd cyfeiriodd Michael D. Jones at Kossuth gydag edmygedd. Er enghraifft, ysgrifennodd yn 1878, 'Cyhoeddodd yr anfarwol Kossuth yr athrawiaeth drwy holl Ewrop yn 1848, fod gan bob cenedl hawl i lywodraethu ei hunan.' Gan mor fynych y mae'n cyfeirio fel hyn at yr arweinydd Hwngaraidd, mae'n rhaid casglu mai ef yn anad neb arall a'i gwefreiddiodd â'r weledigaeth a oedd i ysbrydoli ei waith tros genedl y Cymry weddill ei oes.

Er hynny, yn y Taleithiau Unedig y gwelodd pa mor berthnasol i achos Cymru oedd dysgeidiaeth ac esiampl Kossuth. Yr oedd yn ddigon naturiol iddo fod eisiau mynd i America. Yr oedd ei chwaer, Mary Ann Jones (1817–80) yn byw yno ac yn briod ag Evan Bebb Jones (1805–66), cefnder i William Bebb, rheolwr Ohio o ddiwedd 1846 i ddechrau 1849. Ac o'u cwmpas yr oedd tylwyth canghennog y Bebbiaid a llu mawr o bobl Llanbryn-mair a'r cyffiniau. A merch Cwmcarnedd Isaf, Llanbryn-mair, oedd Mary, mam Michael D. Jones. O ran hynny, cyfyrder iddi oedd Ezekiel Hughes (1767–1849), prif arloeswr y sefydliad Cymraeg yn Paddy's Run, Ohio. Mae'n amlwg fod digonedd o bobl yn y Taleithiau i roi croeso cynnes i'r myfyriwr ifanc. Er hynny, yn ôl cyfaddefiad Michael D. Jones ei hun, nid i weld ei berthnasau yr aeth dros y dŵr, ond i weld 'gweriniaeth gartref' a 'chaethwasiaeth mewn ymarferiad', yn ogystal ag i fesur manteision ac anfanteision y Cymry mewn gwlad newydd.

---

*Cyhoeddwyd yr ysgrif hon yn wreiddiol yn *Cof Cenedl [I]*, gol. Geraint H. Jenkins (Llandysul: Gwasg Gomer, 1986).

Mewn gair, radical ifanc o genedlaetholwr oedd Michael D. Jones yn croesi'r Iwerydd. Gellir blasu ei radicaliaeth mewn llythyr a gyhoeddodd yn *Y Cenhadwr Americanaidd* yn Nhachwedd 1848. Byrdwn ei lythyr yw'r gorthrwm a'r tlodi sydd yng Nghymru. Mae'n teimlo i'r byw dros y rhai sy'n dioddef, a dywed:

> Beiddiaf ddywedyd yn hyf oddi ar yr hyn a welais a'm llygaid fy hunan, *fod y rhan fwyaf o lawer* o weithwyr siroedd Meirionydd a Threfaldwyn, ac mor bell ag yr ydwyf yn deall, yr oll o'r Gogledd a Deheudir Cymru [...] oddieithr y manau y mae y gweithfeydd ynddynt, *naill ai ar y ffordd i dlodi, neu eisoes mewn tlodi*, a bod gwragedd a phlant rhai o honynt a theuluoedd mawrion, ar amserau *yn dyoddef eisiau bwyd*, a bob amser mewn carpiau.

Yn y rhifyn dilynol, rhifyn Rhagfyr, cyhoeddwyd llythyr pellach ganddo uwchben y ffugenw, 'Dan o Benllyn'. Fe'i hysgrifennwyd ar 4 Hydref 1848, ac ar 23 Hydref yr oedd yn ysgrifennu llythyr eto. Mae'r ddau lythyr diwethaf yn codi cwestiynau ynglŷn â thynged y Cymry a ymfudodd i America. Yn llythyr 4 Hydref, mae'n dweud:

> A ydyw ein hiaith, ein harferion, ein crefydd a'n moesau fel cenedl, ddim yn werth eu cadw i fyny? Ac onid ydyw hanes ein cenedl yr ochr hyn i'r Werydd, yn gystal a'r ochr draw, ddim yn profi fod colli ein hiaith yn golli y tri eraill?

Yr oedd y Cymry'n troi'n Iancis yn America, meddai, ac yn mabwysiadu eu harferion drwg. 'Pa gynllun a ellir ei ddyfeisio [...] i roddi pen yn mhlith y Cymry ar y gwallgofrwydd [... ag] sydd wedi achosi pendroniad llawer yn yr America?' Ei ateb yw, 'Gwladychfa Gymreig'. A ble gellir cael peth felly? Talaith Wisconsin yw ei awgrym. 'Y mae yn lle iach, newydd, nid rhy newydd, marchnadoedd yn gyfleus, ac y mae y Trefnyddion Calfinaidd wedi ymroddi i sefydlu yno yn fwy nag yn un man arall.' Mae'n taro'r un tant yn ei lythyr dyddiedig 23 Medi 1848. Mae'n troi'r tu min at y *Saeson* – gan olygu'r Americaniaid. Mae Cymry o berfeddion gwlad yn ymfudo i America, 'ac wedi iddynt weled Saeson, a llawer o Saeson, a dim llawer ond Saeson', deuant i gredu mai Saeson a Saesneg a phethau Saesneg yw pob peth. Unwaith eto, gwêl yr ateb yn Wisconsin:

O na welwn y Cymry yn yr America wedi ymgrynhoi fel cenedl i Wisconsin i drin daear, fel y byddent yn codi teuluoedd cymhwys i groesi y mynyddau i fynd i Oregon, os gallwn lwyddo gyda llywodraeth Prydain i roddi cyfreithiau Cymreig yno, a hyny a allwn os deffroa ein cenedl bob tu i'r Iwerydd i honi eu hawl i'w hiawnderau.

Daw amryw bethau'n amlwg am safbwynt Michael D. Jones yn y llythyrau hyn. Yn gyntaf, mae'n sylweddoli nad yw'n ymarferol bosibl i rwystro ymfudo o Gymru tra bo tlodi a gorthrwm landlordiaid yn y wlad. Yn ail, yr oedd am geisio sicrhau bod y Cymry'n cadw eu nodweddion cenedlaethol er ymsefydlu mewn gwlad dramor. Iddo ef, felly, nid mater i unigolion a geisiai ffoi rhag cyni economaidd oedd ymfudo; yr oedd pobl yn ymfudo fel aelodau o genedl. Yn drydydd, credai y byddai ymsefydlu gyda'i gilydd a sicrhau statws i'r Gymraeg yn diogelu moesau a thraddodiad crefyddol yr ymfudwyr. Unwaith eto, yr oedd yn dangos gwerthfawrogiad byw o gyfraniad yr uned gymdeithasol yn hyn o beth a thrwy hynny'n gwyro oddi wrth y math o unigolyddiaeth a oedd yn nodweddu syniadau radicaliaid fel Samuel Roberts ('S. R.'). Ac yn olaf, gwêl y gobaith gorau i'r Cymry alltud ddiogelu eu hunaniaeth fel cenedl yn y Taleithiau Unedig. A hyd yn oed wrth drafod pwysigrwydd diogelu nodweddion cenedlaethol, mae'n ehangu'r weledigaeth i gynnwys gwleidyddiaeth. Yn hyn o beth yr oedd yn gwahaniaethu oddi wrth genedlaetholwyr fel clerigwyr Cymreig Swydd Gaerefrog – yr 'Association of Welsh Clergy in the West Riding of the County of York'. Ymhlith y rheini yr oedd gwŷr huawdl fel Dewi o Ddyfed (David James, 1803–71) yn gallu protestio nad oedd yn iawn i'r Cymry orfod aberthu eu nodweddion cenedlaethol, eu hiaith, eu llenyddiaeth a'u traddodiad barddol. A cheid llawer un arall ym mlynyddoedd canol y ganrif yn moli'r iaith a'r traddodiad llenyddol ac yn galw am eu trysori a'u diogelu. Ond y mae Michael D. Jones yn mynd y tu hwn i'r ffurf hon ar 'genedlaetholdeb diwylliannol'. Iddo ef, y mae'r genedl yn rhywbeth mwy nag uned ddiwylliannol; y mae'n gymuned wleidyddol. Beth bynnag yw'r gwahaniaethau rhwng Cymry a'i gilydd, meddai yn ei lythyr ar 4 Hydref, *'byddwn un mewn gwladaeth'*. Mae'n gweld cenedligrwydd fel rhwymyn i uno'r Cymry â'i gilydd.

Eisoes yn y cyfnod hwn daw nodwedd arall yn ei gyfraniad i'r amlwg. Nid digon ganddo drin syniadau'n unig. Yn ei lythyr yn *Y Cenhadwr Americanaidd* yn Nhachwedd 1848 pwysai am sefydlu cymdeithas i roi cymorth ariannol i Gymry tlodion a oedd eisiau teithio i America. Nid oedd brinder cymorth ar eu cyfer ar ôl iddynt lanio, oherwydd yr oedd cymdeithas elusennol yn Philadelphia i wneud hynny. Ar 2 Tachwedd 1848 cynhaliwyd cyfarfod yng nghapel y Bedyddwyr, Heol Harrison, Cincinnati, i 'edrych a ellid gwneud dim i gynorthwyo pobl weithgar i ymfudo o'r hen wlad i America'. Codwyd Edward Jones, gweinidog y Methodistiaid Calfinaidd yn y dref, yn gadeirydd, a Michael D. Jones yn ysgrifennydd. A gorffennodd y pwyllgor ei waith mewn ail gyfarfod ar 9 Tachwedd. Penderfynwyd sefydlu 'Cymdeithas y Brython', gyda'r bwriad o benodi swyddogion yn Efrog Newydd a 'dirprwywyr' yn Lerpwl i ddewis ymfudwyr addas. Wedi iddynt gael eu dewis y bwriad oedd i Gymdeithas y Brython dalu eu costau teithio i'r cwmnïau llongau. Dau amod a oedd ynghlwm wrth y cymorth ariannol: fod yr arian i'w dalu'n ôl ymhen deunaw mis a bod yr ymfudwyr i wladychu yn y mannau lle'r oedd gan y Gymdeithas gangen. Gobeithiai'r Gymdeithas godi cyfalaf trwy gasgliadau yn eglwysi Cymraeg America a thrwy godi tâl aelodaeth ar bawb a fynnai berthyn iddi. Mae'n amlwg fod peth cefnogaeth i'r syniad oherwydd dywedir, er enghraifft, fod Cymdeithas Elusengar Utica wedi mynegi parodrwydd i dalu costau teithio hanner cant o Gymry i America ac wedi gwahodd Michael D. Jones i'w dewis.

Yr oedd Michael D. Jones yn cael ei sbarduno i lunio cynlluniau fel hyn gan yr argyhoeddiad fod newid mawr yn digwydd yn ymwybod cenedlaethol y Cymry. Dywedod wrth Gymry America yn Ebrill 1849 fod deffro cenedlaethol yn digwydd, a bod 'calonau cannoedd yno yn awr yn brwd ferwi allan iaith gwladgarwch, fel y mae lle cryf i gredu y byddant cyn hir yn mynegi yn ddiofn eu penderfyniad i barhau fel cenedl, ac na fynant mo'u difodi gan y morfil Saesonaidd'. Ond os oedd y brwdfrydedd newydd hwn i esgor ar wladfa yn America a fyddai'n diogelu cenedligrwydd yr ymfudwyr, rhaid meddwl am setlo y tu hwnt i'r mynyddoedd, 'oblegid y mae pob sefydliad a wneir yr ochr hyn i'r mynyddau yn rhwym o syrthio i ddifodiant'. A dyna pam y dechreuodd feddwl am Oregon 'fel Gwlad i Gymreigiaeth'. Ac ym Mawrth 1849 yr oedd yn trefnu taith trwy daleithiau Ohio, Pensylfania ac Efrog Newydd i geisio cefnogaeth.

Sŵn dyn sy'n bwriadu treulio ei oes yn y Taleithiau Unedig sydd yn y datganiadau hyn. Ac yn wir ar 7 Rhagfyr 1848 cafodd ei ordeinio yn weinidog Eglwys Lawrence Street, Cincinnati. Mae ambell gyffyrddiad bach chwithig yn y stori, o gofio gymaint o Annibynnwr a chymaint o Gymro oedd Michael D. Jones. Cafodd ei ordeinio mewn dull pur Bresbyteraidd, gan gael ei holi ymlaen llaw gan henaduriaeth o weinidogion, yn cynnwys Methodist Calfinaidd, Bedyddiwr ac Annibynnwr. Ac wedi iddynt hwy gael eu bodloni bu'r ordeinio yng nghapel Lawrence Street – mewn oedfa ddwyieithog! Ond byr iawn oedd ei arhosiad yn yr eglwys. Ym Mehefin 1849 gadawodd James Davies (1796–1873) Lanfair Caereinion ac ymfudo i Cincinnati i fod yn weinidog Lawrence Street. Nid oedd ond newydd gychwyn pan oedd ei ragflaenydd yn cael ei sefydlu'n weinidog Bwlchnewydd a Gibeon, sir Gaerfyrddin, 27 Mehefin 1850. Yna, ar 26 Medi 1854, penodwyd Michael D. Jones yn olynydd i'w dad fel pennaeth Coleg Annibynnol y Bala ac ar yr un pryd derbyniodd alwad i fod yn weinidog eglwysi Annibynnol y Bala, Soar, Bethel, Llandderfel a Thy'n-y-bont. A dyma'r maes yr oedd i weithio ynddo weddill ei oes.

Wedi iddo ddychwelyd i Gymru, parhaodd Michael D. Jones i ddadlau tros yr athroniaeth a fabwysiadodd yn 1848. Ac yr oedd sawl cymal i'r athroniaeth honno. Ni phallodd ei ddiddordeb mewn sefydlu gwladfa Gymreig ac ni chefnodd ar ei radicaliaeth gymdeithasol. Ond yr oedd ei dymor yn America wedi ei argyhoeddi mai ofer ceisio sefydlu trefedigaeth Gymraeg yn y Taleithiau Unedig oherwydd eu polisi hwy oedd lladd pob iaith ond Saesneg, ac yr oedd yn dweud hynny cyn gadael America. Yr oedd ei gred fod angen gwladfa Gymraeg cyn gadarned ag erioed, ond daeth i deimlo fod yn rhaid chwilio am wlad gymhwysach nag America ar ei chyfer. A daeth i gredu mai Patagonia oedd y lle mwyaf addawol. Ond, fel y cawn weld, yr oedd yr egwyddorion a ddatblygodd wrth ddadlau tros wladfa Gymraeg i fod yn sail i'w genedlaetholdeb wrth drafod problemau Cymru ei hunan. A chafwyd ernes o'i agwedd meddwl yn yr ymdaro rhyngddo a Gruffydd Rhisiart.

Yr oedd Gruffydd Rhisiart (Richard Roberts, 1810–83) yn frawd i Samuel Roberts ('S. R.'; 1800–85) a John Roberts ('J. R.'; 1804–84), a rhyngddynt buont yn cyhoeddi'r cylchgrawn bywiog a phigog hwnnw, *Y Cronicl*, am dros ddeugain mlynedd o'i gychwyniad yn 1843. Ac ynddo ceir didwyll laeth radicaliaeth y farchnad rydd. Calon y radicaliaeth honno, yn ôl J. R. yn *Y Cronicl* yn 1873–74, oedd y gred mai 'Rhyddfasnach a chydymgeisio yw yr hyn a geidw y byd yn ei le', ac mai 'trefn y nef' yw 'cydymgeisio'. A dyma'r argyhoeddiad a ysbrydolai erthygl Gruffydd Rhisiart ar 'Ymfudo' yn *Y Cronicl* yn 1851. Yr oedd ef am adael popeth ar drugaredd y farchnad rydd, nid yn unig gwenith, gwlân a llafur y gweithiwr, ond iaith a diwylliant hefyd. O ganlyniad yr oedd yn gwbl ddirmygus o'r siarad am sefydlu trefedigaeth Gymraeg. Credai fod yr iaith Gymraeg ar drengi. 'Mymryn o benwendid y beirdd

Cincinnati, Ohio yn niwedd yr 1840au, tua'r adeg y bu
Michael D. Jones yn weinidog yno

Michael D. Jones adeg ei briodas yn Rhagfyr 1859

Anne Lloyd (1832-1925), adeg ei phriodas â Michael D. Jones

Bodiwan, cartref Michael D. Jones a'i deulu yn y Bala

Y plac yn coffáu Michael D. Jones ar ei gartref yn y Bala

*Michael D. Jones a rhai o fyfyrwyr Coleg Annibynnol y Bala
ddiwedd yr 1850au*

Michael D. Jones, a chopi o'r Celt yn ei law,
gyda myfyrwyr Coleg Annibynnol y Bala

Dr Evan Pan Jones (1834-1922), disgybl a chofiannydd Michael D. Jones

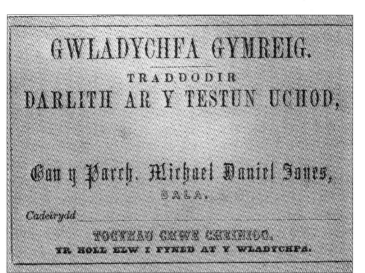

GWLADYCHFA GYMREIG.

TRADDODIR

DARLITH AR Y TESTUN UCHOD,

Gan y Parch. Michael Daniel Jones,

BALA.

Cadeirydd

TOCYNAU CHWE CHEINIOG.

YR HOLL ELW I FYNED AT Y WLADYCHFA.

Tocyn ar gyfer darlith gan Michael D. Jones ar y testun
'Gwladychfa Gymreig'

Darlun o'r Mimosa, *y llong a gludodd y fintai gyntaf o Wladfawyr*
i Batagonia yn 1865

Rhai o'r Gwladfawyr a hwyliodd i Batagonia ar fwrdd y Mimosa yn 1865: tynnwyd y llun yn 1890, adeg dathlu chwarter canmlwyddiant sefydlu'r Wladfa

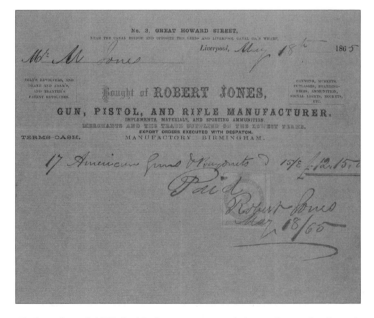

Derbynneb a gafodd Michael D. Jones am gynnau a bidogau a brynwyd yn Lerpwl ym Mai 1865 i fynd i'r Wladfa ym Mhatagonia

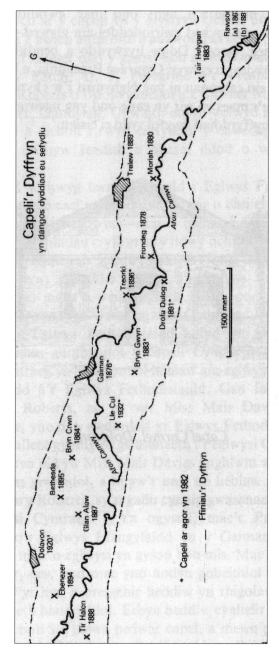

Capeli'r Dyffryn
yn dangos dyddiad eu sefydlu

Dolavon
1920*

Ebenezer
1894

Tir Halon
1888

Glan Alaw
1887

Bethesda
1895*

Bryn Crwn
1884*

Lle Cul
1932*

Gaiman
1876*

Bryn Gwyn
1883*

Treorki
1896*

Drofa Dulog
1891*

Frondeg 1878

Moriah 1880

Trelew 1883*

Tair Helygen
1883

Rawson
(a) 186?
(b) 188?

Afon Camwy

Afon Camwy

Afon Camwy

G

1500 metr

X Capeli ar agor yn 1982

— — — Ffiniau'r Dyffryn

Map yn dangos lleoliad capeli'r Cymry yn Nyffryn Camwy a dyddiad eu sefydlu – o gyfrol Robert Owen Jones, Yr Efengyl yn y Wladfa (1987)

*Lewis Jones (1836-1904), un o brif sefydlwyr y Wladfa,
a rhai o Frodorion y wlad tua 1867*

Tudalen o albwm yn cynnwys lluniau o'r Wladfa a rhai o'i phrif sylfaenwyr, a
gyflwynwyd i Dywysog Cymru i gofio am ei ymweliad ag Ariannin yn 1925:
(1) Love Jones-Parry; (2) Abraham Matthews; (3) Edwin Cynrig Roberts;
(4) y tŷ cyntaf a godwyd yn y Gaiman; (5) y cerbyd cyntaf yn y Wladfa, a wnaed gan
Hugh Hughes ('Cadfan Gwynedd') o bren llongau a ddrylliwyd;
(6) Michael D. Jones; (7) y trên cyntaf yn gadael Trelew am Borth Madryn yn 1880;
(8) David Lloyd Jones.

Y fintai a oedd ar y ffordd o'r Wladfa ym Mhatagonia i Saskatchewan, Canada, ar
fwrdd y llong Numidian ym mhorthladd Lerpwl, Mehefin 1902

a'r llenorion ydyw eu hymdrech i gadw yr hen iaith wrth ben ei thraed trwy gyfrwng attegion, a ffyn baglau.' Gadawer iddi farw 'heb gael ei phoeni â balmau a phlasterau Cymreigyddion ac Eisteddfodau'.

Yr oedd ateb Michael D. Jones yn *Y Cronicl* yn 1851 yn dangos yn eglur na fynnai dderbyn egwyddorion sylfaenol radicaliaeth y Robertsiaid. Mynnai mai gwneud dewis yr oedd Gruffydd Rhisiart. Y peth y dylsai Gruffydd Rhisiart fod wedi ei ysgrifennu oedd ei fod yn gwrthwynebu trefedigaeth Gymraeg *am fy mod yn dymuno i hyny beidio cymryd lle'*, a'r un modd, os byddai'r iaith farw, byddai farw am fod Gruffydd Rhisiart a'i debyg wedi ewyllysio ei marwolaeth. Mae dyfodol cenedl yn dibynnu ar ei hewyllys. Hynny yw, yr oedd Gruffydd Rhisiart a'i frodyr yn symud tynged iaith a chenedl allan o fyd moesoldeb – byd y dewis – a'i osod y tu mewn i gylch gweithrediad mecanyddol deddfau diwrthdro nad oes a wnelont ag ewyllys dynion. I Michael D. Jones y mae unigolion penderfynol, pan fônt yn ymuno â'i gilydd mewn cymdeithasau milwriaethus, yn gallu newid cwrs hanes. Dyna pam yr oedd ar hyd ei oes yn ymladdwr mor ddiflino.

Ac y mae'r cyfnewid syniadau hwn rhyngddo a Gruffydd Rhisiart yn 1851 yn gefnddeuddwr lle gwelir y gwahanu rhwng y ddwy ffrwd radicalaidd, y naill yn gwreiddio yn y ffydd fod Rhagluniaeth yn llywodraethu'n ddirgel y drefn gystadlu, a'r llall yn gwreiddio yn y ffydd fod cymdeithas yn gallu lliniaru gweithrediadau'r drefn gystadleuol yn enw'r ddeddf foesol.

Mae'n werth sylwi mai *cefnogi* y mudiadau i gael gwladfa Gymraeg yr oedd Michael D. Jones yn hytrach na'i osod ei hunan ar flaen y gad. Rhoddwyd cynnig ar greu gwladfa felly ymhell cyn ei ddyddiau ef, fel gan William Vaughan (1577–1641) yn Newfoundland yn y blynyddoedd ar ôl 1616, a chan Morgan John Rhys (1760–1804) ym Mhensylfania yn 1796. Cymeradwyo'r syniad hwn a wnaeth Michael D. Jones. Yn y bôn, nid oedd o blaid ymfudo a chredai pe câi Cymru ymreolaeth y gellid gwella ei hamaethyddiaeth a'i diwydiannau ddigon i'w gwneud yn ddianghenraid i'w phobl fynd i wledydd eraill i sicrhau bywoliaeth. Tristwch anorfod oedd ymfudo, ond gan na ellid ei atal, gwell ei sianelu mewn modd a fyddai'n diogelu'r bywyd Cymraeg.

Yn y blynyddoedd ar ôl 1851, bu'n dawel ynglŷn â'r pwnc nes i bobl eraill alw am ei gymorth. A phan ddeisyfodd pobl y Taleithiau Unedig arno yn 1856 i dynnu sylw pobl yng Nghymru at y cynllun i gael gwladfa Gymraeg yn y Taleithiau, dechreuodd ailafael yn y mater a galw cyfarfod yn y Bala ar 15 Awst 1856. Ar y pryd, er ei fod yn gogwyddo at Batagonia fel man posibl i setlo, nid oedd wedi cefnu ar y syniad o roi cynnig ar le fel Ynys Vancouver, a bu'n gohebu â'r llywodraeth yn Llundain ar y mater. Ond De America oedd yn cario'r dydd. Gwahoddwyd ef i fynd drosodd i'r Taleithiau Unedig i helpu gyda threfnu ymwelwyr i chwilio am le addas yn Ne America. Yr oedd yn fwy na pharod i dderbyn y gwahoddiad oherwydd credai ei bod yn angenrheidiol cael rhyw gant o arloeswyr i fynd o'r Taleithiau Unedig i rywle addas yn Ne America fel y gellid manteisio ar eu profiad hwy i baratoi'r ffordd ar gyfer mintai fawr o ymfudwyr pan fyddai'r lle'n barod. Credai hefyd y dylid ffurfio cwmni masnachol gydag Americaniaid yn bennaf yn prynu cyfranddaliadau ynddo i roi sylfaen busnes cadarn i'r fenter. A rhaid hefyd gwneud trefniadau cyfreithiol addas i sicrhau meddiant ar unrhyw dir y byddai'r Cymry'n mudo iddo. Felly, hwyliodd allan i'r America a chyrraedd ar 30 Awst 1858, gan fwriadu bwrw rhyw dri mis yno. Ond daeth yn amlwg yn fuan iawn nad oedd cefnogaeth i'w gynlluniau a rhaid oedd eu rhoi heibio.

Er hynny, yr oedd aelodau 'Cymdeithas y Bwcis', cymdeithas lenyddol yng Nghaernarfon a gyfarfyddai mewn ystafell yng nghapel Engedi, yn dal yn selog o blaid sefydlu gwladfa. Y mwyaf brwdfrydig o'i haelodau oedd Hugh Hughes ('Cadfan Gwynedd'; 1824–98), ond symudodd i Lerpwl yn niwedd yr 1850au ac yn y ddinas honno y bu'r gweithgarwch mwyaf ynglŷn â threfnu'r ymfudo i Batagonia. Barn R. Bryn Williams yn ei lyfr *Y Wladfa* (1962) oedd, 'Oni bai am Cadfan, ni chredaf y buasai'r Wladfa wedi ei sefydlu o gwbl.' Er bod y Gymdeithas Wladychfaol wedi ei sefydlu mewn cyfarfod yn Hope Hall, Lerpwl, ar 9 Gorffennaf 1861, nid oedd Michael D. Jones wedi cymryd unrhyw ran o bwys yn y drafodaeth tan ddechrau 1862 pan wahoddwyd ef i ymuno â'r Gymdeithas. O hynny ymlaen, ymfwriodd gyda brwdfrydedd cynyddol i'r gwaith a dod yn un o brif hyrwyddwyr y mudiad. Wedi llawer o drafod, a dioddef pob math o rwystredigaeth, hwyliodd y llong *Mimosa* o Lerpwl ar 28 Mai 1865 ac ar ei bwrdd y fintai gyntaf o ymfudwyr. Glaniodd yn y Wladfa ar 28 Gorffennaf pan oedd yn aeaf yno i wynebu anawsterau dychrynllyd.

Bu llawer iawn o flerwch ynglŷn â threfnu'r antur hon. Dewiswyd Patagonia heb ymchwiliad digon manwl i ansawdd y wlad a'r tywydd. Ni chymerwyd sylw digon difrifol o ddatganiadau llywodraeth yr Ariannin na allai ganiatáu hunanlywodraeth gyflawn i unrhyw gasgliad o ymfudwyr. Yr oedd trefniadau'r daith yn llawer rhy ffwrdd-â-hi a'r ddarpariaeth ariannol yn annigonol. Er bod Michael D. Jones yn hyderus fod ganddo ddoniau trefnydd, y gwir oedd ei fod yn hollol ddibrofiad a bu ei gefnogaeth hael i'r ymfudo'n gyfrwng i'w arwain ef a'i briod i argyfyngau ariannol dwys. Ar ben hyn i gyd, ychydig o aelodau'r fintai gyntaf a feddai'r profiad a'r wybodaeth i fynd i'r anialwch a sefydlu cymdeithas ffyniannus o amaethwyr. Nid yw hyn i gyd yn tynnu yn y dim lleiaf oddi wrth arwriaeth eu hymdrech ac nid arnynt hwy yr oedd y bai am lawer o'r anawsterau a'u hwynebodd yn ystod y blynyddoedd. Yr oedd yn glod mawr i'w penderfyniad a'u hymroddiad eu bod wedi cadw'r Wladfa mewn bodolaeth drwy'r cwbl.

Hon oedd antur fawr bywyd Michael D. Jones. Bu'n lladmerydd diflino tros y Wladfa weddill ei oes. Prin bod wythnos yn pasio nad oedd ganddo ryw lith yn y wasg yn rhoi gwybodaeth am y Wladfa ac yn dadlau ei hachos. Er iddo ymroi i'r fenter yn y gobaith y gwelid gweriniaeth hunanlywodraethol Gymraeg yn Ne America, buan y sylweddolodd na ellid gwireddu'r gobaith hwnnw. Ond yr oedd y Wladfa wedi rhoi cyfle iddo ysbrydoli dychymyg pobl yng Nghymru ei hunan â'r angen am geisio sylweddoli yr un delfrydau, nid ym mhellafoedd daear ond yng Nghymru ei hunan. O ganlyniad, dros weddill ei yrfa ymroes i ddatblygu ac i gyhoeddi'r egwyddorion a gredai ef a oedd yn sylfaen i raglen felly. Ni chysylltodd ei hun yn agos iawn ag unrhyw fudiad neilltuol ar ôl 1870 ac fel yr heneiddiai tueddai i fod yn feirniadol o fudiadau o bob math. Oherwydd hynny, rhaid troi'n awr i sylwi ar ei syniadau.

Un o'i argyhoeddiadau gwaelodol oedd pwysigrwydd unedau cymdeithasol. Lle'r oedd cynifer o'i gyfoeswyr yn gweld pobl fel unigolion yn cystadlu am flaenoriaeth, yr oedd ef yn eu gweld fel personau wedi eu clymu wrth ei gilydd mewn rhwymau cymdeithasol ac yn tynnu maeth o'r cysylltiadau cyfoethog rhyngddynt a'i gilydd. Dywedodd iddo sylweddoli arwyddocâd yr argyhoeddiad hwn o'i fywyd crefyddol fel Annibynnwr. Pwyslais nodweddiadol yr Annibynwyr yw sofraniaeth y gynulleidfa unigol tan Grist. Y mae'r gynulleidfa ar y naill law yn gweithredu fel uned gymdeithasol a phob aelod unigol yn cyfrannu at ei bywyd. Ac ar y llaw arall, y mae'r gynulleidfa'n uniongyrchol gyfrifol i Grist am ei chred a'i hymddygiad, ac felly'n rhydd oddi wrth oruwchlywodraeth gan unrhyw gorff arall, crefyddol na seciwlar. Mae'r eglwys ar yr un pryd yn gynulleidfaol ac yn annibynnol, a bob amser yn gyfrifol i Grist, Pen yr Eglwys. Mewn un ystyr ni byddai'n annheg dweud mai seciwlareiddio'r egwyddorion hyn a wnaeth Michael D. Jones. A pheth pwysig iawn yn ei olwg oedd fod pob cymdeithas, crefyddol a seciwlar, yn gorff cyfrifol. Yr oedd yr uned gymdeithasol o dan yr un ddeddf foesol ag unigolion. Ac wrth gwrs, iddo ef yr oedd cyfrifoldeb pob cymdeithas yn y bôn yn gyfrifoldeb i Dduw, ffynhonnell y ddeddf foesol.

Gellir gweld fel yr oedd ei bwyslais ar flaenoriaeth y ddeddf foesol yn cael ei fynegi wrth astudio ei agwedd at imperialaeth. Magodd gynddaredd moesol tuag ati, a gellir synhwyro ei angerdd crefyddol yn ei ddatganiadau. ' "Babylon Fawr" y Beibl, "mam puteiniaid y ddaear", yw llywodraeth oresgynnol, a chyda hon y mae brenhinoedd y ddaear wedi puteinio', meddai yn *Y Ddraig Goch* yn 1876. Ar hyd y blynyddoedd taranai yn erbyn rhyfelgarwch ymerodraethau'r hen fyd, yr Aifft, Babylon a Rhufain, yn ogystal â'r ymerodraethau modern, Sbaen, Rwsia, Twrci a Lloegr. Ni flinai, er enghraifft, ar gystwyo Lloegr am ei gwaith yn lladd miloedd lawer o bobl yn India, Affrica, Affganistan a mannau eraill, a hynny am yr unig reswm eu bod yn amddiffyn eu gwledydd. Pan oedd y brwdfrydedd mawr tros ddathlu Jiwbili'r Frenhines Victoria yn lledu trwy'r wlad yn 1887, ei farn ef oedd mai rhagorach gwaith fyddai 'ymostwng mewn sach-lian a lludw am y lladd, y saethu, y creulonderau, a'r trais sydd wedi eu gwneud â chenhedloedd'. Ac yna daw'r haeriad nodweddiadol mai'r un ddeddf foesol sydd i reoli gwladwriaethau ag sy'n rheoli unigolion: 'Pe buasai unrhyw ddyn mewn cylch anghyhoedd wedi bod yn euog o weithrediadau ein pendefigion llywodraethol, buasent wedi eu crogi bob un er's talm.'

Yr oedd yn ddigon naturiol iddo daro'n drymach yn erbyn Lloegr nag yn erbyn gwledydd eraill, oherwydd hi oedd y bygythiad mawr i Gymru. Mater o gyfiawnder, mater o foesoldeb, oedd brwydro i roi terfyn ar lywodraeth Lloegr tros Gymru. 'Mae credu fod yna bedair cenedl [ym Mhrydain] yn hanfodol i wneud cyfiawnder â'n teyrnas.' A diwinyddol yw ei garn tros ddweud hyn. 'Mae y Beibl wedi ei ollwng allan i ddysgu egwyddorion cariad a chyfiawnder i'r cenhedloedd', meddai yn *Y Celt*, 1 Ebrill 1887. Ac wrth ddadansoddi effeithiau'r goresgyniad Seisnig ar Gymru, yr oedd gryn dipyn yn fwy realistig na'i gyfoeswyr. Pwysleisiai'r warpio seicolegol a oedd wedi digwydd ym mhob gwlad a gafodd ei choncro. 'Un o brif niweidiau llywodraeth oresgynol i'w deiliaid, yw ei bod yn eu gwaseiddio', ac y mae'r canlyniadau i'w gweld ym mhobman, oherwydd 'mae gwiber goresgyniad wedi chwythu ei gwenwyn gwyrdd ar hyd a lled ein cenedl ym mhob cyfeiriad'. A thrychineb cenedl a 'waseiddiwyd' yw ei bod yn dirywio maes o law i gyflwr lle mae hi'n dymuno difa'i hetifeddiaeth, ei hiaith a'i nodweddion cenedlaethol. Hynny yw, daw'n barod toc i wneud gwaith y concwerwr drosto – a'i chyfrif yn fraint.

Trwy osod cwestiwn tynged yr iaith Gymraeg yng nghyd-destun ei ymosodiad ar imperialaeth, gwnaeth Michael D. Jones gyfraniad a oedd ar y pryd yn gwbl newydd. Bu digon o foli'r iaith tros y cenedlaethau ac yr oedd ganddi ei chymwynaswyr disglair ym mhob oes. Ond y rhagdybiaeth oedd mai i'r bywyd lleol, personol a phreifat y perthynai hi. Y canlyniad ymarferol oedd fod y Gymraeg yn iaith crefydd, llenyddiaeth a'r bywyd teuluol, ond nid yn iaith llys a llywodraeth. Heriodd Michael D. Jones y rhagdybiaeth hon. O'i safbwynt ef, rhan o'r bwriad ymerodrol oedd difreinio'r iaith, a hynny fel cam tuag at ddifodi'r genedl. Yr oedd tynged yr iaith felly'n fater gwleidyddol. Gwasanaethu'r polisi ymerodrol oedd amcan y gyfundrefn addysg newydd o 1870 ymlaen. Meddai yn *Y Ddraig Goch* yn 1876:

> Credaf mewn addysg fydol mewn ysgolion dyddiol ac athrofeydd; ond y mae y rhai sydd genym yn awr wedi eu cyfaddasu gydag amcan i beri i'r Cymry anghofio eu hawliau gwleidyddol. Eu hamcan yw codi y Cymry i fod yn Saeson, ac nid codi y Cymry fel Cymry. Eu nod yw difodi'r Gymraeg, a'n gwneud fel cenedl yn fwy pwrpasol i amcanion Seisnig.

Felly, os diben yr addysg y protestiai yn ei herbyn oedd Seisnigo'r Cymry, a hynny o gymhellion gwleidyddol, yr oedd yn dilyn y byddai cael addysg drwyadl Gymraeg o angenrheidrwydd yn beth gwleidyddol. Byddai'n gwrthweithio'r amcanion imperialaidd. Dyna a barodd iddo ysgrifennu, 'Addysgiaeth wleidyddol yw un o brif angenion yr awr.'

Gwelodd yn eglur nad digon oedd annog pobl i ddefnyddio'r Gymraeg yn bersonol mewn cylchoedd preifat, er na flinai bwyso am arwyddion cyhoeddus Cymraeg ac am i wŷr busnes o Gymry ddefnyddio'r iaith ar eu papur ysgrifennu. Yr oedd yn rhaid ennill safle swyddogol iddi. Yn 1889 cafodd ei ethol gan bobl Llanuwchllyn a Llangywer i'w cynrychioli ar Gyngor Sir newydd Meirion. Yn y cyfarfod a gynhaliwyd ar gyfer gwneud y trefniadau terfynol cyn cynnull y Cyngor yn swyddogol, gofynnodd Michael D. Jones i'r bargyfreithiwr, Samuel Pope, a oedd hawl i ddefnyddio'r Gymraeg yn y Cyngor. Ei ddyfarniad ef oedd nad oedd. Cynhyrfwyd Michael D. Jones gan yr ateb a chafodd gan Thomas E. Ellis godi'r mater yn y Senedd. Yr ateb a gafwyd yno oedd y gellid caniatáu siarad yn Gymraeg, ond yn unig fel mater o gwrteisi. Yr oedd yn orfodol, fodd bynnag, gadw'r cofnodion yn Saesneg. Oddi ar hynny, nid oedd Michael D. Jones yn hapus iawn yn y Cyngor Sir, ond ni laddwyd ei argyhoeddiad fod sefydlu'r cynghorau'n 'beth mawr', yn yr ystyr eu bod yn gam ymlaen at hunanlywodraeth. Er hynny, cryfhaodd ei gred mai dim ond ymgyrchu cymdeithasol a gwleidyddol a sicrhâi statws priodol i'r iaith, fel y dadleuodd yn ei erthygl rymus, 'Difodi y Gymraeg yn barhad o oresgyniad Cymru', yn *Y Geninen* yn 1891.

Yr oedd yn gynnes ei gefnogaeth i safiad Emrys ap Iwan dros yr iaith, ond nid oedd ganddo lawer i'w ddweud wrth Gymdeithas yr Iaith Gymraeg a sefydlwyd yn 1885. Gwelai honno fel cyfrwng i brysuro'r Seisnigeiddio yng Nghymru oherwydd iddi annog dysgu'r Saesneg trwy gyfrwng y Gymraeg. Yn ei dyb ef, llwyr Gymreigio'r ysgolion ym mhob rhan o'r Cymru Gymraeg a ddylai fod yn bolisi Cymdeithas yr Iaith. Yr un ystyriaethau a barodd iddo fod yn bur bigog ynglŷn â'r ymgyrch i gael ysgolion uwchradd – 'Ysgolion Canolraddol' – i Gymru. Sylwodd mai amcan yr hyrwyddwyr oedd cael ysgolion Saesneg yn cyfrannu addysg ar gyfer plant y dosbarth canol neu ar gyfer recriwtio mwy o dwrneiod, athrawon, pregethwyr a gwyddonwyr. Nid oedd y cynllunwyr hyd yn oed yn meddwl am sefydlu ysgolion i hyfforddi gwerinwyr Cymraeg yn y creffftau ymarferol. Yr un modd gyda'r Eisteddfod Genedlaethol. Mae'n syndod sylwi na fu mewn Eisteddfod Genedlaethol tan 1890 a'r tro hwnnw fe'i siomwyd yn enbyd. 'Teimlwn', meddai yn *Y Celt*, 7 Tachwedd 1890, 'fod yr Eisteddfod yn eithafol o Saesneg.' Mae un peth od ynglŷn â'i berthynas â'r Gymraeg. Nid oes amau ei gariad mawr tuag ati a chymerai ddiddordeb yn ei horgraff a'i chystrawen. Ond yr oedd yn hynod amddifad o unrhyw synnwyr arddull. Ysgrifennai'n flêr a chloncig, ac ambell dro'n wirioneddol garbwl. Dichon nad oedd yn help iddo gael ei gyfareddu'n gynnar gan arddull Ellis Wynne yn *Gweledigaetheu y Bardd Cwsc* a bod ei ymgais i ddynwared disgleirdeb baróc y llenor hwnnw'n ei lesteirio rhag ysgrifennu Cymraeg naturiol i'w genhedlaeth.

O'r cychwyn yr oedd Michael D. Jones yn ŵr a diddordeb ysol ganddo mewn gwledydd tramor. Diau fod y diddordeb hwn wedi ei danio gan Kossuth, Mazzini a chwyldroadau 1848. Fe'i porthwyd wedyn gan ei dymor yn America ac antur sefydlu'r Wladfa. Parhaodd trwy'r blynyddoedd i ddilyn hynt cenhedloedd ym mhob rhan o'r byd. Ysgrifennodd lu o erthyglau trwy'r blynyddoedd yn trafod helyntion yn yr Aifft, Affganistan, Bwrma, Ynys Cyprus ac amrywiol wledydd Affrica, heb sôn am droi'n fynych at helbulon cenhedloedd Ewrop. Ei thema'n gyson oedd dinoethi gormes imperialaeth ac enghreifftio'r ffordd yr oedd ymerodraethau'n troseddu'r ddeddf foesol. Gallai fod yn finiog ei sylwadaeth. Er enghraifft, pan ddywedodd prif weinidog yr Almaen mai arfau'r galluoedd Ewropeaidd wrth oresgyn Affrica oedd 'Bwled a Beibl', ei ymateb yn *Y Celt* yn 1890 oedd:

Trefn yr Hispaeniaid a'r Portugeaid gynt wrth oresgyn Mexico, Peru, a rhanau ereill o'r America oedd, casglu y trigolion at eu gilydd, a'u bedyddio, ac wedi hyny tori eu penau, er mwyn iddynt gael myned i'r nefoedd, ac iddynt hwythau gael llonydd i feddianu eu heiddo a lledrata eu gwledydd.

Dro arall gallai fod yn goeglyd wrth gymhwyso gwers dramor at Gymru. Pan ddeddfodd Disraeli mai Saesneg fyddai unig iaith swyddogol Ynys Cyprus, dywedodd: 'Dyma faes ardderchog i Gymdeithas y Capeli Saesneg i eangu ei gweithrediadau, drwy helpu Saeson i godi capeli Saesneg i'r Cypriaid, er mwyn difodi eu hiaith.' Yn ehangder byd-eang ei weledigaeth, yr oedd Michael D. Jones yn hyrwyddo cenedlaetholdeb nad oedd wedi ei gloffi gan blwyfoldeb.

Yn anad dim, mynnodd Michael D. Jones boliticeiddio cenedlaetholdeb. Yn hyn o beth yr oedd yn agor cwys newydd. Fel y gwelsom, yr oedd ganddo gymhellion gwleidyddol cryfion iawn wrth helpu i sefydlu'r Wladfa. Ac nid damwain oedd hi fod *Y Ddraig Goch*, cylchgrawn gwladfaol byrhoedlog a gyhoeddid yn 1876–77 o dan olygyddiaeth Richard Mawddwy Jones (1837–1922), yn cynnwys cyfres o erthyglau ar 'Llywodraeth' gan Michael D. Jones. Fel y pasiai'r blynyddoedd, aeth i bwysleisio'n drymach nag erioed yr angen i'r Cymry wneud hunanlywodraeth yn bwnc canolog gwleidyddiaeth. Rhaid, meddai, gael plaid a hyn yn brif amcan ganddi. Yn 1876 yr oedd yn ysgrifennu, a hynny mewn llythrennau breision: 'Mae arnom fel cenedl eisieu mudiad i gynhyrfu'r wlad o Gaergybi i Gaerdydd i waeddi am Senedd Gymreig yn Aberystwyth.'

Credai mai camgymeriad oedd i'r Rhyddfrydwyr Cymreig gytuno i roi blaenoriaeth i Ddatgysylltiad yr Eglwys yn eu rhaglen. Pan wnaeth y blaid honno'r penderfyniad hwn mewn cynhadledd yn y Rhyl yn 1887, ysgrifennodd Michael D. Jones: '*Ymreolaeth* yw'r peth mawr sydd ar Gymru, Ysgotland, yn gystal â'r Iwerddon ei eisieu. Nid yw Dadgysylltiad i Gymru ond dibwys mewn cydmariaeth i Ymreolaeth.' Ac ychwanegodd yn *Y Celt*, 4 Chwefror 1887: 'Ni fyddai Dadgysylltiad i ni fel cenedl ddim mwy na thori ewinedd dyn claf, neu olchi ei wyneb, pan y mae efe yn galw am foddion i'w wellhau o glefyd angeuol.' Ei bwynt oedd y byddai sicrhau Ymreolaeth yn ei gwneud yn bosibl i'r genedl gael unrhyw gyfnewidiadau a fynnai – gan gynnwys Datgysylltiad. 'Rhaid fod cryn drwch [...] yn asgwrn penau y bobl sydd yn dewis i Senedd Seisnig ddadgysylltu'r Eglwys Wladol yng Nghymru, yn hytrach nag i Senedd Gymreig yn Aberystwyth wneud hyny.'

Ystyriaethau fel hyn oedd wrth wraidd ei feirniadaeth ar yr aelodau seneddol oedd gan Gymru a'i lawenydd yn ymddangosiad math newydd o wleidydd Cymraeg ym mhersonau T. E. Ellis a David Lloyd George. Mewn gwirionedd, ei gywion gwleidyddol ef oedd y ddau. Er hyn i gyd, nid annibyniaeth a geisiai i Gymru ond hunanlywodraeth y tu mewn i'r Deyrnas Gyfunol. Yn hyn o beth yr oedd perthynas y gwahanol daleithiau a'r llywodraeth ffederal yn America wedi gwneud argraff arhosol arno. A defnyddiai ddadl annisgwyl iawn ar dro wrth drafod y berthynas rhwng Cymru a gwledydd eraill Prydain. Petai Cymru'n ennill ymreolaeth, meddai yn *Y Celt* yn 1889, byddai ei milwyr hi'n gallu ymladd ochr yn ochr â milwyr Lloegr heb deimlo eu bod yn ymladd trwy orfod tros wlad a geisiai ddifa eu cenedligrwydd. Wrth gwrs, yn wahanol i Samuel Roberts a Henry Richard, nid oedd Michael D. Jones yn heddychwr.

Y mae agwedd arall eto ar genedlaetholdeb Michael D. Jones nad yw bob amser wedi cael sylw. Yr oedd ei genedlaetholdeb yn cydymdreiddio â'i radicaliaeth gymdeithasol. Yn hyn o beth yr oedd yn dra gwahanol i genedlaetholwyr fel Dewi o Ddyfed ac aelodau eraill Cymdeithas Clerigwyr Cymreig y West Riding. Yn y pumdegau bu Michael D. Jones yn ymgyrchu'n egnïol iawn yn erbyn gormes landlordiaeth a chollodd ei fam denantiaeth y Weirglodd Wen wedi etholiad 1859 pan ddialodd Syr Watkin Williams Wynn ar y rhai a oedd wedi ochri gyda'r Rhyddfrydwyr yn yr etholiad. Er dechrau trwy bwysleisio'r ymdaro rhwng y werin a'r landlordiaid, aeth Michael D. Jones ati fwyfwy gyda threiglad y blynyddoedd i gymhwyso egwyddor y rhyfel dosbarth at yr ymdaro rhwng gweithwyr a chyfalafwyr. Ei anogaeth oedd, 'Dysgwn roddi bri ar lafur, a pharchwn y gweithiwr, [...] gwaith mewn gwirionedd yw cyfoeth, ac nid aur ac arian.' Ond arfer y dosbarth uchelwrol yw manteisio ar gynnyrch gwaith y gweithiwr i bentyrru aur ac arian. Wedi i'r werin drin y tir, mae brenhinoedd, pendefigion, offeiriaid, masnachwyr 'a phob math o gyfalafwyr a threthwyr' yn tolli eu cynnyrch ac yn lladrata eu meysydd. Derbyniai'r gred mai gwanc am elw sy'n ysgogi perchnogion diwydiant – 'trachwant am gyfoeth sydd yn llosgi yn mynwesau cyfalafwyr'. Ac ychydig iawn o gyfle a gafodd y werin drwy'r oesoedd i achub ei cham. Rhoddodd mesur diwygiadol 1832 yr awenau yn nwylo'r dosbarth canol, meddai. Dyna'r dosbarth sy'n llunio'r deddfau, a hyd yn oed yn 1876 nid oedd gan y dosbarth gweithiol 'nemawr o lais yng ngosodiad ein trethoedd, a ffurfiad ein deddfau'. Ond yr oedd newid mawr at droed, fe gredai. Yn *Y Celt*, 30 Rhagfyr 1889, dywedodd hyn: 'Y mae gorthrwm y tirlwyddi, a rhaib cyfalafwyr am olud wedi cynddeiriogi y werin, nes yw gweriniaeth, ac egwyddorion cydfeddianwyr *(Socialists)* yn myned ymlaen mor chwyrn nes y mae mawrion pob gwlad yn crynu wrth ofni y dyfodol.' Ar sail yr egwyddorion hyn, mynegai gydymdeimlad nid yn unig â'r dioddefwyr yn Rhyfel y Degwm ond hefyd â'r amrywiol brotestiadau cymdeithasol a ddigwyddai, gan gynnwys pethau fel Streic y Docwyr. Nid oedd ganddo fawr o feddwl o'r hen gred ymhlith Ymneilltuwyr (ac eraill) fod yn rhaid ufuddhau i'r gyfraith costied a gostio. Yr oedd yn rhaid cofio bod cyfraith Prydain fel yr oedd yn ffrwyth hen ormes. Cwynai fod yr awdurdodau 'yn condemnio pob ymyriad a'r drefn bresenol o ddal eiddo fel ymgais anonest i ledrata meddianau eraill, a chyfoethogion yw awdwyr y cyfreithiau sydd yn rhoddi iddynt hwy gymaint o orfaeliaeth'. Y ffordd i weithwyr ennill parch a thegwch oedd cydweithio'n fwriadus gyda'i gilydd: 'Drwy drefnu byddinoedd llafur yn ddeheuig y mae goruchafiaeth well wedi ei henill na phe tywalltesid afonydd o waed, a'r ffordd wedi ei hagor i enill buddugoliaethau pwysicach.'

Er bod ganddo air da am ymdrechion y Blaid Lafur newydd o blaid y gweithwyr, ni allai gymeradwyo popeth yn nysgeidiaeth y Sosialwyr. Cyfaddefodd nad oedd wedi ei argyhoeddi gan bleidwyr y mudiad i genedlaetholi'r tir – yr ymgyrch yr oedd ei gyfaill a'i gofiannydd, Evan Pan Jones, mor frwdfrydig drosti. Ac ni allai ychwaith rannu brwdfrydedd Sosialwyr tros ymddiried yn y wladwriaeth ganolog fel cyfrwng ennill chwarae teg i weithwyr Cymru. Ac yn sicr nid oedd ganddo unrhyw ffydd y gwnâi llywodraeth Lloegr hynny. Ni ellid ei ddiddyfnu'n rhwydd oddi wrth yr hen imperialaeth a oedd yn rhan o'i gwead. Yr oedd gwaith mawr democrateiddio'r wladwriaeth yn Lloegr a'r ffordd i wneud hynny oedd trwy gael Tŷ'r Arglwyddi a phennaeth y deyrnas wedi eu hethol. Ond nid busnes Cymru oedd hynny. Ffordd haws o lawer i ennill y frwydr gymdeithasol yng Nghymru oedd cael Senedd Gymreig ar dir Cymru. A hyd yn oed pe caffai Cymru hunanlywodraeth, y ffordd i sicrhau nad oedd gwladwriaeth ganolog Gymreig yn troi'n orthrymus oedd trwy wasgaru grym ac awdurdod y tu mewn i'r wlad. Yr oedd Michael D. Jones yn ddatganolwr ffyrnig. Dyna pam yr oedd mor frwdfrydig tros sefydlu busnesion a ffatrïoedd cydweithredol. Iddo ef, bygythiad i bobl, i'w rhyddid a'u personoliaeth, oedd canologrwydd mewn eglwys, gwladwriaeth a diwydiant.

I grynhoi. Er ei bod yn bosibl gweld gwahanol elfennau yn athroniaeth wleidyddol Michael D. Jones sydd i'w cael ym meddyliau gwleidyddion eraill yn ei genhedlaeth, y mae'r ffordd y mae'n eu gwau i'w gilydd yn unigryw. Mae'n gwreiddio ei syniadau mewn egwyddorion beiblaidd, fel y credai ef, ac yn datblygu cenedlaetholdeb sydd yn rhoi pwys cyfartal ar yr ochr ddiwylliannol a'r ochr economaidd i fywyd dyn. Mae'n werinol ac yn weriniaethol, yn gydwladol ei weledigaeth ac yn sosialaidd ei ogwydd. Ond nid sosialaeth wladwriaethol mohoni, ond sosialaeth ddatganoledig a chydweithredol. Oherwydd hyn y mae rhediad ei feddwl, yn arbennig yn rhan olaf ei oes, yn cysylltu'n anorfod â datblygiadau hysbys yng ngwleidyddiaeth yr ugeinfed ganrif yn hytrach nag ag argyhoeddiadau rhyddfrydiaeth radicalaidd canol Oes Victoria.

Darllen pellach

Alun Davies, 'Michael D. Jones a'r Wladfa', *Trafodion Anrhydeddus Gymdeithas y Cymmrodorion*, Sesiwn 1966: Rhan 1 (a ailgyhoeddir yn y gyfrol hon).

Alun Davies, 'Cenedlaetholdeb yn Ewrop a Chymru yn y Bedwaredd Ganrif ar Bymtheg', *Efrydiau Athronyddol*, 27 (1964).

D. Gwenallt Jones, 'Michael D. Jones (1822–1898)', yn *Triwyr Penllyn*. gol. Gwynedd Pierce (Caerdydd: Plaid Cymru, [1956]).

E. Pan Jones, *Oes a Gwaith y Prifathaw, y Parch. Michael Daniel Jones* (Y Bala: H. Evans, 1903).

Ieuan Gwynedd Jones, *Explorations and Explanations: Essays in the Social History of Victorian Wales* (Llandysul: Gwasg Gomer, 1981).

D. Myrddin Lloyd (gol.), *Seiliau Hanesyddol Cenedlaetholdeb Cymru* (Caerdydd: Plaid Cymru, 1950).

Glyn Williams, *The Desert and the Dream: A Study of Welsh Colonization in Chubut, 1865–1915* (Caerdydd: Gwasg Prifysgol Cymru, 1975).

R. Bryn Williams, *Y Wladfa* (Caerdydd: Gwasg Prifysgol Cymru, 1962).

Llun o Michael D. Jones ynghyd â'i lofnod, 'Yr eiðox yn wladgar, Mixael D. Jones'

'Torri Pen y Prifathro': Michael D. Jones a Brwydr y Ddau Gyfansoddiad

Dafydd Tudur

Dechreuodd Michael D. Jones ei yrfa fel prifathro ar Goleg Annibynnol y Bala yn Ionawr 1855.[1] O dan ei arweinyddiaeth, datblygodd y Coleg o fod yn 'ysgol ragbaratoawl'[2] i fod yn sefydliad hyfforddi gweinidogion y gellid ei gymharu â Choleg Annibynnol Aberhonddu neu Goleg Presbyteraidd Caerfyrddin. Cafodd ddylanwad hefyd ar y math o addysg a ddarparwyd yno. Rhoddai bwyslais amlwg ar le'r Gymraeg, fel cyfrwng dysgu yn ogystal â maes astudiaeth, mewn cyfnod pan oedd sefydliadau tebyg yng Nghymru yn tueddu i roi llawer mwy o fri ar ddefnyddio'r iaith Saesneg, er bod eu myfyrwyr yn debygol o dderbyn galwad oddi wrth eglwysi Cymraeg.[3] Ond nid yw cyfraniad Michael D. Jones i addysg weinidogaethol yn ail hanner y bedwaredd ganrif ar bymtheg yn cuddio'r ffaith bod nifer o'i flynyddoedd yng Ngholeg y Bala wedi eu blino gan densiynau a dadleuon a arweiniodd, yn y pen draw, at wrthdaro cas ynglŷn â rheolaeth y sefydliad. Er mor unllygeidiog y gallai fod ar adegau, nododd Evan Pan Jones yn ei gofiant i Michael D. Jones fod 'rhaid cadw mewn cof fod i'w hanes yno ochr arall, a rhaid hanesyddu hono, neu bydd efe yn edrych fel dyn un fraich, neu aderyn un adain'.[4] Ond ni roddodd ddarlun cyflawn o'r helynt ynglŷn â chyfansoddiad Coleg Annibynnol y Bala o bell ffordd, a hynny am iddo osgoi sôn am amgylchiadau personol Michael D. Jones a'u rhan ganolog ynddo. Llwyddodd R. G. Owen i fwrw llawer mwy o oleuni ar y testun yn ei draethawd MA yn 1941,[5] ond nid oes yr un astudiaeth fanwl o 'Frwydr y Ddau Gyfansoddiad' wedi ei chyhoeddi hyd yma. Wrth gwrs, anodd fyddai gwneud teilyngdod â'r hanes hwnnw heb geisio edrych ar yr holl ffactorau a gyfrannodd at y gwrthdaro, ond er mwyn ei ddwyn i'r amlwg a thrwy hynny osod sylfaen i drafodaeth bellach ar ei ddylanwad ar fywyd a gwaith Michael D. Jones, bwriedir olrhain yn fras y digwyddiadau a arweiniodd at 'Frwydr y Ddau Gyfansoddiad' ac a fu'n rhan ohoni.

Pan hwyliodd *Mimosa* o borthladd Lerpwl ar 28 Mai 1865, nid oedd neb wedi cyfrannu mwy o arian tuag at sefydlu Gwladfa Gymreig na Michael D. Jones. Yn ystod y paratoadau, talodd gyfran helaeth o'r gôst am anfon Lewis Jones a Love Jones-Parry i archwilio'r tir ym Mhatagonia wedi i Gymdeithas Wladychfaol Lerpwl fethu casglu digon o gyfraniadau oddi wrth y cyhoedd. Ychydig dros flwyddyn yn ddiweddarach, rhoddodd £100 tuag at gostau teithio Samuel Phibbs, swyddog Archentaidd a anfonwyd i Buenos Aires i gynnal trafodaethau â'i lywodraeth ar ran y Gymdeithas.[6] Ond yn 1865 y gwnaeth Michael D. Jones ei gyfraniad mwyaf i'r fenter, a hynny'n gwbl annisgwyl iddo. Wedi methiant y llong *Halton Castle* i gyrraedd Lerpwl er mwyn cludo'r fintai gyntaf o Gymry i Batagonia, ysgwyddodd y gôst o baratoi llong arall, *Mimosa*, a thalodd am lety i'r teithwyr oedd am aros yn Lerpwl nes y byddai'n barod i gychwyn ar y daith. Erbyn i'r fintai gychwyn ar ei siwrnai i Batagonia, yr oedd Michael D. Jones wedi cytuno i roi tua £2,500 tuag at y fenter o dan y ddealltwriaeth y telid y swm yn ôl iddo cyn gynted â phosibl.[7] Heb y cyfraniad hwnnw, byddai'r ymgais i sefydlu Gwladfa Gymreig ym Mhatagonia yn siŵr o fod wedi methu yn 1865.

Ni fyddai Michael D. Jones wedi bod mewn sefyllfa i gyfrannu mor hael tuag at sefydlu Gwladfa Gymreig oni bai am ei briodas ag Anne Lloyd, merch John a Mary Lloyd, Bodfari. O ystyried bod Michael D. Jones yn cadw teulu ifanc ac wedi adeiladu Bodiwan, tŷ sylweddol ei faint ar gyrion y Bala, ymddengys mai gwaddol Anne Lloyd yn hytrach na'i gyflog ef a dalodd gostau'r Gymdeithas Wladychfaol. Deuai Anne o gefndir lled gyfoethog. Yr oedd yn etifedd i gyfoeth hen ewythr a dwy briodas ei mam, yr ail â Hugh Davies o Blas-yn-rhal ger Rhuthun,[8] er y dylid ychwanegu bod y rhan orau o'r cyfoeth hwnnw mewn eiddo ac nad oedd yr adnoddau ariannol a oedd ar gael i Michael D. Jones, felly, yn ddiddiwedd.[9] Er mwyn talu rhai o gostau *Mimosa* a'r teithwyr, fe gymerodd ef forgais o £1,000 ar y tir lle safai ei gartref, Bodiwan, ac ar fferm yn sir Ddinbych a oedd yn rhan o etifeddiaeth ei wraig.[10] Derbyniodd Michael D. Jones godiad cyflog o £90 i £150 ym mis Medi 1865,[11] ond nid oedd yn ddigon iddo allu talu ei ddyledion a chadw ei ben uwchlaw'r dyfroedd.[12] Methodd dalu rhandaliad o'r morgais, ac fel y cyffesodd mewn llythyr at Lewis Jones, yr oedd ei sefyllfa ariannol yn pwyso'n drwm arno erbyn diwedd 1866: 'Y mae holl faich dyled y wladva hon yn gyvan ar fy ysgwyddau i,' meddai; 'Yr wyv yn hiraethu am amser ymwared.'[13] Cafodd rywfaint o ryddhad yn Chwefror 1867 pan gymerodd ail forgais o £1,500 ar Fodiwan a fferm arall yn sir Ddinbych.[14] Defnyddiwyd yr arian hwn i dalu'r morgais cyntaf o £1,000 ynghyd â llog.[15] Rhoddodd hefyd gyfle i Michael D. Jones ganfod ffynhonnell arall o incwm.

Coleg y Bala a roddodd yr ymwared hwn i Michael D. Jones. Cynyddu'n raddol a wnaeth nifer y myfyrwyr a astudiai yn y Coleg oddi ar 1855, ac i ysgafnhau rhywfaint ar waith Michael D. Jones, penodwyd John Peter ('Ioan Pedr'), un o fyfyrwyr mwyaf disglair y Coleg, yn gynorthwywr yno yn Awst 1858.[16] Bu trafodaeth hefyd ynglŷn â'r angen am golegdy newydd,[17] ond bu raid ei gohirio oherwydd y trafodaethau a gychwynnwyd yn 1862 i sefydlu coleg enwadol unedig i goffáu diarddel y ddwy fil o glerigwyr Piwritanaidd o'r Eglwys Sefydledig yn 1662.[18] Ailgychwynnodd y drafodaeth ar golegdy newydd i Goleg y Bala tua'r un adeg ag y dechreuodd gorwariant Michael D. Jones droi'n fwrn arno. Rhoddwyd y cyfrifoldeb ar yr athrawon i ganfod tir ar gyfer adeiladu colegdy newydd, ond wedi iddynt fethu dod o hyd i leoliad addas, dywed Pan Jones fod Ioan Pedr wedi cael ar ddeall 'y byddai yn well gan M. D. Jones, na bod heb Golegdy, werthu Bodiwan, ac eglurodd yr amgylchiadau yn mhwyllgor Medi [1867]'.[19] Rhoddodd tanysgrifwyr y Coleg gefnogaeth i'r syniad a dechreuwyd trafod y posibilrwydd o godi estyniad ar Fodiwan.[20]

Yn unol â chais gan rai o'r Cyfundebau Sirol,[21] cynhaliwyd cynhadledd yn Aberystwyth ar 5 Hydref 1869 er mwyn ceisio sicrhau cefnogaeth yr eglwysi i gynlluniau tanysgrifwyr Coleg y Bala. A barnu oddi wrth yr adroddiadau yn y wasg, nid yw'n ymddangos bod gwir natur sefyllfa Michael D. Jones wedi ei hesbonio i'r rhai oedd yn y gynhadledd. Ni chyfeiriwyd at Fodiwan, heb sôn am y syniad o'i brynu.[22] Yn fwy na hynny, ymddengys nad oedd tanysgrifwyr y Coleg, er iddynt ddeall mai dymuniad Michael D. Jones oedd gwerthu Bodiwan i fod yn golegdy, yn ymwybodol o'i drafferthion ychwaith.[23]

Arbedwyd Michael D. Jones rhag gorfod trafod ei sefyllfa ariannol yn Aberystwyth, ond yn groes i'r cynlluniau gwreiddiol, penderfyniad y gynhadledd ar y mater oedd y dylid casglu £8,000 dros gyfnod o bum mlynedd er mwyn codi adeilad newydd i Goleg y Bala.[24] Er hynny, nid oedd unrhyw awgrym y byddai'r penderfyniad i brynu Bodiwan yn cael ei ddiddymu. Yn wir, yn Rhagfyr 1869, dewisodd y gweithgor a oedd yn gofalu am y trefniadau ynglŷn â'r colegdy fynd ymlaen â phryniant Bodiwan er gwaethaf canlyniad cynhadledd Aberystwyth. Nid oedd unrhyw beth yn afreolaidd yn y penderfyniad hwn. Yn nwylo'r tanysgrifwyr yr oedd rheolaeth y Coleg, ac ni allai cynhadledd a oedd yn cynnwys rhai nad oeddynt yn cyfrannu tuag at ei gynnal fod yn ddim mwy na chorff ymgynghorol. Ym Mawrth 1870, felly, cyflwynwyd cynigion y gweithgor i danysgrifwyr y Coleg, a'u dewis hwythau oedd prynu Bodiwan am £2,000,[25] a phrynwyd cae gerllaw iddo fel safle i'r colegdy newydd a oedd i'w adeiladu'n ddiweddarach.[26]

O gwmpas yr adeg hon, mae'n debyg, yr aeth y si ar led fod gan Michael D. Jones fwy na lles y Coleg mewn golwg. Ymddengys iddo golli ei amynedd wedi i'r gweithgor benderfynu yn Ebrill 1870 nad oedd angen cymryd benthyciad er mwyn talu am Fodiwan ond eu bod am ddisgwyl hyd oni byddai'r arian wedi ei gasglu.[27] Bu datgelu'r gwirionedd yn ergyd i Michael D. Jones. Bu raid iddo chwilio ei hun am ymddiriedolwyr i gymryd y cyfrifoldeb cyfreithiol dros bryniant Bodiwan.[28] Gwan hefyd fu'r cymorth a dderbyniodd Michael D. Jones wrth gasglu'r £2,000 i dalu am Fodiwan, a bu raid i'r Coleg ei ryddhau o'i ddyletswyddau am bum mlynedd i wneud y gwaith hwnnw.[29] Dechreuodd ar y gwaith gyda thaith naw mis i'r Unol Daleithiau, ond gwaethygu a wnaeth ei sefyllfa pan ddychwelodd i Gymru yn Ebrill 1871.[30] Methodd 'Cwmni Ymfudol a Masnachol y Wladva Gymreig' gasglu digon o gyfraniadau i dalu'r biliau am y llong *Myvanwy* a brynwyd am £2,800, a bu raid i Michael D. Jones ysgwyddo'r cyfrifoldeb am fod y taliadau cyntaf yn ei enw ef yn hytrach na'r Cwmni.[31] I goroni'r cyfan, ni wnaethpwyd unrhyw elw o fordaith gyntaf *Myvanwy*, ac adfeddiannwyd y llong gan yr adeiladwyr trwy werthiant cyfreithiol. Gadawyd Michael D. Jones heb ddewis ond gwerthu cyfran sylweddol o etifeddiaeth ei wraig.[32] Yn ôl Michael D. Jones, ymadawyd â thir gwerth £3,780, ond nid oedd hynny yn ddigon i'w arbed.[33] Erbyn Mehefin 1871, sylweddolai mai ei 'obaith am ddiangva' fyddai ceisio cefnogaeth credydwyr dros ddwy ran o dair o'r ddyled a chyhoeddi ei hun yn fethdalwr o dan Ddeddf Fethdalwriaeth 1869.[34] Felly, mewn cyfarfod o gredydwyr yng Ngwesty'r Llew Gwyn yn y Bala, 13 Gorffennaf 1871, gwerthwyd ei ystad i'w fam-yng-nghyfraith am £50 ac fe'i gwnaed yn fethdalwr.[35] Dygodd yr helyntion hyn anfri ar Goleg y Bala a chynhyrfwyd drwgdeimlad yn erbyn Michael D. Jones. Ni wnaeth unrhyw gymwynas â'i hun trwy gwyno wrth aelodau o'r pwyllgor am nad oeddent wedi talu iddo am dŷ. Wedi cryn bwyso arnynt, llwyddodd i gael y taliad llawn am Fodiwan a'r cae gerllaw, ond bu raid i'r Coleg fynd i ddyled o dros £1,000 wrth wneud hynny.[36] Trosglwyddwyd perchnogaeth y tŷ i'r Coleg ar 14 Rhagfyr 1871 a symudwyd yr Athrofa yno ddiwedd Mai 1872,[37] ond caniatâwyd i Michael D. Jones fyw ym Modiwan nes y byddai'r gwaith o adeiladu colegdy newydd yn dechrau.[38]

Ni lwyddodd absenoldeb Michael D. Jones o'r Bala, tra oedd yn casglu cyfraniadau tuag at y colegdy newydd, i liniaru'r tensiynau. I'r gwrthwyneb, arweiniodd at wrthdaro pellach rhyngddo ef ac aelodau o bwyllgor y Coleg, yn enwedig Ioan Pedr. Yn 1872, penodwyd Robert Thomas ('Ap Vychan') i weithio'n rhan-amser fel athro diwinyddol a chymorth i Ioan Pedr tra oedd Michael D. Jones i ffwrdd. Ond yn 1874, penodwyd athro arall, Thomas Lewis, wedi i rai aelodau o'r pwyllgor ennill cymeradwyaeth i'r syniad o agor ysgol ramadeg i fod ynghlwm â'r Coleg.[39] Y bwriad oedd rhoi Thomas Lewis i ofalu am yr ysgol ramadegol, ond fe'i rhoddwyd i weithio fel eilydd i Michael D. Jones nes y byddai'r gwaith o gasglu at y colegdy newydd wedi ei gwblhau.[40]

Cyflog Thomas Lewis oedd asgwrn y gynnen rhwng Michael D. Jones ac Ioan Pedr. Derbyniai Thomas Lewis gyflog da fel athro ysgol yng Nghaerdydd, ac ni ddeuai i'r Bala am lai na £150 y flwyddyn, sef yr un faint ag a delid i'r prifathro.[41] Cyhuddwyd Michael D. Jones, a oedd yn bennaf cyfrifol am ddewis yr athro newydd,[42] o gynnig cyflog o £150 y flwyddyn i Thomas Lewis er mwyn israddoli Ioan Pedr, a oedd yn derbyn £120 y flwyddyn. Yn y diwedd, rhoddwyd codiad cyflog i Ioan Pedr fel ei fod yntau hefyd yn derbyn £150 y flwyddyn. Rhoddwyd codiadau cyflog i Michael D. Jones ac Ap Vychan yn ogystal, ond er digofaint i Ioan Pedr, gwrthodasant hwy'r arian ychwanegol gan honni nad oedd gan y Coleg y modd i'w talu.[43] I ychwanegu at y tensiynau hyn,[44] argyhoeddwyd Michael D. Jones bod Ioan Pedr wedi rhoi ei fryd ar fod yn brifathro ar Goleg y Bala.[45] Yn ôl Michael D. Jones, bu Ioan Pedr yn arwyddo ei enw fel 'prifathro' ac yn troi'r myfyrwyr yn ei erbyn yn ei absenoldeb. Hefyd, daliwyd John Evans-Owen o Lanberis, brawd-yng-nghyfraith Ioan Pedr, yn cyfeirio at Michael D. Jones yn y wasg fel 'y diweddar brifathro'.[46] Mae'n bosibl mai'r bygythiad hwn i swydd Michael D. Jones oedd wrth wraidd y cais a ddaeth oddi wrth yr eglwysi o dan ei weinidogaeth i'w ryddhau oddi wrth y gwaith casglu ym Mawrth 1875 a chaniatáu iddo ddychwelyd i'r Bala.[47] Gwrthodwyd y cais, a phenderfynwyd y dylai Michael D. Jones barhau i gasglu am ddwy flynedd arall. Y rheswm dros hynny, mae'n debyg, oedd y byddai gormod o athrawon yn y Bala ac nad oedd y cynllun i agor ysgol ramadeg wedi dwyn ffrwyth.[48] Datryswyd y broblem honno gan farwolaeth annisgwyl Ioan Pedr yn 43 oed ar 17 Ionawr 1877, ychydig fisoedd cyn i Michael D. Jones ddychwelyd at ei waith fel prifathro.

Tra oedd tensiynau yn gwahanu athrawon Coleg y Bala, yr oedd drwgdeimlad tuag at Michael D. Jones yn cronni mewn cylchoedd y tu hwnt i'r Bala. Yr oedd ei haerllugrwydd wedi codi gwrychyn sawl gweinidog dylanwadol gyda'r Annibynwyr ymhell cyn bod sôn am werthu Bodiwan i'r Coleg, ond yr ergyd fwyaf i enw da Michael D. Jones a Choleg y Bala fu ei amharodrwydd i gydweithredu â'r mudiad yn yr 1860au i sefydlu Coleg Coffa. Yn ôl y cynllun gwreiddiol, byddai agor y Coleg Coffa yn golygu cau colegau Aberhonddu, Caerfyrddin a'r Bala fel bod holl ddarpar-weinidogion yr enwad yn mynychu'r sefydliad newydd, ac oherwydd hynny daethpwyd i'w adnabod fel mudiad yr 'Un Coleg'. Ni fynegodd Michael D. Jones wrthwynebiad i'r cynllun ar y dechrau,[49] ond newidiodd ei feddwl pan welodd mai'r bwriad mewn gwirionedd oedd cau Coleg y Bala ac adeiladu coleg newydd yn Aberhonddu.[50] O sylweddoli hyn, perswadiwyd pwyllgor Coleg y Bala i wrthwynebu'r syniad o sefydlu 'Un Coleg', a galw am rannu'r arian a gasglwyd rhwng Colegau'r Bala ac Aberhonddu.[51] Ymgynullodd y pwyllgor i gadarnhau'r trefniant hwnnw ym Mawrth 1863, ond yr oedd John Thomas, gweinidog eglwys Gymraeg Tabernacl, Lerpwl, yno i ddadlau dros yr 'Un Coleg'. Gwrthododd pwyllgor y Coleg ildio, ac mewn rhwystredigaeth, rhoddodd John Thomas fygythiad y gallai ddod â 'digon o fwyafrif i'r pwyllgor i ddiffodd yr athrofa'.[52] Ni weithredwyd y bygythiad. Parhau i gasglu a wnaeth mudiad yr 'Un Coleg' am bum mlynedd arall, ac aeth yr arian tuag at godi adeilad newydd i Goleg Aberhonddu. Unwaith yn unig yr ymwelodd John Thomas â Choleg y Bala yn y pymtheng mlynedd canlynol, a hynny ar wahoddiad.[53] Rhai blynyddoedd yn ddiweddarach, gwadai John Thomas fod ganddo deimladau cas tuag at Michael D. Jones, ond ni ellir anwybyddu'r ffaith mai yn y papur o dan ei olygyddiaeth ef, sef Y Tyst a'r Dydd, y cyhoeddwyd rhai o'r erthyglau mwyaf beirniadol o'r Wladfa a Choleg y Bala yn ystod yr 1870au.[54] Fel un o weinidogion mwyaf adnabyddus yr Annibynwyr, yr oedd John Thomas mewn sefyllfa dda i ddylanwadu ar ymateb eraill i'r digwyddiadau yng Ngholeg y Bala,[55] a buan y byddai Michael D. Jones yn sylweddoli nad John Thomas oedd yr unig un a oedd yn fodlon mynd o'i ffordd i sicrhau ei fod yn cael ei ddwyn i gyfrif am adael i'w amgylchiadau personol amharu ar y sefydliad.

Ychydig dros fil o bunnoedd oedd yn y coffrau ar ddiwedd y cyfnod a roddwyd i Michael D. Jones i gasglu tuag at y colegdy newydd. Casglwyd cyfanswm o £4,754.1s.10d. rhwng 1870 ac 1876, ond wedi talu £2,000 am Fodiwan, £254 am y cae, a gofalu am gostau'r casglwyr, £1,171.11s.4d. yn unig a oedd yn weddill.[56] Nid oedd yn agos at yr £8,000 yr oedd y gynhadledd yn Aberystwyth wedi cytuno i'w gasglu er mwyn adeiladu colegdy newydd, a chan nad oedd hynny'n bosibl, roedd hi'n ymddangos mai Bodiwan fyddai'r colegdy am y dyfodol rhagweladwy. Yr hyn a oedd yn cymlethu'r sefyllfa oedd bod Michael D. Jones a'i deulu yn parhau i fyw ym Modiwan a'u bod, gyda chymeradwyaeth y tanysgrifwyr, i fyw yno'n ddi-rent nes y dechreuai'r gwaith ar y colegdy newydd.

Trafodwyd y mater hwn ym mhwyllgor y Coleg ym Medi 1876.[57] I ddechrau, cynigiwyd gwerthu Bodiwan ac ychwanegu'r arian a geid amdano at gronfa'r colegdy newydd. Ond gwelliant i'r cynnig hwn a dderbyniodd gymeradwyaeth y tanysgrifwyr, sef i ddefnyddio'r arian a gasglwyd i godi estyniad ar Fodiwan yn hytrach nag adeiladu colegdy newydd. Penderfyniad dadleuol oedd hwn, a dweud y lleiaf. Yn un peth, yr oedd yn gwbl groes i benderfyniad cynhadledd Aberystwyth yn 1869 i adeiladu colegdy newydd ac felly'n golygu y byddai'r arian a gasglwyd gan yr eglwysi i'w ddefnyddio at bwrpas gwahanol i'r un a roddwyd wrth alw am gyfraniadau. Ond yn fwy arwyddocaol na hynny, credai beirniaid Michael D. Jones nad lles y Coleg oedd yn cael y flaenoriaeth pan gynigiwyd y gwelliant. Yn eu tyb hwy, cefnogwyr Michael D. Jones a'i cynigiodd, a'u bwriad mewn gwirionedd oedd codi estyniad ar Fodiwan er mwyn sicrhau bod yno ddigon o le i'r Coleg a theulu'r Prifathro.[58]

Y gymeradwyaeth annisgwyl i'r syniad o godi estyniad ar Fodiwan a barodd i rai unigolion gwestiynu rheoleidd-dra a thegwch y drefn bleidleisio yng Ngholeg y Bala. Er mwyn pleidleisio ym mhwyllgor y Coleg, yr oedd rhaid bod yn danysgrifiwr, sef unigolyn a oedd yn cyfrannu pum swllt neu fwy yn flynyddol, neu gynrychiolydd eglwys a gyfrannai £1 neu fwy yn flynyddol tuag at gynnal y Coleg. Rheolid y Coleg yn gyfan gwbl gan y tanysgrifwyr; hyd yn oed pe penodid pwyllgor gwaith, gan y tanysgrifwyr yr oedd y gair olaf bob amser.[59] Gwendid y cyfansoddiad oedd y gallai'r sawl a oedd yn awyddus i'r pwyllgor dderbyn neu wrthod cynnig, gasglu a chofrestru tanysgrifwyr er mwyn sicrhau canlyniad ffafriol. I gymhlethu pethau, nid oedd rhaid i danysgrifiwr fod wedi ei enwi yn adroddiad blynyddol y Coleg i fwrw'i bleidlais – gallai gyfrannu ei bum swllt ar fore'r pwyllgor. Y gwendid hwn yn y drefn a ganiataodd i John Thomas fygwth dod â mwyafrif i'r pwyllgor i 'ddiffodd yr athrofa'. Nid oedd Michael D. Jones yn ddi-fai ychwaith. Ceir tystiolaeth ei fod yntau wedi trefnu cyhoeddusrwydd pwyllgorau er mwyn dylanwadu ar y bleidlais, a haerai rhai mai dyna'n union a ddigwyddodd ym Medi 1876 ac mai pleidleisiau afreolaidd a sicrhaodd gymeradwyaeth y tanysgrifwyr i'r cynnig i godi estyniad ar Fodiwan.[60] Yn wir, mae hi'n amlwg bod y drefn bleidleisio ac, o ganlyniad, holl reolaeth Coleg y Bala mewn anhrefn erbyn diwedd yr 1870au, a bod rhai yn benderfynol o fynd i'r afael â'r broblem. Yr oedd Michael D. Jones hyd yn oed yn amau bod ei wrthwynebwyr wedi dylanwadu'n annheg ar y pwyllgor a benderfynodd, ym Mawrth 1877, drefnu pwyllgor arbennig o gynrychiolwyr y Cyfundebau Sirol i adolygu Cyfansoddiad y Coleg ac i awgrymu newidiadau a fyddai'n rheoleiddio'r drefn bleidleisio.[61]

Nid ymgyrch i ddiddymu'r penderfyniad i godi estyniad ar Fodiwan oedd y tu ôl i'r alwad hon am adolygu'r Cyfansoddiad ond herio dylanwad Michael D. Jones ar Goleg y Bala, ac yr oedd angen llawer mwy na rheoleiddio'r drefn bleidleisio er mwyn gwneud hynny'n effeithiol. Pobl Meirionnydd oedd cyfran helaeth o danysgrifwyr y Coleg, a chan mai yn y Bala y cynhelid bron pob pwyllgor, y bobl hynny oedd yn y sefyllfa orau i'w fynychu ac, o ganlyniad, yn ffurfio'r mwyafrif. Beth bynnag oedd cynlluniau personol Michael D. Jones, byddai'n siŵr o gael cefnogaeth gref ym Meirionnydd. Yr oedd yn weinidog ar nifer o eglwysi yn ardal y Bala, ac erbyn diwedd yr 1870au, yr oedd wedi datblygu'n dipyn o arwr oherwydd ei wrthwynebiad cyhoeddus i gamymddygiad tirfeddianwyr a'i ran amlwg ym mrwydrau etholiadol Meirionnydd, yn enwedig ymgyrch Ryddfrydol 1859.[62] Os oedd unrhyw un am herio dylanwad Michael D. Jones yng Ngholeg y Bala, yn unig trwy symud yr awdurdod o ddwylo pobl Meirionnydd y gellid cyflawni hynny.

Cam pwysig tuag at wanhau llais pobl Meirionnydd ym mhwyllgor y Coleg oedd sicrhau mai cynrychiolwyr o bob Cyfundeb Sirol yng Nghymru, yn hytrach na'r tanysgrifwyr, fyddai'n adolygu'r Cyfansoddiad. Ymgynullodd y cynrychiolwyr hynny yn Amwythig ar 14 Awst 1877, lle y cynigiodd John Thomas gynllun a fyddai'n newid holl strwythur rheolaeth y Coleg.[63] Pe byddai ei Gyfansoddiad Newydd yn cael ei weithredu, byddai'r gofynion er mwyn meddu pleidlais ar y pwyllgor yn ddigon tebyg i'r hyn oeddynt yn wreiddiol, ond bod amod wedi ei ychwanegu bod rhaid i'r tanysgrifiwr fod wedi ei enwi yn adroddiad blynyddol y Coleg os oedd am fwrw pleidlais. Yn sicr, byddai hynny wedi gwneud llawer i reoleiddio'r drefn bleidleisio. Ond nid y cymal hwnnw fyddai'r rhan ddadleuol o'r Cyfansoddiad Newydd. Yn ychwanegol at y mân newidiadau hynny, byddai'r tanysgrifwyr yn cyfarfod yn flynyddol yn hytrach na phob chwe mis. Nid rheoli'r Coleg fyddai pwrpas y cyfarfod hwnnw, ond ethol cadeirydd, ysgrifenyddion, trysoryddion ac archwilwyr i fod ar bwyllgor gwaith. Yr oedd athrawon y Coleg hefyd i fod ar y pwyllgor gwaith yn rhinwedd eu swydd, ac yr oedd eglwysi Cymreig y trefi Seisnig a gyfrannai dros £10 y flwyddyn tuag at y Coleg i'w cynrychioli gan un aelod, ac eglwysi Cymreig y trefi Seisnig a gyfrannai dros £30 i'w cynrychioli gan ddau aelod. Ond y gwahaniaeth pennaf oedd bod pob Cyfundeb yng Nghymru i ddewis dau unigolyn i'w cynrychioli ar y pwyllgor gwaith. Golygai hynny y byddai cynrychiolwyr y Cyfundebau yn ffurfio'r mwyafrif. O ran cyfrifoldebau, byddai'r pwyllgor gwaith yn cyfarfod ddwywaith y flwyddyn, fel y gwnâi'r tanysgrifwyr o dan yr Hen Gyfansoddiad, ac yn trafod a phenderfynu ar faterion y Coleg. Yr oedd disgwyl i holl weithrediadau'r pwyllgor gwaith dderbyn cymeradwyaeth y tanysgrifwyr,[64] ond yr oedd hefyd yn gwbl eglur y byddai gan gynrychiolwyr y Cyfundebau lawer mwy o ran na'r tanysgrifwyr yng ngweinyddiaeth y Coleg pe byddai'r Cyfansoddiad Newydd yn dod i rym.

Er i Michael D. Jones ymdrechu 'i bleidgeisio (canvass) pob congl, er mwyn cael pawb a ellir i bwyllgor Medi', bu plaid John Thomas yn rhy gryf iddo. Ar 5 Medi 1877, ymgynnullodd 180 o danysgrifwyr yn y Bala, cyflwynwyd y Cyfansoddiad Newydd, fesul cymal, ac fe'i derbyniwyd yn swyddogol. Trwy hyn oll, cydweithredu'n dawel a wnaeth Michael D. Jones; nid oedd unrhyw sôn yn adroddiadau'r wasg am wrthwynebiad ganddo.[65] Yn fwy arwyddocaol, parhaodd ei gydweithrediad dros flwyddyn. Mynychodd gyfarfod cyntaf y tanysgrifwyr o dan y Cyfansoddiad Newydd ym Mawrth 1878,[66] a chyfarfod cyntaf y pwyllgor gwaith ym Medi 1878.[67]

Ychydig o esboniad sydd wedi ei gynnig am hwyrfrydigrwydd Michael D. Jones i wrthwynebu'r Cyfansoddiad Newydd. Awgrymodd R. G. Owen ei fod naill ai 'heb wneyd ei feddwl i fyny a blygai efe i'r Cyfansoddiad Newydd ai na wnai' neu yn disgwyl er mwyn 'gweld natur y sefyllfa drosto'i hun'.[68] Os fel sylwedydd yr aeth Michael D. Jones i'r cyfarfodydd o dan y Cyfansoddiad Newydd, nid felly yr oedd yn ymddwyn. Fel y nododd R. G. Owen, fe gyflwynodd Michael D. Jones gynnig ym mhwyllgor Medi 1878, ac fe'i heiliwyd gan Cadwaladr R. Jones, un arall o'i wrthwynebwyr.[69] Gwell esboniad, o bosibl, yw ei fod yn gyndyn i fynd yn groes i ewyllys y tanysgrifwyr. Wedi'r cyfan, yr oedd yr Hen Gyfansoddiad yn datgan bod 'y rheolau [...] i gael eu cyfnewid, neu ychwanegu atynt, fel y byddo amgylchiadau yn galw, yn y Pwyllgor Cyffredinol', ac yn ôl y drefn reolaidd honno y derbyniwyd y Cyfansoddiad Newydd.[70]

Os felly, nid pa beth a rwystrodd Michael D. Jones rhag gwrthwynebu'r Cyfansoddiad Newydd yw'r cwestiwn y dylid ei ofyn, ond beth a'i hysgogodd i wrthryfela? Yng nghyfarfod y pwyllgor gwaith ym Medi 1878, penderfynwyd cynnal cyfarfod nesaf y pwyllgor gwaith yn y Bala ar ddydd Mawrth olaf mis Mawrth 1879, ond bod cyfarfod blynyddol y tanysgrifwyr i'w gynnal yn Amwythig y diwrnod wedyn.[71] Gwyddai Michael D. Jones y byddai cynnal y cyfarfod yn Amwythig yn ei gwneud hi'n haws i bobl Lerpwl fod yno, ac yr oedd wedi sylwi ar gynnydd yn nifer y tanysgrifadau yn eglwys John Thomas. I Michael D.

Jones, fe fyddai wedi ymddangos fel petai cynllwyn ar droed i wanhau pleidlais Meirionnydd er mwyn sicrhau bod unrhyw gynigion a luniwyd gan y pwyllgor gwaith, a fyddai o bosibl yn annerbyniol yn y Bala, yn derbyn cymeradwyaeth y tanysgrifwyr yn Amwythig.

O edrych ar gofnodion pwyllgor Medi 1877,[72] gellid gweld bod y drafodaeth ar ddyfodol Bodiwan a'r angen am olegdy wedi ei gohirio hyd Mawrth 1879, ond ni chrybwyllwyd hynny yng nghyfarfod Medi 1878.[73] Mae'n rhaid bod Michael D. Jones wedi sylweddoli y gallai'r pwyllgor gwaith baratoi cynnig i'w droi yntau a'i deulu allan o Fodiwan, ac oherwydd bod y tanysgrifwyr yn cyfarfod yn Amwythig y diwrnod canlynol, bod perygl gwirioneddol y gallai hynny dderbyn cymeradwyaeth cyn iddo gael cyfle i baratoi ei wrthwynebiad. Fel y dywedodd mewn llythyr a ysgrifennodd ychydig fisoedd yn ddiweddarach, 'yr oedd y crogbren wedi ei godi cyn gwybod a bechai M. D. Jones'.[74] Felly, yr ofn y byddai'n derbyn rhybudd i adael Bodiwan a ysgogodd Michael D. Jones i wrthryfela yn erbyn y Cyfansoddiad Newydd yn fuan ar ôl cyfarfod cyntaf y pwyllgor gwaith ym mis Medi 1878.

Torrodd Michael D. Jones ei ddistawrwydd â chyfres o ysgrifau tanllyd ar dudalennau *Y Celt*, papur wythnosol o dan olygyddiaeth Samuel Roberts ('S. R.') o Lanbryn-mair.[75] Nid amddiffyn ei hun rhag y feirniadaeth a fu arno yn y gorffennol oedd amcan yr ysgrifau, ond gwrthymosod. Yn ôl Michael D. Jones, nid oedd y datblygiadau diweddar yng Ngholeg y Bala ond rhan o gynllwyn ehangach gan garfan o unigolion uchelgeisiol, a alwai yn 'Y Clique' neu 'Y Glymblaid', i dra-awdurdodi ar eglwysi Annibynnol Cymru trwy roi'r un math o awdurdod i Gyfundebau'r Annibynwyr ag a oedd gan Gyfarfodydd Misol y Methodistiaid. Yr oedd yr ymgais hon i 'Bresbytereiddio' yr enwad eisoes wedi ennill buddugoliaeth gyda sefydlu Undeb yr Annibynwyr Cymraeg yn 1871/72. Hwn oedd 'cynllyn ymerodrol y *Turn coats* Trefnyddol yn ein mysg', meddai, gan gyfeirio at unigolion fel John Thomas, William Rees ('Gwilym Hiraethog') a David Roberts ('Dewi Ogwen') o Wrecsam, a fagwyd yn Fethodistiaid.[76] Yr oedd rhai Annibynwyr gydol-oes hefyd yn rhengoedd y Glymblaid hon, ac yn eu plith yr oedd Thomas Rees, Abertawe; Cadwaladr Jones, Llanfyllin; Josiah Jones o Fachynlleth a Benjamin Williams, Abertawe. Y dynion hyn oedd cefnogwyr yr ymgyrch i sefydlu 'Un Coleg' i'r Annibynwyr yn yr 1860au, ac yn ôl Michael D. Jones, nid oeddent wedi anobeithio ar ddiwedd yr 1870au ychwaith. Dychwelai John Thomas a'i gefnogwyr i'r Bala i ddial arno ef ac i roi'r 'diffoddydd' ar y Coleg.[77]

Nid mater i'w gymryd yn ysgafn oedd hwn. Rhybuddiai Michael D. Jones y 'dylai pob Anybynwr gwirioneddol deimlo mai nid rhyw ffrwgwd fechan rhwng personau yw y frwydr sydd yn myned ymlaen yn bresenol rhwng y glymblaid a hen gyfeillion Coleg Y Bala, ond mai brwydr egwyddorion ydyw'.[78] Ei neges i'w ddarllenwyr oedd y 'dylai pob Anybynwr egwyddorol ei gefnogi, a theimlo ei fod yn ymladd dros ryddid pob dyn yn yr enwad',[79] a chyflwynai ei hun fel ceidwad 'gwir Annibyniaeth', dyn a oedd 'yn ymladd brwydr rhyddid ac anybyniaeth pob gweinidog, diacon, ac aelod sydd yn perthyn i'r enwad'.[80] 'Esgobion hunanetholedig' oedd y Glymblaid, ac fel yr esboniodd rai blynyddoedd yn ddiweddarach, wedi iddo gymedroli rhywfaint: '[Mae'r Glymblaid] yn ddigon cyfrifol fel aelodau cymdeithas, a gallaf edrych arnynt fel cymydogion dymunol, ond nid Annibynwyr mo honynt.'[81]

Nid oes amheuaeth y bu, er gwaethaf yr holl densiynau personol, frwydr rhwng dwy egwyddor yng Ngholeg y Bala ar ddiwedd yr 1870au. Ond beth bynnag a ddywed Michael D. Jones, brwydr rhwng dwy egwyddor 'Annibynnol' ydoedd. Ni chredai John Thomas na Thomas Rees, nac unrhyw aelod arall o'r Glymblaid, eu bod yn gweithredu'n groes i egwyddorion sylfaenol Annibyniaeth eglwysig. Cytunent â'r farn y dylai pob eglwys fod yn annibynnol ar unrhyw awdurdod ar y ddaear. Fel y cadarnhaodd John Thomas yn un o'i ysgrifau, 'egwyddor fawr Annibyniaeth ydyw fod yr eglwys yn gorff hunan-lywodraethol, a'i hawdurdod yn derfynol ynddi ei hun'.[82] Eu dadl oedd na fyddai rhoi rheolaeth Coleg y Bala yn nwylo'r Cyfundebau yn ymyrraeth o unrhyw fath ar freintiau'r eglwysi. I'r gwrthwyneb, meddai John Thomas, yr oedd rhoi'r Coleg yn nwylo'r Cyfundebau yn cryfhau dylanwad yr eglwysi arno. Wedi'r cyfan, i wasanaethu'r eglwysi y sefydlwyd y Coleg yn y lle cyntaf.[83] Yr oedd John Thomas yn ddigon parod i drafod y cynllun i ganoli holl rym a dylanwad yr eglwysi Annibynnol. Datganodd yn 1879 mai'r blynyddoedd ers 1850 fu'r cyfnod mwyaf llewyrchus yn hanes Annibyniaeth eglwysig yng Nghymru oherwydd yr oedd 'gallu yr holl eglwysi yn cael ei ganoli, a'n holl nerth yn cael ei osod i gydweithio i'r un amcan'.[84] Serch hynny, haerai John Thomas y byddai'n well ganddo pe byddai tanysgrifwyr yn rheoli'r Coleg yn llwyr, ac mai 'neillduolrwydd yr amgylchiadau ynglŷn âg Athrofa y Bala', sef dylanwad Michael D. Jones ar y pwyllgor, oedd 'yr unig ddadl â grym ynddi dros roddi dewisiad yn derfynol yn y Cyfundebau'.[85] Yn ôl John Thomas, felly, pragmatiaeth bur ac nid gweledigaeth enwadol a siapiodd y Cyfansoddiad Newydd ar gyfer Coleg y Bala.

Dylanwad y Cyfundebau ar reolaeth y Coleg, ac nid creu pwyllgor gwaith, oedd y rheswm a roddai Michael D. Jones dros wrthwynebu'r Cyfansoddiad Newydd. Dadleuai nad oedd unrhyw gysondeb rhwng arddel ac amddiffyn Annibyniaeth yr eglwysi tra'n ceisio canoli'r sefydliadau rhyng-eglwysig trwy eu dwyn o dan ddylanwad y Cyfundebau.[86] Ei ddadl, mewn gwirionedd, oedd bod Annibyniaeth yn drefn y dylid nid yn unig ei gweithredu yn eglwysig ond ei chyfaddasu i bob sefydliad, boed yn goleg, yn gymdeithas, neu hyd yn oed gyfundeb. Yr oedd y Coleg i fod mor annibynnol â'r eglwysi, a'i reolaeth i fod yn nwylo'r bobl a oedd yn ei gynnal, sef y tanysgrifwyr. Nid oedd ganddo wrthwynebiad i'r egwyddor o sefydlu cyfundebau, nac unrhyw sefydliad rhyng-eglwysig arall, cyhyd â bod eu gweithgarwch wedi ei gyfyngu i fynegi barn yn hytrach na defnyddio eu grym i benderfynu ar faterion a oedd y tu hwnt i'w hawdurdod.[87] Yr oedd o blaid sefydlu undebau ysgolion Sul, er enghraifft, ar yr amod nad oeddent o dan reolaeth y Cyfundebau.[88]

Dadl arall Michael D. Jones yn erbyn y Cyfansoddiad Newydd oedd na ellid ystyried y Cyfundebau yn gynrychiolaeth o'r eglwysi. 'Hunanetholedig yw ein cyfundebau', meddai, 'a phe byddent gynrychiolaeth, Trefnyddion a fyddem.'[89] Addefai y 'buasai yn well i'r enwad gael ei lywodraethu gan henaduriaeth gyfansoddiadol, a'r holl gynrychiolaeth wedi eu dewis gan yr eglwysi, na chan ryw bwyllgorau hunanetholiadol. Pe buasai henaduriaeth wedi ei dewis yn deg, buasai awdurdod mewn penderfyniad felly, a rhyw gymaint o weriniaeth.'[90] Ond, fel ag yr oedd hi, nid ystyriai'r Cyfundebau na'r Cyfansoddiad Newydd yn ddim mwy na chyfleon i weinidiogion uchelgeisiol ymestyn eu dylanwad ac ymddwyn yn groes i ewyllys eu heglwysi. 'Ai Annibyniaeth yw hyn?' gofynnai, 'Nage, ond offeiriadaeth beryglus, ac y mae y cynllun yn arwain tua'r *Sassiwn*, ac o'r *Sassiwn* at yr esgob, ac oddiwrth yr esgob tua Rhufain.'[91]

Dwysaodd y sefyllfa pan gyhoeddodd Michael D. Jones a'i gefnogwyr fod pwyllgor o dan yr Hen Gyfansoddiad i'w gynnal yn y Bala ym Mawrth 1879, ar yr un diwrnod ag yr oedd y tanysgrifwyr i gyfarfod yn Amwythig.[92] Gadawyd pwyllgor y Coleg mewn dryswch gan wrthryfel cyhoeddus y prifathro. Ceisiwyd llunio cynseiliau ar gyfer cyflafareddiad rhwng y ddwy blaid, ond methodd pob ymgais i ganfod tir cyffredin rhyngddynt.[93] Erbyn diwedd mis Mai, yr oedd cefnogwyr y Cyfansoddiad Newydd wedi penderfynu nad oedd dim i'w wneud ond cymryd camau pellach yn erbyn Michael D. Jones.[94]

Cyrhaeddodd y 'frwydr' ei huchafbwynt gyda chyfarfod cyffredinol a gynhaliwyd yn Amwythig ddydd Mawrth, 15 Gorffenaf 1879. Pwrpas y cyfarfod oedd trafod dyfodol y Coleg, a'r dewis (yn ôl pamffled a gyhoeddwyd ychydig fisoedd ynghynt) oedd 'naill ai gollwng y Cyfansoddiad a Llywodraeth y Coleg dan draed, neu ynte dori pob cysylltiad â'r Parch. M. D. Jones fel athraw'.[95] Wedi anerchiad agoriadol gan y cadeirydd, sef Edward Stephen ('Tanymarian'), darllenwyd y cynnig i'r rhai oedd yn bresennol. Gofynnwyd ddwywaith i Michael D. Jones a oedd yn barod i gydnabod y Cyfansoddiad Newydd, ond gwrthododd gydnabod rheoleidd-dra'r cyfarfod. Cyfrannodd amryw oedd yn bresennol at y drafodaeth, a'r mwyaf cofiadwy, o bosibl, oedd rhybudd Ap Vychan mai 'Gwell fyddai ymbwyllo cyn torri pen dyn oddicartref.' Wedi cryn gythrwfl, gofynnwyd drachefn i Michael D. Jones a fyddai'n cydnabod y Cyfansoddiad Newydd, y tro hwn trwy arwyddo dogfen ysgrifenedig. Gwrthododd, ac aethpwyd i bleidlais ar y cynnig i 'dori pob cysylltiad â'r Parch. M. D. Jones fel athraw'. Cafwyd 156 o blaid y cynnig, ac 8 yn unig yn ei erbyn. Daeth y penderfyniad i rym y diwrnod hwnnw. Diswyddwyd Michael D. Jones, ac wedi rhybudd Ap Vychan, daeth y cyfarfod hwnnw yn Amwythig i'w adnabod ar lafar gwlad fel 'Cyfarfod y Torri Pen'.[96]

Dychwelodd Michael D. Jones i'r Bala gyda'r bwriad o gasglu ynghyd y myfyrwyr a'i cefnogai a chynnal y Coleg o dan yr Hen Gyfansoddiad. Drannoeth, enillodd gefnogaeth pedwar o'i fyfyrwyr, ac o hynny ymlaen, bu dau Goleg Annibynnol yn y Bala a dwy blaid yn honni mai eu sefydliad hwy oedd y gwir Goleg. Bu'r ddau Goleg yn cyfarfod ym Modiwan am ychydig dros fis, nes i bwyllgor Coleg yr Hen Gyfansoddiad dderbyn wyth myfyriwr a oedd wedi troi cefn ar y Prifathro i ddechrau ond wedi penderfynu dychwelyd.[97] Cynhaliwyd y pwyllgor ddydd Iau, 4 Medi 1879, a'r diwrnod canlynol, caewyd drysau Bodiwan i Thomas Lewis a 35 o fyfyrwyr Coleg y Cyfansoddiad Newydd.[98] Gwrthododd yr ymddiriedolwyr drosglwyddo Bodiwan i blaid y Cyfansoddiad Newydd, a bu raid iddynt gynnal eu Coleg hwythau ym Mhlas-yn-dre yn y Bala. Yno y bu hyd 1886, pan roddodd yr Aelod Seneddol, Samuel Morley, rodd o £1,500 i Goleg y Cyfansoddiad Newydd ar yr amod y symudid ef i Fangor.

Gwnaed tair ymgais i gymodi'r ddwy blaid wedi'r ymraniad, ond bu'r cwbl yn ofer.[99] Aeth degawd heibio cyn i'r ddau Goleg ail-uno. Yng ngwanwyn 1889, bu farw John Rylands, dyn busnes o Fanceinion, gan adael £5,000 yn ei ewyllys i 'Goleg Annibynnol y Bala'. Wrth gwrs, gan fod y ddau Goleg yn honni mai hwy oedd gwir 'Goleg Annibynnol y Bala', yr oedd perygl i'r ewyllys arwain at wrthdaro pellach. Ond penderfynodd tanysgrifwyr y ddau Goleg, a hynny'n dilyn cynnig annisgwyl gan Michael D. Jones,[100] mai gwell fyddai ail-uno a defnyddio'r arian er lles yr achos yn hytrach na'i wastraffu ar gostau cyfreithiol. Daethpwyd i gytundeb yn Awst 1889 a fyddai'n golygu symud y Coleg o'r Bala i Fangor, ond caniatawyd i Michael D. Jones aros ym Modiwan a rhoddwyd rheolaeth y Coleg yn ôl i'r tanysgrifwyr fel y bu o dan yr Hen Gyfansoddiad.[101]

Anodd yw mesur dylanwad 'Brwydr y Ddau Gyfansoddiad' ar eglwysi Annibynnol Cymru. Er mai dadl ynglŷn â rheolaeth y Coleg ydoedd, go brin y gallai'r eglwysi a gyfrannai tuag at gynnal a chadw'r sefydliad, heb sôn am y llu o wŷr ifainc a addysgwyd yno dros y blynyddoedd, anwybyddu'r digwyddiadau anarferol fu yno ar ddiwedd yr 1870au.[102] Cofier hefyd fod nifer o aelodau pwyllgor y Coleg yn weinidogion a chanddynt eglwysi mewn gwahanol rannau o'r wlad, a hyd yn oed i'r eglwysi hynny nad oeddent yn dal cysylltiad â'r unigolion a fu'n rhan o'r ddadl, byddai enwau fel John Thomas, Thomas Rees a Michael D. Jones, wedi bod yn adnabyddus, nid o reidrwydd am eu gwaith yn y pulpud, ond am eu gweithgarwch fel gwleidyddion neu hyrwyddwyr mudiadau cymdeithasol. Erbyn hyn, ystyrir 'Brwydr y Ddau Gyfansoddiad' yn uchafbwynt i'r holl densiynau a droes o amgylch y Cyfundebau, tensiynau a fu'n casglu ers ymddangosiad cyntaf y Cyfundebau yn yr 1830au a'r 1840au.[103] Bu Pan Jones, fel un o gefnogwyr mwyaf teyrngar Michael D. Jones, ymhlith y cyntaf i osod y 'frwydr' yng nghyd-destun y gwrthdaro rhwng y Cyfundebau a'r eglwysi gyda'i lyfryn *Gargantua, neu, Ddadblygiad Clymbleidiaeth* (1883).[104] Ond o edrych ar y 'frwydr' yn y modd hwn, hawdd yw anghofio mai ymgais Michael D. Jones i oresgyn ei drafferthion personol oedd wrth ei gwraidd. Ni ellir amau argyhoeddiadau Michael D. Jones ynglŷn ag Annibyniaeth fel ffurf ar drefniadaeth eglwysig. Ni ellir amau ychwaith fod y tensiwn a fu'n cynyddu dros y blynyddoedd ynglŷn ag ymyrraeth Cyfundebau ym materion yr eglwysi wedi dod i'r wyneb ym 'Mrwydr y Ddau Gyfansoddiad'. Ond nid ar sail egwyddorion Annibyniaeth eglwysig y dadleuodd Michael D. Jones yn erbyn mudiad yr 'Un Coleg' yn 1863, ac ni wrthwynebodd sefydlu Undeb yr Annibynwyr Cymraeg yn Hydref 1871, coron ymdrechion John Thomas i roi 'trefn' ar yr Annibynwyr.[105] Dim ond pan roddwyd y Cyfansoddiad Newydd i Goleg y Bala y dechreuodd Michael D. Jones gyfrannu at yr hen ddadl honno, ac fe enillodd gefnogaeth eang wrth wneud hynny. Wrth drafod telerau'r cymodi rhwng y ddwy blaid yn 1889/90, daeth R. G. Owen i'r casgliad mai Michael D. Jones a gafodd y fuddugoliaeth ym 'Mrwydr y Ddau Gyfansoddiad', a hynny oherwydd i reolaeth y Coleg gael ei roi yn ôl yn nwylo'r tanysgrifwyr.[106] Gwir hynny, ond wrth olrhain yr hanes yn ôl i ymadawiad *Mimosa* o ddociau Lerpwl yn 1865, ni ellir peidio â theimlo mai'r fuddugoliaeth fwyaf i Michael D. Jones fu ei lwyddiant i argyhoeddi cynifer o'i gyd-oeswyr, ynghyd â chenedlaethau wedyn, mai brwydr hunan-aberthol 'dros ryddid pob dyn yn yr enwad' oedd ymrafael a darddodd, uwchlaw popeth arall, o'i argyfwng ariannol ei hun.[107]

Nodiadau

[1]Dylid pwyllo wrth ddefnyddio'r gair 'Prifathro' yma, oherwydd Michael D. Jones oedd yr unig athro swyddogol hyd 1861. Efallai y byddai 'pennaeth' yn gweddu'n well, ond er mwyn osgoi penbleth wrth ddyfynnu dogfennau a llawysgrifau, penderfynwyd cadw at 'Brifathro'.

[2]*Y Dysgedydd*, 1841, tt.358, 388–9; 1842, t.32; R. G. Owen, 'Brwydr y "Ddau Gyfansoddiad", 1877–85' (traethawd MA anghyhoeddedig Prifysgol Cymru [Bangor], 1941), tt.1–10; Geraint Dyfnallt Owen, *Ysgolion a Cholegau yr Annibynwyr* (Abertawe: Undeb yr Annibynwyr Cymraeg, 1939), tt.131–6.

[3]R. Tudur Jones, 'Ymneilltuaeth a'r Iaith Gymraeg yn y Bedwaredd Ganrif ar Bymtheg', yn *'Gwnewch Bopeth yn Gymraeg': Yr Iaith Gymraeg a'i Pheuoedd 1801–1911*, gol. Geraint H. Jenkins (Caerdydd: Gwasg Prifysgol Cymru, 1999), t.238.

[4]E. Pan Jones, *Oes a Gwaith y Prif Athraw, y Parch. Michael Daniel Jones, Bala* (Y Bala: H. Evans, 1903), t.119.

[5]R. G. Owen, 'Brwydr y Ddau Gyfansoddiad'.

[6]Lewis Jones, *Hanes y Wladva Gymreig, Tiriogaeth Chubut, yn y Weriniaeth Arianin, De Amerig* (Caernarfon: Cwmni'r Wasg Genedlaethol Gymreig, 1898), t.42; Archifau Prifysgol Bangor, Llsg. Bangor 8052.

[7]Llyfrgell Genedlaethol Cymru, Llsg. LlGC 7254 D.

[8]Llsg. Bangor 8052.

[9]Llsg. Bangor 8052.

[10]Llsg. Bangor 10509.

[11]Llyfrgell Genedlaethol Cymru, Casgliad D. J. Williams, Bethesda, 16/7.

[12]Llsg. Bangor 11310.

[13]Amgueddfa Gaiman: Llythyr Michael D. Jones at Lewis Jones, 13 Rhagfyr 1866.

[14]Llsg. Bangor 10511.

[15]Llsg. Bangor 10509.

[16]Geraint Dyfnallt Owen, *Ysgolion a Cholegau yr Annibynwyr*, t.148. Am John Peter (1833–77), gw. *Y Bywgraffiadur Cymreig hyd 1940* (Llundain: Anrhydeddus Gymdeithas y Cymmrodorion, 1953), tt.706–7.

[17]Geraint Dyfnallt Owen, *Ysgolion a Cholegau yr Annibynwyr*, t.147; R. G. Owen, 'Brwydr y Ddau Gyfansoddiad', t.51.

[18]Ar y diarddel, gw. R. Tudur Jones, *Hanes Annibynwyr Cymru* (Abertawe: Undeb yr Annibynwyr Cymraeg, 1966), tt.73–5.

[19]Pan Jones, *Oes a Gwaith… Michael Daniel Jones*, t.143.

[20]'Llyfr Cofnodion Perthynol i'r Cyfansoddiad Newydd', t.150; dyfynnwyd yn R. G. Owen, 'Brwydr y Ddau Gyfansoddiad', tt.52–3.

[21]Arnynt, gw. R. Tudur Jones, 'Trefniadaeth Ryngeglwysig yr Annibynwyr', *Y Cofiadur*, 1951, tt.3–63.

22*Y Dydd*, 8 Hydref 1869, t.9.

23Llsg. Bangor 7484.

24*Y Dydd*, 8 Hydref 1869, t.9.

25*Y Dydd*, 11 Mawrth 1870, t.2.

26*Y Dysgedydd*, 1871, t.29; Pan Jones, *Oes a Gwaith… Michael Daniel Jones*, tt.143–5.

27Llsg. Bangor 7484; R. G. Owen, 'Brwydr y Ddau Gyfansoddiad', t.67.

28Cytunodd Robert Owen, Tynycoed, Thomas Davies, Llandrillo a John Edwards, Glanypwll i fod yn ymddiriedolwyr; gw. R. G. Owen, 'Brwydr y Ddau Gyfansoddiad', t.88.

29R. G. Owen, 'Brwydr y Ddau Gyfansoddiad', t.96.

30*Y Dydd*, 11 Mawrth 1870, t.2; Llsg. Bangor, Ioan Pedr 718; Josiah Jones, *Cofiant y Parch. E. Williams, Dinas Mawddwy* (Machynlleth: Adam Evans, 1886), t.71.

31Llsg. Bangor 7534.

32Llsg. Bangor 7504.

33Llsg. Bangor 7504.

34Llsg. Bangor 7710, 7713.

35Llsg. Bangor 11289.

36*Y Dysgedydd*, 1872, t.128.

37Llsg. Bangor, Ioan Pedr 718 (39); R. G. Owen, 'Brwydr y Ddau Gyfansoddiad', tt.66–7, 90–1.

38*Y Dysgedydd*, 1872, t.128; Llsg. Bangor 7492.

39*Y Dysgedydd*, 1874, tt.143–5.

40R. G. Owen, 'Brwydr y Ddau Gyfansoddiad', tt.97–8.

41Llsg. Bangor 7535.

42Llsg. Bangor 7500, 7496, 7498.

43R. G. Owen, 'Brwydr y Ddau Gyfansoddiad', t.99.

44Nid hwn oedd y tro cyntaf i Michael D. Jones ac Ioan Pedr wrthdaro â'i gilydd. Gw. Llsg. Bangor 7835–36; *Y Celt*, 6 Rhagfyr 1878, t.12; Rhianydd Morgan, *Ioan Pedr*, Cyfres 'Llên y Llenor' (Caernarfon: Gwasg Pantycelyn, 1999), tt.16–18.

45*Y Celt*, 6 Rhagfyr 1878, t.12.

46*Y Celt*, 6 Rhagfyr 1878, t.12.

47R. G. Owen, 'Brwydr y Ddau Gyfansoddiad', t.99.

48*Y Tyst a'r Dydd*, 17 Medi 1875, t.4; R. G. Owen, 'Brwydr y Ddau Gyfansoddiad', t.69.

49*Baner ac Amserau Cymru*, 30 Ebrill 1862, t.282.

50*Y Celt*, 28 Chwefror 1879, t.6.

51*Baner ac Amserau Cymru*, 23 Ebrill 1862, tt.262–3; *Y Diwygiwr*, Medi 1862, tt.281–2.

52*Y Diwygiwr*, Ebrill 1863, t.121; *Y Celt*, 21 Chwefror 1879, t.1; Pan Jones, *Oes a Gwaith… Michael Daniel Jones*, tt.132–3; Llyfrgell Genedlaethol Cymru, Papurau J. Dyfnallt Owen.

53John Thomas, *Coleg y Bala: Llythyrau Dr J. Thomas, Liverpool* (Merthyr Tudful: Swyddfa'r 'Tyst a'r Dydd', [1880]), t.3.

[54]Llsg. LlGC 4616B; Llsg. Bangor 7499, 7501.

[55]Llsg. Bangor, Papurau Coetmor, 1; R. G. Owen, 'Brwydr y Ddau Gyfansoddiad', t.94.

[56]D. J. Williams (Bethesda), 'Hanes Coleg Bala-Bangor' (teipysgrif yn Llyfrgell Genedlaethol Cymru), t.x.

[57]*Y Dysgedydd*, 1876, tt.317–18.

[58]John Thomas, *Coleg y Bala: Llythyrau Dr J. Thomas*, t.7.

[59]*Coleg y Bala: Yr Hen Gyfansoddiad [a'r] Cyfansoddiad Newydd* (Pwllheli: Richard Jones, 1879), t.1.

[60]John Thomas, *Coleg y Bala: Llythyrau Dr J. Thomas*, t.7.

[61]R. G. Owen, 'Brwydr y Ddau Gyfansoddiad', t.129.

[62]Gw. Ieuan Gwynedd Jones, 'Meirioneth Politics in Mid-Nineteenth Century', *Explorations and Explanations* (Llandysul: Gwasg Gomer, 1981), tt.83–164.

[63]John Thomas, *Coleg y Bala: Llythyrau Dr J. Thomas*, t.8.

[64]*Y Dysgedydd*, 1877, tt.321–2; R. G. Owen, 'Brwydr y Ddau Gyfansoddiad', t.154.

[65]*Y Dysgedydd*, 1877, tt.321–2.

[66]*Y Tyst a'r Dydd*, 12 Ebrill 1878, t.2; R. G. Owen, 'Brwydr y Ddau Gyfansoddiad', tt.154–5.

[67]*Y Tyst a'r Dydd*, 13 Medi 1878, t.3; *Y Celt*, 20 Medi 1878, t.7.

[68]R. G. Owen, 'Brwydr y Ddau Gyfansoddiad', t.158.

[69]*Y Dysgedydd*, 1878, t.318; R. G. Owen, 'Brwydr y Ddau Gyfansoddiad', t.158.

[70]*Coleg y Bala: Yr Hen Gyfansoddiad [a'r] Cyfansoddiad Newydd*, t.1.

[71]R. G. Owen, 'Brwydr y Ddau Gyfansoddiad', t.135.

[72]*Y Dysgedydd*, 1877, t.322.

[73]*Y Tyst a'r Dydd*, 13 Medi 1878, t.3; *Y Celt*, 20 Medi 1878, t.7.

[74]Llsg. Bangor 8052.

[75]Gw. R. Tudur Jones, 'Cwmni'r "Celt" a Dyfodol Cymru', *Trafodion Anrhydeddus Gymdeithas y Cymmrodorion*, Sesiwn 1987 (a ailgyhoeddir yn y gyfrol hon).

[76]*Y Celt*, 4 Hydref 1878, t.9.

[77]*Y Celt*, 11 Hydref 1878, tt.8–9.

[78]*Y Celt*, 6 Rhagfyr 1878, t.11.

[79]*Y Celt*, 6 Rhagfyr 1878, t.11.

[80]*Y Celt*, 6 Rhagfyr 1878, t.11.

[81]*Y Celt*, 24 Hydref 1884, t.5.

[82]*Y Tyst a'r Dydd*, 28 Tachwedd 1879, t.2.

[83]John Thomas, *Coleg y Bala: Llythyrau Dr J. Thomas*, t.14.

[84]*Y Tyst a'r Dydd*, 5 Rhagfyr 1879, t.2.

[85]John Thomas, *Coleg y Bala: Llythyrau Dr J. Thomas*, t.13.

[86]*Y Celt*, 6 Rhagfyr 1878, t.12; *Y Celt*, 2 Tachwedd 1883, tt.8–9; *Y Celt*, 22 Awst 1884, t.8.

[87]*Y Celt*, 27 Mehefin 1884, t.9; *Y Celt*, 6 Rhagfyr 1878, tt.11–12; *Y Celt*, 20 Mehefin 1884, tt.1–2; *Y Celt*, 22 Awst 1884, t.8; *Y Celt*, 2 Ionawr 1885, t.8.

[88]*Y Celt*, 2 Ionawr 1885, t.8.

[89]*Y Celt*, 18 Hydref 1878, t.8.

[90]*Y Celt*, 29 Hydref 1886, tt.1–2.

[91]*Y Celt*, 25 Hydref 1878, t.9.

[92]*Y Celt*, 28 Chwefror 1879, t.8; R. G. Owen, 'Brwydr y Ddau Gyfansoddiad', tt.176–7.

[93]R. G. Owen, 'Brwydr y Ddau Gyfansoddiad', tt.185–94.

[94]*Y Tyst a'r Dydd*, 13 Mehefin 1879, tt.9–10.

[95]LlGC, Papurau J. Dyfnallt Owen; *Y Tyst a'r Dydd*, 13 Mehefin 1879, tt.9–10.

[96]*Y Tyst a'r Dydd*, 25 Gorffennaf 1879, t.9; R. G. Owen, 'Brwydr y Ddau Gyfansoddiad', tt.195–201.

[97]R. G. Owen, 'Brwydr y Ddau Gyfansoddiad', t.206.

[98]*Y Tyst a'r Dydd*, 19 Medi 1879, t.10; R. G. Owen, 'Brwydr y Ddau Gyfansoddiad', t.207.

[99]R. G. Owen, 'Brwydr y Ddau Gyfansoddiad', tt.219–45.

[100]*Y Celt*, 17 Mai 1889, t.3.

[101]R. G. Owen, 'Brwydr y Ddau Gyfansoddiad', tt. 277–85.

[102]D. J. Williams (Bethesda), 'Hanes Coleg Bala-Bangor'; Pan Jones, *Oes a Gwaith… Michael Daniel Jones*, t.99.

[103]R. Tudur Jones, 'Trefniadaeth Ryngeglwysig yr Annibynwyr', tt.3–63; Geraint Dyfnallt Owen, *Ysgolion a Cholegau yr Annibynwyr*, t.163; R. Tudur Jones, *Hanes Annibynwyr Cymru*, tt.256–7.

[104]E. Pan Jones, *Gargantua, neu, Ddadblygiad Clymbleidiaeth* (Ystalyfera: Ebenezer Rees, 1883).

[105]R. Tudur Jones, *Yr Undeb: Hanes Undeb yr Annibynwyr Cymraeg, 1872–1972* (Abertawe: Gwasg John Penry, 1975), tt.23–42. Ynghylch dyddiad sefydlu'r Undeb, gw. t.53.

[106]R. G. Owen, 'Brwydr y Ddau Gyfansoddiad', t.285.

[107]*Y Celt*, 6 Rhagfyr 1878, tt.11–12.

Cwmni'r *Celt* a Dyfodol Cymru*

R. Tudur Jones

Ganed *Y Celt* mewn drycin. Yr oedd yr Annibynwyr yn mwynhau'r ffrae ffyrnicaf a welwyd yn yr eglwysi Cymraeg yn ystod y bedwaredd ganrif ar bymtheg. Yr oedd y naill blaid, o dan arweiniad Dr John Thomas, Lerpwl (1821–92), yn awyddus i gyfundrefnu sefydliadau a gweith-gareddau'r Annibynwyr ar batrwm lled-Bresbyteraidd. Yr oedd y blaid arall, o dan arweiniad Michael D. Jones (1822–98), Prifathro Coleg Annibynnol y Bala, yn ffyrnig yn erbyn. Ac uwchben cyfansoddiad Coleg Annibynnol y Bala y bu'r Gad Gamlan.

Mynnai John Thomas a'i gefnogwyr newid y cyfansoddiad er mwyn dod â'r Coleg yn fwy effeithiol o dan reolaeth y Cyfarfodydd Chwarter – dyma'r Cyfansoddiad Newydd. Gwrthododd Michael D. Jones a'i gefnogwyr y cyfansoddiad hwn, er iddynt weithio oddi tano am flwyddyn ar ôl i gyfarfod cyffredinol y tanysgrifwyr ei fabwysiadu ym Medi 1877. Pan alwodd gwŷr y Cyfansoddiad Newydd bwyllgor i gyfarfod yn Amwythig ym Mawrth 1879, cynullodd cefnogwyr Michael D. Jones bwyllgor i gyfarfod ar yr un awr yn y Bala. A dyna hi'n rhwyg. Ar 15 Gorffennaf 1879, diswyddwyd Michael D. Jones yng 'Nghyfarfod y Torri Pen' yn Amwythig gan y tanysgrifwyr a gefnogai'r Cyfansoddiad Newydd. Y canlyniad oedd fod dau goleg gan yr Annibynwyr yn y Bala, Coleg yr Hen Gyfansoddiad o dan Michael D. Jones a Choleg y Cyfansoddiad Newydd o dan Thomas Lewis. Parhaodd y ffrae chwerw hyd onid unwyd y ddwy garfan yng Ngholeg Bala-Bangor yn 1890.

Yr oedd gan blaid y Cyfansoddiad Newydd lwyfan dylanwadol yn *Y Tyst*, y papur wythnosol yr oedd Dr John Thomas yn olygydd neilltuol fedrus iddo. Felly, aeth gwŷr yr Hen Gyfansoddiad ati i sefydlu eu papur eu hunain. A dyna sut y daeth *Y Celt* i fodolaeth.

Mae'n ymddangos mai'r prif symudydd oedd S. R. (Samuel Roberts, 1800–85). Anfonodd gylchlythyr at nifer o bobl yn eu gwahodd i Gaerfyrddin i ystyried y mater. Yn y cylchlythyr yr enw a awgrymid ar gyfer y papur oedd *Y Cymro*, ond yr oedd gwrthwynebiad

---

*Darlith Goffa Syr Thomas Parry, a draddodwyd yng nghyfarfod Anrhydeddus Gymdeithas y Cymmrodorion yn Eisteddfod Bro Madog, Porthmadog, 6 Awst 1987. Cyhoeddwyd y ddarlith yn wreiddiol yn *Trafodion Anrhydeddus Gymdeithas y Cymmrodorion*, Sesiwn 1987.

ar unwaith i'r enw hwn. Casglwn hyn oddi wrth y llythyr a anfonwyd at
S. R. gan un o'r gwahoddedigion. Fe'i dyddiwyd, 'Troedyrhiw, Merthyr
Tydfil, Rhag. 28, 1877', a'r gŵr a'i hysgrifennodd oedd Robert Evans:

> Anwyl S. R.,
> Gan nad allaf ddyfod i Gaerfyrddin yr wyf yn anfon y llythyr hwn
> mewn atebiad i'r cylchlythyr a dderbyniais mewn perthynas a
> cychwyniad 'Y Cymro' [...]

Mae'n dweud ei fod yn barod i brynu cyfranddaliadau yn y Cwmni, os
sefydlir un, ac yna dywed :

> Ond yr wyf yn *teimlo gwrthwynebiad penderfynol* i alw y papyr 'Y
> Cymro'. Onid 'Y Cymro' oedd enw y papyr eglwysig fu farw yn y
> Gogledd? Fe fydd y ffaith yna yn ddigon am ei einioes. Galwch ef
> 'Yr Ymneillduwr' – neu 'Yr Anghydffurfiwr Cymreig' – neu 'Y
> Cristion Cymreig'. Hyderaf y bydd cynulliad lluosog yn
> Nghaerfyrddin [...][1]

Cynhaliwyd y cyfarfod ar 1 Ionawr 1878 ond nid oes cofnodion wedi
goroesi, hyd y gwyddys. Ond gwyddom rai pethau amdano. Ar awgrym
John Davies ('Siôn Gymro'; 1804–84), yr enw a ddewisiwyd i'r papur
oedd *Y Celt* ac etholwyd S. R. yn olygydd a D. S. Davies 'yn fath o gyd-
olygydd'.[2] Mae'n amlwg fod cryn dipyn o waith paratoi wedi bod
oherwydd y mae'r cytundeb a wnaethpwyd â'r argraffydd, H. Evans, Y
Bala, wedi ei ddyddio 3 Ionawr 1878.[3] Cyhoeddwyd y rhifyn cyntaf ar 19
Ebrill 1878. Yr oedd eithaf mynd ar y papur oherwydd yr oedd ei
gylchrediad erbyn Mehefin 1878 yn 3,500 a gobeithiai S. R. ei godi'n
fuan i 4,000.[4]

Ond cyn pen blwyddyn yr oedd anawsterau ariannol yn ei fygwth.
Esboniodd S. R. i'w ddarllenwyr fod tair ceiniog o bob swllt yn mynd i'r
dosbarthwyr ac oherwydd hynny, tâl cludiad, a llawer yn araf yn talu, yr
oedd hanner pob ceiniog a gâi'r papur yn mynd ar gludo a dosbarthu. Yr
oedd pethau mor ddrwg fel bod S. R. yn gofyn i'r darllenwyr am eu
hymateb i'r awgrym y dylid troi'r *Celt* yn gylchgrawn misol o 48 tudalen.
Ond ni chafwyd cyfle i ymateb. Y rhifyn lle ceid y sylwadau hyn oedd yr
olaf am y tro, 23 Mai 1879.

Aeth misoedd lawer heibio cyn ailgydio yn y fentr. Ar 12
Tachwedd 1880, ysgrifennai D. S. Davies at J. Ossian Davies, David
Davis a Morgan Evans i'w hysbysu o'u 'penodiad yn Gyfarwyddwyr'.[5]

Diau ei fod wedi cynnwys yr un neges mewn llythyrau eraill hefyd. Erbyn 21 Ebrill 1881, yr oedd yn anfon y 'Memorandum of Association' at H. Tobit Evans.[6] Ystyr hyn oedd fod symudiadau ar droed i osod y Cwmni ar seiliau sicrach. O dan Ddeddfau Cwmnïau 1862 hyd 1880 yr oedd angen llenwi a chofrestru dogfen a elwid yn 'Memorandum of Association'. Dyddiwyd un *Y Celt* 1 Mehefin 1881. Yn ôl y ffurflen, enw swyddogol y Cwmni oedd, 'The Celt Newspaper Company Limited'. Ac fel hyn y mae'n diffinio ei amcanion:

> *to start, print, publish and circulate a Newspaper and generally to carry on the business of Newspaper proprietors: to carry on if and when it should be deemed desirable the business of printing and to do all such matters and things as may be incidental and conducive to the objects aforesaid or any of them.*

A beth am gyfalaf? *'The capital of the Company is Two Thousand Pounds divided into two thousand shares of one pound each.'* Yna daw enwau'r sawl a ddymunai ymffurfio'n gwmni, gyda'r cyfranddaliadau a brynwyd gan bob un:

> *David Davis, Maesffynon, Aberdare, Colliery Proprietor (10)*
> *John Lewis, Penarth House, Aston Park, Birmingham, Independent Minister (10)*
> *David Stephen Davies, 4 Brynteg Terrace, Bangor, Independent Minister (5)*
> *Evan Pan Jones, Mostyn, Independent Minister (5)*
> *David Rees, Capel Mawr, Anglesey, Independent Minister (5)*
> *Morgan Evans, Oakford, Aberayron, Draper (10)*
> *Henry Tobit Evans of Mornington House, Aberystwyth, retired schoolmaster (10)*[7]

Ysgrifennydd y Cwmni oedd D. S. Davies. Ymhlith ei bapurau ceir rhestr o gyfranddalwyr y papur – 103 i gyd. Wrth wneud cais am gyfranddaliad yr oedd pob un yn rhoi ernes, a'r swm a gafwyd fel hyn oedd £60/16/0 – sy'n edrych heddiw'n swm tila iawn i gychwyn papur wythnosol. Hyd yn oed wedi i bawb dalu'r arian yn llawn, nid oedd y cyfalaf fawr mwy na £166. Mae'n amlwg mai ychydig o'r ddwy fil punnau a godwyd trwy werthu cyfranddaliadau. Ond mae'n amlwg hefyd fod rhai nad ydynt ymhlith y cyfranddalwyr wedi rhoi arian at y fentr oherwydd y mae llythyr ar gael a anfonodd William Thomas,

Bwlchnewydd, at S. R. yn dweud fod 'Prof Morgan wedi anfon *cheque* am £5/0/0 inni at *Y Celt* a Mr. Davies Glandwr un am 10/-'.[8]

Yr oedd y trefniadau ar gyfer ailgychwyn *Y Celt* eisoes wedi eu cwblhau. Mae'r cytundeb a wnaethpwyd â'r argraffwyr newydd yn un hir a manwl ac wedi ei ddyddio 6 Mai 1881.[9] Fe'i gwnaethpwyd â'r brodyr Amos – Thomas Chiswell Amos a Samuel John Amos – 13 Sussex Street, Y Rhyl. Mae'r cymal cyntaf yn dweud fod *Y Celt* i gynnwys 12 tudalen, gan gynnwys yr hysbysebion. Mae'r papur sydd i'w ddefnyddio i fod o'r un ansawdd ag un *Y Gwyliedydd* am 30 Mawrth 1881, Rhif 213, ac o'r un maint a'r un plyg, ac yn cynnwys yr un nifer o golofnau â'r *Dydd* am 3 Mai 1880, Rhif 426. Mae'r ail gymal yn delio â'r teip sydd i'w ddefnyddio. Dywed Cymal 3 nad oes dim llai na 1,000 o gopïau i'w hargraffu bob wythnos ac os bydd y Golygydd eisiau rhagor, rhaid iddo roi tridiau clir o rybudd i'r argraffwyr. Yn ôl Cymal 4, y Golygydd sydd i baratoi rhestr y derbynwyr. Mae'r rhifynnau, meddai Cymal 5, i'w dyddio ddydd Gwener bob wythnos ond i'w hanfon fore dydd Iau gyda'r post neu'r rheilffordd. Ond erbyn heddiw Cymal 8 yw'r un sy'n peri fwyaf o syndod oherwydd y newid mawr a ddigwyddodd yng ngwerth arian a chostau argraffu:

> 8. *The company shall pay the Printers &c as follows, viz., For the first thousand copies of any weekly issue Four Pounds Ten Shillings. For every thousand copies above the first thousand One Pound Five Shillings. For every hundred copies above the first thousand at the same rate.*[10] *Also for setting each page of new advertisements four shillings. For packing folding and addressing*[11] *providing string & labels & forwarding per rail & post [...] any number not exceeding 2000 5/- any number exceeding 2000 but not exceeding 4000 7/6. Postage stamps to be provided by the Company [...]*

Hynny yw, yr oedd pris cynhyrchu rhifyn o 2,000 o gopïau tua £6, heb gost y cludiad, a gellid disgwyl incwm o £8/6/8 pe gwerthid pob copi. Cymedrol oedd yr incwm oddi wrth hysbysebion. Am dudalen gyfan talai 'George's Pile and Gravel Pills' £10 y flwyddyn a J. H. Lamb, y trefnydd teithiau, ddeg swllt y chwarter am ddwy fodfedd o golofn, a mân hysbysebion dair ceiniog yr wythnos.[12]

Pan benderfynwyd symud yr argraffu o'r Rhyl, gwnaethpwyd cytundeb newydd â Samuel Hughes, 3 York Place, Bangor. Bu'r drafodaeth yn y 'Celt Office', Bangor, 30 Ionawr 1885, a llofnodwyd y memorandwm terfynol ar 18 Mehefin 1885.[13] Yn hwn enwir fel

Cyfarwyddwyr, D. S. Davies, David Rees, John Lewis, E. Pan Jones, Ezra Johnson, 'Draper', Caer, a'r Capt. George B. Thomas, Caernarfon. Yr oedd Samuel Hughes i ddechrau argraffu a chyhoeddi'r *Celt* gyda rhifyn dydd Gwener, 6 Mawrth 1885. Y Cyfarwyddwyr oedd i benodi'r golygydd ond Samuel Hughes oedd i dalu ei gostau teithio a'i gostau swyddfa. A'r pumed cymal yn y cytundeb oedd: '*That the Directors guarantee to the publisher a weekly circulation of two thousand copies provided they be informed when the circulation falls below two thousand.*' Daw'n eithaf eglur oddi wrth y cytundebau hyn beth oedd yn oblygedig mewn cyhoeddi papur newydd wythnosol yn Oes Victoria.

Brwydr oedd hi i gael dau ben y llinyn ynghyd, er nad oedd gohebwyr a golygyddion *Y Celt* yn cael yr un ddimai am eu llafur.[14] Llwyddodd i gadw ei ben trwy'r wythdegau er gwaethaf yr helbulon cyfreithiol a dynnodd ato. Erbyn symud yr argraffu i'r Rhyl yr oedd ganddo rwydwaith eang o ddosbarthwyr. Rhestrir 187 ohonynt ym Medi 1881 a 190 ymhen y mis, ac yr oedd ar werth hefyd gan 'W. H. Smith' lle bynnag yr oedd ganddynt stondinau ar orsafoedd y rheilffyrdd.[15] Ond pan ddaeth 'Brwydr y Cyfansoddiadau' i ben gydag uno'r ddau goleg yng Ngholeg Bala-Bangor, dechreuodd y gefnogaeth lacio. Erbyn diwedd 1892 yr oedd yn colli arian[16] a'r un oedd y gân yn nechrau 1894.[17] Mae'n amlwg fod D. S. Davies yn poeni oherwydd am unwaith cadwodd gyfrif o'r cylchrediad am rai misoedd. Dyma'r ystadegau sydd ganddo:

1893	Awst 25	2435
	Medi 29	2330
	Rhagfyr 8	2292
1894	Chwefror 2	2224
	Mawrth 2	2181
	Mawrth 16	2149
	Mawrth 23	2143 [18]

Yr oedd yn amlwg fod y cylchrediad yn gostwng yn gyflym. Erbyn 1896 yr oedd y Cwmni'n trafod trwy lythyr gyda pherchnogion *Y Tyst* a ellid uno'r ddau bapur, ond ar y pryd ni theimlid fod hynny'n ymarferol.[19] Er yr anawsterau, mynnai'r golygydd yn 1898 fod *Y Celt* yn dal i dalu amdano'i hun.[20] Ond y gwir oedd ei fod yn tynnu ei draed ato, a daeth y diwedd yn 1901.

Bellach yr ydym yn gallu synhwyro pa fath bobl oedd yn gefn i'r

Celt ac yn eu plith y gwŷr allweddol oedd y rhai a weithredai fel golygyddion. Pan ymddangosodd y rhifyn cyntaf ar 19 Ebrill 1878, y golygydd oedd S. R. a daliodd y swydd mewn enw hyd 27 Mehefin 1882. Yr oedd mewn gwth o oedran – yn 78 oed – pan ymgymerodd â'r swydd. Yr oedd yr asbri a wnaeth *Y Cronicl* yn gylchgrawn mor drawiadol pan gychwynnodd yn 1843 yn pallu ac S. R. yn mynd yn atgofus, yn biwis a hunandosturiol. Er hynny daliai i goleddu ei hen argyhoeddiadau a rhoddai dro arnynt y naill ar ôl y llall ar dudalennau'r *Celt*.

Pan ddechreuwyd argraffu'r *Celt* yn y Rhyl, cymerodd Pan Jones at yr olygyddiaeth, gan gychwyn ar ei waith gyda rhifyn 3 Mehefin 1881. Un o gymeriadau llachar ei genhedlaeth oedd Evan Pan Jones (1834–1922). Cafodd ei eni yn Sychbant, Llandysul, 12 Mehefin 1834, a gadawodd y tlodi enbyd a ddioddefodd y teulu yn ystod ei blentyndod ôl annileadwy arno.[21] Bu'n rhaid iddo ddechrau gweithio cyn bod yn ddengmlwydd oed a phrentisiwyd ef wedyn yn deiliwr a bu'n ymarfer ei grefft yn Llangeler, Castellnewydd a Horeb cyn mudo i Ben-tyrch ym Morgannwg. Ond yn Nant-y-glo y dechreuodd bregethu.

Aeth i Goleg y Bala, 24 Medi 1857, a chynghorwyd ef gan ei athrawon i fynd i'r Almaen i ddysgu'r iaith. Bu yno am flwyddyn. Dychwelodd i'r Bala ac yn 1862 derbyniwyd ef i Goleg Caerfyrddin. Gan iddo fethu cael galwad ar ddiwedd ei gwrs yn 1867 dychwelodd i'r Almaen, yn gyntaf i Hanofer ac wedyn i Marburg, gan dddychwelyd i Gymru yn 1869. Trwy ddylanwad Hwfa Môn cafodd wahoddiad yn weinidog i Mostyn ac ordeiniwyd ef yno, 11 Ionawr 1870, ac yno y bu nes ymddeol ohono adeg y Nadolig 1907. Bu farw 18 Mai 1922, yn 88 oed.

Gŵr aflonydd oedd Pan ac afrywiog ei dymer, gyda gallu mawr i ddynnu pobl yn ei ben. Yn sicr yr oedd yn ŵr o alluoedd uwchraddol, ond ychydig iawn o ôl ei addysg gyfandirol sydd yn ei waith llenyddol toreithiog. Er hynny yr oedd yn gwbl ddidwyll yn ei frwydr faith yn erbyn tlodi a gorthrwm ac yr oedd pobl ei ofal yn meddwl y byd ohono.[22]

Gyda rhifyn 7 Gorffennaf 1882 cymerodd D. S. Davies at yr awenau. Yr oedd eisoes wedi cael peth profiad yn y gwaith fel cyd-olygydd ag S. R.[23] Dyn diddorol iawn oedd David Stephen Davies (1841–98).[24] Yr oedd yn fab i John Davies (1803–54), gweinidog eglwys Annibynnol Mynydd-bach, Abertawe, o 1840 hyd at 1854 pan fygwyd ef i farwolaeth gan nwyon gwenwynig ym Mhwll y Clas, lle'r oedd yn oruchwyliwr.[25] Ganed D. S. Davies ym Mrynffynnon, Plas-marl, Abertawe. Pan fu farw ei dad yr oedd yn fyfyriwr yn y Coleg Normal, Abertawe.[26] Daeth terfyn sydyn ar ei addysg a bu'n rhaid iddo fynd i weithio fel peiriannydd yng nghylch Aberdâr. Pan ddaeth streic fawr 1857 penderfynodd ei fam y dylai ymfudo i America a chroesodd yn y llong (anarferol fawr yn yr oes honno), y *Resolute*. Gwaith fel peiriannydd a gafodd yno, yn gyntaf yn Trevorton, Pensylfania, ac wedyn yn Catasaqua, ond ar ôl symud at ei gefnder i Holidaysburgh, Pensylfania, y dechreuodd bregethu. Symudodd wedyn i Pittsburgh a bu'n pregethu am fisoedd i'r eglwys Gymraeg yno pan nad oedd ganddi weinidog. Cafodd ei addysgu ar gyfer y weinidogaeth yn Wyoming Seminary, Kingston, a'r Western Theological Seminary, Alleghany, ac y mae'n amlwg oddi wrth ei waith diweddarach iddo ddod yn ysgolhaig da, yn arbennig yn yr iaith Roeg. Cafodd ei ordeinio, 12 Hydref 1862, yn Emmett ac Ixonia, Wisconsin, a bu'n weinidog mewn mannau eraill hefyd cyn penderfynu ymfudo i'r Wladfa.

Hwyliodd o Efrog Newydd, 14 Chwefror 1874, gyda 42 o deithwyr ar y llong *Electric Spark*, a Chymro'n gapten arni.[27] Diwedd Mawrth aeth y llong yn ddrylliau ar draethau gogledd Brasil, ond 'Dihangfa i bawb', meddai D. S. Davies yn ei ddyddiadur.[28] Bu'r cwmni am gyfnod wrth afon Preguiza, nid nepell o dref Tutoia. Wedyn aethant i Parnahiba ac oddi yno i Maranham gan deithio mewn cychod. Yno manteisiodd Davies ar y cyfle i fynd gyda'r plant i'r ysgol i ddysgu Portiwgaleg. Rhoddodd masnachwyr yr ardal i 35 o'r teithwyr, gan gynnwys D. S. Davies, ddigon o arian i dalu cost cludiad ar y llong *Para* a oedd yn cario 800 o gaethion i'w gwerthu yn Rio de Janeiro. A thrachefn yno cawsant arian gan ewyllyswyr da i deithio i Buenos Aires ar y stemar *Galileo*. Ar ôl treulio cyfnod yno ymhlith y Cymry cawsant fynd rhagddynt i'r Wladfa yn y llong *Irene*.[29] Bu ym Mhatagonia am rai misoedd gan adael ar 26 Tachwedd yn y stemar *Heretius*. Cyrhaeddodd Southampton, 8 Ionawr 1875, lle'r oedd Michael D. Jones yn ei gyfarfod.[30] Yn fuan iawn cafodd alwadau gan ddwy eglwys – Carmel, Cendl, ac Ebeneser, Bangor. Dewisodd Fangor, ond cyn cael ei sefydlu dychwelodd i America. Hwyliodd o Lerpwl yn y stemar *City of Richmond* ar 6 Mai 1875 a glanio yn Efrog Newydd ar y Sulgwyn, 16 Mai. Yr oedd yn ôl yn Lerpwl, 10 Hydref, a chafodd ei sefydlu yn Ebeneser, 10 Ionawr 1876.[31] Yn Hydref 1886 terfynodd ei weinidogaeth ym Mangor[32] a symudodd i fod yn weinidog Heol Undeb, Caerfyrddin, ac yno y bu hyd ei farw, 29 Hydref 1898.[33] Gŵr cyforiog o ynni oedd D. S. Davies, tra phenderfynol ei farn, ac yn genedlaetholwr o radical o ysgol Michael D. Jones. Ei dri hobi mawr oedd clodfori'r Wladfa, hybu llaw-fer Gymraeg a phryfocio'r Bedyddwyr.

Yng nghyfarfod blynyddol Cwmni'r *Celt*, Medi 1884, rhoes D. S.

Davies rybudd y byddai'n ymddeol o'r olygyddiaeth ymhen chwe mis ac yn eu cyfarfod, 30 Ionawr 1885, penododd y Cyfarwyddwyr Keinion Thomas yn olygydd yn ei le.[34] Ganed William Keinion Thomas (1856–1932) ym Mangor, yn fab i Robert Hughes Thomas, prif of Chwarel y Penrhyn.[35] Yn 1872 aeth i Fanceinion yn brentis o gyfrifydd ac yno y dechreuodd bregethu. Bu'n fyfyriwr o dan Michael D. Jones yng Ngholeg y Bala o 1875 hyd 1879. Cafodd ei ordeinio'n weinidog gyda'r Annibynwyr ym Mheniel a Gerizim, Llanfairfechan, a threuliodd ei oes yn gwasanaethu eglwysi bychain yr Annibynwyr ar Lannau Menai.[36]

Yr oedd yn ŵr cryf o gorff ac nid oedd yn ddim ganddo pan olygai'r *Celt* weithio tan ddau o'r gloch y bore ac ailddechrau am chwech. Un o'i argyhoeddiadau oedd y dylai gweinidog weithio wrth grefft a'r un a ddewisodd ef oedd newyddiadura. Yn ychwanegol at olygu'r *Celt* yr oedd hefyd yn golygu'r *Cronicl*. Dywedodd J. Dyfnallt Owen yn 1932 yn ei deyrnged goffa: 'Ef oedd yr olaf efallai [...] o gyfeillion personol Riaid Llanbrynmair, M. D. Jones, a mintai'r hen Annibynwyr oedd o draddodiad Llanbrynmair.'[37] A dywedodd ymhellach wrth sôn am ei waith gyda'r *Celt*, 'Ni chafodd y papur erioed olygydd mwy cwrtais a golau.' A gwir y gair oherwydd yn ei gyfnod ef y mwynhaodd *Y Celt* ei oes aur. Mwy na hynny, y mae Keinion Thomas yn un o arwyr anghofiedig radicaliaeth genedlaethol ugain mlynedd olaf y bedwaredd ganrif ar bymtheg. Er ei gwrteisi at bawb yn ddiwahân, yr oedd yn gwbl gadarn ei ymlyniad wrth ei genedlaetholdeb a'i frwdfrydedd tros unioni pob camwri cymdeithasol.

Ar 14 Tachwedd 1889 priododd Keinion â Miss Ruth Lewis,[38] ond bu hi farw ar 16 Rhagfyr 1893 ar ôl geni ei hail fab, Robert Tibbot Ceris, bedwar diwrnod ynghynt,[39] a theimlai Keinion fod yn rhaid iddo roi heibio golygu'r *Celt*. Camodd D. S. Davies i'r bwlch, ond gyda rhifyn 2 Tachwedd 1894 cymerodd Dan Evans at ysgrifennu'r erthyglau blaen a thrafod gohebiaeth. Gyda rhifyn 27 Rhagfyr 1895 ysgwyddodd D. S. Davies y baich cyfan unwaith eto, ond fel yr oedd ei iechyd yn dirywio, câi help gan M. P. Moses, Llanelli. Ac yna trosglwyddodd y gwaith yn ei ôl i Dan Evans, ac ef oedd yn golygu'r *Celt* hyd ei ddiwedd ym Mehefin 1901.

Ganed Dan Evans, 7 Mawrth 1850, yn fab Evan a Jane Evans, Felin-fach, Pumsaint.[40] Bu'n athro yn Ffaldybrenin cyn mynd i'r Coleg Normal, Bangor.[41] Wedyn aeth yn ysgolfeistr i Gwm-bach, Hendy-gwyn, gan ymaelodi ym Moriah o dan weinidogaeth Siôn Gymro a dilynodd ef yno, 1885–89. Symudodd i Seion, Cwmafan, ac oddi yno yn 1901 i Hawen a Bryngwenith, Ceredigion. Yno y bu nes iddo ymddeol yn 1927. Bu farw yn nhŷ ei ferch, Siân (Mrs D. J. Williams) yn Abergwaun, 11 Tachwedd 1929. Yr oedd wedi ei fagu'n radical oherwydd yr oedd ei rieni ymhlith 'merthyron '68' a gwelodd yntau atafaelu ei gnwd gwair yn ystod Rhyfel y Degwm. Bu'n ffigur amlwg yng ngwleidyddiaeth sir Aberteifi ac yn henadur ar y Cyngor Sir.[42]

Tra bu Keinion Thomas ar ymweliad ag America rhwng Pasg a chanol Mehefin 1887, gweithredodd Llew Tegid (Lewis Davies Jones) fel golygydd *Y Celt*. Ganed Llew Tegid yn Ffriddgymen, ger y Bala, 3 Tachwedd 1851.[43] Yr oedd yn fyfyriwr yn y Coleg Normal yn 1872–73 a bu'n athro yn ysgol y Cefnfaes, Bethesda, cyn cael ei benodi'n athro yn ysgol y Garth, Bangor, ym Mehefin 1875. Bu yno nes ei benodi yn 1902 i drefnu'r casgliad ar gyfer adeiladau newydd Coleg y Brifysgol, Bangor, a bu wrth y gwaith hwnnw tan 1916. Daeth yn ŵr amlwg yng ngweithgareddau diwylliannol ei genhedlaeth. Ef oedd Trysorydd y 'Gymdeithas Llafar Gwlad' a sefydlwyd yn 1889 gyda'r Tywysog Lucien Bonaparte yn Llywydd a John Morris Jones yn Ysgrifennydd.[44] Pan ymddiswyddodd Beriah Gwynfe Evans o Ysgrifenyddiaeth Cymdeithas yr Iaith Gymraeg yn 1889, Llew Tegid a benodwyd yn ei le.[45] Ac ef oedd y cyntaf i geisio cael gan athrawon ysgol yng Nghymru ffurfio eu hundeb llafur eu hunain. Bu'n frwdfrydig hefyd yn helpu John Lloyd Williams gyda Chymdeithas Alawon Gwerin Cymru. Er hyn i gyd, i'r cyhoedd yn gyffredinol y peth mwyaf nodedig am Llew Tegid oedd ei fedr fel arweinydd eisteddfodau. Yr oedd mewn cydymdeimlad perffaith ag amcanion *Y Celt*, a'i genedlaetholdeb tanbaid yn ei wneud yn gludydd arfau teyrngar i Michael D. Jones.

Er mai annigonol oedd yr incwm a ddeuai i'r *Celt* wrth hysbysebion, nid ydynt heb eu harwyddocâd wrth geisio blasu nodweddion cymdeithasol y cyfnod. Yr oedd cryn fynd ar ffisigoedd parod. Yr oedd Gwilym Evans, 'Pharmaceutical Chemist', Llanelli, yn hysbysebu ei 'Quinine Bitters' yn y rhifyn cyntaf un, a pharhaodd i wneud hynny am flynyddoedd.[46] Gyrrai'r 'Bitters' bob math o anhwylder ar ffo, fel 'iselder ysbryd, *nervousness*, curiad y galon, chwysu, [...] llewygon, [...] diffyg anadl, *phlegm*, [...] peswch, diffyg archwaeth at fwyd, yr ystumog yn chwyddo gan wynt, [...] y *pleurisy*, yr afu yn afiach [...]', ac enwi detholiad byr ohonynt. Rhyfedd gweld hysbysebu baco, o gofio gwrthwynebiad rhai o ohebwyr *Y Celt* i smocio.[47] Ond yr oedd J. Hopwood, Y Maes, Caernarfon, yn trethu'r awen i werthu ei offer smocio, fel yn y cwpled:

O am ambell bibell ber
I'w sippiaw ar ol swper.

Mae syllu ar hysbysebion dodrefn a dillad yn ein hatgoffa gymaint y newid mewn prisiau. Yr oedd Lewis J. Davies, Post Office, Llanuwchllyn, yn gwerthu 'umbrellas' am swllt yr un a 'chrysau brithion i feibion, 1/3 yr un'. Gellid prynu 'Chest of Drawers o 28s i fyny' yn siop William Evans, Tegid Street, Y Bala. A nodweddiadol o oes yr ymfudo oedd hysbysebion y trefnwyr teithiau, J. D. Pierce a J. H. Lamb, y ddau â'u swyddfeydd yn Lerpwl.

Anwastad oedd yr wybodaeth am newyddion yn *Y Celt*. Gwir fod nifer o ohebwyr lleol hwnt ac yma o gwmpas y wlad yn cyfrannu tameidiau i golofn y 'Newyddion Cymreig' a bod y golofn honno'n adlewyrchu'r prysurdeb mawr a oedd yn nodweddu bywyd Cymru ar y pryd, yn enwedig yn y capeli, ond dibynnai'r wybodaeth ar gysondeb a ffyddlondeb ysgrifenwyr amaturaidd. Yr un modd wrth gofnodi geni, priodi a marw. Ambell dro ceir gwybodaeth fanwl am deuluoedd a gyrfa'r sawl y cyfeirir ato, ond nid yw'n beth dieithr i'r *Celt* fod yn gwbl fud ynghylch marw personau a gyfrannodd yn helaeth ato.

O ran arddull, gogwyddai'r *Celt* at yr idiom herfeiddiol a dychanol. Ymsodai'n hallt ar ei wrthwynebwyr a châi bleser mewn codi godrau pobl amlwg. Yr oedd hyn i raddau'n brotest ymwybodol yn erbyn y llyfnder melfedaidd a oedd yn un agwedd ar fywyd cyhoeddus Cymru yn y cyfnod hwnnw. Ond yr oedd peryglon yn y cwlt 'siarad plaen', fel y gwelodd *Y Celt* pan aeth Pan Jones i blu'r Arglwydd Penrhyn. Yn Rhagfyr 1884 aeth Robert Hughes a Morris Jones, dau o chwarelwyr Bethesda, i bysgota'n anghyfreithlon yn afon Ogwen. Dilynwyd hwy gan heddgeidwad a cheidwad yr afon a phan ddaethant wyneb yn wyneb â'r troseddwyr cawsant gurfa dost gan y ddau botsiwr. O ganlyniad troes yr Arglwydd Penrhyn y ddau o'r chwarel a rhoddwyd rybudd i Robert Hughes i adael ei dŷ ar y stad. Er i ddwy fil o chwarelwyr apelio trwy ddeiseb am drugaredd i'r ddau, ni newidiai Penrhyn ei ddyfarniad. Aeth Dr Pan Jones trwy'r to wrth ddarllen yr hanes ac ar 27 Chwefror 1885, mynegodd ei gynddaredd yn *Y Celt*. Ymhlith pethau eraill dywedodd, 'Dylai *my lord* ddiolch nad yn yr Iwerddon y mae yn byw. Mae y Gwyddelod, chwareu teg iddynt, yn medru penderfynu pynciau fel hyn gyda llawer o rwyddindeb.' Ei obaith oedd na fyddai 'chwarelwyr Bethesda yn ddigon o lwfriaid i adael i'r landlord o'r Penrhyn i chwareu ei ystranciau barbaraidd â dau o'i denantiaid'. Ar 27 Mawrth 1885 cyhoeddodd Keinion Thomas nodyn golygyddol yn cymeradwyo sylwadau Pan Jones yn gynnes. Codwyd y paragraffau hyn (wedi eu cyfieithu gan Isaac Foulkes, 'Llyfrbryf') i'r *North Wales Chronicle* a sylwodd yr Arglwydd Penrhyn arnynt. Penderfynodd erlyn am athrod.

Rhoddwyd gwŷs yn llaw Pan Jones ar 9 Ebrill 1885 pan oedd ar ei ffordd
i'r cei yn Lerpwl i fynd ar y llong i America. Felly gwrandawyd yr achos
yn ei absenoldeb yn y brawdlys yng Nghaer ar 30 Gorffennaf o flaen y
Barnwr Syr James Stephen. Mêr dadl M'Intyre, bargyfreithiwr yr
Arglwydd Penrhyn, oedd fod yr erthyglau'n disgrifio Penrhyn fel
'landlord barbaraidd a chreulon' a'u bod yn annog trigolion Bethesda i
ymddwyn yn dreisgar yn ei erbyn. Dyfarnodd y rheithgor fod athrod yn
yr erthyglau a dedfrydwyd y diffinyddion i dalu £10 o iawn ynghyd â'r
costau. Yn y diwedd yr oedd y cyfanswm yn £602/6/2.[48] Yr oedd yn
ergyd drom i'r *Celt*.

Sut oedd symud y baich? Ar 11 Rhagfyr 1885 lansiwyd apêl i
glirio'r dyledion.[49] Ond araf iawn oedd yr ymateb.[50] Nid oes unrhyw
dystiolaeth fod Pan Jones ei hun yn ymysgwyd o gwbl i gasglu arian ac
felly penderfynodd Keinion Thomas wneud ymdrech arbennig.
Lluniodd ddarlith ddirwestol a buan y daeth yn amlwg mai hi oedd yr un
ddisgleiriaf a draddodwyd yn oes y darlithiau dirwestol. Cymerai ffurf
arwerthiant ac er mwyn ei hysbysebu byddai Keinion yn anfon taflenni a
phosteri, yn union fel y gweir o hyd gydag arweithiannau, yn rhestru'r
pethau oedd ar werth. Dechreuodd ei thraddodi yn Chwefror 1888. Yn
ystod y misoedd dilynol ymddangosai'r hysbysebiad ohoni yn *Y Celt*.
Wedi nodi ym mha le y cynhelid hi, âi'r hysbyseb ymlaen fel hyn:

O bwys i ddarllawyr, publicanod, a'r werin a'r miloedd.
Arwerthiant cyhoeddus Ty Tafarn o'r enw Glanmagl Hotel, yn
mhlwyf Llanrhyndod, ger Dinas Distryw.

Mr Keinion Thomas, Llanfairfechan, a ddymuna hysbysu ei fod
wedi ei awdurdodi i werthu [...] yr oll o'r eiddo uchod a ddelir
dan brydles wedi ei rhoddi gan y Gwir Anrhydeddus Arglwydd
Apolion, o Hades Hall, gan Mr Barildrwm Jones a'i briod.
Amgylchynir y lle gan y golygfeydd canlynol:– Rhaiadr Dinystr,
Afon Trueni, Traeth y Fall Ddu, Dyffryn Dyrysni, Bryn y
Bendro, Cam Gwaew a Chreigiau Cur [...]

Ac ymhlith yr amrywiol ddodrefn a restrir, ceir 'Ysgrin hurtni, Chwech o
gadeiriau helbul, Dwy Gadair Faldordd, [...] Tair o Feinciau
Ynfydrwydd, [...]'[51] Er ei bod yn ddarlith ddwyawr,[52] yr oedd yn
eithriadol boblogaidd. Mae'n siŵr na wnaeth ddim drwg iddi gael ei
gwahardd yn Jerusalem, Blaenau Ffestiniog,[53] oherwydd yr oedd 1,500
yn ei gwrando yn Nefyn,[54] ac yr oedd yr hysbysebion mor debyg i'r rhai

a geid gydag arwerthiannau gwirioneddol fel bod rhai merched wedi dod ag arian gyda hwy i brynu cadeiriau pan oedd Keinion yn ei thraddodi ym Mhonciau.[55] Gwaetha'r modd, er i ddyn o'r enw J. West Jones ei chofnodi mewn llaw-fer, nid oes air ohoni wedi goroesi.[56] Ond gwnaeth gyfraniad sylweddol iawn at ddigolledu'r *Celt* ar ôl yr achos athrod.

Cyn bo hir yr oedd siarad plaen *Y Celt* wedi ei gael i drafferth eto. Ar 22 Ionawr 1888 yr oedd Dr John Williams, diacon yng nghapel Annibynwyr Bethesda a meddyg Chwarel y Penrhyn, mewn Cyfarfod Chwarter. Cynigwyd penderfyniad yn cydymdeimlo â'r Gwyddelod yn eu brwydr yn erbyn gorthrwm polisi'r llywodraeth. Cododd Dr Williams i brotestio yn erbyn dod â materion gwleidyddol i gyfarfod crefyddol. Mewn erthygl, 'Achan yn y Gwersyll', yn *Y Celt*, 20 Ionawr 1888, ymosododd Keinion ar John Williams a daethpwyd ag achos am athrod yn ei erbyn. Gwrandawyd yr achos o flaen Llys y Siryf yn Llundain, 25 Ebrill 1889, a dadleuwyd fod yr erthygl yn cyhuddo John Williams o fod 'dim ond mewn enw yn grefyddol' ac yn 'ddideimlad ac anghrefyddol'. Cafwyd bod yr erthygl yn athrodus a bod *Y Celt* i dalu £100 o iawn a chostau.[57]

Yr oedd ochr ysgafnach i gymeriad *Y Celt*. Un cyfraniad cyson a bywiog oedd 'Colofn y Clecion', cymysgfa o dameidiau byrion yn cynnwys ambell ffaith drawiadol, troeon chwithig yn hanes pobl amlwg, tipyn o bryfocio, jôcs gwan, a phytiau o rigymau. Dyna'r englyn hwnnw a oedd yn hwy nag awen y bardd, fel enghraifft. Cafodd gweinidog wahoddiad i gydbregethu â Hwfa Mon ac atebodd fel hyn:

Hefo y mawr Hwfa Môn, – deuaf frawd
   O hyfrydwch calon.
Nofiaf trwy gefnfor Neifion,
Fel cwch bach wrth ymyl y *Great Eastern*.[58]

Colofn arall gyson oedd 'Y Peiriant Barddol'. Ei olygydd oedd 'Yr Hen Law', sef Pedrog.[59] Yr oedd i'r math yma o golofn le arwyddocaol yng nghyfnodolion Cymraeg y cyfnod. Rhaid bod cannoedd lawer wedi dechrau magu blas at lenydda ac ymddiwyllio trwy gynnig eu gwaith o dan ffugenw i'w fantoli gan feistr. Ac ni bu neb tirionach na mwy cynorthwyol wrth y gwaith hwnnw na Phedrog. Gwyddai'n iawn fod ambell un yn manteisio ar y cyfle i'w bryfocio, fel y bardd a anfonodd ddarn yn cynnwys y llinellau,

Mi glywaf o draw
Adsain didaw –
Ymgyrch gwyr Mon trwy ganol y baw . . .

Cafodd y 'gwalch', fel y geilw Pedrog ef, gerydd siarp ond llawn hiwmor.[60] Yr oedd pob barddoniaeth a gyhoeddid yn *Y Celt* yn mynd trwy ddwylo Pedrog – ar wahân i bethau fel y llu telynegion a gyfansoddodd Pan Jones o dan y ffugenwau 'John Alden' a 'Miles Standish'. Ac o sylwi gymaint o'r cynhyrchion hyn oedd yn gyfarchion llawen neu drist, mae'n hawdd gweld fod iddynt swydd gymdeithasol reit werthfawr.

Dibynnai'r *Celt* yn drwm ar golofnau cyson a'r rhan fwyaf ohonynt yn cynnwys sylwadaeth ar ddigwyddiadau cyfoes, gyda'r gogwydd yn drwm at wleidyddiaeth a materion cymdeithasol. O gofio mai gweinidogion efengyl oedd y golygyddion, mae'n syndod cyn lleied o le sy'n cael ei roi i faterion diwinyddol. Mae erthyglau D. S. Davies ar Fedydd[61] neu rai Lewis Evans ar R. W. Dale[62] yn eithriadau amlwg. Petaem yn trafod arwyddocâd crefyddol hyn, byddai'n rhaid codi ambell gwestiwn reit finiog ynglŷn â'r seciwlareiddio ar Gristionogaeth sy'n digwydd yn *Y Celt* a'r duedd i uniaethu Cristionogaeth â gweithredu gwleidyddol mewn ffordd reit ddiniwed. Nid dyma'r lle i fanylu'n feirniadol ar y pwnc, ond teg dweud fod yr ysgrifenwyr yn gryf iawn o'r farn mai fel Cristionogion yr oeddent yn ysgrifennu ac yn gwleidydda.

Dibynnai'r *Celt* ar gwmni cymharol gyfyng o ysgrifenwyr. Un anhawster sy'n wynebu'r darllenwr erbyn heddiw yw'r ffugenwau a ddefnyddiai'r ysgrifenwyr. Byddai'n dda gwybod pwy oeddent i gyd, ond nid yw hynny bellach yn bosibl. Ond gwyddom pwy oedd rhai ohonynt. Un o'r colofnwyr ffyddlonaf oedd 'Adelphos'. Ei enw priod oedd Timothy Eynon Davies, a fu farw 20 Awst 1935 yn 82 oed.[63] Ar ôl bod yn weinidog yn y Gellimanwydd, Rhydaman (1880–83) a chapel yr Arglwyddes Huntingdon, Abertawe (1883–84), treuliodd weddill ei yrfa, ar wahân i gyfnod byr yn Glasgow, yn Llundain. Dyna a roddodd y teitl 'Hyn a'r Llall o Babylon Fawr' i'w lith yn *Y Celt*, ac yn *Y Tyst* ar ôl hynny, a hynny rhwng y ddau bapur tros gyfnod o hanner can mlynedd.[64]

Colofnydd arall cyson oedd 'Ap Freni Fach'. David Gorllwyn Williams (1859–1933) oedd hwn. Ar ôl bod yn weinidog Salem, Merthyr (1881–88), bu yn y Tabernacl, Ferndale (1888–97), ac yna yn Sanclêr nes ymddeol ohono yn 1926.[65] Yr oedd yn eisteddfodwr brwd[66] ac ar un cyfnod bu cryn fynd ar ei ddrama, *Ddoe a Heddiw*. Ei golofn yn *Y Celt* oedd 'Hyn a'r Llall o'r De'.

Bu 'Hyn a'r Llall o'r Gogledd' yng ngofal 'Gwyddfaydd' hyd 13 Mawrth 1885, pan adawodd am America.[67] Dilynwyd ef gan 'Celtydd' a bu 'Ben Hur' yn gofalu amdani o 1887 hyd 15 Ebrill 1889. Ni wn pwy oedd y tri hyn. Ar 1 Mawrth 1889 cymerodd 'Perison' ei gofal. Y Parch. R. J. Williams, Llandudno, oedd ef, ond tua 1896 mabwysiadodd 'Peris' fel ei enw canol ac fel R. Peris Williams daeth yn adnabyddus mewn llawer cylch.[68]

Ymhlith gohebwyr *Y Celt* ceir enwau H. Tobit Evans (1844–1908) a Beriah Gwynfe Evans (1848–1927). Anfonodd D. Ff. Davis a John Thomas, Llethr, beth wmbredd o lythyrau i'r papur yn ystod y blynyddoedd. Cyfrannwr braidd yn annisgwyl oedd J. Vyrnwy Morgan (1861–1925), a ysgrifennai 'Llythyr Llundain' am gyfnod o 22 Mehefin 1893 ymlaen. Ac ni bu neb yn fwy ffyddlon na Ioan Dderwen o Fôn, marsiandwr esgidiau a fu'n byw ar wahanol adegau yn Aberystwyth, Casnewydd a Mostyn.[69] Ym mlynyddoedd olaf *Y Celt* gofalai 'Gwyliwr y Glannau' am golofn. Evan John Lloyd (1866–1939) oedd hwn ac ysgrifennai i'r papur hefyd o dan yr enw 'Gruffydd Llwyd'.[70]

Y mwyaf grymus o ohebwyr *Y Celt* oedd Michael Daniel Jones (1822–98), prifathro Coleg y Bala.[71] Yr oedd ganddo arddull lenyddol unigryw ac mae'n amlwg fod dylanwad Ellis Wynne yn drwm arni. Gallai ddychanu'n ddeifiol a bwrw ergydion trymion. Ond y peth sy'n rhoi arbenigrwydd i'w waith yw nid yn gymaint y mynegiant llenyddol ond cyfoeth a chysondeb ei weledigaeth. Gwyddai i drwch y blewyn beth ddylai tynged wleidyddol a diwylliannol Cymru fod. Daeth i amlygrwydd mawr fel prif sefydlydd y Wladfa yn Ariannin ac y mae'r *Celt* yn frith o adroddiadau a hanesion am y fentr fawr honno. Hawdd fyddai tybio wrth droi tudalennau'r papur mai'r Wladfa oedd pedwaredd sir ar ddeg Cymru.

Y Celt oedd lladmerydd Cymraeg mwyaf grymus radicaliaeth y cyfnod rhwng 1880 ac 1900. A chyda'r diddordeb ysol a gymerai yn y Wladfa ac yn America, heb sôn am y sylw cyson a roddai Michael D. Jones i gynyrfiadau cydwladol ymhob rhan o'r byd, gellir dweud mai radicaliaeth gydwladol yw ei radicaliaeth a chenedlaetholdeb cydwladol yw ei genedlaetholdeb.

Ar ôl cael prif aelodau cwmni'r *Celt* i'r llwyfan, gallwn ganolbwyntio ein sylw ar syniadau'r radicaliaid hyn am ddyfodol Cymru. Pobl obeithiol oeddent. Credent fod Cymru'n bwysig, a mwy na hynny credent fod ei dyfodol yn dibynnu ar egni ac ewyllys ei phobl. Iddynt hwy yr oedd gweithredu creadigol yn bosibl i sicrhau rhyddid oddi wrth anghyfiawnderau'r gorffennol ac i lunio cymdeithas harddach yng Nghymru'r dyfodol.

Yn 1878–79, cyfnod golygyddiaeth S. R., yr oedd naws yr hen radicaliaeth yn gryf ar *Y Celt*. Mae llawer paragraff yn ddarllen fel petai wedi ei godi o'r *Cronicl* chwarter canrif ynghynt. Mewn nodyn 'At ein Derbynwyr' yn y rhifyn cyntaf, 19 Ebrill 1878, dywed S. R. ei fod 'wedi gwneud ei ran [...] a hyny o allu oedd ganddo, o blaid rhyddid a ffyniant ei wlad [...] a hyny yn awr er's tros bymtheg mlynedd a deugain; ac y mae am lynu yn ddiymod hyd ei fedd wrth egwyddorion uniondeb cymdeithasol'. Geiriau arwyddocaol yw'r rhain. Brwydro 'tros egwyddorion' oedd radicaliaeth iddo a chan fod y rheini'n sefydlog, brad fyddai gadael hyd yn oed i amgylchiadau newydd newid dim arnynt. Ar ben hynny, cyfres o groesgadau oedd ymladd tros yr egwyddorion hyn yng ngolwg S. R. Ar derfyn ei oes ef y dechreuwyd meddwl o ddifrif am bleidiau gwleidyddol yn cynnwys amrywiaeth o bobl yn cytuno ar 'raglen' i'w gosod o flaen yr etholwyr, a'i gwahanol gymalau'n bachu'n rhesymegol wrth ei gilydd.

Yr oedd pwyslais S. R. mor drwm ar yr unigolyn fel na allai oddef trefniadaeth ganolog o unrhyw fath, ac oherwydd hynny nid oedd plaid wleidyddol yn bwysig yn ei olwg. Dylai pob un benderfynu drosto'i hun pa egwyddorion y dymunai eu cefnogi a pha groesgad y dymunai ymrestru ynddi. Dyma oedd wrth wraidd ei wrthwynebiad ef a'i frawd, J. R., i bleidleisio cudd.[72] Yr un unigolyddiaeth a ysbrydolai ei ragfarn yn erbyn undebau llafur a'i wrthwynebiad cyndyn i bob math o streicio, safbwynt y glynodd wrtho tros gyfnod o hanner canrif.[73] Wedyn, yr oedd 'cynildeb' yn egwyddor agos at ei galon, a gresynai'n barhaus at unrhyw fath o wario cyhoeddus dianghenraid. Dylai cwmnïau'r rheilffyrdd 'ostwng fares cludiad eu teithwyr'.[74] Câi bleser wrth atgofio'i ddarllenwyr am ei ran yn y frwydr i ostwng y doll ar lythyrau.[75] Yr un modd, cawn J. R. yn codi'i wrychyn am fod Cyngor Tref Conwy'n gwario'n wastraffus ar y bont a chodi'r trethi o ganlyniad.[76] Ac nid gwariant cyhoeddus yn unig ar y bont oedd yn troseddu yn erbyn egwyddor cynildeb. I S. R. yr oedd gwario dianghenraid ar ddillad yn dod o dan yr un condemniad.[77]

Egwyddor arall oedd masnach rydd. Loes i S. R. oedd unrhyw ymgais i'w thanseilio. Meddai, 'Safed pob Celtydd yn y dyddiau hyn yn ddyn a gwresog dros Rydd-fasnachaeth.'[78] Yr un modd gyda'r egwyddorion eraill y treuliodd oes yn eu cymeradwyo – diddymu crogi,[79] sicrhau pleidlais i ferched,[80] cael gwell carthffosiaeth mewn trefi.[81] Bu bob amser yn dadlau tros gael rhwydwaith o reilffyrdd yng Nghymru a llawenydd mawr iddo oedd pasio'r mesur seneddol yn awdurdodi gwneud rheilffordd o Ffestiniog i'r Bala.[82] Daliai i daranu mor wresog ag erioed yn erbyn pob math o gredoau a chyffesion ffydd.[83] Ac ni phallodd ei frwdfrydedd tros heddychiaeth – yn wir, dyma bwnc ei olygyddol cyntaf, 'Y Rhyfel yn y Dwyrain'.[84]

Gwedd ar yr un unigolyddiaeth oedd dadl J. R. na ddylid casglu cronfeydd i godi cyflogau gweinidogion am eu bod yn rhoi gormod o awdurdod yn nwylo'r 'pen-arglwyddi' sy'n eu gweinyddu. Dylai pob elusen fod yn bersonol ac yn breifat.[85] Enghraifft arall o'r un agwedd meddwl oedd dadl S. R. tros 'Gymysgiad achau, er gwneud yn *un* yr holl genhedloedd; fel na byddai i'r naill genedl orthrymu a cheisio caethiwo cenedl arall' – cyngor chwithig gan hen lanc na wnaeth unrhyw gyfraniad personol at gyflawni'r polisi![86] Wrth astudio'r dull yma o resymu yn ei wahanol gysylltiadau, daw'n amlwg mai gwan iawn oedd syniad S. R. a J. R. am gymdeithas fel uned organig. Casgliad o unigolion, pob un yn sefyll yn ddewr tros ei argyhoeddiadau personol, yw cymdeithas iddynt. Ac yn y bôn nid yw Cymru fel cenedl yn golygu dim iddynt. Yn wir, i S. R. y delfryd fyddai i Gymru ddiflannu – fel y cenhedloedd eraill – trwy ymbriodi'n ddilyffethair i'w gilydd. Radicaliaeth *laissez-faire* yn ei grym sydd gennym yma. I J. R. ei hegwyddor sylfaenol yw mai 'trefn y nef' yw 'cydymgeisio'[87] ac felly gellir cyhoeddi mai 'Rhyddfasnach a chydymgeisio yw yr hyn a geidw y byd yn ei le'.[88] Mae llaw anweledig rhagluniaeth economaidd ar y llyw a rhyfyg yw i lywodraeth na neb arall ymyrryd â hi. Rhaid i Gymru a'r iaith Gymraeg gymryd eu siawns ym marchnad y byd.

Ond yr oedd cyfnewidiadau mawr wrth y drws. Bu farw S. R. ar 24 Medi 1885. Ond yr oedd ei fyd ef wedi marw cyn hynny. Yr oedd amgylchiadau newydd a syniadau newydd yn prysur danseilio apêl yr Hen Radicaliaeth. Er enghraifft, pan feddiannodd Lloegr Ynys Cyprus o dan drefniadau Cyngres Berlin (1878), cymeradwyai S. R. y peth fel 'gwasanaeth gwerthfawr i achos Rhyddfrydiaeth'.[89] Hynny yw, meddwl am egwyddorion cyffredinol yr oedd ef a chredai fod gwell gobaith iddynt ledu o dan lywodraeth Lloegr na llywodraeth Twrci. Prysurodd Keinion i anghydweld, gan ddweud yn y rhifyn nesaf mai'r 'trueni yw fod cyllid yr ynys i fyned eto i gadw i fyny ei gormesydd, a'n bod ninnau yn y wlad hon wedi ein rhwymo unwaith eto (ond yn groes i'n hewyllys), i ategu y Bwystfil'.[90] Ac yr oedd Michael D. Jones hyd yn oed yn fwy cignoeth. Dalai ef mai ymreolaeth oedd angen mawr Cyprus: 'Ond cadw pob cenedl i lawr y mae'r Saeson. […] Nid oes esiampl yn ei holl hanes ei bod o'i gwirfodd erioed wedi rhoddi hunan-lywodraeth i un genedl a oresgynodd.'[91] A phan glywodd fod Disraeli wedi cyhoeddi mai Saesneg fyddai iaith swyddogol Ynys Cyprus, nid oedd atal ar ei ddirmyg.

Gwnaethpwyd hyn, meddai, gan obeithio mewn amser gwthio'r Saesneg 'a bidogau Prydeinig i lawr gyddfau y Cypriaid'. Ac ychwanega:

> Yr ydym ni y Cymry wedi bod o dan yr oruchwyliaeth hon ers ys tua 600 mlynedd. Dyma faes ardderchog i Gymdeithas y Capeli Saesneg i eangu ei gweithrediadau, drwy helpu Saeson i godi capeli Saesneg i'r Cypriaid, er mwyn difodi eu hiaith.[92]

Hynny yw, i bobl a oedd yn cymryd cenedligrwydd y Cymry o ddifrif, yr oedd radicaliaeth *laissez-faire* S. R. nid yn unig yn amherthnasol, yr oedd yn beryglus. A'r un modd gyda'r gweithwyr diwydiannol. Yr oeddent hwythau hefyd yn cymryd natur organig cymdeithas o ddifrif ac yn ffurfio undebau llafur oherwydd bod yr unigolyn gwan yn magu cryfder a dylanwad trwy ymuno mewn cymdeithas drefnus. Nid oedd dim cysur iddynt hwy mewn cael eu dysgu gan J. R. mai 'Rhyddfasnach mewn llafur yw i bob un *drosto ei hun* gytuno â'r meistr goreu am y cyflog uwchaf'. Ac ni allent gytuno â'i ddyfarniad am undebau llafur mai 'Dyma yw caethfasnach neu y Doriaeth waethaf yn mhlith gweithwyr'.[93]

Wrth droi ein sylw at radicaliaeth Dr Evan Pan Jones, mae'n rhaid inni gydnabod nad oedd yn nodweddiadol o neb ond ef ei hun. Buasai wrth ei fodd petai ei ymgyrchoedd wedi llwyddo i gynnull plaid gref o'i gwmpas, ond unigolyddwr ydoedd. Mae'n syndod gynifer o bobl y bu'n anghydweld â hwy yn ystod y blynyddoedd, ac i bob golwg yr oedd ffraeo'n rhoi cryn bleser iddo. A gweodd batrwm o syniadau nad ydynt yn hollol debyg i syniadau neb arall. Er hynny nid yw heb ei arwyddocâd yn stori'r *Celt* gan ei fod yn bont rhwng yr Hen Radicaliaeth a'r mudiadau llafur newydd a ddechreuodd ennill eu plwyf at ddiwedd y ganrif.[94]

Yn ôl pob golwg, y peth a'i sbardunodd i wleidydda oedd cyhoeddi llyfr yr Americanwr, Henry George (1839–97), *Progress and Poverty* yn 1879.[95] Ar 13 Ionawr 1882 yn *Y Celt* dechreuodd Dr Pan ysgrifennu ar 'Y Tir a'i Berchnogion' a pharhaodd y gyfres, nid heb amryw fylchau, hyd ymhell yn 1883. A thros y blynyddoedd dilynol ysgrifennodd ugeiniau o erthyglau i'r papur ar bwnc y tir. Erbyn 1883 yr oedd wedi ei argyhoeddi nad oedd gwestiwn pwysicach nag aildrefnu perchnogaeth tir. 'Nid yw sefydlu colegau, byrddau lleol, byrddau ysgol, agor y mynwentydd, priodi chwaer gwraig ymadawedig, a gostwng yr *income tax*' ond 'chwareu plant' o'u cymharu â gosod dyn 'ar safle priodol yn ei berthynas a'r ddaear',[96] ac yn bwysicach hefyd na thrafod India, Iwerddon, rhyfel a 'chreulonderau diddiwedd'.[97] Mae rhoi'r flaenoriaeth fel hyn i'w gynlluniau ei hun i ddatrys pwnc y tir yn help i ddeall pam yr oedd mor bigog tuag at bawb a oedd am roi'r flaenoriaeth i bynciau eraill.

Beth oedd yn ei boeni? Mewn un gair 'landlordiaeth'. Dyna iddo ef oedd y gwreiddyn chwerwder a oedd yn gwenwyno cymdeithas. A beth oedd ei ateb? Fel hyn y mae'n crynhoi ei raglen:

> Cymered y Llywodraeth [...] yr holl dir yn ol i'w llaw ei hun, a bydded yr Arglwydd Ganghellydd yn dirfeddianwr [...] yn enw y genedl; prisier y cyfryw diroedd yn ol angen y Cyllid, taled y barwn am ei dyddyn fel y filain, bydded pob un yn denant i'r llywodraeth [...][98]

Yn ei erthyglau âi tros hanes datblygiad meddiant preifat ar dir o ddyddiau William o Normandi hyd at Syr Watcyn. A gallai ddangos gyda llu o enghreifftiau yng Nghymru sut yr oedd perchnogion y tir yn dwyn gofid trychinebus ar bobl ddiniwed trwy godi rhenti a'u troi o'u cartrefi. Felly, y feddyginiaeth sylfaenol oedd cenedlaetholi'r tir trwy ddileu landloriaeth a sicrhau fod tenantiaeth 'yn uniongyrchol oddiwrth y llywodraeth'.[99] Wedyn gallai'r llywodraeth ddeddfu'n llym i atal rhaib y landlordiaid mawr a dileu'r drefn oesol a oedd yn sicrhau etifeddiaeth i'r mab hynaf. A gallai hefyd rwystro landlordiaid rhag ychwanegu maes at faes ac ysbeilio'r tlawd o'r tir yr oedd yn byw arno.

Sut y gellid dymchwelyd trefn mor hynafol ac mor bwerus? Sylweddolai Dr Pan Jones mai'r un rhai oedd y landlordiaid â'r rhai yr oedd awenau llywodraeth yn eu dwylo. Dangosodd hyn trwy gyhoeddi dadansoddiad o'r aelodau seneddol yn ôl y dosbarth cymdeithasol y perthynent iddo, gyda'r 272 a berthynai i'r 'bendefigaeth' ar y brig a'r ddau y gellid eu galw'n 'feibion llafur' ar y gwaelod.[100] O edrych ar y sefydliad gwleidyddol yn y modd hwn, gallai'n ddidrafferth feio'r landlordiaid am holl ddrygau cymdeithas. Ond gwerthfawrogai ar yr un pryd fod yn rhaid wrth chwyldro i ddymchwelyd y drefn. Hybu'r chwyldro hwnnw oedd y cymhelliad a ysgogodd ei brysurdeb mawr tros y blynyddoedd ar ôl 1883.[101]

Yr oedd yn rhaid addysgu'r cyhoedd. Y corff a geisiai wneud hynny yn Lloegr oedd y 'Land Nationalisation Society' a chynhaliodd y gymdeithas honno ei chyfarfod blynyddol cyntaf yn Llundain ar 27 Mehefin 1883.[102] Y cam nesaf oedd cael 'Cangen Gymreig' ohoni ac fe'i sefydlwyd mewn cyfarfod yn Ysgoldy'r Cysegr, Mostyn, ar 10 Awst 1883.[103]

Nid digon hyn chwaith i brysuro'r newid mawr. Os oedd y mudiad
i gael unrhyw ddylanwad ar y Senedd, yr oedd yn rhaid cael aelodau
hollol wahanol i'r rhai a fu yn y Senedd er dyddiau William o
Normandi.[104] Yn arwyddocaol iawn, dywed fod eisiau rhai tebyg i'r rhai
Americanaidd a Gwyddelig 'yn gwybod am fyd caled' a 'digon cryfion i
roddi y lle blaenaf i *ddyniolaeth* a'r ail i *bendefigaeth*'.[105] Hynny yw, 'Rhaid
i ni gael pobl ohonom ein hunain, gweithwyr, i'n cynrychioli, nes y
byddont yn ymffurfio yn y senedd yn blaid hollol annibynol.'[106] Ond
haws dweud na gwneud. Cefnogi'r hen bleidiau yr oedd y gweithwyr, er
iddo geisio eu hargyhoeddi mai amddiffyn breiniau landlordiaid yr oedd
Rhyddfrydwyr a Thorïaid fel ei gilydd.[107]

Trwy ei waith diflino yr oedd Dr Pan yn cael peth argraff ar yr
arweinwyr. Yr oedd i ffwrdd yn America adeg etholiad 1885, ond
cymerodd ran yn yr ymdrechion i ffurfio Cynghrair Tirol yng Nghymru,
gan ymuno yn y drafodaeth gyda Thomas Gee, W. J. Parry (arweinydd y
chwarelwyr) a Michael D. Jones, a chytunwyd i wahodd Michael Davitt,
yr arweinydd Gwyddelig, i ymweld â Chymru i gefnogi'r achos.[108] Ond
pan gyhoeddodd Gladstone ei gefnogaeth i hunanlywodraeth i
Iwerddon, dryswyd y cynlluniau oherwydd gwrthwynebiad Thomas
Gee. A hebddo ef nid oedd yn bosibl llunio cynghrair cenedlaethol. Yn
wir, aeth ef ati i ffurfio cynghrair â'i bwyslais yn bennaf ar ymladd y
degwm.

Aeth Dr Pan a Michael D. Jones ymlaen â'u bwriad i wahodd
Davitt i Gymru, gyda Michael D. Jones yn talu ei gostau o'i boced ei
hun.[109] Bu yng Nghymru o 11 Chwefror hyd 13 Chwefror 1886, gan
annerch cyfarfodydd yn y Fflint ar y noson gyntaf, Blaenau Ffestiniog yr
ail noson a Llandudno ar y noson olaf. Cafodd groeso cynnes, yn
arbennig felly ym Mlaenau Ffestiniog lle y gwnaeth David Lloyd George
ei ymddangosiad cyhoeddus cyntaf fel darpar-wleidydd trwy gynnig
diolch i'r siaradwr.[110] Ond yr oedd cael Davitt i Gymru'n achos braw i'r
arweinwyr Rhyddfrydol a buan y daeth yn amlwg fod y Prifathro a Pan
Jones wedi fforffedu eu cydymdeimlad. Yr oedd y ddau ohonynt, a
Keinion Thomas, wedi mynd i gynhadledd yn Bonar Bridge, Sutherland,
ar wahoddiad Dr G. B. Clark, aelod seneddol yr Ynysoedd Albanaidd, i
drafod ffurfio ffrynt unedig Celtaidd.[111] Ond pan ddaeth Clark i annerch
cyfarfod yn Ninbych a Michael D. Jones wedi cymryd ei le ar y llwyfan,
gofynnodd Thomas Gee iddo eistedd yng nghanol y gynulleidfa rhag
tramgwyddo rhai pwysigion oedd yn bresennol.[112]

Ystyr hyn oedd fod gan y Rhyddfrydwyr bethau eraill i feddwl
amdanynt heblaw cenedlaetholi'r tir. Ond ni ddigalonnodd Pan Jones.

Fel bad achub mewn drycin, daliai i hwylio ymlaen er gwaetha'r tonnau a'r gwynt, gan annerch cyfarfodydd hwnt ac yma yn dadlau achos 'Y Ddaear i'r Bobl'. Ac ni roddodd helyntion cynhyrfus Rhyfel y Degwm yn 1886 ac 1887 wynt o dan ei adain chwaith, oherwydd o'i safbwynt ef nid oedd symud y gwrthwynebiad i'r degwm ond mater arwynebol iawn, gan nad oedd yn cyffwrdd mewn ffordd sylfaenol â'i gŵyn yn erbyn landlordiaeth.

Yn 1891 rhoes 'Cymdeithas y Ddaear i'r Bobl' yn Llundain geffyl a throl at ei wasanaeth i deithio Cymru i ymgyrchu tros yr achos. Dyma 'Groesgad y Van'. Er bod y cerbyd yn un trwm ac yn drech nag egnïon yr un ceffyl ar y rhiwiau serth, aeth y daith gyntaf o'r naill ben i Gymru i'r llall, gan ddechrau yng Nghasnewydd ar 18 Mehefin 1891 a gorffen yn yr Wyddgrug ar 1 Awst.[113] Cymysg oedd y derbyniad. Os oedd hi'n hwyliog ym Mhontardawe a Brynaman, yr oedd hi'n ddigalon ym Machynlleth a phobl Llanbryn-mair yn siomedig am nad oedd Pan ei hunan yno.[114] Ond daliodd i wneud taith flynyddol ar ôl hyn gan orffen yn 1899.[115]

Mae hi'n stori braidd yn drist. Yr oedd llawer o bobl yn ddigon parod i wrando ar Pan Jones oherwydd yr oedd wedi tyfu'n 'gymeriad' yng ngolwg y cyhoedd. Ond ychydig oedd yn cofleidio ei ddysgeidiaeth am genedlaetholi'r tir. Nid oedd yn llawer o gysur fod pobl fel William Rees, Llechryd, ac Ioan Dderwen o Fôn yn gefnogwyr selog iddo. Pobl heb ddylanwad gwleidyddol oedd y rhain. Yr oedd y ffermwyr yn ddigon parod i amenio ei feirniadaeth ar landlordiaid, ond ymgroesent rhag cefnogi ei ateb chwyldroadol i'r gorthrwm. Ac, fel y gwelsom, yr oedd arweinwyr y Blaid Ryddfrydol wedi ymwrthod ag ef yn 1886. Gwaeth na hynny, yr oedd ei gyfeillion agosaf, er eu bod yn ddigon parod i'w ddwndan a rhoi lle helaeth iddo fynegi'i syniadau ar dudalennau'r *Celt*, yn dra gofalus i atal cefnogaeth i'w raglen gyflawn. Yr oedd J. R. wedi mynegi ei wrthwynebiad yn gynnar, gan ddweud fod ganddo 'lawer mwy o hyder mewn rhyddfasnach ac ymfudiaeth i wella ein gwlad na y deddfau goreu wneir neu ellir wneud ar y mater'.[116] Honnai Pan Jones fod Michael D. Jones wedi rhoi'i gefnogaeth i'r polisi cenedlaetholi'r tir,[117] ond nid felly. Petrus oedd ei ymateb. Ysgrifennodd:

> Mae Henry George a'i ganlynwyr yn honi y dylid myned a'r rhent oddi ar y tir-arglwyddi yn gyfangwbl, ac nad oes gan neb hawl i berchenogi tir, mwy na dal caethion. [...] Pa un ai yw hyn yn ddull teg a chyfiawn o derfynu awdurdod y tir-arglwyddi, yr wyf yn gadael i'r darllenydd farnu.[118]

A'r un modd D. S. Davies. Nid oedd yn honni deall dadleuon y mudiad i drosglwyddo'r 'Ddaear i'r Bobl', ond credai fod y pwnc yn haeddu ei drafod.[119] Pan oedd yn cychwyn ar 'Groesgad y Van', mae'n amlwg fod Dr Pan yn teimlo ei fod yn ymladd brwydr unig iawn. Meddai, o berthynas i'r 'Ddaear i'r Bobl', mai hwn oedd

> y pwnc a ystyriwn yn haeddu y lle blaenaf yn ngwleidyddiaeth y dydd, yn ymyl yr hwn nid yw Datgysylltiad, Addysg Rydd, Home Rule, One man one vote, prynu lle addoldai, &c., yn ddim amgen man lwch y clorianau. [...] Ni fwriedir i Groesgad y Van wasanaethu un blaid wleidyddol, Rhyddfrydwyr na Thoriaid, Ymreolwyr nac Undebwyr, canys ar bwnc y tir [...] Hwy a gyfeiliornasant oll, aethant i gyd yn lladron, nid oes un yn onest nac oes un.[120]

Prin fod paragraff yn holl ysgrifau Dr Pan yn dangos yn well y bwlch rhwth rhwng ei radicaliaeth ef a safbwyntiau pawb arall o'i gwmpas.

Er hynny, ni ddylid dirmygu ei gyfraniad. Fel ei athro, Henry George, yr oedd yn pwyso ar sylw'r cyhoedd Cymraeg syniadau nerthol a oedd i ddylanwadu'n drwm ar y trafodaethau ynglŷn â dyfodol Cymru. Yn Lloegr ac yn America yr oedd Henry George wedi argyhoeddi llawer fod gweld helbulon cymdeithas yng ngoleuni'r ymdaro rhwng dosbarthiadau yn beth i'w ystyried yn ofalus. Nid oedd George yn trafod y pwnc hwnnw gyda'r un trylwyredd â Marx a'r Sosialwyr, mae'n wir, ond yr oedd yn gyfrwng i fachu'r hen frwydr rhwng landlordiaid a gwerin wrth y dadansoddiad sosialaidd newydd.[121] Ar ben hynny, yr oedd gweld y wladwriaeth fel y cyfrwng addas i unioni hen gamwri yn golygu troi athroniaeth wleidyddol yr Hen Radicaliaeth a'i hwyneb yn isaf. Nid yw'n syndod gweld Dr Pan yn datblygu i gyfeiriad rhoi rhagor o gyfrifoldeb ar y wladwriaeth nag oedd ei ymgyrch yn erbyn landlordiaeth yn hawlio. Mewn erthygl, 'Beth wneir a'r *Unemployed?*', dyma ei ateb: 'Yr ydwyf yn teimlo yn gwbl hyderus y medr cymdeithasiaeth, Socialism, gyrhaedd yr amcan' – a'r amcan oedd diddymu diweithdra.[122] Yr oedd wedi awgrymu i'r llywodraeth gymryd meddiant o'r rheilffyrdd hefyd er mwyn eu cadw ar agor, ond mae'n awgrymog mai ei gymhelliad oedd achub y cyhoedd rhag bod at drugaredd 'cyfarwyddwyr a streicars'.[123] Nid oedd ganddo fawr o gydymdeimlad â streicwyr a phan ddigwyddodd Streic Fawr y Penrhyn rhwng 1900 ac 1903 ochrodd gyda'r Arglwydd Penrhyn, oherwydd o safbwynt Dr Pan nid gan y chwarelwyr ond ganddo ef yr oedd yr ateb cywir i'r broblem o gael gwared â landlordiaid fel Penrhyn.[124]

Gellir gweld y cysylltiad rhwng safbwynt Pan Jones a Sosialaeth yn ysgrifau 'Fabius' (Dr David Rhŷs Jones, Caerdydd) yn *Y Celt*. Ym mis Hydref 1892 yr oedd yn cofnodi gyda chymeradwyaeth yr anerchiad a roddodd Keir Hardie o dan nawdd 'Y Gymdeithas Ffabianaidd' yng Nghaerdydd.[125] Gwnaeth 'Ap y Freni' sylwadau miniog ar anerchiad Hardie, gan ei feirniadu'n llym am awgrymu y dylai'r gweithwyr ffurfio eu plaid eu hunain.[126] Yn y rhifyn nesaf, ceisiodd 'Fabius' dynnu blewyn o'i drwyn gan fynegi ei gefnogaeth i Hardie. Yr oedd 'Fabius' yn lladmerydd math newydd o radicaliaeth ar dudalennau'r *Celt* ac yn cofleidio'r safbwynt fod 'crefydd Iesu Grist' i'w huniaethu'n syml â Sosialaeth.[127] Ond yr oedd am sicrhau lle i'r iaith Gymraeg oherwydd dywed fod y tri ymgeisydd (allan o 37) a ymladdodd tros y 'Ffabianiaid' am seddau ar Fwrdd Ysgol Caerdydd yn pledio tros roi 'chwarae teg i'r Gymraeg ag i'r ieithoedd eraill' yn yr ysgolion.[128] Colli'r dydd a wnaeth y tri ac yr oedd 'Fabius' yn chwerw ei feirniadaeth ar y capeli, y Rhyddfrydwyr a'r Toriaid.[129] Nid yw'n rhyfedd felly ei fod yn cyfrif ffurfio 'Eglwys Lafur' yn gam pwysig yn hanes Caerdydd.[130] Mae'n amlwg felly fod 'Fabius' yn cynrychioli llais y Mudiad Llafur newydd ymhlith gohebwyr *Y Celt* ac yn ernes o ddyfodiad gallu gwleidyddol a oedd maes o law i danseilio dylanwad y ffurfiau eraill ar radicaliaeth.[131]

Trown yn awr at genedlaetholdeb radical Michael D. Jones. I geisio gwerthfawrogi ei arbenigrwydd fel meddyliwr gwleidyddol, mae angen gweld sut yr oedd gwahanol gymalau ei ddysgeidiaeth yn cysylltu â'i gilydd. Yr amcan yn awr felly yw nid olrhain ei ymateb i ddigwyddiadau beunyddiol y cyfnod ond ceisio amlinellu patrwm cyffredinol ei resymu.

(1) Teg yw dechrau lle byddai Michael D. Jones ei hunan yn disgwyl i ni ddechrau, sef gyda'i argyhoeddiadau Cristionogol. Coleddai'r hyn a elwir heddiw yn 'safbwynt Efengylaidd' yn ei ffurf Arminaidd. Yn ei agwedd at y Beibl yr oedd yn llythrenolwr,[132] a chredai fod geiriau'r Beibl i'w cymhwyso'n uniongyrchol at amgylchiadau cyfoes. Er cymaint a ysgrifennodd ar bynciau gwleidyddol, ni choleddai'r hyn y daethpwyd i'w alw o fewn ychydig flynyddoedd yn 'Efengyl gymdeithasol'. Hynny yw, nid oedd ganddo gydymdeimlad â'r gred y gellid uniaethu Cristionogaeth â brwydro i sicrhau gwelliannau cymdeithasol. Fel hyn y mynegai ei argyhoeddiad:

> Mae newid calon dyn yn llawer mwy pwysig i'w wneud yn ddeiliad neu lywodraethwr da, na newid ei lywodraeth eglwysig neu wladol, er fod hynny hefyd yn dra dymunol. At aileni dynion

y cyrchai Crist a'i Apostolion ac nid oeddent yn eu gweinidogaeth ar y dechreu yn ymosod ar gaethwasiaeth, na llywodraethau gormesol. Eu pwnc mawr hwy oedd newid y galon: ac ond cael newid dynion yn gyffredinol oddifewn, yn mhen yspaid, difodid caethwasiaeth, a phob gormes gwladol a chrefyddol.[133]

Rhan o'i argyhoeddiad beiblaidd oedd fod y Testament Newydd yn rhoi inni ddarlun clir o batrwm yr eglwys a bod i'r patrwm oblygiadau politicaidd. 'Mae cysylltiad agos', meddai, 'rhwng ein syniadau ar drefn eglwys a'n credo wleidyddol.'[134] Fel Annibynnwr credai mai dwy nodwedd amlwg trefn eglwysig y Testament Newydd oedd fod pob cynulleidfa'n mwynhau ymreolaeth tan Grist ac mai corff cyfan yr aelodau yw'r llys apêl terfynol, tan Grist, mewn materion eglwysig. Ac y mae hyn yn help i ddeall ei ymlyniad wrth hawl pob cenedl i ymreolaeth a'i ffydd yn y drefn ddemocrataidd.

(2) Trwy ei holl ysgrifennu y mae'n tanlinellu pwysigrwydd ac awdurdod y ddeddf foesol. Gwrthodai dderbyn y ddysgeidiaeth fod un rheol ar gyfer unigolion yn eu bywyd preifat a rheol wahanol ar eu cyfer yn eu bywyd cyhoeddus. Yr un safonau moesol sy'n llywodraethu unigolion a chenhedloedd. Nid yw deddfau llywodraeth hyd yn oed i gael y flaenoriaeth ar y ddeddf foesol. Meddai: 'Nid cyfraith yw sylfaen moesoldeb, ond dylai moesau pawb fod wedi eu sylfaenu ar foesoldeb tragwyddol a digyfnewid, ac nid ar gyfreithiau y gellir eu newid yn ol mympwyon dynion.'[135]

Ar sail yr argyhoeddiad hwn, fe'i cawn yn condemnio deddfau a basiwyd i orfodi trefn ar Iwerddon. Nid oedd yn ffafrio trais, ond dadleuai os oedd cosbi llym i fod ar Wyddelod am ymladd tros ryddid eu cenedl, dylid cymhwyso'r un llymder at yr arglwyddi a'r tirfeddianwyr sy'n ysgogi terfysg trwy orthrymu'r genedl.[136] Ac ni flinodd yn dinoethi'r gwendid moesol hwn ym mywyd y wlad. Yr oedd mwrdro Saeson yn Iwerddon, neu unrhyw wlad arall, yn drosedd ysgeler yng ngolwg y cyhoedd, ond 'rhinwedd mawr Arglwydd Salisbury pan oedd yn brifweinidog oedd saethu trigolion Burma er mwyn helaethu awdurdod Seison'. Ac yna daw'r frawddeg grafog, 'Nid wyf yn meddwl y byddai llawer o ddiwinyddion Seisnig yn ffieiddio llofruddio fel y cyfryw, ond fod lladd yn rhinwedd neu yn fai yn ol fel y gwasanaetha amcanion Seisnig.'[137]

Y man lle gwelir y gwahaniaeth rhyngddo ac arweinyddion

crefyddol eraill yw yn ei barodwydd i amddiffyn Parnell, arweinydd disglair y Gwyddelod, ar ôl iddo odinebu â Mrs O'Shea. Dyma'r union achos a barodd i'r 'Gydwybod Ymneilltuol', o dan arweiniad Hugh Price Hughes, ddatgan yn daranllyd, '*What is morally wrong cannot be politically right.*'[138] Fel datganiad moesol moel yr oedd y slogan hon yn cytuno'n berffaith â safbwynt Michael D. Jones. Ond pa hawl oedd gan Hugh Price Hughes na neb arall i gymhwyso'r egwyddor at drosedd Parnell a'i hanwybyddu mewn achosion eraill?

> Mae'n amlwg nad yw y cyhoedd Seisnig yn ein dyddiau ni, mwy na phendefigion Lloegr, yn edrych ar ladd dynion wrth y miloedd, a lledrata gwledydd oddiar y brodorion, ddim yn agos gymaint o bechod a godinebu. Pechod go fychan yn ngolwg llu mawr o oreugwyr Lloegr yw halogi gwraig cymydog.

Ond y maent am waed Parnell am ei fod yn wrthwynebydd mor alluog iddynt. Mawrygir Gladstone fel dyn moesol gan anwybyddu ei waith yn 'tanbelennu Alexandria' ac yn lladd miloedd o frodorion y Swdan. Mewn gair, 'Mae y cyhoedd Prydeinig yn mawrygu y rhai a lyncant gamel, ac am groeshoelio y rhai a hidlant gwybedyn.'[139] I Michael D. Jones y mae'r Deg Gorchymyn i'w cymhwyso at genhedloedd yn ogystal ag at unigolion.[140]

(3) Y mae Cymru'n genedl. Treuliodd Michael D. Jones ei oes yn ceisio dyfnhau'r ymwybyddiaeth genedlaethol ymhlith y Cymry. Dyma'r hyn a ysgogai ei lafur mawr gyda'r Wladfa yn Ariannin. A dyma hefyd y gwahaniaeth mawr rhyngddo a radicaliaid o ysgol David Rees, Llanelli, S. R. a J. R. Hyn sy'n esbonio ei oerfelgarwch at Henry Richard. Yr oedd yn cymeradwyo ei waith yn 'tori cymeriad rhyfel' ac yr oedd ganddo 'ddigon o genedlgarwch i amddiffyn crefydd a chymeriad moesol ei gydgenedl, ond defnyddiai ei ddylanwad i anwybyddu, yn fwy nag i fagu' cenedligrwydd y Cymry.[141] Ar y pen hwnnw, dysgeidiaeth Henry Richard oedd y dylai'r Cymry 'daflu ymaith bob gwahaniaeth ac ymdoddi i John Bull'.[142]

Cyfraniad arbennig Michael D. Jones i'r drafodaeth wleidyddol ar ddyfodol Cymru oedd mynnu rhoi Ymreolaeth yn gyntaf. Yn wir, yr oedd ysgrifenwyr *Y Celt* yn hoffi brolio mai ef oedd y papur cyntaf i godi baner hunanlywodraeth yng Nghymru.[143] Y gwir yw na cheir sôn am y pwnc pan oedd S. R. yn olygydd ac nid oedd Ymreolaeth yn uchel ar restr Dr Pan Jones chwaith. Ond mewn golygyddol ym Mehefin 1883 dywedir fod y rhod yn troi gan fod 'y Sais balch gormesol' bellach yn cydnabod yr angen am ddeddfwriaeth arbennig i Gymru a dim ond un peth a all fod yn well na hynny, sef 'cael llywodraeth Gartrefol i Gymru'. Diau mai llais D. S. Davies yw hwn.[144] Yr un modd, wrth gymryd at yr olygyddiaeth, cyhoeddodd Keinion Thomas fod cenedlaetholdeb yn mynd i fod yn un o brif bynciau'r papur.[145] A chyflawnwyd yr addewid. Ond rhoi Ymreolaeth ar frig y rhaglen wleidyddol oedd pwyslais M. D. Jones. Dysgodd yr egwyddor, meddai, yn ystod chwyldroadau 1848 pan gofleidiodd 'athrawiaeth Kossuth, cenedlgarwr mawr Hungari', fod 'hawl gan bob cenedl i reoli ei hunan'.[146] 'Nid yw Ymreolaeth yn golygu ymwahaniad oddiwrth y Deyrnas Gyfunol, ond rhoddi awdurdod i'n cenedl i ddeddfu ar bob pwnc Cymreig, gan adael pynciau Ymerodol i'r Senedd Gyffredinol.'[147] Yn wir, ni welai pam na ellid anelu at undeb Ewropeaidd: 'O'm rhan fy hun, yr wyf yn eiddgar iawn am barhau yr undeb [â Lloegr] ac yn selog am ollwng cenhedloedd lawer i gylch yr undeb.'[148] Y peth a wna hyn yn bosibl yw 'cydwastadrwydd hawliau cenhedloedd a phersonau' y tu mewn i 'undeb cariad' yn hytrach nag 'undeb cledd, cyflegrau, a chadwyni'.[149] Diau fod Michael D. Jones yn ddyledus mewn llawer ffordd i'w brofiad Americanaidd a bod *Y Celt*, fel yr awgrymodd Lot Lake, 'a'i ysbryd trylwyr Werinol yn dwyn delw America'.[150]

Trwy'r blynyddoedd, felly, dadleuodd Michael D. Jones tros wneud Ymreolaeth yn brif bwnc gwleidyddiaeth Cymru. Ond cael ein senedd ein hunain, gallem ddatrys ein hamrywiol broblemau heb fynd ar ofyn unrhyw blaid Seisnig na Senedd Llundain chwaith.[151]

(4) Credai y byddai sicrhau Ymreolaeth yn dwyn manteision ysbrydol, moesol a diwylliannol i Gymru. Yr oedd a wnelo'r frwydr hon â gwareiddio a disgyblu grym a'i wneud yn foddion i gryfhau bywyd Cymru yn lle ei ddinistrio.

Yr oedd yn ofalus iawn i ymwrthod ag unrhyw awgrym mai endid hilyddol yw cenedl. Drachefn a thrachefn cyfeiriodd at y ffaith fod yr elfen Geltaidd yn rhan sylweddol o'r genedl Seisnig a bod llawer Cymro â'i wreiddiau yn Lloegr. Ynghanol yr holl bethau llymion a ysgrifennodd am Saeson, y mae'n ofalus i'w wneud yn eglur at bwy'n union y mae'n cyfeirio – 'y pendefigion', fel arfer – ac mai eu moesau fynychaf sydd o dan sylw.

Un o brif gynheiliaid cenedligrwydd yn ei olwg yw iaith. Ysgrifennodd lawer ar y pwnc ac yn hyn o beth yr oedd gohebwyr *Y Celt* yn unfarn. Cytunai Beriah Gwynfe Evans, Keinion Thomas, Eynon

Davies, Tobit Evans, Llew Tegid, D. Ff. Davis, Ioan Dderwen o Fôn, Pedrog, D. S. Davies, Pan Jones a Dan Evans â'r pwyslais ar fawrygu'r Gymraeg. Ond gan Michael D. Jones yr oedd y weledigaeth gliriaf ac y mae'n ddiddorol gynifer o'i ddatganiadau sy'n cael eu hadleisio'n ddiweddarach gan Emrys ap Iwan.

Ceir mêr ei safbwynt yn yr erthygl, 'Difodi y Gymraeg yn barhad o oresgyniad Cymru'.[152] Y peth sy'n eglur yn yr erthygl yw iddo gydio yn yr argyhoeddiad mai mater gwleidyddol oedd iaith i lywodraeth Llundain – y pwynt, mewn gwirionedd, a ailddatganwyd gan Saunders Lewis yn ei ddarlith, *Tynged yr Iaith*. 'Wedi goresgyn unrhyw genedl,' meddai, 'dull y Seison yw gosod pobl oresgynedig o dan anfanteision.' Yng Nghymru yr amlycaf o'r anfanteision hyn oedd gorfod gwneud popeth yn Saesneg. 'Mae yr ysbryd yma wedi gwaseiddio ein cenedl fel na chariant fasnach ymlaen ond yn iaith y goresgynwyr.' Y canlyniad yw na all Cymro lwyddo fel bancwr neu fasnachwr 'heb ymollwng i fod yn Sais'.

Ond ni fyn roi'r bai i gyd ar y Saeson. Ar dudalennau'r *Dydd* yn 1868 yr oedd Siôn Gymro wedi ysgrifennu am ddiflaniad anorfod yr iaith a'r angen i'r Cymro ymostwng yn dawel i'r llywodraeth.[153] Yr oedd y fath syniad yn wrthun i Michael D. Jones. 'Gellid meddwl,' meddai, 'mai rhywbeth fel y diluw a foddodd y cynfyd [...] yw y diluw Seisnig.' Ond nid felly, mewn gwirionedd. 'Y Cymry eu hunain yn unig' a all ddifodi'r iaith trwy ei hysgymuno o'u bywyd.[154] Dyna oedd yn ysgogi ei anogaethau mynych i bobl ddefnyddio'r iaith ym mhob cylch posibl. A dyma hefyd beth oedd yn cyffroi ei ymosodiadau ar bethau fel Seisnigrwydd yr Eisteddfod Genedlaethol[155] a gwaith y Cymmrodorion yn cynnal cyfarfod ar ddyfodol addysg uwchradd yng Nghymru yn Saesneg.[156] A phan ddechreuodd Cymdeithas yr Iaith Gymraeg ddadlau y byddai dysgu Saesneg trwy gyfrwng y Gymraeg yn hybu gwybodaeth o'r iaith honno, yr oedd Michael D. Jones yn neilltuol ffyrnig am i'r Gymdeithas gondemnio'r Gymraeg i fod yn 'llances weini i'r teyrn mawr Seisnig'.[157] A'r un cymhelliad oedd yn ysgogi ei ymosodiadau ar yr 'Inglis Côs', yr ysfa i godi capeli Saesneg.[158]

(5) Agwedd arall ar genedlaetholdeb radical Michael D. Jones oedd ei bolemig diorffwys yn erbyn imperialaeth. Ar y pwnc hwn y mae'n fwyaf llym a digymrodedd.

Iddo ef, imperialaeth oedd 'Babilon Fawr' y Beibl a chymhwysodd iaith lachar y proffwydi wrth ymosod arni at ymerodraethau'r bedwaredd ganrif ar bymtheg. Ac os Babylon oedd mam imperialaeth,

Nimrod y Beibl oedd tad byddinoedd a rhyfeloedd. A dioddefodd Cymru, fel pob cenedl orchfygedig, oddi wrth y ddeubeth melltigedig hyn.[159] 'Diafol bia bob llywodraeth ag sydd wedi ei seilio ar ormes a thywallt gwaed' a gwrthododd Iesu ddefnyddio trais a rhyfel i sefydlu ei deyrnas.[160]

Mae dyletswydd Cristionogion Cymru'n glir. Rhaid ymladd yn erbyn y galluoedd dinistriol hyn ar dir Cymru. Daeth ymosodiad mawr cyntaf Michael D. Jones ar imperialaeth Lloegr yn 1885, yn ei erthygl 'Y Goresgynwyr Seisnig'.[161] Gwêl eu 'byddinoedd gwaedlyd' yn 'ymwthio i bob congl o'r ddaear'. 'Lladratasant ddau gyfandir mawr oddiar y brodorion, sef Gogledd yr America, ac Awstralia.' A gwedd ar yr imperialaeth hon yw'r drefn seneddol ym Mhrydain, oherwydd y mae wedi ei chynllunio yn y fath ffordd fel bod Sgotiaid, Gwyddelod a Chymry yn barhaus at drugaredd mwyafrif etholwyr Lloegr.[162]

Mae imperialaeth yn ei hanfod yn anfoesol oherwydd mater o gyfiawnder digyfnewid yw 'i bob cenedl gael llywodraethu ei hunan'. Y mae'n diystyru gwir ystyr gosod dyn i 'arglwyddiaethu' tros y cread yn Genesis. 'Nid yw y Seison hyn [sef y pendefigion] erioed wedi sylwi ar addysg y Beibl, mai *dyn*, ac nid Sais, yw Arglwydd y cread.'[163] Ac y mae'r ysbryd ymerodrol hwn yn llygru'r Cymry. Mae'n eu 'gwaseiddio', yn peri iddynt fod cywilydd o'u hiaith a'u diwylliant, ac yn eu llithio i 'gyfranogi o'i gorsegyniad ymosodol ar y cenhedloedd'.[164]

Gyda theimladau fel hyn, prin y gellid disgwyl i Michael D. Jones fod yn freniniaethwr selog. Ac nid oedd. Yn wir, yr oedd cwmni'r *Celt* at ei gilydd yn hynod feirniadol o'r Frenhines Victoria. Er hynny, safbwynt Michael D. Jones oedd hwn: 'Gan mai brenhiniaeth sydd genym yn bresenol, mae eiseu ei hanrhydeddu fel cynrychiolydd y gyfraith; ond ni ddylai hyn ein hatal rhag gweithio am lywodraeth etholiadol i'r orsedd a Thy'r Arglwyddi.'[165] A phan oedd ei gydwladwyr yn gorohïan uwchben y gwelliannau a ddigwyddodd yn ystod teyrniasad Victoria, yr hyn y canolbwyntiodd Michael D. Jones arno adeg ei Jiwbili oedd y cronicl maith o ofid y bu Lloegr yn gyfrifol amdano yn Bwrma, De Affrica a'r India.[166] Ac imperialaeth Lloegr a ddifethodd ysbryd y Cymry: 'Dyma brif niwed goresgyniad, sef tori i lawr hunan-hyder a hunan-ddibyniaeth y goresgynedig, a'u dysgu i edrych at eraill am ymwared, yn lle ymladd eu brwydrau eu hunain.'[167]

(6) Yn olaf, y mae pwyslais gwerinol cryf yn amlwg yng ngwaith Michael D. Jones.

Mynnai fod dau fath o lywodraeth yn bosibl, 'yr un unbenaethol a'r werinol'. Yn y cyntaf, y teyrn yw ffynhonnell awdurdod, ond yn yr ail mae'r awdurdod yn nwylo'r bobl.[168] Ond yr oedd yn ymwybodol iawn o gymhlethdod yr ymdaro rhwng dosbarthiadau cymdeithasol a bod yr hen lywodraethwyr yn eiddigeddus iawn o'u breiniau ac yn gallu eu hamddiffyn yn effeithiol hyd yn oed mewn gwladwriaeth ddemocrataidd. Gall uchelwr 'fod yn felfedaidd nodedig' wrth gyfarch gweithwyr, ond ei ofal pennaf yw 'na wneler dim er drygu gobeithion ei urdd gymdeithasol ef, sef yr urdd bendefigaidd'.[169] A cheir yr un ysfa ymhlith y proffesiynau, fel cyfreithwyr a meddygon. Ond y dosbarth allweddol yn ei olwg yw'r gweithwyr llaw.[170] Ond rhaid iddynt fod ar eu gwyliadwriaeth. Byth er Deddf Diwygio'r Senedd yn 1832 'mae dosbarth canol a masnachol Lloegr wedi cymryd eu harwain gan y mawrion', yn arbennig yn eu hagwedd at ryfel.[171] A gwyddant sut i lygad-dynnu'r werin i fabwysiadu'r un agwedd meddwl.[172]

Felly, rhaid achub cam y gweithwyr ar bob cyfle. Cydymdeimlai'n reddfol â'r mudiad llafur. Pwnc canolog mewn gwleidyddiaeth yn 1889, meddai, oedd 'sicrhau i wyr llafur o bob dosbarth y cyflog sydd yn gynyrch teg eu gwaith a'u chwys'. O ganlyniad, ni ellir ond teimlo cydymdeimlad â 'phlaid newydd llafur' sy'n codi yn Lloegr.[173] Y mae'n drawiadol gymaint a deimlai oddi wrth drueni'r gweithwyr diwydiannol oherwydd y 'trachwant am gyfoeth' sydd 'yn llosgi ym mynwes cyfalafwyr'.[174] Cydymdeimlai'n gynnes â gweithwyr dociau Llundain pan aethant ar streic yn 1889.[175]

Er hynny, yr oedd yn rhy amheus o rym y wladwriaeth ac o gyfrwystra'r dosbarthiadau breiniol i'w harneisio i'w dibenion eu hunain i gefnogi sosialaeth wladwriaethol. Yr oedd meddu eiddo'n rhoi cryfder i'r unigolyn. Meddai: 'Cyfeiliornad niweidiol yw tybio fod gan lywodraeth awdurdod i greu hawl i eiddo, ac y gall hi yn gyflawn ei ranu fel y myno. Mae hawl i eiddo yn bodoli o flaen llywodraeth.'[176] A dyma wreiddyn ei anfodlonrwydd gyda dysgeidiaeth Henry George a Dr Pan Jones. Felly nid oedd yn hapus gyda lledaeniad 'egwyddorion cydfeddianwyr (Socialists)'.[177] Haws ganddo gofleidio'r syniad y dylai pob gweithiwr berchnogi eiddo ac y dylid mabwysiadu dulliau cydweithredol mewn masnach a diwydiant.[178]

Gyda syniadau fel hyn nid yw'n rhyfedd ei fod yn anfodlon gyda'r math aelodau seneddol a oedd gan Gymru. Gwir eu bod wedi cael rhai mesurau arbennig i Gymru, fel Deddf Cau'r Tafarnau ar y Sul a'r Mesur Claddu. Ond mesurau oedd y rhain i dwyllo'r 'Cymro bach diniwed' a'i 'hwian i gysgu', a thrwy hynny dynnu sylw oddi ar yr anghyfiawnder sylfaenol, sef gwrthod Ymreolaeth i'r genedl.[179] Bellach yr oedd angen plaid Gymreig yn y senedd a honno'n cynnwys aelodau seneddol o blith y bobl. Ac ar sail y gred hon, bu Michael D. Jones yn gyson feirniadol o arweinwyr y Blaid Ryddfrydol, gan fesur eu heffeithiolrwydd yn ôl safonau ei genedlaetholdeb radical ei hun.

Mae'n amlwg fod Michael D. Jones yn feddyliwr grymus a gofalus. Yr oedd yn cyfuno cenedlaetholdeb diwyro â chydwladoldeb sy'n unigryw iddo ef ymhlith ysgrifenwyr *Y Celt*. Parchai anghenion diwylliannol a thymhorol cymdeithas. Mawrygai'r unigolyn a'i urddas, gan fynnu ei fod yn tyfu'n berson cyflawn yn y cyd-destun cymdeithasol. Yr oedd ganddo gymaint o ddiddordeb yn y gwladwr ag yn y gweithiwr diwydiannol. Yr oedd yn hynod sensitif i beryglon grym, boed mewn rhyfela neu yng ngweinyddiad llywodraeth, ond credai hefyd ym mhosibilrwydd ei ddofi a'i ddisgyblu. Gwyddai'n dda fel y gallai gormes ac ecsploetio wanychu ewyllys y werin bobl, ond yr oedd yn llawn hyder fod moddion i'w chryfhau a magu ysbryd ymosodol. Casâi imperialaeth â'i holl enaid, ond gwelai ar yr un pryd werth mawr cydweithrediad rhydd rhwng cenhedloedd byd. Rhwng popeth yr oedd yn feddyliwr cwmpasog a chreadigol.

Mae astudio cyfraniadau'r *Celt* i'r drafodaeth ar ddyfodol Cymru'n dangos fel yr oedd y radicaliaid yn dechrau tynnu'n groes i'w gilydd. Mae'r hanesydd J. P. Parry wedi dangos fel yr oedd argyhoeddiadau crefyddol gwŷr Oes Victoria wedi eu hysbrydoli i goleddu gobeithion uchelgeisiol am yr hyn y gellid ei wneud i atgenhedlu cymdeithas ym Mhrydain. Esgorodd y gobeithion hyn ar doreth o bolisïau a chynlluniau, a maes o law yr oedd y rhain i chwalu undod y Blaid Ryddfrydol.[180] Gellid enghreifftio'r pethau hyn yn ddigon rhwydd trwy gyfeirio at *Y Celt*.

Yr oedd yr Hen Radicaliaeth yr oedd S. R., J. R. a Henry Richard yn lladmeryddion iddi'n prysur ddadfeilio. Gwir fod rhai o'u hegwyddorion wedi aros yn hir yn rhan o gynhysgaeth y Blaid Ryddfrydol, ond fel cyfundrefn o syniadau yr oedd yn mynd yn fwyfwy hen-ffasiwn. Dim ond yn ddiweddar y ceisiwyd ei hatgyfodi, a hynny yn syniadaeth wleidyddol Syr Keith Joseph, Mrs Margaret Thatcher a'u cymrodyr yn y Blaid Geidwadol.

Bychan iawn fu dylanwad Pan Jones, ond yr oedd ei gred gynyddol yn y wladwriaeth – hynny yw, yn llywodraeth Llundain – fel offeryn i sicrhau chwyldro cymdeithasol yn elfen ddynamig sy'n arwain yn syth at sosialaeth y Blaid Lafur. Ac eisoes ar dudalennau'r *Celt* cawn ernes o gyfraniad y diwygwyr sosialaidd newydd a fynnai mai'r mater canolog oedd llwyr newid y drefn economaidd a chymdeithasol. A thuedd eu pwyslais hwy oedd ysgaru rhwng y radicaliaeth genedlaethol a fynnai ddiogelu dyfodol unigryw'r genedl Gymreig a'r radicaliaeth gymdeithasol a fynnai ddiogelu dyfodol y dosbarth gweithiol. Y rhai a geisiodd ddiogelu'r ddau bwyslais fel ei gilydd a thrwy hynny gymryd dyfodol unigryw Cymru o ddifrif oedd Michael D. Jones a'i ddilynwyr – D. S. Davies, Keinion Thomas, Beriah Gwynfe Evans, Llew Tegid, D. Gorllwyn Williams, Pedrog, Dr Dan Evans a'u tebyg. A gwelodd y rhain yn glir fod dyfodol yr iaith yn fater allweddol bwysig yr oedd yn rhaid ei gydio'n glòs wrth y frwydr am Ymreolaeth i Gymru.

Erbyn yr 1890au yr oedd dyfodol Cymru'n dod yn fater gwleidyddol o bwys. Dylanwadodd Michael D. Jones yn drwm ar T. E. Ellis, O. M. Edwards, David Lloyd George, William George, Herbert Lewis, John Edward Lloyd, Emrys ap Iwan ac eraill. A thrwyddynt hwy trosglwyddodd y fflamdorch i Fudiad Cymru Fydd.

Erbyn hynny yr oedd gwaith *Y Celt* wedi ei gwblhau. Bu cymodi'r ddwyblaid ym Mrwydr y Cyfansoddiadau'n foddion i ddatod y cwlwm oedd yn cydio cwmni'r *Celt* wrth ei gilydd. O 1892 ymlaen yr oedd iechyd Michael D. Jones yn dadfeilio ac ni chyfrannodd ddim o bwys i'r papur wedyn. Ymddeolodd Keinion Thomas yn niwedd 1893 ac yr oedd cylchrediad y papur yn lleihau. Pwysicach efallai na'r cyfan oedd fod y cyfnod pan edrychai'r werin Gymraeg at weinidogion efengyl i'w hyfforddi mewn egwyddorion gwleidyddol yn tynnu i'r terfyn a tho o wleidyddion o blith y werin honno'n cymryd yr awennau i'w dwylo. Nid rhyfedd felly i'r *Celt* dynnu ei draed ato yn 1901 ac i'r ymdrech i'w atgyfodi fel *Y Celt Newydd* droi'n fethiant.

Nodiadau

[1]Llyfrgell Genedlaethol Cymru, Llsg. LlGC 9598B. Bu Robert Evans (1837–1916), yn weinidog Annibynnol yn Llanfair Caereinion a'r cylch (1861–65), Bethel, Aberdâr (1865–77), Saron, Troed-y-rhiw (1877–84) ac Ynysowen (1880–84), a Phen-maen, Mynwy (1884–1916).

[2]*Y Celt*, 13 Mawrth 1896, t.1.

[3]Llsg. LlGC 9598B. Nid yw hwn ond talfyriad byr o'r cytundeb. Fe'i llofnodwyd 'tros y Cwmni' gan S. R. a Michael D. Jones.

[4]*Y Celt*, 28 Mehefin 1878, t.8.

[5]Gweinidog gyda'r amlycaf ymhlith Annibynwyr Lloegr oedd John Ossian Davies (1851–24 Medi 1916). Am ei yrfa gynnar, gw. *Y Celt*, 15 a 22 Ionawr 1886. Bu David Davis, Maesffynnon, Aberdâr, farw 12 Tachwedd 1884, yn 63 oed. Yr oedd yn berchennog pyllau glo yng Nghwm Cynon a chwareli ym Meirion. Merch iddo oedd gwraig y Deon H. T. Edwards, Bangor ac yr oedd ei ferch, Catherine, yn briod â Syr Francis (Frank) Edwards (1852–1927). Gw. *Y Celt*, 21 Tachwedd 1884, t.1; 28 Tachwedd 1884, t.10. Bu Morgan Evans, dilledydd, Oakford (Derwen-gam), Llwyncelyn, farw 10 Ionawr 1915 yn 84 oed; gw. *Y Dysgedydd*, 1915, t.86; *Y Tyst*, 18 Mehefin 1942, t.7, a 7 Tachwedd 1946, t.3.

[6]Daw'r cyfeiriadau yma at lythyrau D. S. Davies o Llsg. LlGC 4613A, rhestr yn cuddio 1880–82, gydag ambell nodyn yn cyfeirio at gynnwys y llythyrau. Am Henry Tobit Evans (1844–1908), gw. *Y Bywgraffiadur Cymreig hyd 1940* (Llundain: Anrhydeddus Gymdeithas y Cymmrodorion, 1953).

[7]Llsg. LlGC 4618E. Mewn drafft o'r Memorandum yn LlGC 4618E ymddengys enw Ossian Davies hefyd, ac fel y gwelsom yr oedd D. S Davies wedi ysgrifennu ato i'w hysbysu ei fod yn Gyfarwyddwr. Mae'n amlwg iddo wrthod gweithredu, ond yr oedd yn un o'r cyfranddalwyr. Yr oedd John Lewis (1838–1 Mai 1910) yn un o gefnogwyr pybyraf Michael D. Jones. Fe'i codwyd i bregethu yn Salem, Coedgruffydd, Ceredigion; bu yng Ngholeg y Bala, 1861–65; cafodd ei ordeinio, 1865, yng Nghorwen a Chynwyd; Wheeler Street, Birmingham, 1877 hyd 1888; Trysorydd Coleg y Bala, 1879–92; eglwysi Saesneg Fflint a Bagillt, 1896–1905; bu'n byw wedyn yn Rhuddlan a Phrestatyn ac fe'i claddwyd yn y Rhyl. Un o Geinewydd oedd David Rees (1839–9 Mehefin 1917). Bu yng Ngholeg y Bala, 1859–63; ordeinwyd ef ym Methel, Tal-y-bont, 1863; wedyn Capel Mawr a Hermon, Ynys. Mon, 1869–74 ac 1878–1913; a Bethania, Dowlais, 1874–78. Roedd yn un o gyfeillion agosaf Michael D. Jones ac yn Ysgrifennydd Coleg Bala-Bangor, 1876–1916, a ffigur amlwg iawn ym mywyd cyhoeddus Ynys Môn.

[8]Llsg. LlGC 11891C. Dyddiad y llythyr yw 22 Ebrill 1879, o Parkglas, Caerfyrddin, cartref William Thomas. Addysgwyd William Thomas yng Ngholeg Aberhonddu; fe'i hordeinwyd yng Nghapel Isaac, 1850; symudodd i olynu Michael D. Jones ym Mwlchnewydd ac Elim, Ffynnon-ddrain, 1855. Daeth cwmwl dros ei yrfa oherwydd ei alcoholiaeth a gadawodd Bwlchnewydd yn 1881 ac Elim yn 1886. Nid oedd yn aelod

eglwysig pan fu farw yn 1899. Gw. yr ohebiaeth ynglŷn ag ef yn *Y Tyst*, 29 Medi 1938 hyd ddiwedd y flwyddyn. Am William Morgan (1818–84), athro yng Ngholeg Caerfyrddin, gw. *Y Bywgraffiadur Cymreig.* 'Davies Glandŵr' oedd John Davies ('Siôn Gymro').

[9]Llsg. LlGC 4618E.

[10]Gwelliant mewn pensel gan 'W. D. J.': *'At the rate of 2/9 per hundred'.* 'W. D. J.' oedd Walter David Jeremy (1825–93), gweinidog Undodaidd a bargyfreithiwr, un o gyfranddalwyr *Y Celt.* Am ei yrfa, gw. *Y Bywgraffiadur Cymreig;* Michael D. Jones, 'Walter D. Jeremy', *Y Celt,* 6 Ionawr 1888, t.1; *Y Celt,* 22 Medi 1893, t.7. Roedd Michael D. Jones yn gyd-fyfyriwr ag ef yng Ngholeg Caerfyrddin.

[11]Cywiriad gan 'W. D. J.' mewn pensel: *'writing the addresses'.*

[12]Llsg. LlGC 4619E: Llyfrau cyfrifon *Y Celt.*

[13]Llsg. LlGC 4618E.

[14]*Y Celt,* 17 Medi 1888, tt.6–7; 7 Hydref 1898, t.4.

[15]*Y Celt,* 16 Medi 1881, t.6; 21 Hydref 1881, t.8.

[16]*Y Celt,* 2 Rhagfyr 1892, t.7; 30 Rhagfyr 1892, t.7.

[17]*Y Celt,* 5 Ionawr 1894, t.1; 16 Chwefror 1894, t.2.

[18]Llsg. LlGC 2386B: Llyfr nodiadau amrywiol ei gynnwys gan D. S. Davies. Nid yw'r gwreiddiol yn rhoi'r blynyddoedd, ond dyma'r dyddiadau sy'n syrthio ar ddydd Gwener, diwrnod cyhoeddi'r *Celt.*

[19]*Y Celt,* 13 Mawrth 1896, t.1.

[20]*Y Celt,* 7 Hydref 1898, t.4.

[21]Ceir ei hunangofiant yn *Oes Gofion* (Y Bala: H. Evans, [1911?]). Gw. hefyd *Y Bywgraffiadur Cymreig,* 'Ychwanegiad', t.1053.

[22]Ioan Dderwen o Fôn, 'E. Pan Jones', *Y Celt,* 20 Tachwedd 1896, t.3.

[23]*Y Celt,* 13 Mawrth 1896, t.1.

[24]Am ei yrfa, gw. *Y Bywgraffiadur Cymreig; Y Celt,* 4 Tachwedd 1898, tt.1–3.

[25]Rhydd D. S. Davies amlinelliad o fywyd ei dad yn Llsg. LlGC 2387C.

[26]Bydd patrwm ei addysg elfennol o ddiddordeb i haneswyr cylch Abertawe. Dechreuodd yn anarferol o ifanc yn ysgol Sarah Jenkins ac Evan Witta, Penfilia a Thre-boeth. Wedyn bu am dymor yn ysgol Seilo, Glandŵr, gyda mab Thomas Davies (1796–1861), Ebeneser, Abertawe, hyd 1842, a Phentre Estyll wedyn. Ar ôl hynny bu yn ysgol Thomas Knowles ar fynydd Garn-lwyd, ac am flwyddyn gyda James Hughes, cefnder ei fam, yn Ysgol y Llan, Castellnewydd Emlyn. Ac yn olaf, bu gydag Evans, yn ysgoldy Bethesda, Abertawe; gw. *Y Celt,* 6 Mawrth 1896, t.1.

[27]W. E. Rogers (1827–1909), mab John Rogers, un o ddiaconiaid capel y Bryn, Llanelli, oedd hwnnw.

[28]Llsg. LlGC 2387C, ff.60.

[29]Llsg. LlGC 2387C, ff.60.

[30]Llsg. LlGC 2387C, ff.61.

[31]Yr oedd wedi mudo i dŷ'r gweinidog, 4 Brynteg Terrace, er 8 Tachwedd.

[32]Amlinellais ei waith a'i helbulon ym Mangor yn *Camau ar Daith Dwy Ganrif* ([Bangor], 1982). Bu ef a'i deulu am dro eto yn America o 2 Gorffennaf hyd 17 Hydref 1885.

[33]Seiliwyd y crynodeb o'i yrfa ar ei ddyddiadur yn y Llyfrgell Genedlaethol ac erthygl Taborfryn (Thomas Johns, Llanelli), a gyhoeddwyd gyntaf yn *Tywysydd y Plant* ac wedyn yn *Y Celt*, 6 Mawrth 1896, tt.1–2.

[34]*Y Celt*, 27 Chwefror 1885, t.6.

[35]Am ei yrfa, gw. erthygl ei fab, Mr D. R. Ap-Thomas, yn *Y Bywgraffiadur Cymreig 1941–50* (Llundain: Anrhydeddus Gymdeithas y Cymmrodorion, 1970), tt.166–7.

[36]Gofalai am y Felinheli o 1900 ymlaen a wedyn bu'n gofalu am Bentraeth, Penmynydd, Llanfair-pwll, Porthaethwy a Biwmares ar wahanol adegau.

[37]*Y Tyst*, 11 Awst 1932, t.9. Yr oedd Dyfnallt yn ei ddyddiau cynnar yn un o ohebwyr *Y Celt*.

[38]Penarth House, Ashton Park, Birmingham – ŵyres i John Lewis y soniwyd amdano eisoes.

[39]*Y Celt*, 22 Rhagfyr 1893, t.1.

[40]Cofnodir marw ei fam, 4 Ionawr 1895, yn *Y Celt*, 18 Ionawr 1895, t.10; fe'i claddwyd yn Ffaldybrenin.

[41]Dywed Tom Davies, Horeb, yn *Y Tyst*, 21 Tachwedd 1929, t.4, ei fod yno'r un pryd â (Syr) Henry Jones, (Syr) Thomas Marchant Williams a Llew Tegid. Ni allai fod yno gyda'r tri. Yr oedd Henry Jones yno yn 1871–72 (gw. H. J. W. Hetherington, *The Life and Letters of Sir Henry Jones*, Llundain: Hodder & Stoughton, 1924, t.15); Marchant Williams yn 1864–65 (gw. *Y Bywgraffiadur Cymreig*); a Llew Tegid yn 1872–73 (gw. *Y Bywgraffiadur Cymreig*).

[42]Gw. *Congregational Year Book*, 1931, t.258. Am ei gynhebrwng ym Mryngwenith, gw. *Y Tyst*, 21 Tachwedd 1929, t.14. Meibion iddo oedd y Parch. Evan Evans (1874–4 Mai 1905), Capel Hope, Aberteifi – gw. *Congregational Year Book*, 1906, t.211– a Wil Ifan (Parch. William Evans, 1883–16 Gorffennaf 1968) – gw. D. Ben Rees, *Cymry Adnabyddus 1951–1972* (Lerpwl a Phontypridd: Cyhoeddiadau Modern Cymreig, 1978).

[43]Am Llew Tegid (Lewis Davies Jones, 1851–1928), gw. *Y Bywgraffiadur Cymreig* a *Bywgraffiad Llew Tegid* (Wrecsam: Hughes a'i Fab, 1931) gan ei frawd, y Parch. W. E. Penllyn Jones, Colwyn. Ceir darn o hunangofiant gan y Llew yn *Y Celt* yn 1895 (12 Ebrill, t.2; 19 Ebrill, t.2; 26 Ebrill, t.8). Ceir golwg werthfawr ar ei amryfal weithgareddau yn ei bapurau yn Llyfrgell Prifysgol Bangor.

[44]*Y Celt*, 15 Tachwedd 1889, t.7.

[45]Cyfarfu Cyngor y Gymdeithas ym Mwyty'r Queen's Head, Bangor, 20 Ebrill 1893; *Y Celt*, 28 Ebrill 1893, t.5.

[46]Yn rhifyn cyntaf un *Y Celt*, y mae gan S. R. erthygl, 'Dylanwad Hysbysiadau', lle mae'n cymeradwyo defnyddio 'iaith syml gymedrol gywir' ynddynt ac yn hyderu y bydd *Y Celt* 'yn deg a defnyddiol fel cyfrwng hysbysiadau'.

[47]Gw., er enghraifft, D. Ff. Davis, 'Ysmocio', *Y Celt*, 28 Tachwedd 1890, t.4.

[48]Ceir hanes yr achos yn *Y Celt*, 7 Awst 1885, tt.1–2, ac *Oes Gofion*, tt.122–30. Gw. hefyd *Y Celt*, 17 Ebrill 1885, t.3, a 24 Ebrill 1885, t.7.

[49]*Y Celt*, 11 Rhagfyr 1885, t.1; gw. hefyd 18 Medi 1885, t.8.

[50]*Y Celt*, 7 Ionawr 1887, t.2; 11 Chwefror 1887, t.6; 25 Chwefror 1887, t.6.

[51]Ceir yr hysbyseb, er enghraifft, yn *Y Celt*, 11 Ionawr 1889, t.10.

[52]*Y Celt*, 10 Ionawr 1890, t.7.

[53]*Y Celt*, 22 Mehefin 1888, t.7.

[54]*Y Celt*, 1 Mawrth 1889, t.3.

[55]*Y Celt*, 7 Mawrth 1890, t.7.

[56]*Y Celt*, 27 Mehefin 1890, t.5. Yma hefyd ceir englyn Brynach i Keinion:

> Canu a wnaf i Keinion – arwerthwr
> I warthus lys Mamon;
> Y Glanmagl, fel ffagl aiff hon
> A'i hesgeiriau'n ysgyrion.

[57]*Y Celt*, 3 Mai 1889, t.10. Ceir adolygiad ar yr achos a hanes ymosodiad corfforol mileinig ar Dr Williams yn *Y Celt*, 20 Mehefin 1890, t.7.

[58]*Y Celt*, 19 Awst 1887, t.5.

[59]Am Pedrog (neu Pedrogwyson, fel y galwai ei hun ar y dechrau), sef John Owen Williams (1853–1932), gweinidog capel Kensington, Lerpwl, ac Archdderwydd o 1928 i 1932, gw. *Y Bywgraffiadur Cymreig*; *Y Celt*, 4 Medi 1896, tt.1–2; Pedrog, *Stori 'Mywyd* (Lerpwl: Hugh Evans a'i Feibion, 1932). Dywedir mai ef oedd 'Yr Hen Law'; *Y Celt*, 10 Mai 1895, t.6.

[60]*Y Celt*, 24 Ionawr 1890, t.10. Pan oedd y papur yn tynnu at ei derfyn dilynwyd Pedrog fel golygydd barddoniaeth gan Ben Davies (1864–1937), gweinidog Pant-teg, Ystalyfera.

[61]Er enghraifft, *Y Celt*, 27 Gorffennaf 1883, t.1, a'r rhifynnau dilynol.

[62]*Y Celt*, 27 Mawrth 1895, t.7, a'r rhifynnau dilynol. Am Lewis Evans (1862–1931), gw. *Congregational Year Book*, 1932, t.236. Am Robert William Dale (1829–95), gweinidog Carr's Lane, Birmingham, gw. *Dictionary of National Biography* ac A. W. W. Dale, *The Life of R. W. Dale* (1898). Yr oedd gan Dale dŷ haf yn Llanbedr ger Harlech ac yn ôl *Y Celt*, 30 Medi 1892, t.3, mynnai gael ei blant i ddysgu peth Cymraeg.

[63]*Y Bywgraffiadur Cymreig*; *Y Celt*, 24 Rhagfyr 1886, t.2, a 5 Hydref 1888, tt.1–3; Thomas Stephens (gol.), *Album Aberhonddu* (Merthyr Tudful: Joseph Williams, 1898), tt.304–5; *Congregational Year Book*, 1936, t.651. Yr oedd yn frawd i John Ossian Davies (1851–1916). Am ei yrfa gynnar, gw. *Y Celt*, 15 a 22 Ionawr 1886.

[64]Ymddengys y pennawd am y tro cyntaf yn *Y Celt*, 23 Ionawr 1885.

[65]*Y Tyst*, 6 Ebrill 1933, tt.9, 14.

[66]Y traethawd a enillodd wobr iddo yn Eisteddfod Genedlaethol Rhydaman (1922) oedd *Llawlyfr ar Feddyleg* (1924).

[67]*Y Celt*, 13 Mawrth 1885, t.6.

[68]Gw. Ogwen Griffith yn *Y Tyst*, 17 Rhagfyr 1942, t.7; *Congregational Year Book*, 1944, t.443; D. J. Williams (Bethesda), 'Hanes Coleg Bala-Bangor' (teipysgrif yn Llyfrgell Genedlaethol Cymru), t.350. Yn *Y Celt*, 21 Tachwedd 1890, tt.6, 7, cofnodir ei briodas â Martha, ail ferch William Williams, adeiladydd, Mostyn Crescent, Llandudno, ar 12 Tachwedd 1890 – y briodas gyntaf yng nghapel Deganwy Avenue lle'r oedd Williams yn weinidog o 1888 hyd 1899, pryd y symudodd i Queen's Street, Wrecsam. Bu'n gynrychiolydd Cartrefi Dr Barnardo o 1921 hyd 1938. Bu'n gaplan yn y fyddin yn ystod rhyfel 1914–18 ac ef oedd yn gyfrifol am wneud ymchwiliad i amgylchiadau lladd Hedd Wyn. Bu hefyd yn ohebydd Cymreig y *British Weekly* am 40 mlynedd. Fe'i ganed yn 1866 a bu farw 27 Tachwedd 1942.

[69]Ganed John Parry ('Ioan Dderwen o Fôn') yn Llanddeusant, Ynys Môn, yn fab i John Parry ('Afon Alaw') a fu farw 7 Tachwedd 1889 yn 77 oed. Yr oedd Ioan Dderwen yn frawd i William Parry ('Pelican Môn'). Bu Ioan farw yn 80 oed yn 1925. Ceir cryn dipyn o wybodaeth hunangofiannol yn ei erthyglau; gw. *Y Celt*, 12 Hydref 1888, t.4; 7 Mawrth 1890, t.10; 2 Hydref 1891, t.4; 17 Mai 1895, t.8; 13 Hydref 1899, t.5. Ef oedd awdur *Y Doctor: sef Llawlyfr Llysieuol* (Y Bala: Humphrey Evans, 1896).

[70]Gweinidog Capel Degwel, Llandudoch, 1891–1931; golygydd 'Tudalen y Cymro' yn y *Tivyside Advertiser*, 1923–38. Gw. D. J. Williams (Bethesda), 'Hanes Coleg Bala-Bangor', t.352.

[71]Gw. *Y Bywgraffiadur Cymreig*; E. Pan Jones, *Oes a Gwaith y Prif Athraw, y Parch. Michael Daniel Jones, Bala* (Y Bala: H. Evans, 1903).

[72]*Y Celt*, 31 Mai 1878, t.4: 'Dyledswydd Rhyddfrydwyr'.

[73]*Y Celt*, 20 Medi 1878; 4 Hydref 1878; 7 Mawrth 1879, t.1; 21 Mawrth 1879, t.8.

[74]*Y Celt*, 3 Mehefin 1881, t.5.

[75]*Y Celt*, 9 Medi 1881, t.3.

[76]*Y Celt*, 14 Hydref 1881, t.5.

[77]*Y Celt*, 10 Mai 1878, t.12.

[78]*Y Celt*, 3 Mehefin 1881, t.5.

[79]*Y Celt*, 26 Ebrill 1878, t.4.

[80]*Y Celt*, 11 Hydref 1878, t.1.

[81]*Y Celt*, 26 Gorffennaf 1878, t.1: 'Carthffosydd Llundain'; 20 Medi 1878: 'Gwrtaith Dinasoedd'.

[82]*Y Celt*, 19 Ebrill 1878, t.9.

[83]*Y Celt*, 24 Mai 1878, t.4; 11 Hydref 1878, t.1; cymh. J. R., 'Credoau a Chatecismau yn dirmygu Crefydd', *Y Celt*, 26 Ebrill 1878, t.12.

[84]*Y Celt*, 19 Ebrill 1878, t.8; cymh. 7 Mehefin 1878, t.10.

[85]*Y Celt*, 8 Gorffennaf 1881, t.2. Yr oedd yn rhy garedig i fod yn gwbl gyson. Ef oedd trysorydd y Gronfa i helpu'r *Celt* ar ôl colli'r achos a ddug C. R. Jones yn ei erbyn; *Y Celt*, 23 Medi 1881, t.7.

[86]*Y Celt*, 3 Mai 1878, t.10.

[87]*Y Cronicl*, 1874, tt.224–6.

[88]*Y Cronicl*, 1873, t.105.

[89]*Y Celt*, 26 Gorffennaf 1878, t.1.

[90]*Y Celt*, 2 Awst 1878, t.8.

[91]*Y Celt*, 9 Awst 1878, t.8: Golygyddol.

[92]*Y Celt*, 23 Awst 1878, t.8: 'Cynadledd Berlin'.

[93]*Y Cronicl*, 1867, t.85.

[94]Gan fod Peris Jones-Evans yn ei erthygl, 'Evan Pan Jones – Land Reformer', *Cylchgrawn Hanes Cymru*, 4:2 (Rhagfyr 1968), tt.143–59, wedi rhoi dadansoddiad rhagorol o waith a syniadau Pan Jones, gellir cyfeirio'r darllenydd ato am fanylion y drafodaeth.

[95]Am Henry George, argraffydd a newyddiadurwr yn San Francisco, gw. David L. Sills (gol.), *International Encyclopedia of the Social Sciences*, cyf. 6 (Macmillan, 1968), tt.151–5, a'r llyfryddiaeth wrth gwt yr erthygl.

[96]*Y Celt*, 6 Gorffennaf 1883, t.4.

[97]*Y Celt*, 24 Awst 1883, t.7.

[98]*Y Celt*, 9 Mawrth 1883, t.1.

[99]*Y Celt*, 1 Mehefin 1883, t.1.

[100]*Y Celt*, 9 Mawrth 1883, t.1.

[101]Dr Pan ei hun sy'n sôn am y 'chwildroad mawr hwn'; *Y Celt*, 6 Gorffennaf 1883, t.4.

[102]*Y Celt*, 13 Gorffennaf 1883, t.1 – yr oedd Dr Pan yno.

[103]Ceir cofnodion y cyfarfod yn *Y Celt*, 17 Awst 1883, t.4. Cyhoeddir datganiad llawn o egwyddorion ac amcanion y Gymdeithas yn *Y Celt*, 24 Awst 1883, t.7.

[104]Nid oedd Dr Pan yn poeni am fanylion hanes datblygiad senedd Lloegr! Nid oedd y fath beth yn nyddiau William.

[105]*Y Celt*, 6 Gorffennaf 1883, t.4.

[106]*Y Celt*, 8 Mawrth 1883, t.1.

[107]*Y Celt*, 8 Mai 1891, tt.1–2.

[108]*Oes Gofion*, t.176. Am fanylion llawnach, gw. Peris Jones-Evans, 'Evan Pan Jones – Land Reformer', tt.152–3.

[109]Pan Jones, *Oes a Gwaith... Michael Daniel Jones*, t.243.

[110]Am y gwrthwynebiad i'r trefniant, gw. 'Hyn a'r Llall o'r Gogledd', *Y Celt*, 12 Chwefror 1886; 19 Chwefror 1886, tt.1, 3, lle dywedir fod 2,000 yn bresennol ym Mlaenau Ffestiniog.

[111]Pan Jones, *Oes a Gwaith... Michael Daniel Jones*, t.244.

[112]Pan Jones, *Oes a Gwaith... Michael Daniel Jones*, t.245. Ni ddaeth cynrychiolwyr o Iwerddon. Penodwyd Pan Jones yn drefnydd y Cynghrair Celtaidd yng Nghymru ond ni ddaeth dim o'r symudiad.

[113]Am fanylion y daith, gw. *Y Celt*, 22 Mai 1891, t.2; *Oes Gofion*, tt.189–90; *Y Celt*, 10 Gorffennaf 1891, t.8; 17 Gorffennaf 1891, t.4; 24 Gorffennaf 1891, t.3. Am adolygiad Pan ar y daith, gw. *Y Celt*, 7 Awst 1891, t.3.

[114]*Y Celt*, 24 Awst 1891, t.3.

[115]Ar daith 1898 yr oedd yr holl drefniadau yn nwylo Gwyneth Vaughan, yn cael ei helpu gan Mrs Megan Jones Davies a Mrs E. P. Jones, Llanrwst – gw. *Y Celt*, 24 Mehefin 1898, t.1.

[116]*Y Celt*, 18 Ionawr 1884, t.3; cymh. 30 Tachwedd 1883, t.2.

[117]Pan Jones, *Oes a Gwaith… Michael Daniel Jones*, tt.242–3.

[118]*Y Celt*, 18 Ionawr 1884, t.1.

[119]*Y Celt*, 4 Ionawr 1884, t.6.

[120]*Y Celt*, 12 Mehefin 1891, t.1.

[121]Mae dyfarniad yr hanesydd Henry Pelling yn awgrymog yn y cyswllt hwn: '*What was attractive about George was not so much his remedy as his diagnosis of the evils of the social system, and his belief that something could be done about them*' – *Modern Britain 1885–1955* (Llundain: Sphere Books, 1969), t.22. Yn 1897 mynegodd J. A. Hobson farn sy'n swnio erbyn hyn braidd yn eithafol: '*Henry George may be considered to have exercised a more directly formative and educative influence over English radicalism of the last fifteen years than any other man*' – *Fortnightly Review*, 1897, tt.68, 835–44.

[122]*Y Celt*, 26 Ionawr 1894, tt.4–5.

[123]*Y Celt*, 22 Awst 1890, t.1.

[124]*Cwrs y Byd*, Mawrth 1901.

[125]*Y Celt*, 21 Hydref 1892, t.4.

[126]*Y Celt*, 28 Hydref 1892, t.4.

[127]*Y Celt*, 11 Tachwedd 1892, t.8.

[128]*Y Celt*, 6 Ionawr 1893, t.2.

[129]*Y Celt*, 27 Ionawr 1893, t.8.

[130]*Y Celt*, 10 Chwefror 1893, t.4.

[131]Gw., ymhellach, Kenneth O. Morgan, 'The New Liberalism and the Challenge of Labour: The Welsh Experience, 1885–1929', *Cylchgrawn Hanes Cymru*, 6:3 (Mehefin 1973), tt.288–312.

[132]Gw., er enghraifft, ei sylwadau ar y beirniaid a awgrymai fod Eseia 13 ac 14 wedi eu cyfansoddi ar ôl cwymp Babilon. 'Ymlyniad di-ildio mewn anghrediniaeth yn ysprydolrwydd y Beibl yw tad y syniad uchod am gân Esaiah', meddai; *Y Celt*, 6 Gorffennaf 1883, t.5.

[133]*Y Celt*, 9 Tachwedd 1883, t.8.

[134]*Y Celt*, 1 Gorffennaf 1887, t.2.

[135]*Y Celt*, 13 Rhagfyr 1889, t.2.

[136]*Y Celt*, 8 Ebrill 1887, t.4.

[137]*Y Celt*, 28 Mai 1886, t.5.

[138]Gw. D. W. Bebbington, *The Nonconformist Conscience: Chapel and Politics, 1870–1914* (Llundain: Allen & Unwin, 1982), tt.100–1.

[139]*Y Celt*, 19 Rhagfyr 1890, t.7.

[140]*Y Celt*, 30 Mai 1890, tt.1–2.

[141]*Y Celt*, 31 Awst 1888, tt.1–2: 'Henry Richard, Ysw., A. S.'

[142]*Y Celt*, 3 Hydref 1884, t.6.

[143]Fel 'Adelphos' yn *Y Celt*, 10 Mehefin 1887, t.2.

[144]*Y Celt*, 3 Mehefin 1881, t.1. Y llofnod ar ddiwedd yr erthygl yw 'Y Golygwyr'. Arfer Dr Pan Jones oedd rhoi ei enw wrth ei gynhyrchion.

[145]*Y Celt*, 6 Mawrth 1885, t.6.

[146]*Y Celt*, 11 Tachwedd 1887, tt.1–2; cymh. 7 Mawrth 1890, tt.1–2, 'Ymreolaeth', lle mae'n cyfeirio eto at 1848 a dylanwad Kossuth ac yn sôn amdano'i hun yn pwyso'r athrawiaeth yn *Y Ddraig Goch*.

[147]*Y Celt*, 11 Tachwedd 1887, tt.1–2.

[148]*Y Celt*, 28 Hydref 1887, tt.1–2.

[149]*Y Celt*, 28 Tachwedd 1887, tt.1–2.

[150]*Y Celt*, 28 Mai 1886, t.8. Bu Lake farw yn Knoxville, Tenessee, Hydref 1901; gw. *Y Dysgedydd*, 1901, t.497.

[151]*Y Celt*, 24 Mai 1889, tt.1–2; 21 Mai 1890, tt.1–2.

[152]*Y Celt*, 27 Mehefin 1890, t.3.

[153]*Y Dydd*, 3 Gorffennaf 1868, tt.1–2; 10 Gorffennaf 1868, tt.1–2.

[154]*Y Celt*, 24 Ebrill 1891, t.1.

[155]*Y Celt*, 7 Tachwedd 1890, t.7.

[156]*Y Celt*, 13 Ionawr 1888, t.7.

[157]*Y Celt*, 4 Mai 1888, t.1.

[158]Er enghraifft, *Y Celt*, 24 Hydref 1890, t.7; 9 Rhagfyr 1887, t.4.

[159]*Y Celt*, 29 Mehefin 1883, t.9; 22 Mehefin 1883, t.5; 16 Tachwedd 1883, t.8; 18 Tachwedd 1887, tt.1–2.

[160]*Y Celt*, 16 Tachwedd 1883, t.8.

[161]*Y Celt*, 27 Mawrth 1885, t.8.

[162]*Y Celt*, 11 Tachwedd 1887, t.2.

[163]*Y Celt*, 27 Mawrth 1885, t.8.

[164]*Y Celt*, 6 Gorffennaf 1883, t.5.

[165]*Y Celt*, 1 Gorffennaf 1887, t.2.

[166]*Y Celt*, 1 Gorffennaf 1887, t.2.

[167]*Y Celt*, 28 Hydref 1887, t.1.

[168]*Y Celt*, 26 Hydref 1883, t.9.

[169]*Y Celt*, 5 Mehefin 1885, t.1.

[170]*Y Celt*, 5 Mehefin 1885, t.1.

[171]*Y Celt*, 27 Mawrth 1895, t.8.

[172]*Y Celt*, 27 Mawrth 1895, t.8.

[173]*Y Celt*, 15 Tachwedd 1889, t.1.

[174]*Y Celt*, 20 Rhagfyr 1889, t.1: 'Cyfiawnder i'r Gweithiwr'.

[175]*Y Celt*, 20 Rhagfyr 1889, t.1. Yr un modd cawn Keinion yn cefnogi streicwyr Bethesda; *Y Celt*, 19 Chwefror 1886, tt.7, 9.

[176]*Y Celt*, 27 Gorffennaf 1883, tt.1–2.

[177]*Y Celt*, 20 Rhagfyr 1889, tt.1–2.

[178]*Y Celt*, 20 Rhagfyr 1889, tt.1–2, a 6 Mehefin 1890, t.4: 'Cwmniau Cydweithredol'.

[179]*Y Celt*, 23 Chwefror 1883, t.8. Felly hefyd D. S. Davies (*Y Celt*, 12 Medi 1884, t.2) a Keinion Thomas (*Y Celt*, 6 Mawrth 1885, t.6) a Dan Evans (*Y Celt*, 27 Mawrth 1885, t.9) ac Iwan Jenkyn (*Y Celt*, 24 Mawrth 1887, t.4).

[180]J. P. Parry, *Democracy and Religion: Gladstone and the Liberal Party, 1867–1875*, 'Cambridge Studies in the History and Theory of Politics' (Caergrawnt: Gwasg Prifysgol Caergrawnt, 1986).

Michael D. Jones a'r Wladfa*

Alun Davies

Y tro diwethaf y cefais yr anrhydedd o annerch cyfarfod cyhoeddus yn y Bala, fe resynais oherwydd nad oedd gennym astudiaeth gyflawn a boddhaol o fywyd a gwaith Michael D. Jones.[1] Yr un yw'r sefyllfa heddiw [1965], ond gydag un eithriad mawr: tair blynedd yn ôl, cawsom lyfr nodedig R. Bryn Williams ar y Wladfa, a bellach fe fydd pawb ohonom sy'n ymddiddori yn y gwron o Fodiwan yn elwa'n drwm ar ffrwyth ei lafur ef cyn belled ag y mae'r agwedd hon o'i fywyd prysur yn y cwestiwn.[2]

Dyn ieuanc chwech-ar-hugain oed, newydd orffen ei astudiaethau yng Ngholeg Highbury, Llundain, oedd Michael D. Jones pan gafodd ei brofiad cyntaf o'r llif ymfudol hwnnw a nodweddai flynyddoedd canol y bedwaredd ganrif ar bymtheg. Ar ymweliad yr oedd ef â pherthnasau a chyfeillion o'r Bala a Llanuwchllyn yn Cincinnati, Ohio, lle'r ordeiniwyd ef i'r weinidogaeth yn Rhagfyr 1848. Dyma un o flynyddoedd yr ymudo mawr. Mae'n debyg i dros filiwn a chwarter o bobl allan o ryw ddeng miliwn a ymfudodd o Brydain Fawr i'r Unol Daleithiau yn ystod y can mlynedd o 1815 i 1914 gyrraedd yno yn ystod y blynyddoedd tyngedfennol hyn o 1846 i 1854.[3] Naturiol ddigon oedd i weinidog ifanc, cydwybodol ymddiddori yn ei gyd-Gymry, ac iddo ddod yn fuan ar ôl cyrraedd Cincinnati yn ysgrifennydd 'Cymdeithas y Brython', pwrpas yr hon oedd cynorthwyo ymfudwyr Cymreig. Ond yn ogystal â threfnu, ac ysgrifennu, ac apelio at Gymry yn yr Unol Daleithiau i gyfrannu arian i gynorthwyo ymfudwyr tlawd, yr oedd ar yr un pryd yn pryderu ynghylch yr hyn oedd yn digwydd i lawer o Gymry America. Meddai:

> I roddi pen yn mhlith y Cymry ar y gwallgofrwydd [...] ag sydd wedi achosi pendroniad llawer yn yr America, pa gynllun a ellir ei ddyfeisio? Sut y rhoir pen ar y *respectable 'dam'* y mae y Cymro wedi ei ddysgu gan y Sais? Sut y dysgir ef i fod yn sobr fel cynt, ac i beidio a phuteiniaid? Sut y ceir ef i fod yn onest fel ei dadau, ac i beidio dysgu *'Yankee tricks'*? Sut y troir y man sy'n ateb i enau

*Anerchiad i gyfarfod o Anrhydeddus Gymdeithas y Cymmrodorion yn Ysgol y Berwyn, Y Bala, 28 Mai 1965, i ddathlu canmlwyddiant y Wladfa. Cyhoeddwyd yr anerchiad yn wreiddiol yn *Trafodion Anrhydeddus Gymdeithas y Cymmrodorion*, Sesiwn 1966, Rhan 1.

mewn dyn, o fod yn fygdwll ac aneddle gwreichion, i fod yn briodol enau iddo yntau? Sut y certhir bala ei anadl o fod yn ffos budreddi i fod yn ffroenau dynol? Sut y ceir ef o fod yn ddim amgen na phaun i fod yn ddyn, ac i beidio a choegni, balchder, a mursendod, ac i siarad, a darllen, a chanu, a cherdded, a bwyta, a gwisgo, fel y call, a'r gwybodus, a'r gwir goethedig? Atebaf drwy ofyn sut y ceidw y fam ei phlant rhag dysgu castiau hug? onid drwy eu cadw rhag cwmni drwg?

Ei ateb yw 'Gwladychfa Gymreig', lle i'r Cymry ar eu pennau eu hunain, lle y gallent gadw eu hiaith, eu crefydd a'u harferion.[4]

Nid oedd dim byd gwreiddiol mewn casgliad o'r fath. Roedd dwsinau o arbrofion cyffelyb yn mynd ymlaen yn yr Unol Daleithiau ar y pryd – er enghraifft, ymhlith disgyblion y Sosialydd Ffrengig, Fourier, neu ym mhentrefi'r 'Shakers', ac yn arbennig ymhlith disgyblion Robert Owen, ac yr oedd cynllun o'r fath yn ddigon cyfarwydd i Gymry Cymraeg. Gellir ei olrhain i'r ail ganrif ar bymtheg, ac i ddod yn nes at gyfnod Michael D. Jones, yr oedd Morgan John Rhys wedi sefydlu ei wladfa ef, 'Cambria', ar ddiwedd y ddeunawfed ganrif.[5]

Mabwysiadu syniad a oedd eisoes yn gyfarwydd, felly, a wnaeth Michael D. Jones wrth bleidio'r syniad o Wladychfa Gymreig. Ystyriai fod tri lle yn gymwys: Wisconsin, Oregon ac Ynys Vancouver. Roedd manteision yn Wisconsin, bid siŵr: nid oedd yn rhy newydd, ac yr oedd yr hinsawdd yn iachus a marchnadoedd yn gyfleus, ond lle i 'ymgrynhoi' fel cenedl yn unig oedd Wisconsin, 'fel y byddent yn codi teuluoedd cymhwys i groesi y mynyddau i fyned i Oregon'.[6]

Yn ôl yr wybodaeth sydd gennym, bu'n llai gweithgar ynglŷn â'r Wladfa wedi iddo ddychwelyd o'r Unol Daleithiau a'i sefydlu'n weinidog ar eglwys Annibynnol Bwlchnewydd, ger Caerfyrddin, yn 1850, lle y bu am bedair blynedd. Weithiau fe ysgrifennai i'r cylchgronau, ac y mae'n glir mai am Oregon y meddyliai o hyd fel y lle cymwys i sefydlu 'Gwladychfa Gymreig'. Credai ped ymsefydlai'r Cymry ar gyffiniau'r rhan Brydeinig o Oregon, ar y tir a gynigid gan lywodraeth yr Unol Daleithiau, a phe byddai iddynt gynyddu, y gallent wedyn fentro gofyn am Oregon Brydeinig i gyd fel lle i'r Cymry sefydlu Gwladfa ynddo. Ac fe sylwai, hefyd, fod agosrwydd aur Califfornia yn ddadl ychwanegol dros ddewis Oregon.[7]

Ond os cymharol dawel ydoedd ym Mwlchnewydd, fe newidiodd pethau'n fuan iawn ar ôl iddo ddod i'r Bala yn 1855, yn olynydd i'w dad fel prifathro'r Coleg Annibynnol a gweinidog ar eglwysi Annibynnol y

Bala, Ty'n-y-bont, Bethel, Soar a Llandderfel. Oherwydd yr un pryd ag y symudai'n ôl i'r Bala i ymgymryd â'i waith newydd, roedd llywodraeth Ariannin yn prysur geisio dofi a datblygu'r paith eang a oedd ym mherfedd y wlad honno. I'r perwyl hwn, roedd yn ceisio, o 1853 ymlaen, ddenu teuluoedd o amaethwyr o wledydd Ewrop ac yn hysbysebu i'r pwrpas hwn ym mhrif newyddiaduron Ewrop.[8] Ymddangosodd yr hysbysiad yn *Times*, 8 Medi 1856, ac y mae'n debyg i Michael D. Jones wneud ymholiadau yn fuan iawn wedyn. Ar ddechrau Awst 1857 dywaid iddo fynd i Lundain i ymgynghori â rhai o Gonsyliaid gwledydd Deau Amerig ynghylch cael tir i ffurfio Gwladychfa Gymreig, a chael fod tir yn cael ei gynnig am ddim yn Bahia Blanca a Phatagonia, ac nad oedd eisiau ofni y codai'r llywodraeth unrhyw rwystr ar y ffordd.[9]

Beth am ei syniadau am Wladfa yr adeg honno? Yn y lle cyntaf, y mae'n amlwg ei fod yn bwriadu i'r Wladfa fod yn gysylltiedig â llywodraeth yr Unol Daleithiau ar y naill law, a llywodraeth Prydain Fawr ar y llaw arall. Awgryma y gallai Cymry'r Amerig a ymfudai fod o dan nawdd y Conswl Americanaidd, a'r rhai o Brydain fod o dan nawdd y Conswl Prydeinig. Hynny yw, gallent apelio at lywodraethau'r ddwy wlad pe codai'r angen.

Yr ail beth yw ei fod yn pwyso ar Gymry America i roddi'r arweiniad ac i 'agor y ffordd'. 'Hwy sydd yn deall sut i sefydlu.' Awgrymai ffurfio mam-gymdeithas yn Efrog Newydd gyda'r amcan o anfon dau neu dri i sbïo'r wlad drostynt eu hunain ac i siarad yn bersonol â gwŷr o awdurdod. Yn wir, yr oedd ef ei hunan yn fodlon bod yn un o bedwar i fynd ond iddo gael ei gostau wedi eu talu.[10]

Yn drydydd, 'rhaid cael sawd [= cyfalaf] dda'. Nid oedd yn credu y ceid digon o roddion gwirfoddol at y pwrpas a dylid felly ddilyn y ffordd a gymerodd y Saeson i wladychu Awstralia a Seland Newydd, sef trwy ffurfio cwmni (*joint stock company*) a fyddai'n rhoi cludiad rhad i ymfudwyr, yn gwerthu tir iddynt ac felly'n talu holl dreuliau'r cwmni. Dylai gwaith y cwmni ymrannu'n dair. Un agwedd fyddai cael hyd i ewyllyswyr da, na fyddent yn dewis ymfudo, ond a fyddai'n fodlon helpu trwy fod yn gyfranddalwyr. Byddai'r cyfranddaliadau (*shares*) yn £5 yr un, a £1 i'w thalu i lawr, ac ni fyddai neb yn gyfrifol am dros £5 y cyfranddaliad. Gwedd arall fyddai 'i dderbyn enwau ymfudwyr i'r wladychfa, ac i ddwyn hyny oddi amgylch'. A'r drydedd wedd fyddai 'i gael sawd wirfoddol i ddadleu achos y cwmpeini, i gael rhai i gymmeryd rhanau (*shares*), ac i dalu am hysbysiadau, traethodau, areithiau, &c.'[11]

Fe welir, felly, fod Cymry'r Unol Daleithiau yn elfen hynod o bwysig ym meddwl Michael D. Jones yn ystod y cyfnod hwn o 1857 tan

1860. Ennyn eu cydymdeimlad a'u cefnogaeth hwy oedd pwrpas ei ymweliad â'r Unol Daleithiau rhwng Awst a Thachwedd 1858. Tipyn yn siomedig oedd yr ymweliad, er i Michael D. Jones ei hun ddweud ei fod wedi cael ei siomi ar yr ochr orau. Cynhaliwyd rhyw un ar hugain o gyrddau, ac fe gafodd gan tua thri chant o bobl roddi eu henwau am gyfranddaliadau o 25 doler yr un. Serch hynny, ni lwyddodd i ffurfio 'cwmpeini a'i gyfansoddiad yn foddhaol', ac er bod 'rhai o'r dynion parchusaf a fedd ein cenedl' ymhlith y tri chant a brynodd gyfranddaliadau, er hynny, medd Michael, 'dylai fod 1,000 o rannau wedi eu cymryd a'r unig lwybr i gyfeillion y Wladychfa Gymreig yw curo i fyny am i fil o rannau gael eu cymryd'. Wrth ddychwel adref, rhoddodd ofal y mudiad gwladfaol i'r Parch. John Edred Jones, gweinidog gyda'r Bedyddwyr yn Utica, ond yn fuan iawn y mae hwnnw'n adrodd mai siomedig fu'r cynllun.[12]

Lled oer, felly, oedd ymateb Cymry America i'r Wladfa Gymreig ym Mhatagonia. Esboniad Lewis Jones am hyn yw mai 'ysglodion tlodi oedd ei gynud' a'r ffaith 'nad oedd weledigaeth eglur am y dull a'r modd i weithredu', ac fel canlyniad fod yna 'ymranu ac ymbleidio' wedi digwydd. Ond y prif reswm, yn ddiau, yw'r un a roddir gan Pan Jones, sef fod awdurdodau'r *Drych* wedi sicrhau lle yn Kansas ar ddiwedd 1857 ac o hynny ymlaen yn taflu eu holl ddylanwad i droi ymfudiaeth Gymreig i'r cyfeiriad hwnnw. Ac ymhellach, ymhen pum mlynedd arall, tynnwyd sylw Cymry America at ragoriaethau Missouri fel lle addas i sefydlu 'trefedigaeth Gymreig'.[13]

Digon digalon yn ddiau, felly, oedd yr argoelion am Wladfa i Michael D. Jones yn 1859. Yr hyn a ail-gyneuodd ei sêl oedd gweithgarwch Cymdeithas Wladychfaol Lerpwl a sefydlwyd yn 1861 ac yn arbennig yr hyn a eilw R. Bryn Williams yn 'benboethni Cadfan'.[14]

O hyn ymlaen, fe ddaeth achos y Wladfa ym Mhatagonia yn genhadaeth fawr bywyd Michael D. Jones. Nid ei amcan, meddai, oedd

creu ymfudiaeth, ond ei reoleiddio. Mae'r ffrwd ymfudol eisoes yn rhedeg, a rhedeg a wna hi eto; ac yn lle ei bod yn ymdywallt ar hyd a lled y ddaear, amcenir ei throi i wneyd un môr mawr Cymreig. [...] Mae fod ymfudwyr Cymreig yn ymwasgaru dros gymaint o dir, a hwythau yn nifer bychan mewn cydmariaeth, yn eu gosod dan anfanteision mawrion. Maent drwy hyn yn gwanychu eu hunain, ac yn gwneyd eu hunain yn estroniaid yn mhob sefydliad sydd ganddynt yn yr America a'r gwladychfäoedd Prydeinig. Yn y cyflwr hwn nis gallant lai na bod yn egwan ac edlychaidd eu hysgogiadau fel cenedl. [...] Ein prif wendid cenedlaethol yn bresenol yw ein gwaseidd-dra; ond meddianai Cymry mewn Gwladychfa Gymreig galon ac yspryd newydd.

Ac yn ei dyb ef, roedd gan genedl y Cymry gymwysterau arbennig ar gyfer Gwladfa. Yn un peth, roeddent 'wedi ei hysgolia yn dda mewn caledwaith', ac yn arbennig felly Gymry America oherwydd eu profiad o 'galedfyd ac anhawsderau cymdogaethau newyddion yn y gorllewin pell'. Wedyn, roedd pob math o ddynion angenrheidiol i'w cael yng Nghymru – amaethwyr, morwyr, masnachwyr, crefftwyr, ac yn y blaen, a diolch i gynnydd manteision addysg, roeddent yn datblygu'n fwy hyddysg bob dydd. Ond uwchlaw'r cwbl i gyd, yr oedd Cymry'n gymwys i sefydlu Gwladfa oherwydd eu crefyddolder. 'Fel ag y rhoddodd yr Iuddewon grefydd i'r byd, a'r Groegiaid athroniaeth a gwareiddiad, felly y mae'r Cymry yn meddu y cymhwysder angenrheidiol i roi crefydd y Bibl i ddarn da o'r ddaear.' Ac oherwydd eu bod nhw'n grefyddol, byddent yn rhwym o fod hefyd yn bobl heddychol: yn wir ofnai waseidd-dra'r Cymry yn fwy na'u cynnen. Mor wahanol oedd y Cymry, gyda'r holl gymwysterau hyn, o'u cymharu â'r Sbaenwyr yn Ariannin. Roeddent hwy 'yn dywyll, yn ddiog, yn gynhenus, yn anfedrus, ac yn afreolus', ac fel canlyniad nid oedd 'yni ynddynt' ac yr oedd 'gwywdra yn [eu] meddianu'. Gallai'r Cymry yn fuan iawn 'sicrhau eu hunain yn dalaeth yn y Cyngrair Arianin, a gwyr pawb sy'n deall hanes y cyngrair hwnw y byddai hyny yn gystal a bod yn annibynol'.[15]

Dyma genadwri Michael D. Jones am weddill ei oes. Drosti dygodd sêl dychrynllyd, gan ddadlau achos Patagonia mewn tymor ac allan o dymor, ar y llwyfan ac yn y wasg, yn wyneb anawsterau a beirniadaethau o bob math. Bu hefyd, neu yn hytrach bu ei wraig, yn gefn ariannol i'r Pwyllgor Gwladychfaol. Oherwydd pan briododd Michael D. Jones ag Anne Lloyd, Plas-yn-rhal, ger Rhuthun, yn 1859 fe briododd â gwraig a oedd, yn ôl Pan Jones, 'mewn mwy nag un ystyr fel wedi ei threfnu gan natur ar gyfer y sefyllfa. Yr oedd yn ddynes o ddeall cyflym, wedi cael addysg dda, yn hanu o hen deulu crefyddol, ac mewn amgylchiadau cysurus.'[16] Fe fu 'amgylchiadau cysurus' Mrs Michael D. Jones o help mawr i'r Wladfa, a theg i ni heddiw, wrth gofio antur a dewrder y sylfaenwyr, dalu teyrnged i'r wraig hir-ymarhous ac amyneddgar hon a feddai ar 'lawer o nodweddion y wraig a welodd Lemuel'.[17] Oherwydd pan fethodd yr ymdrechion i osod y mudiad gwladfaol ar sylfeini ariannol cadarn trwy ffurfio cwmni *joint-stock*, oherwydd diffyg cefnogaeth yng Nghymru, a phan welwyd mor siomedig oedd y casgliadau yng Nghymru ar gyfer talu costau danfon Lewis Jones a Love Jones-Parry yn 1862 i sbïo'r wlad ac i ymgynghori â llywodraeth Ariannin, yna arian Mrs Michael D. Jones a ddaeth i'r adwy i dalu tipyn o'r costau. Wedyn, o'i gwaddol hi y daeth y £2,500 a gostiodd i sicrhau'r llong *Mimosa*, i'w haddasu hi a'i darparu ar gyfer y fordaith. Hefyd, pan ddaeth y rhan fwyaf o'r fintai gyntaf o ymfudwyr i Lerpwl ar ddechrau mis Mai 1865, a gorfod lletya yno tan i'r llong fod yn barod ar eu cyfer ar 24 Mai, Michael D. Jones a'i wraig a dalodd y treuliau hyn hefyd. Wedyn, er i'r ymfudwyr roddi ernes o bunt yr un am eu cludiad, ni fedrai'r mwyafrif ohonynt dalu'r gweddill a bu'n rhaid i Michael Jones fodloni ar addewidion talu, ac ni welwyd byth mo'r arian. Ac yn ychwanegol at hyn oll, ar ôl i'r *Mimosa* hwylio, deuai biliau i'r Bala, a'r rheini nid yn unig o Lerpwl, ond cyn bo hir o Buenos Aires hefyd, yn gofyn am dâl am nwyddau.[18]

Cododd Michael D. Jones yr arian hwn ar diroedd rhydd-ddaliadol a berthynai i'w wraig.[19] Bwriadai gael ei arian yn ôl trwy gyfrwng 'Cwmni Ymfudol a Masnachol y Wladva Gymreig', a ffurfiwyd yn 1866. Roedd Michael D. Jones yn un o'r cyfarwyddwyr. Prynwyd llong o dri chan tunnell, *Myvanwy*, a ffitiwyd hi ar gyfer y môr i gludo ymfudwyr allan yn rhad, ac wedyn i fasnachu ar hyd glannau De Amerig. Camgymeriad, mae'n amlwg, oedd prynu 'llong ymfudol' fel y *Myvanwy*, ond hyn a fynnai'r Cwmni, er i Lewis Jones ddadlau, o'i brofiad ef, mai llong fechan o ryw gan tunnell fuasai fwyaf defnyddiol i'r Wladfa. Fodd bynnag, costiodd y llong £2,800: talwyd £900 amdani, a rhoddwyd £300 arall o gostau arni i'w chymhwyso ar gyfer hwylio. Gadawyd £1,900 yn ddyled arni, £1,000 ohoni i'w thalu ymhen chwe mis, a £900 ymhen blwyddyn. Ond cadwyd y Cwmni i aros am y llong am fisoedd heb iddynt hawlio unrhyw iawn am yr oedi, a hyd yn oed pan ddaeth y llong yn barod cafwyd nad oedd ei maint yn cyfateb i ofynion y gyfraith ynghylch llongau ymfudo, ac mai un ar ddeg o ymfudwyr yn unig a ganiatâi'r Llywodraeth i deithio ynddi. Erbyn hyn, roedd hi'n rhy hwyr i newid y llong, ac un ar ddeg o ymfudwyr yn unig a allod hwylio ynddi. Llwythwyd hi bellach â llestri pridd o Fwcle a nwyddau ar gyfer y Wladfa, ac â glo ar gyfer Montevideo. O Montevideo aeth y llong i Paysandu i gymryd llwyth o grwyn gwlybion i Antwerp. Ond tra oedd hyn yn digwydd, roedd biliau adeiladwyr y llong yn dod i mewn, a chyfranddalwyr y Cwmni heb dalu eto am eu cyfranddaliadau na'r llong chwaith wedi ennill digon o arian i wneud dim ond talu treuliau ei gweithio. Manteisiodd yr adeiladwyr ar y cyfle; cydiwyd yn y llong yn

Antwerp a gwerthwyd hi'n ôl i'r adeiladwyr am £1,400.[20]

Nawr, enw Michael D. Jones oedd ar filiau'r llong, ac arno ef felly y disgynnodd y baich o gyfarfod â'r diffyg a thalu'r costau trwm. Aeth i Gasnewydd i bledio â'r adeiladwyr ond mynnent hwy gael £920 oddi wrtho. Y canlyniad oedd i Michael D. Jones fynd yn fethdalwr. Ei ddiniweidrwydd ef ei hunan, neu'n hytrach ei orhyder gydol ei oes ynghylch materion ariannol a masnachol, oedd yn gyfrifol i raddau helaeth am yr anawsterau newydd hyn, bid siŵr. Roedd yn ergyd ofnadwy iddo ef ac i'w deulu, ac yn arbennig am fod yn rhaid iddo wynebu galwad mor drom am gymorth ariannol i'r mudiad gwladfaol am yr ail waith o fewn cyn lleied o amser.

Un o'r ffyrdd a ddefnyddiodd Michael D. Jones i geisio dod allan o'i argyfyngau ariannol oedd gwerthu Bodiwan i bwyllgor Athrofa'r Bala am £2,000. Roedd ganddo forgais ar Fodiwan ac yr oedd y morgeisydd yn galw am ei arian. Ond er ei werthu, mynnai barhau i fyw ynddo fel y gallai gael to uwchben ei deulu. Y canlyniad oedd 'Brwydr y Ddau Gyfansoddiad', y ddadl ffyrnig a didrugaredd honno a lesteiriodd enwad yr Annibynwyr o 1877 i 1885, pryd y bu rhai o'i arweinwyr mwyaf blaenllaw yn lladd ar ei gilydd yn y wasg, heb sôn am olchi dillad brwnt mewn llythyrau preifat ac yng nghlonc a chleber gwlad. Ysgrifennwyd yr holl hanes diddorol, diflas hwn yn fanwl yn nhraethawd campus MA Prifysgol Cymru y Parch. R. G. Owen, Bangor, yn 1941.[21] Fel y dywaid Mr Owen:

> Efallai mai gormodiaeth a fyddai awgrymu na fuasai 'Brwydr y Cyfansoddiadau' erioed wedi digwydd pe buasai Bodiwan heb ei brynu gan y Pwyllgor, eto nid oes dadl nad o gylch y mater hwn y cychwynnodd yn bennaf yn 'gyhoeddus'. Gwir [...] fod y marwydos yn mud-losgi ers blynyddoedd ond Bodiwan a'u henynnodd yn fflam a ddatblygodd yn goelcerth eirias nes deifio'r Enwad ben bwy'i gilydd.[22]

Fe fu beirniadaeth yn y wasg ynghylch apwyntiad Michael D. Jones yn brifathro Coleg y Bala. Wedyn, yn 1862 gwrthwynebwyd yn y Bala y mudiad i gael un coleg Annibynnol i goffáu merthyron 1662, ac er i'r mudiad hwnnw fethu, fe adawodd deimladau chwerwon ar ei ôl. Tybiai rhai, hefyd, fod llywodraeth Michael D. Jones ar Athrofa'r Bala yn rhy unbenaethol, a bu beirniadu ar yr hyn a ddysgid yno. Dyma'r 'marwydos yn mud-losgi', chwedl R. G. Owen. Helyntion ac anffodion y Wladfa fu'r fflam.

Cyhuddid ef o ddau beth. Yn gyntaf, o esgeuluso ei ddyletswyddau fel athro coleg a mynd i 'Batagoneiddio' (chwedl ei brif wrthwynebydd, Dr John Thomas, Lerpwl) ar draws y wlad. Barn gohebydd yn *Yr Herald Cymraeg*, 11 Mai 1877, er enghraifft, oedd fod 'degau o weinidogion, ac ugeiniau o leygwyr' yn teimlo fod 'Coleg y Bala yn cael cam dirfawr oblegid fod Mr. Jones fel pob dyn arall, yn analluog i wneud ei ddyletswydd – am nad oes modd iddo ef, mwy nag eraill gyflawni dwy swydd o'r fath bwysigrwydd a bod yn athraw coleg ac yn agent y Llywodraeth Ariannin, neu sylfaenydd gwladychfa'. Yn ail, cyhuddid ef o werthu Bodiwan i bwyllgor y Coleg am ei bris ei hun, ac ar ôl ei werthu a chael ei dalu amdano, gwrthod ei roddi i'r enwad. Dyma fyrdwn dadl Dr John Thomas, Lerpwl, ar draws y wlad gyda'i huodledd dihafal, ei ddawn ysgrifennu medrus, a holl awdurdod ei bersonoliaeth urddasol a meistrolgar: ymgais oedd busnes Bodiwan i ddigolledu Michael D. Jones rhag colledion Patagonia, ac ni ddylai amgylchiadau personol neb, boed gam neu gymwys, lesteirio buddiannau enwad cyfan.[23]

Safodd Michael D. Jones yn gadarn ac yn ddi-ildio drwy'r frwydr. Parhaodd pwyllgor y Coleg yn deyrngarol iddo, ac fe ddarllenwn amdano ar 7 Medi 1871, ar ôl gwrando adroddiad gan Michael o'r amgylchiadau gofidus y bu ynddynt yn ddiweddar, yn cael 'hollol foddlonrwydd ei fod wedi ymddwyn yn foddhaol heb dynu dim anfri ar ei gymeriad moesol'.[24] Er hynny, ni ddaeth ymwared iddo o'i anawsterau ariannol naill ai o'r Wladfa neu o Gymru. Ym mis Medi 1875, cwynai am arafwch Cyngor y Wladfa i dalu'n ôl iddo beth o'r arian a wariodd ar y fintai gyntaf ac ar y *Mimosa*. Dywaid ei fod yn talu yn flynyddol logau o tua £100 dros y Wladfa, 'a hyny o'm tlodi, tra y mae y Wladfa yn cyvoethogi ar bwys yr arian a roddais i yn benav i'w chychwyn'. Ofnai mai Hugh Hughes ('Cadfan Gwynedd'), Llywydd y Wladfa, oedd yn gyfrifol am hyn, ac y mae'n ei alw'n 'anniolchgar' ac yn 'ymyrgar'. 'Tra y mae dyled arnav dros y Wladva', meddai, 'yr wyv mewn gwarth, ac y mae y Wladva mewn gwarth gyda mi.'[25] Yn 1877 eto, ysgrifennai at arweinwyr y Wladfa i ofyn iddynt 'yn y modd taerav' i'w helpu i brynu Bodiwan yn ôl, gan ddweud na allai fforddio cadw merlyn, hyd yn oed, a bod y teulu'n byw yn y dull rhataf ac yn methu danfon y plant i ysgolion arbennig. Er iddo dalu £600 i'w ofynwyr, yr oedd dyled o'r un swm yn aros.[26] Ond os gellir egluro (os nad esgusodi) arafwch yr ymfudwyr cyntaf i dalu eu dyledion iddo oherwydd anawsterau'r blynyddoedd cynnar ac arafwch y Wladfa i wreiddio, pa eglurhad sydd am ddiffyg cefnogwyr ariannol sylweddol iddo yng Nghymru ac yn fwy na hyn, am y ffaith na chafodd ragor o gydymdeimlad nag a fu?

Un rheswm yn ddiau yw'r un a gynigir gan Lewis Jones, sef 'nad oedd y Wladva y pryd hwnw yn air deniadol iawn i neb ond i'r hen arwr ei hun, a'i vagad disgyblion crediniol'.[27] Dichon fod peth gwir yn hyn, ond nid yr holl wir, oherwydd anodd yw cysoni'r gosodiad â hanes S. R. ar ôl i'w wladfa ef yn Tennessee fethu. Ar ôl iddo ef ddychwelyd i'r wlad hon yn 1867, fe dderbyniodd dysteb o £1,250, ac fe dderbyniodd anrhegion o arian o dro i dro drwy weddill ei oes.[28] Dichon fod rhai pobl wedi colli arian eisoes drwy fudiad Patagonia ac mai ofer oedd disgwyl iddynt hwy fentro'u modd unwaith eto. Ond tybed nad yw'r eglurhad hanfodol i'w gael ym mhersonoliaeth gadarn, ystyfnig, ymroddgar y Prifathro, yn ei unigoliaeth gref, yn ei ddewrder a'i 'galedwch' ymddangosiadol? Gellir dweud amdano yr hyn a ddywedodd Ap Vychan am ei dad, ei fod 'yn amddifad o'r mwyneidd-dra sydd yn anghenrheidiol i gyfarfod gwrthwynebwyr er [mwyn] diarfogi eu rhagfarn; yr oedd hefyd yn rhy dynn ac yn rhy benderfynol, fe allai, am ei ffordd ei hun mewn pethau o ychydig bwys'.[29] Yr anhyblygrwydd a'r ystyfnigrwydd hwn a'i cadwodd yr un mor frwdfrydig dros y Wladfa er gwaethaf ei anawsterau ariannol ac ymosodiadau ei elynion. Ofer oedd iddynt hwy ddannod yr antur iddo a'i gyhuddo o wastraffu'r nerth a'r amser a ddylasai roddi i'w waith fel prifathro. Ofer iddynt hefyd ladd ar y Wladfa ieuanc, fregus a'i diffygion, fel y gwnaeth un o ddiaconiaid blaenllaw yr Annibynwyr yn y Bala gan ddisgrifio'r boblogaeth fel gwehilion cymdeithas Cymru. Meddai:

Surely, there has been nothing so foolish since the day of the South Sea Bubble to the present hour. […] It is high time to put a stop to the work of a man who goes about the country to induce simple-minded people to go to such a wretched place. Those who are there would have been much better off if they had been transported by the government to Botany Bay.[30]

'Waeth beth, fodd bynnag, am osodiadau fel y rhain yng Nghymru neu, o ran hynny, ym mhapurau newydd Buenos Aires ar brydiau; 'waeth beth, chwaith, hyd yn oed, am amheuon rhai o drefnwyr y mudiad gwladfaol yn yr Unol Daleithiau. Ni pheidiodd y Prifathro yn y Bala â chynllunio a breuddwydio. Cawn ef, er enghraifft, ar ddechrau 1874 yn ceisio trefnu cenhadaeth at yr Indiaid ym Mhatagonia, ac yn cael cefnogaeth i'r syniad oddi wrth eglwysi Llandderfel a Glyndyfrdwy. Y canlyniad oedd i'r Parch. David Lloyd Jones fynd allan yno'n genhadwr yn 1874. Ffurfiwyd 'Cymdeithas Genhadol Patagonia' a Thomas Gee,

Dinbych, yn drysorydd iddi, ond gwan oedd y casgliadau tuag ati. Siomwyd Michael D. Jones drwy weld ei enwad, a gyfrannai mor hael tuag at genhadaeth Seisnig fel 'Cymdeithas Genhadol Llundain', yn methu yn ei ddyletswydd tuag at genhadaeth Gymreig ym Mhatagonia. Nid fod ganddo unrhyw gynlluniau mawr, cynhwysfawr i ddechrau, fodd bynnag. Sylweddolai na ellid cyrraedd yr oedolion ymhlith yr Indiaid ond trwy gael cenhadwr i deithio yn eu cwmni ac i'w dysgu; bwriadai i D. Lloyd Jones gadw plant yr Indiaid yn y Wladfa ac i'w dysgu yno.[31]

Tra ymddiddorai Michael D. Jones yn y pethau hyn, roedd y Wladfa yn dechrau ymwreiddio drwy gymorth profiad, dygnwch, dyfodiad ymfudwyr newydd, a help ymarferol llywodraeth Ariannin. Erbyn 1880 roedd y cynaeafau yn fwy, a'r Wladfa yn gallu allforio gwenith. Dechreuwyd sôn am dalu peth o'r ddyled i Michael D. Jones. Dywaid Lewis Jones i Gyngor y Wladfa godi £50; hefyd, cynhaliwyd cyfarfodydd drwy'r Wladfa i gasglu tysteb iddo, ac ar ddechrau 1881 danfonwyd £300 i'r perwyl.[32]

Y flwyddyn ganlynol, bu Michael D. Jones a'i gyfaill David Rees ar ymweliad â'r Wladfa am bum mis.[33] Ar y ffordd yno, derbyniwyd hwy yn Buenos Aires gan yr Arlywydd Roca, a hyd yn oed yn y fan honno nid ataliodd y gweinidog annibynnol o'r Bala rhag gresynu oherwydd y driniaeth greulon a gafodd yr Indiaid ar law Roca a'i filwyr flynyddoedd ynghynt. Ar ôl cyrraedd y Wladfa, fe fu'r ddau ymwelydd, fel yr adroddant, 'am rai dyddiau fel rhai yn breuddwydio; yn methu a sylweddoli y ffaith, ein bod yn y Wladfa, ac ar lân y Camwy'.[34] Soniant am yr anifeiliaid; yn ddiau fe lamodd calon Michael D. Jones, a oedd yn lled enwog fel heliwr pan oedd yn weinidog ieuanc yn sir Gaerfyrddin, wrth weld 'estrysod a phetris [...] a rhyddid wrth gwrs i'w saethu'. Buont allan yn teithio ar hyd y paith, ac 'yn cysgu allan yn yr awyr agored am nosweithiau yn olynol, ac er ei bod yn bur oer yn ystod rhai o honynt, eto nid oeddym yn ddim gwaeth'.[35] Llawenychent wrth weld plant y Wladfa yn iach a bywiog, a phedair o ysgolion dyddiol ar eu cyfer, a phopeth yn mynd ymlaen yn Gymraeg yn yr ysgolion hyn:

> Gwrandawsom arnynt yn adrodd y *multiplication table* yn Gymraeg; yr hyn ni chlywsom erioed o'r blaen. Gwrandawsom arnynt yn darllen, ac yn sillebu; ac edrychasom dros eu copiau. Diau y daliai yr ysgol hon gydmariaeth ffafriol, mewn addysg a dysgyblaeth âg Ysgolion Cymru, yn y pethau a addysgid.

Credem o'r blaen mewn cael ysgolion Cymreig; ond credwn yn llawer cryfach yn hyny yn awr – y dylid cyfranu addysg i blant Cymry drwy gyfrwng y Gymraeg, sef iaith yr aelwyd; pe ceid hyn dysgent yn llwyrach, ac yn llawer cyflymach.[36]

Y dyddiad, cofiwn, yw 1882 a'r man a'r lle yw Patagonia bell. Fel cyferbyniad, meddyliwn am y dull o addysgu yn ysgolion elfennol Cymru ar y pryd, heb sôn am nodweddion a sawr addysg yng Ngholeg Prifysgol Cymru, Aberystwyth, na chwaith am y nifer o gapeli a adeiladwyd ledled gwlad yn ystod y blynyddoedd hynny a gyhoeddai'r manylion amdanynt eu hunain yn Saesneg.

Nid gwlad yn llifeirio o laeth a mêl, serch hynny, a ddisgrifir gan Michael D. Jones ar ôl iddo ddychwelyd. Mae'n sylwi fod gweithiwr da yn sicr o waith ac o dâl teilwng amdano, yn arbennig seiri maen a choed, ond y mae angen clociwr a chrochenydd a gemydd. Y mae esgidiau a dillad yn ddrud, ac y mae galw am danner a lledrwr ac am ffatri i wneud gwlanenni a brethynnau Cymreig. Er bod cynulliadau crefyddol yn lluosog ar waethaf anawsterau teithio, eto nid yw'n amau nad oes llawer o ddifaterwch ac anystyriaeth; 'ac fel y mae gwaetha'r modd, y mae'r arferiad o yfed y pethau sydd yn meddwi, wedi cyrhaedd y Wladfa: a drwg genym orfod dywthe, i ni, ragor nac un waith, weled arwyddion o hyny'. Er hynny, ac er ei fod yn gresynu fod y Gwladfawyr yn gwerthu diodydd meddwol i'r Indiaid, 'hawdd iawn, heb gymeryd yr holl amgylchiadau i ystyriaeth, roddi lliw rhy gryf ar bethau y naill ochr neu y llall'.[37]

Beth am y dyfodol? Sut yr ymddangosai'r argoelion i Michael D. Jones yn 1882?

Yn gyntaf, y mae'r cwestiwn o gael cydnabyddiaeth fel Tiriogaeth gan y Llywodraeth. Ni phetrusodd fynd, gyda David Rees a'r cenhadwr, D. Lloyd Jones, i weld Prif Weinidog Ariannin, y Dr Irigoyen, y diwrnod cyn hwylio adref a'i holi ar y testun hwn. Addawodd y Prif Weinidog y câi 'cyfraith y Chaco' ei chymhwyso at y Wladfa, sef 'fod y Diriogaeth yn dewis ei chyngor a'i Hynad Heddwch; a bod y cyngor hwn i arolygu addysg, ffyrdd, a phob gweithiau cyhoeddus'. Roedd Michael D. Jones yn siŵr, felly, y câi'r Gwladfawyr eu trin yn deg ac yn rhesymol yn hyn o beth, ac ni ddylai cyfeillion y mudiad betruso dim.

Yr ail beth sy'n ei daro fel arwydd gobeithiol yw'r sôn a oedd yn y Wladfa ar y pryd am fentro i leoedd newyddion. Yn 1882, yr oedd yr holl fenter yn dibynnu ar Ddyffryn Camwy yn unig ac ar godi gwenith ac felly, os digwyddai methiant yno, nid oedd adnoddau eraill i'w cael i syrthio'n ôl arnynt. Roedd y si, fodd bynnag, am gymryd darnau mawr o'r paith er mwyn magu anifeiliaid yn ymddangos i Michael D. Jones fel addewid o gyfoeth mawr i'r Wladfa ryw ddiwrnod.

Ar sail y ddwy addewid hyn, nid oedd yn pryderu am y dyfodol. Meddai:

> Nid yw llwyddiant y Wladfa, hyd yn hyn, ond graddol iawn; [...] ond credwn yn ddiamheuol, nad yw y llwyddiant sydd wedi bod, ond megis gwawr yn tori, mewn cydmariaeth i'r hyn a fydd yn mhen ychydig o flynyddoedd. [...] Ac i bobl sydd yn teimlo yn awyddus am ymfudo, ac yn penderfynu gweithio i enill bywoliaeth, ac yn foddlon cyd-ddwyn, am ychydig flynyddoedd, ag amgylchiadau ydynt yn anocheladwy yn nglŷn â phob gwlad newydd; ac yn awyddus am dir, credwn yn ddiysgog fod y Wladfa yn lle iddynt. [...] Ond dywedwn yn ddigamsyniol wrth bobl na fynant weithio am beidio myned yno; nad oes yno ddim lle i rai o'u dosbarth hwy.[38]

Y rheswm olaf yw'r rheswm paham na fynnai ymfudiaeth rad; fe fyddai 'cynllun felly yn rhoi mantais i rai o wehilion Cymru ymfudo i'r Wladfa'. Rhoddodd Michael D. Jones esiampl o blith ei deulu ei hunan; danfonodd ei ddau fab, Llwyd ap Iwan a Mihangel ap Iwan, i'r Wladfa. Roedd y naill yn fesurydd a pheiriannydd, ac yn gymeriad anturus ac aflonydd a ymhyfrydai yng nghrwydro'r paith nes iddo gael ei lofruddio gan ysbeilwyr un o ystordai Cwmni Masnachol Camwy (yr CMC) yn Nant-y-pysgod yn yr Andes yn 1909. Meddyg oedd yr ail fab, Mihangel ap Iwan, yn dilyn ei grefft yn Buenos Aires. Derbyniai'r ddau yn gyson gynghorion o bob math o'r Bala ar sut y dylent ymddwyn, gan roddi esiampl i bobl ieuainc eraill y Wladfa a cheisio eu diwygio. Danfonai Llwyd ap Iwan ei ddyddiaduron yn ôl, yn cynnwys hanes manwl a hudol o'i deithiau, ac fe gyhoeddai'r tad rannau detholedig ohonynt yn *Y Celt*.[39]

Ac felly y bydd yn rhaid imi ei adael y prynhawn yma, yn treulio blynyddoedd olaf ei oes yn trigo o hyd ymhlith ei bobl ei hun yma yn y Bala, tra gostyngai brwydr chwerw y Ddau Gyfansoddiad ac i'r ddwy blaid ddod at ei gilydd. Unwyd y ddau goleg, ond caniatawyd i Michael D. Jones aros yn y Bala i ofalu am adran y flwyddyn gyntaf nes iddo ymddeol yn 1892.

Yn fuan iawn ar ôl i'r ddau goleg uno, pallodd ei iechyd, a daeth y diwedd yn 1898. Yn ystod y blynyddoedd olaf hyn, ac yntau heb fod yn ymwybodol o'r hyn oedd yn digwydd, roedd y drefn yn newid yn gyflym yn y Wladfa. Ymyrrai'r llywodraeth fwyfwy â bywyd ac â threfniadau'r Cymry. Trefnwyd addysg orfodol i'w plant a hynny, wrth gwrs, yn Sbaeneg. Gorchymynnwyd i bob Gwladfäwr a oedd rhwng deunaw a deugain oed gyflawni dyletswydd filwrol ac i ddrilio bob Sul am dri mis o'r flwyddyn. Bu rhai o swyddogion y llywodraeth yn elyniaethus ac yn ddialgar tuag at unigoliaeth ac arbenigrwydd y Gwladfawyr, a cheisiodd un Rhaglaw ddileu pob nodwedd Gymreig o ysgolion a bywyd y Wladfa. Hefyd, o ddechrau'r ugeinfed ganrif ymlaen, fe ddaeth y Cymry i fod yr hyn na fynnai Michael D. Jones iddynt fod, sef yn 'elfen doddawl' ymhlith cenhedloedd eraill a ddylifai i mewn i'r wlad.[40]

Y mae bywyd a gwaith Michael D. Jones yn cyd-oesi â'r cyfnod arloesol, creadigol yn hanes y Wladfa. Pe byddai Michael D. Jones heb wneud dim arall, fe fyddai'r hyn a wnaeth ac a aberthodd er mwyn y Wladfa yn ddigon i sicrhau iddo le amlwg yn hanes Cymru yn ystod ail ran y bedwareddd ganrif ar bymtheg, heb sôn am ennyn rhyw gynhesrwydd yng nghalon pob Cymro. Nid annog ymfudo er mwyn ymfudo a wnaeth ond ceisio sianelu'r llif; nid efe oedd awdur y syniad o Wladfa, chwaith, o bell ffordd. Fe wnaeth bethau annoeth; fe ddywedodd bethau gwirion a rhai pethau ffôl. Bu'n anwybodus ynghylch llawer o bethau pwysig; bu'n fyrbwyll, ac fe fu'n ystyfnig. Ond hebddo, dichon na ddigwyddai'r antur ryfedd a gogoneddus honno ar ran ein cydwladwyr gan mlynedd yn ôl.[41]

Rhown y gair olaf y prynhawn yma i un o dalentau disgleiriaf y fro dalentog hon, a adwaenai'r Prifathro yn dda. Meddai O. M. Edwards yn fuan ar ôl i Michael D. Jones farw:

> Nis gwn beth a ddaw o'i hoff freuddwyd am Wladfa o Gymry [*fe wyddoch chi a minnau erbyn heddiw sut a phaham yr edwinodd y breuddwyd*], gwn nas gall y genedl [*ac ychwanegwn, ym Mhatagonia yn ogystal ag yng Nghymru*] golli yr hunanbarch cynyddol y dysgodd M. D. Jones hi i'w deimlo, egni, llafur, aberth, pybyrwch, hyd at ystyfnigrwydd, Cenedlgarwch yn ymylu ar yr hyn a dybiai rhai oedd yn ddallineb cariad, gwreiddioldeb breuddwydion, amcanion a hadau bywyd ynddynt. Onid oedd ym mywyd yr hen Wron o Bodiwan bethau yr erys cenhedlaethau o Gymry yn hir uwch eu penau?[42]

Nodiadau

[1]Undeb yr Annibynwyr Cymraeg, 1951. Gw. *Adroddiad Cyfarfodydd Undeb y Bala, 1951* (Abertawe: Undeb yr Annibynwyr Cymraeg, 1952), tt.19–22.

[2]R. Bryn Williams, *Y Wladfa* (Caerdydd: Gwasg Prifysgol Cymru, 1962). Gw. hefyd ei erthygl, 'Rhai Ymfudwyr o Feirionnydd i'r Wladfa', *Cylchgrawn Cymdeithas Hanes a Chofnodion Sir Feirionnydd*, 5:1 (1965), tt.51–7. Yr wyf yn ddiolchgar i'r Dr Alan Conway a Miss Manon Williams, Coleg Prifysgol Cymru, Aberystwyth, am nifer o gyfeiriadau at ohebiaeth Michael D. Jones yn y wasg Gymreig, ac i draethawd MA anghyhoeddedig Nefydd Hughes Cadfan, 'Hanes a Llenyddiaeth Cychwyniad a Datblygiad Mudiad y Wladfa Gymreig ym Mhatagonia' (Prifysgol Cymru [Aberystwyth], 1943).

[3]S. C. Johnson, *A History of Emigration from the United Kingdom to North America, 1763–1912* (Llundain: Routledge, 1913), t.182; R. Heaton, 'Migration and Cheap Land', *Sociological Review*, 26 (1934), t.231.

[4]*Y Cenhadwr Americanaidd*, Rhagfyr 1848.

[5]A. H. Dodd, *The Character of Early Welsh Emigration to the United States* (Caerdydd: Gwasg Prifysgol Cymru, 1953); J. J. Evans, *Morgan John Rhys a'i Amserau* (Caerdydd: Gwasg Prifysgol Cymru, 1935), tt.40–3; W. S. Shepperson, *British Emigration to North America* (Rhydychen: Blackwell, 1957); R. T. Berthoff, *British Immigrants to Industrial America, 1790–1950* (Cambridge, Mass.: Gwasg Prifysgol Harvard, 1953); Alan Conway (gol.), *The Welsh in America: Letters from the Immigrants* (Caerdydd: Gwasg Prifysgol Cymru, 1961).

[6]*Y Cenhadwr Americanaidd*, Rhagfyr 1848, Ionawr 1849, Ebrill 1849, Ebrill 1851, Ebrill 1856. Ar yr ymfudo i Oregon yn ystod y cyfnod, gw. Norman A. Graebner, *Empire on the Pacific* (Efrog Newydd: Ronald Press, [1955]).

[7]*Y Cenhadwr Americanaidd*, Ionawr 1851. Anfonodd y Parch. Robert Everett, o dalaith Efrog Newydd, gopi o'r rhifyn hwn at Michael D. Jones ym Mwlchnewydd, ac wrth ei gydnabod dywaid MDJ iddo broffwydo flynyddoedd ynghynt am fawredd dyfodol Gorllewin America; N. Hughes Cadfan, 'Hanes a Llenyddiaeth Cychwyniad a Datblygiad Mudiad y Wladfa Gymreig', Atodiad, tt.20–3; *Y Cenhadwr Americanaidd*, Ebrill 1851.

[8]Ysabel F. Rennie, *The Argentine Republic* (Efrog Newydd: Macmillan, 1945), yn arbennig tt.130–5; Mark Jefferson, *Peopling the Argentine Pampa* (Efrog Newydd: American Geographical Society, 1926); Robert David Ochs, *A History of Argentine Immigration, 1853–1924* (Urbana, Ill., 1939); John E. Baur, 'The Welsh in Patagonia: An Example of Nationalistic Migration', *Hispanic American Historical Review*, 24:4 (Tachwedd, 1954), tt.468–92.

[9]*Y Drych a'r Gwyliedydd*, 8 Awst 1857.

[10]*Y Drych a'r Gwyliedydd*, 28 Chwefror ac 8 Awst 1857.

[11]*Baner Cymru*, 15 Medi 1858.

[12]*Yr Arweinydd*, 25 Tachwedd 1858; 10 Mawrth 1859.

[13]Lewis Jones, *Hanes y Wladva Gymreig, Tiriogaeth Chubut, yn y Weriniaeth Arianin, De Amerig* (Caernarfon: Cwmni'r Wasg Genedlaethol Gymreig, 1898), tt.22–3; E. Pan Jones, *Oes a Gwaith y Prif Athraw, y Parch. Michael Daniel Jones* (Y Bala: H. Evans, 1903), t.179; *Y Cyfaill o'r Hen Wlad*, Rhagfyr 1863; *Y Cenhadwr Americanaidd*, Mehefin ac Awst 1864.

[14]R. Bryn Williams, *Y Wladfa*, t.54.

[15]Michael D. Jones, *Gwladychfa Gymreig* (Lerpwl: J. Lloyd, [1860]).

[16]Pan Jones, *Oes a Gwaith... Michael Daniel Jones*, t.82.

[17]Pan Jones, *Oes a Gwaith... Michael Daniel Jones*, t.82.

[18]Archifau Prifysgol Bangor, Llsg. Bangor 8052: Copïau o lythyrau Michael D. Jones yn ymwneud â'i helyntion ariannol rhwng 1863 ac 1892; Llsg. Bangor 8053–9: Ei lyfrau banc a chownt.

[19]Llsg. Bangor 10511: Morgais, dyddiedig 28 Chwefror 1867.

[20]R. Bryn Williams, *Y Wladfa*, tt.128–32; Llsg. Bangor 7534: Ysgrifau Michael D. Jones ynghylch ei helyntion ariannol yn 1871.

[21]R. G. Owen, 'Brwydr y "Ddau Gyfansoddiad", 1877–85' (traethawd MA anghyhoeddedig Prifysgol Cymru [Bangor], 1941). Gw. hefyd erthyglau Iorwerth C. Peate, 'Helynt y Cyfansoddiadau', *Y Llenor*, 12 (1933), tt.1–10, 231–41; 13 (1934), tt.163–170; 15 (1936), tt.209–14.

[22]R. G. Owen, 'Brwydr y Ddau Gyfansoddiad', t.119.

[23]R. G. Owen, 'Brwydr y Ddau Gyfansoddiad', tt.94, 248.

[24]Llsg. Bangor 7534.

[25]Llsg. Bangor 7589: Llythyr at R. J. Berwyn, Ysgrifennydd y Wladfa, 16 Medi 1875.

[26]Llsg. Bangor 439b: Llythyr at D. G. Goodwin.

[27]Lewis Jones, *Hanes y Wladva Gymreig*, t.91.

[28]Wilbur S. Shepperson, *Samuel Roberts: A Welsh Colonizer in Civil War Tennessee* (Knoxville, TN: Gwasg Prifysgol Tenessee, 1961), tt.112–13.

[29]R. T. Jenkins, *Hanes Cynulleidfa Hen Gapel Llanuwchllyn* (Y Bala: Robert Evans a'i Fab, 1937), t.172. Fel y dywaid R. G. Owen, 'Brwydr y Ddau Gyfansoddiad', tt.253–4, roedd 'rhyw we o ystyfnigrwydd pengaled' yn rhedeg 'drwy ei holl bersonoliaeth serch ei holl reddfau gwerinol', a 'rhyw elfen o anhyblygrwydd ynddo a'i gwnelai yn amhosibl bron iddo gydweithio â dynion eraill'.

[30]Llsg. Bangor 7602: Simon Jones at B. T. Williams.

[31]Llsg. Bangor 7930: Dyddiadur Michael D. Jones; R. Bryn Williams, *Y Wladfa*, tt.146–7.

[32]R. Bryn Williams, *Y Wladfa*, tt.161–2; Lewis Jones, *Hanes y Wladva Gymreig*, t.108.

[33]Michael D. Jones a David Rees, *Patagonia: Ymweliad y Parchn Michael D. Jones a David Rees a'r Wladfa Gymreig* (Bangor: Samuel Hughes, [1882]). Y mae'r llyfryn hwn yn llawer mwy diddorol a defnyddiol na dyddlyfr Michael D. Jones (Llsg. Bangor 1290), sy'n cynnwys gan mwyaf ddisgrifiad o'r fordaith yno ac yn ôl.

[34]Michael D. Jones a David Rees, *Patagonia*, t.5.

[35]Michael D. Jones a David Rees, *Patagonia*, t.10.

[36]Michael D. Jones a David Rees, *Patagonia*, t.13.

[37]Michael D. Jones a David Rees, *Patagonia*, t.17.

[38]Michael D. Jones a David Rees, *Patagonia*, t.22.

[39]Gw. R. Bryn Williams, *Y Wladfa*, tt.222–9 a 244–7, am hanes gyffrous gyrfa Llwyd ap Iwan, a'i ddyddiaduron (Llsg. Bangor 7667–9), sy'n disgrifio natur y wlad yn fanwl ac yn fyw, ac yn adrodd hanes ei deithiau diddorol ac anturus.

[40]R. Bryn Williams, *Y Wladfa*, tt. 250–69.

[41]Yn ôl Pan Jones, *Oes a Gwaith… Michael Daniel Jones*, t.210, 'Dywedai yn fynych wedi dychwelyd [o'r Wladfa yn 1882], "Gan nad faint o bryder fu y Wladfa i mi, a chan nad faint o golled fu hi i Anne (Mrs Jones), yr oedd gweled y fath lwyddiant yn canlyn fy llafur yn ddigon o dâl am y cwbl." '

[42]Pan Jones, *Oes a Gwaith… Michael Daniel Jones*, t.99.

Y BONWR LLWYD AP IWAN.

Baner ac ——— Ionawr 26

DIWEDD ADFYDUS. *1910.*

Amserau ———

PORTH I Iun, Ionawr 3 dd, derbyniodd M. John Edwards y Brocer adnabyddus o Dru-v Lan, a chynnrychiolydd Cwmni Masnachol y Camwy, wefreb o'r b i awyddfa yn Trelew o cynnwys y pedwar gair canlynol :—

'NORTH AMERICANS MURDERED AP IWAN WEDNESDAY.

Wedi ei syfrdanu, galwodd ar y telephôn am Mr. E. J. Williams, Rhyl, a throsglwyddodd y newydd brawychus iddo yntau. Trefnwyd fod i Mr. Williams fyned hyd Bangor i hysbysu y newydd torcalonus i'r teulu trallodus, a chyn-northwywyd ef yn ei neges bruddaidd gan Mr. L. D. Jones ('Llew Tegid'), hen gyfaill i deulu anwyl Bodiwan. Torwyd y newydd trist yn gystal i'r Proffeswr T. Rhys—yr hwn graohefn a hysbysodd ei briod, Mrs. Rhys, a'i mam, Mrs. Jones, Bodiwan, Bala. Y m e Mrs. Jones w di gweled aml i ddydd tywyll, ac o dan y brofedig-aeth chwerw hon ei ge riau cyntaf oedd, ' Yr wyf yn gadael y cwbl i'r Arglwydd.'

Ge lir disgwyl llythyr o hyn i ben pythefnos yn rhoddi manylion yr anffawd.

Tybia Mr. Williams, yr hwn sydd gyfarwydd a'r wlad hono, fod y gwylliaid Americanaidd— y rhai sydd cyn hyn wedi cyflawni llofrudd-iaethau a lladradau anfad yn y Weriniaeth rcheutaidd—wedi to i i mewn i r ystordy o dd dan ofal y Bonwr Llwyd ap Iwan yn Nant y Cysgod wrth droed yr Andes, ac iddo yntau ddyfod ar eu gwar thaf, ac iddynt gymmeryd ei fywyd. Dyfaliad arall o eiddo Mr Williams ydyw y gall fod yr Americaniaid wedi ' sgwat o ' ar dir yn Teca perthyn l i'r Dr. Mihangl ap Iwan, a bod o frawd Llwyd wedi myned i'w codi oddl yno, ac yn yr ymgais iddynt ruthro arno.

Yr oedd Llwyd, fel ei dad, yr Hybarch M D. Jones, yn ddewr a phenderfynol, ac ni throai ei ge'n ar ddyledswydd. Tua mis cyn y digwyddiad alaethus hwn, torodd t n allan yn yr ystordy yn y nos, a bu agos iddo ef, ei briod, a baban logi i farwolaeth; ond, drwy dugar-edd, llwyddasant i ddiangc, ond yn yr ymdrech anafwyd ei edwylaw ef yn dost gan y tân. Tebygol yw, felly, nad oedd yn alluog i amddi-ffyn ei hun rhag yr ymosodiad barbaraidd.

Yr oedd yr ymada edig yn briod gyda Myfanwy Ruffudd, unig chwaer Eluned, a merch y diweddar Lewis Jones, a thrwy y briodas hon, unwyd y teuluoedd gwladfaol Bod-iwan a Phlas Hedd. Y mae'r ddwy hen fam yn aros—un yn Nghymru a'r llall yn y Wladfa-i dderbyn yr ergyd ofnadwy.

Gydag u ddyrnod anfad, gwn-ed p iod dyner; tawddi ar yn weddw, a phump o blant nwy yn amddifaid o dad cariadd s a gofalus. Nodde i y Nef fyddo dro tynt wy a'r perthyn asau ll o bob tu. Y mae calon Cymru a'r Wladfa yn gwae'u drostynt.

Rhaid aros llythyrgod am y manylion.

Baner Ion 26 1910 -

YR

AUSTRALYDD:

Cylchgrawn Misol.

RHIF. 1.]   GORPHENAF, 1866.   [CYF. 1.

"Canys mi a'i adwaen ef, y gorchymyn efe i'w blant, ac i'w dylwyth ar ei ol, gadw o henynt ffordd yr Arglwydd, gan wneuthur trugaredd a barn."

"Y rhai hyn oedd foneddigeiddiach na'r rhai oedd yn Thessalonica, y rhai a dderbyniasant y gair gyda phob parodrwydd meddwl, gan chwilio beunydd yr ysgrythyrau, a oedd y pethau hyn felly."

CYNNWYSIAD.

Smythesdale:

ARGRAFFWYD A CHYHOEDDWYD GAN G. J. JONES,

Ac ar werth mewn gwahanol fannau yn y Drefedigaeth.

PRIS CHWE CHEINIOG.

Wyneb-ddalen rhifyn cyntaf Yr Australydd, *Gorffennaf 1866,*
cylchgrawn a gyhoeddwyd yn Awstralia rhwng 1866 ac 1872
dan olygyddiaeth William Meirion Evans

Golwg ar y Wladfa o Awstralia yn yr 1860au a'r 1870au*

Bill Jones

Ar 12 Awst 1866 cafodd Michael D. Jones ymwelydd annisgwyl i Fodiwan, ei dŷ yn y Bala. Eglurodd yr hyn a ddigwyddodd mewn llythyr a yrrodd at R. B. Williams, Smeaton, Fictoria, Awstralia, Ysgrifennydd Cymanfa'r Methodistiaid Calfinaidd yn Fictoria ac un o hoelion wyth y gymuned Gymreig yn y drefedigaeth honno. Ymddangosodd y llythyr yn Ionawr 1867 yn y cyfnodolyn, *Yr Australydd*, a gyhoeddwyd ar y pryd yn Ballarat:

> Galwodd gwr ieuangc o'r enw Evan Jones, Gwern-y-mynydd ger y Wyddgrug arnaf heddyw, yr hwn sydd wedi bod yn Australia; ei fod ar y ffordd i Patagonia, ac erchai arnaf anfon gair atoch am sefyllfa presenol pethau yn y Wladychfa Gymreig. Dywedai fod yna amryw ag ysfa ymfudo arnynt, ac y gallai gair wneud lles. Yn unol a'i gais, yr wyf yn anfon atoch ychydig grynodeb o'r hyn sydd wedi dygwydd, can belled ag yr ydym wedi derbyn hanes.[1]

Aeth Michael D. Jones ymlaen yn ei lythyr i drafod argoelion addawol y Wladfa, ei manteision fel lle i fyw ynddo, a'r angen yno am amaethwyr profiadol a phobl gefnog. I gloi'r llythyr, cafwyd unwaith eto anogaeth i'r Cymry yn Awstralia i fudo i'r Wladfa:

> Y mae y wladfa yn sicr o fod yn llwyddiant, ond cael dynion cymwys, arianog, a phenderfynol i ddyoddef anhawsderau gwlad newydd i fyned yno. Pobl Australia yw y bobl, ond pigo rhai priodol. Mae yn nyffryn y Chupat le i gyfoethogi miloedd yn fuan, ond i'r Cymry yn Australia godi ati fel un gwr. Anwyl frodyr, er mwyn ein crefydd a'n cenedl, gadewch i mi erfyn arnoch i weithio'n fuan er cael ymfudaeth gref oddiyna, rhag i'r bobl drwsgl sydd yno fethu, a cholli ein henw yno oddiar y ddaear.[2]

---

*Darlith a draddodwyd yng Nghynhadledd Flynyddol Gyntaf Canolfan Uwchefrydiau Cymry America, Prifysgol Caerdydd, 20 Hydref 2001. Testun y gynhadledd oedd 'Michael D. Jones, America a Chenedlaetholdeb Cymreig'.

Ymddengys mai dyma'r unig dro y gyrrodd Michael D. Jones lythyr at un o'i gyd-wladwyr yn Awstralia, neu o leiaf dyma'r unig lythyr sydd wedi goroesi naill ai ar ffurf llawysgrif neu wedi ei gyhoeddi yn y wasg Gymreig. Ymddengys hefyd mai hwn yw'r cyfeiriad cyntaf at y Wladfa yn y wasg Gymreig yn Awstralia. Ond fel y gwelir yn nes ymlaen yn yr ysgrif hon, nid Michael D. Jones oedd yr unig un o bell ffordd a freuddwydiai am ysgogi carfan sylweddol o Gymry a oedd wedi ymgartrefi yn Awstralia i symud i'r Wladfa newydd ym Mhatagonia yn yr 1860au a'r 1870au. Diddorol hefyd yw'r pwyslais yn y llythyr ar addasrwydd Cymry Awstralia ar gyfer y Wladfa o gymharu â natur 'drwsgl' arloeswyr y fenter Batagonaidd. Yma, eto, nid Michael D. Jones oedd yr unig un a ddaliai farn ffafriol am rinweddau Cymry Awstralia. Dyna hefyd oedd cred rhai o arweinwyr blaenllaw eraill y Wladfa, gan gynnwys Edwin Cynrig Roberts, a sawl un ymhlith y Cymry yn Awstralia ei hun. Fel y gwelwn hefyd, mae gan Evan Ellis Jones – ymwelydd Michael D. Jones ym Modiwan yn Awst 1866 – ei hun ran ddigon difyr i'w chwarae yn y stori. Ond er ei frwdfrydedd am y Wladfa y diwrnod hwnnw, cyferbyniol llwyr fyddai ei agweddau yntau ar y mater yn y pen draw.

'Mae rhai pethau diddorol i'w cofnodi am berthynas Cymry Awstralia â'u cydwladwyr ym Mhatagonia', meddai Myfi Williams.[3] Hyd yma hi, Dafydd Tudur a Robert Llewellyn Tyler yw'r unig rhai sydd wedi crybwyll y cysylltiad rhwng y ddwy garfan o Gymry, heb sôn am ei ddadansoddi. Cyflwyna'r tri sawl manylyn diddorol am ambell un o blith y Cymry yn Awstralia a ymunodd â'r Wladfa ym Mhatagonia ac am rai o'r adroddiadau ar y Wladfa a ymddangosodd yn y wasg Gymreig yn y wlad honno. Cyniga Dafydd Tudur drafodaeth fer ar ymdrechion Michael D. Jones i hyrwyddo'r Wladfa ymhlith y Cymry yn Awstralia. Ond yn y pen draw bu raid i'r sylwebyddion hyn ddod i'r casgliad cwbl gywir (yng ngeiriau Myfi Williams): 'eithr ni fu unrhyw ymfudo ar raddfa eang oddi yno i Batagonia'.[4]

Prin iawn yw'r cyfeiriadau at Gymry Awstralia a geir yn y llenyddiaeth swmpus sydd erbyn hyn ar gael ar y Wladfa. I raddau mae'n agwedd goll ar ei hanes. Ni ellir ei gor-bwysleisio, yn sicr, ond nid yw'n ddibwys chwaith. Felly mae'n werth ei hastudio oherwydd mae angen dealltwriaeth o bob elfen ar hanes y Wladfa er mwyn llawn ddeall cymhlethdod ac amrywiaeth y fenter honno. Mae gan Awstralia ran nodedig yn un o ddatblygiadau enwocaf y Wladfa, pan symudodd Cymry o Batagonia yno ac i Ganada[5] ar droad yr ugeinfed ganrif ac yn ail ddegawd yr ugeinfed ganrif. Fel y mae gwaith yr hanesydd Michele Langfield wedi cofnodi, rhwng 1910 ac 1915 denwyd teuluoedd o'r

Wladfa i ymsefydlu yn Ne Cymru Newydd a Gorllewin Awstralia. Fel y gwelwyd eisoes, yn yr 1860au a'r 1870au roedd pwyslais mawr ar addasrwydd Cymry Awstralia fel gwladfawyr ym Mhatagonia, ac ym mlynyddoedd cynnar yr ugeinfed ganrif bu cystadlu ffyrnig rhwng llywodraethau taleithiau Awstralia, yn bennaf De Cymru Newydd, Fictoria, Gorllewin Awstralia a'r Tiriogaethau Gogleddol, wrth iddynt geisio denu Gwladfawyr Cymreig o Batagonia i Awstralia. Brwydrai'r taleithiau dros y Gwladfawyr Cymreig hyn oherwydd y sgiliau a oedd ganddynt, yn benodol sgiliau dyfrhau tir. Dyma eironi hanesyddol trawiadol iawn.[6] Ymddengys hefyd fod rhai o Gymry Patagonia bron â symud i Awstralia wedi'r Ail Ryfel Byd yn yr 1940au.[7]

Ond canolbwyntir yn yr ysgrif hon ar bennod arall yn y cysylltiadau rhwng Cymry Awstralia a'r Wladfa, hynny yw, yn yr 1860au a'r 1870, sef yn y blynyddoedd a welodd sefydlu'r drefedigaeth ym Mhatagonia ac ymdrechion brwd i ddenu ymfudwyr iddi. Bwriedir yma archwilio'r ymateb yn Awstralia i sefydlu'r Wladfa a'r trafodaethau a'r dadleuon a sbardunwyd o ganlyniad i hynny. Mae rheswm da dros gyfyngu unrhyw astudiaeth o'r ymateb yn Awstralia yn ail hanner y bedwaredd ganrif ar bymtheg i'r degawdau hyn yn unig, sef maint a natur y ffynonellau hanesyddol sydd wedi goroesi. Mae hyn yn rhwystr pwysig sy'n cyfyngu ein gwybodaeth ar y pwnc hwn. Dibynna'r ysgrif hon yn helaeth iawn ar y cylchgronau, *Yr Australydd* (1866–72) a'r *Ymwelydd* (1874–76), a gyhoeddwyd yn Fictoria. Dyna gyfanswm y wasg Gymreig yn Awstralia yn y bedwaredd ganrif ar bymtheg. Er y cawn ambell gyfeiriad at yr ymateb yn Awstralia i'r Wladfa ym mhapurau newydd a chyfnodolion y famwlad ac yn UDA, i bob pwrpas dadansoddiad a geir yma o'r wybodaeth a'r drafodaeth a gyflwynwyd yn y cylchgronau Awstralaidd.

Ar yr adeg yr anfonodd Michael D. Jones ei lythyr at R. B. Smeaton yn 1866, roedd y garfan Gymreig yn Awstralia yn sylweddol ac roedd cymunedau Cymreig wedi ymffurfio mewn sawl man. Roedd y darganfyddiadau aur yn Ne Cymru Newydd a Fictoria yn 1851 yn ysgogiad hollbwysig i ymfudo o Gymru i Awstralia, ac yn enwedig i Fictoria, ac arweiniodd at sefydlu presenoldeb Cymreig cryf yno. Yn ystod yr 1850au cynyddodd nifer y Cymry brodorol a drigai ar y cyfandir hwnnw o 1,800 i 9,500 a chwyddodd yr elfen Gymreig yn nhrefedigaeth Fictoria o 377 yn 1851 i 2,236 yn 1854 a 6,055 yn 1861 (cynyddodd y nifer eto i 6,614 erbyn 1871 ond gostyngodd wedi hynny). Ymgartrefodd llawer o'r Cymry yn Melbourne ond cynullodd y mwyafrif yn gyflym iawn yn nhrefydd newydd y meysydd aur megis Ballarat a Bendigo. Adlewyrchwyd y twf ym mhresenoldeb y Cymry gan ymddangosiad sefydliadau ethnig a flodeuai yn yr 1860au i fod yn ganolbwynt y bywyd crefyddol a diwylliannol Cymraeg yn Awstralia. Parhaent felly ymhell i'r 1870au a'r tu hwnt. Yn y meysydd aur ac yn Melbourne adeiladwyd capeli, ffurfiwyd cymdeithasau Cymreig megis 'The Cambrian Society of Victoria', cynhelid eisteddfodau a dathliadau Gŵyl Ddewi, ac fel y gwelwyd eisoes, cyhoeddwyd cyfnodolion Cymraeg, sef *Yr Australydd* a'r *Ymwelydd*.[8]

Yr oedd y Cymry blaenllaw a gynlluniodd ac a sefydlodd y Wladfa ym Mhatagonia yn gwbl ymwybodol bod nifer helaeth o'u cyd-genedl wedi ymsefydlu yn y cyfandir mawr De Asiaidd. Fel y nodwyd mewn sawl astudiaeth, yn yr 1850au roedd Awstralia ei hun yn un o'r mannau a ystyrid fel lleoliad posibl ar gyfer gwladfa Gymreig ymreolaethol. Er y pellter rhwng y ddau gyrchfan, nid yw'n syndod fod arweinwyr y fenter Batagonaidd wedi troi at y Cymry yn Awstralia, oherwydd nid creu ffrwd newydd o ymfudwyr o Gymru oedd eu nod, ond yn hytrach dargyfeirio i'r Wladfa y Cymry hynny a oedd eisoes wedi ymfudo neu'n bwriadu gwneud hynny.[9]

Ceir cyfeiriadau at wahanol agweddau ar yr ymfudo i Awstralia yn y papur newydd, *Y Ddraig Goch: Newyddiadur y Wladychfa Gymreig*, a gynhyrchwyd yn ysbeidiol gan un o arweinyddion pennaf y fenter, Lewis Jones, yn ystod 1862 ac 1863, gyda'r bwriad o hybu a hyrwyddo'r mudiad. Cyhoeddwyd erthyglau ar hanes darganfod Awstralia a'i gwladychu gan Ewropeaid, ac ar ei daearyddiaeth, ei thirwedd, a'i manteision ac anfanteision fel maes ymfudaeth.[10] Argraffwyd hefyd newyddion a manylion am y gwahanol gynlluniau a ddarparwyd gan lywodraethau Prydain a threfedigaethau Awstralia i gynorthwyo ymfudo iddi.[11] Fel y gellir disgwyl, is-destun yr adroddiadau hyn oedd na ddylai'r Cymry ymfudo i Awstralia. Ymatebodd Hugh Hughes ('Cadfan Gwynedd'), Lerpwl, un o brif symudwyr y mudiad Gwladfaol, yn gryf i'r newyddion fod 'pobl dda' Caeo, sir Gaerfyrddin

> yn ymgynhyrfu yn nghylch ymfudo i Queensland, ac yn derbyn y telerau ymfudiaeth yno yn awchus a diymchwil. [... O]nd gan eu bod yn bobl digon call i feddwl am ymfudo i rywle yn hytrach na llusgo byw yma, y mae genyf hyder y rhoddant ystyriaeth i'm sylwadau inau. [...] Yn hytrach na llyncu abwyd Queensland, boed iddynt arfer ychydig amynedd, fel y gellir rhoddi holl fanteision y Wladychfa Gymreig o'u blaenau yn gyflawn a manwl, ac yr ydym yn ymrywmo na fyddant ar eu colled.[12]

Neu yng ngeiriau Griffith Griffiths ('Gutyn Ebrill') o Flaenau Ffestiniog (a aeth i'r Wladfa yn ei dro) yn ei gerdd 'I B'le Cawn Ni Fyned?' yn *Y Ddraig Goch* yng Ngorffennaf 1862:

> I b'le cawn ni fyned o Walia fynyddig,
> Rhag llethu ein gilydd – feddyliet ti Huw?
> A awn i Awstralia, y wlad glodforedig,
> Yr hon all ddychwelyd y meirwon yn fyw!

> 'Na, nid awn ni yno – nid aur ydyw pobpeth
> A welir yn felyn o fewn y fro bell;
> Nid oes yno bleser heb ofid yn gydbleth;
> Gwell i ni wynebu i rywle sydd well.'

Y lle gwell hwnnw, wrth gwrs, oedd y Wladfa Gymreig:

> Beth 'ddyliet ti bellach am wlad PATAGONIA,
> A folir gan amryw, a leddir gan lu?
> A wnei di ymuno a gwyr y Gwladychfa
> A garant eu cenedl a'i heniaith yn gu?[13]

Dangosai'r ugain mlynedd nesaf fod nifer o Gymry yn Awstralia yn barod i foli'r Wladfa ac i ladd arni, ond roedd llawer llai ohonynt yn fodlon ymuno â'r Gwladfawyr. Serch hynny, ymddengys erbyn 1862 fod eisoes Gymry yn ardal Forest Creek ym meysydd aur Fictoria a oedd wedi eu hudo gan y mudiad gwladfaol. Ar 4 Hydref 1862 datganodd *Y Ddraig Goch* ei fod wedi derbyn sawl llythyr cyfrinachol a oedd yn arddangos

> sel Cymroaidd dros ein Symudiad, a phenderfyniad i ymuno yn y Sefydliad mor gynted fyth ag y'i ffurfir. Dywed un ohonynt, 'Yr wyf yn meddwl paratoi erbyn yr amser, a sefyll yn gyhoeddus dros y pwngc – yn gyntaf yn y lle hwn, ac yna mewn lleoedd y mae ein cenedl amlaf, megis Maldon, Ballarat, a Tarangula. Mae yno rai Cymry gwirioneddol yn ei chylch hi yn awr; ac yn y lle hwn – Forest Creek – y mae lluoedd y gwn a ddaw, er efallai nid yn union.

Honnai llythyrwr arall mai 'teimlad cyffredinol y Cymry yma sydd yn adnabyddus i mi yw am y Wladychfa'.[14]

Gan gofio mai prif amcan *Y Ddraig Goch* oedd hybu ymfudo i Batagonia, ni ellir dibynnu'n ormodol ar y dystiolaeth a roddir yma ynglŷn â thrwch diddordeb Cymry Fictoria yn y fenter yr amser hwnnw. Ond nid oes dwywaith nad oedd yno rai a oedd wedi eu hargyhoeddi'n llwyr ynglŷn â rhagorion Patagonia o gymharu ag Awstralia, ac a oedd â'u bryd ar ddarbwyllo'r Cymry yn y famwlad ac yn Awstralia, fel ei gilydd, i fudo i'r Wladfa newydd pan ddeuai i fodolaeth. Ceir mewnwelediadau i'r rhesymau pam yr apeliai'r Wladfa mewn llythyrau gan Gymry eraill yn Forest Creek, a gyhoeddwyd yn *Y Ddraig Goch* yn 1862 ac 1863. Yn Hydref 1862 ymddangosodd llythyr diddorol iawn gan Evan P. Jones, a oedd wedi bod yn ffarmio yn Awstralia ers canol yr 1850au. Prif bwynt ei sylwadau oedd mynnu mai gwlad anodd i amaethu ynddi oedd Awstralia. Roedd y tir yn galed a chyflogau labrwyr yn uchel. Roedd anfanteision eraill hefyd, yn ôl E. P. Jones: y tebygrwydd y byddai rhaid i deulu o Gymru ymgartrefi yng nghanol cenhedloedd eraill, yn gymdogion i

> [r]yw Wyddel ysgrechlyd [...] Ffrangcwr gwenieithus [...] Ellmyniad, gyda'i hyrdi gyrdi yn ddigon a pheri pilenau eich clystiau syrthio [...] a'r Albanwr gyda'i 'Wi drop o gin'. Pan ddelo y Sabboth bydd y Ffrangcwyr a'r Ellmynwyr yn ymgyfarfod yn y *grog shops* [...] i chwarae cardiau. [...] Yn eu canol bydd y Cymro, ac yntau yn ol arfer ei wlad yn ceisio darllen, canu, gweddïo &c. [... ond] cyn pen nemawr amser yn ymhyfrydu mewn gwael bethau fel ei gymydogion.

Ond ym Mhatagonia, haerodd E. P. Jones, roedd rhagoriaethau diymwad:

> Fe fydd yn well i chwi yn mhob modd. [...] Byddwch yn teimlo mwy o ddyddordeb yn niwylliad y ddaear. [...] Byddwch yn ystyried mai eich gwlad chwi ydyw a thrwy hynny bydd eich llafur yn bleser. Bydd yn well mewn pethau moesol a chrefyddol. Cewch ddysgu eich plant i fyny yn yr holl gelfau a'r gwyddorau a hyny yn yr iaith a fyddwch yn ddeall, ac nid, fel y mae yn bresenol. Bydd yr holl addysg a weinyddir yn cael ei dwyn yn ymarferol drwy y Gymraeg.[15]

Blwyddyn yn ddiweddarach, yn Hydref 1863, cyhoeddwyd llythyr

arall gan E. P. Jones. Rhoddwyd y teitl 'Rhybudd i Awstralia' i'w lythyr
ac fe'i disgrifiwyd fel '[p]leidiwr selog i'r Wladychfa yn Awstralia'. Yn ei
ail lythyr, ailadroddodd ddarnau o'i lythyr cyntaf a thanlinellodd mai ei
'[g]yngor cydwybodol i bob Cymry uniaith yw iddo beidio ymfudo i
Awstralia, oblegid ni chaiff yno yr un o'r cysuron a gaffai gartref'.[16]
Pwysleisiodd eto ganlyniadau niweidiol y ffaith fod y Cymry mor
wasgaredig yn Awstralia, a'u bod yn tueddu i droi at ddiodydd meddwol
os oeddent yn trigo ymhell o ddylanwad daionus crefyddwyr Cymreig.
Os oedd Cymry am ymfudo:

> ewch gyda'ch gilydd i Patagonia, ac felly sicrhewch i chwi eich
> hunain fanteision bydol Awstralia a chysuron cymdeithasol yr
> hen wlad. Na foed i amaethwyr Cymru gymeryd eu hud-ddenu i
> Queensland nag unman arall, ond myned i'r wlad sydd wedi ei
> chadw iddynt gan ragluniaeth – Patagonia. Gobeithio y caf eich
> gweled yno yn fuan.[17]

   Mis ar ôl ymddangosiad ail lythyr E. P. Jones cyhoeddwyd llith gan
William Benjamin, hefyd o Forest Creek, a adleisiodd yr un pwyntiau:

> Yr ydym ni yn mawr lawenhau wrth weled yr ymdrech glodfawr
> a wneir i sefydlu Gwladychfa Gymreig. Mawr ei hangen sydd, a
> hyny a wyddom ni yn dda yn y wlad hon. Mae yma amryw
> Gymry wedi dyfod yn ddiweddar, ac nis gwn beth a ddaw o
> honynt, druain. Mae'n ddigon tywyll ar y rhai sydd yma er's talm,
> ac yn gwybod dull a manteision y wlad; ond beth a wna
> dyeithriaid nis gwn i. Nid yw yr aur mwyach mewn cymaint
> cyflawnder, na phobl yn teimlo nemawr duedd i anturio i'r
> mwyngloddiau os gallant gael rhywbeth arall. Yr ydych yn
> Nghymru yn tybied fod Awstralia yn parhau yr un o ran aur a
> manteision bywioliaeth [... ond] gallaf ddywedyd nad oes yma
> yn awr fawr iawn ragor o fanteision ragor sydd i'w cael yn
> Nghymru – dim gwerth dyfod yr holl ffordd i'w ceisio. [...] Diau
> fod yn y wlad hon filoedd o Gymry, ond y maent mor wasgarog
> fel nas gellir cadw undeb rhyngddynt. Yn Ballarat a Forest Creek
> yn unig y mae llewyrch ar y cyrddau Cymreig. Y mae pawb
> ohonom yn edrych ar ein cymundeb cenedlaethol hwn fel peth
> tra gwerthfawr, ac yn gofidio na allai pawb o'n cydgenedl
> fwynhau ei gyffelyb.[18]

Dyfynnwyd yn helaeth o lythyrau E. P. Jones a William Benjamin
yma oherwydd eu bod yn cynnig rhagflas o gynnwys rhai o'r ysgrifau a
ymddangosodd yn y wasg Gymreig yn Awstralia yn nes ymlaen yn yr
1860au a'r 1870au. Ysgrifennodd E. P. Jones o leiaf ddau lythyr a
gyhoeddwyd yn y wasg yng Nghymru yng nghanol yr 1860au, ac
ymddengys ei fod yn gohebu'n gyson â Michael D. Jones a selogion eraill
y fenter Batagonaidd megis Hugh Hughes ('Cadfan Gwynedd') a T.
Cadivor Wood.[19] Ymddengys hefyd fod E. P. Jones a William Benjamin
ymhlith mintai o Gymry o Awstralia a oedd, fe honnid, yn bwriadu
ymfudo i'r Wladfa yn fuan wedi iddi gael ei sefydlu yn 1865. Mae'r fintai
arfaethedig hon yn bennod arwyddocaol yn hanes y berthynas rhwng
Cymry Awstralia a'r Wladfa yn y cyfnod hwn. Ceir sawl cyfeiriad
enigmatig ati yn y ffynonellau, ond niwlog iawn yw ein gwybodaeth am
ei chyfansoddiad a'i ffawd. Ond mae'n amlwg y rhoddai Michael D.
Jones ac arweinwyr eraill y Wladfa gryn dipyn o bwyslais arni. Mae eu
hymateb iddi yn gyd-destun pwysig i agwedd Michael D. Jones tuag at
Gymry Awstralia fel darpar-Wladfawyr cymwys, ac i'w gyfarfod ag Evan
Ellis Jones ym Modiwan yn Awst 1866 a'i lythyr at R. B. Smeaton, y
cyfeiriwyd atynt ar ddechrau'r ysgrif hon. Yn ehangach, mae'r bennod
hon yn symboleiddio methiant Michael D. Jones ac arweinwyr y Wladfa
i ddenu llif o ymfudwyr i Ddyffryn Camwy, p'un ai o Awstralia, UDA neu
hyd yn oed Gymru ei hun.

Yn ôl Dafydd Tudur ni ddechreuodd Michael D. Jones dalu sylw i
ymateb Cymry Awstralia i'r Wladfa tan Mai 1866, pan dderbyniodd
lythyr yn datgan bod ychydig o Gymru yn Ballarat yn bwriadu symud
yno. Mewn llythyr personol at Lewis Jones yng Ngorffennaf 1866,
honnodd Michael D. Jones fod criw o 30 yn Awstralia yn bwriadu hwylio
i'r Wladfa yn Rhagfyr y flwyddyn honno.[20] Blwyddyn yn ddiweddarach,
mewn adroddiad i gyfranddalwyr Cwmni Ymfudol a Masnachol y
Wladva Gymreig Cyfyngedig yng Ngorffennaf 1867, datganodd
Cofiadur y Cwmni (y Parch. David Lloyd Jones) fod 'mintai o 30 yn
Awstralia yn disgwyl gair oddiwrth y Parch M.D.J. yn eu hanog i
gychwyn i'r Wladfa. Mae ganddynt long 95 tunnell. Byddant yn barod i
gychwyn yn mis Rhagfyr.'[21] Yn ôl Lewis Jones yn ei *Hanes y Wladva
Gymreig*, bwriad y fintai oedd 'unioni'n syth i'r Wladva, eithr ni ddaeth
ond un oddiyno – Evan E. Jones, ger Wyddgrug'.[22]

Nid yw llyfr Lewis Jones yn cynnig rhesymau pam yr arhosodd y
darpar-Wladfawyr hyn yn Awstralia. Ond mae'r dra phosibl y cafodd
Evan Ellis Jones ei hun ddylanwad ar y mater, yn sgil ei brofiadau yn y

Wladfa. Wedi iddo gyfarfod â Michael D. Jones yn Awst 1866 ymadawodd am Dde America ar 10 Medi.[23] Roedd Evan Ellis Jones yn un o aelodau blaenllaw'r Cymry hynny yn ardal Forest Creek a Ballarat a oedd yn bleidiol i'r Wladfa. Yn ôl E. P. Jones (a anfonodd, fel y gwelsom, lythyrau i'r *Ddraig Goch* yn 1862–63), roedd Evan Ellis Jones yn 'werth ei gael yn mhob ystyr o'r gair'.[24] Gan ystyried pwyslais Michael D. Jones ar ddenu dynion profiadol a chefnog i'r Wladfa yn hytrach na rhai 'trwsgl' (gw. ei lythyr at R. B. Williams, Smeaton) neu, yng ngeiriau T. Cadivor Wood, 'dynion wedi cael profiad yn yr America ac yn Awstralia, a dynion a chanddynt beth arian',[25] roedd Evan Ellis Jones yn wirioneddol werth ei gael. Mewn llythyr personol at T. B. Phillips ar 12 Mawrth 1867, datganodd Michael D. Jones:

> *Two individuals, one Evan Ellis Jones from Australia, and W. Hughes from Wisconsin, United States have gone down there* [h.y. Y Wladfa] *with sheep. They are possessed of capital, and are beginning in earnest to carry sheep down there. When the colonists see these emigrants, they will be encouraged I have no doubt.*[26]

Ymddengys mai prif bwrpas taith Evan Ellis Jones oedd – yng ngeiriau Michael D. Jones, eto – i '[g]ynnrychioli nifer fawr o Gymry Awstralia ag ydynt yn amcanu ymfudo i Patagonia'.[27] Ceir rhagor o fanylion yn y cyflwyniad i lythyr gan Evan Ellis Jones a gyhoeddwyd yn *Yr Herald Cymraeg* yn Hydref 1867:

> yr oedd ef yn myned yno [h.y. i'r Wladfa] yn hollol annibynol ar y symudiad Gwladychfaol – ar ei gyfrifoldeb ei hunan, i dystiolaethu am y wlad, ac yr oedd ei dystiolaeth ef â phwysigrwydd yn nghlyn a hi, canys y mae amryw o Gymry Awstralia yn ymddibynu ar ei dystiolaeth ef am Patagonia fel gwlad gymhwys i *colonists* profiadol fel Cymry Awstralia.[28]

Cyrhaeddodd Evan Ellis Jones Patagones, Rio Negro, i'r gogledd o'r Wladfa, yn Nhachwedd 1866, ond nid aeth ymlaen i'r Wladfa yn syth oherwydd yr ansicrwydd ar y pryd ynglŷn ag a fyddai'r Gwladfawyr yn aros yno o gwbl. Wrth egluro'r sefyllfa mewn llythyr o Rio Negro dyddiedig 21 Mawrth 1867 at ei gyfaill Henry P. Parry, Forest Creek (a ailgyhoeddwyd yn *Yr Australydd* chwe mis yn ddiweddarach), rhybuddiodd Cymry Awstralia: 'Peidied neb a chychwyn yma cyn i chwi glywed oddiwrthyf etto.'[29] Cyrhaeddodd y Wladfa ym Mai neu Fehefin

1867, a cheir ei argraffiadau o'r lle yn ei lythyr arall o Rio Negro, dyddiedig 8 Awst, a yrrodd at aelodau o'i deulu ym Mostyn ac a gyhoeddwyd yn *Yr Herald Cymraeg*, ac yna yn *Yr Australydd* yn Ionawr 1868. Dyma glo'r llythyr:

> Dyna i chwi ddarluniad, mor gywir a chryno ag y gallaf ei roddi, o wlad Patagonia. Yr wyf wedi chwilio, holi, a sylwi yn fanwl, ac wedi ceisio barnu yn ddiduedd, ac ymgadw rhag bod yn farddol wrth ysgrifenu, rhag rhoddi dim yn fy llythyr ond ffeithiau eglur. [...] Yr wyf yn dymuno ar i'r llythyr hwn gael ei gyhoeddi, nid am fy mod yn barnu y cred y cyhoedd yn Nghymru fy llythyr i o flaen ereill, ond gwn fod llawer o'r Cymry yn Awstralia yn dibynu ar fy nhystiolaeth, ac nid wyf yn foddlawn iddynt gael eu camarwain.

Mae'n wir mai 'ffeithiau' a gyflwynir yn y llythyr ond nid oes unrhyw amheuaeth mai argraff anffafriol a gafodd Evan Ellis Jones. Er na ddaeth allan yn agored a dweud na ddylai Cymry Awstralia ymfudo yno, prin y byddai ei gyd-wladwyr yn Awstralia yn camddeall y geiriau:

> Yr oeddwn yn holi pan aethum yno pa le yr oedd y dyffrynoedd da ac ardderchog y darllenasom am danynt? [...] Y mae yn resyn meddwl fod pobl wedi eu cynghori i dori eu cartrefi i fyny yn yr hen wlad, a chael eu halltudio i'r fath le a'r Chupat. Ar bwy y mae y bai? [...] Gwelwn ei bod yn edrych yn bur dywyll ar yr achos gwladychfaol.

Yn ddiddorol iawn, aeth yr awdur ymlaen i bwysleisio nad oedd y Gwladfawyr yn taflu'r bai ar Michael D. Jones:

> Y mae gan bob un o'r fintai barch mawr iddo, a chredant pe buasai efe yn gwybod pa fath wlad ydoedd y buasai yn arswydo rhag cynghori neb o'i gydwladwyr i fyned iddi. Y mae yn ddrwg ganddynt fod y boneddwr cenedlgarol wedi ei arwain i wario ei arian yn y fath fodd.[30]

Eironig braidd yw'r geiriau hyn wrth gofio trafferthion ariannol Michael D. Jones o'r 1860au ymlaen. Fel y mae Dafydd Tudur wedi dangos, mae ymgais Michael D. Jones i adennill yr arian a wariodd er mwyn gwireddu'r freuddwyd o Gymru Newydd ar lannau Camwy yn ffactor holl bwysig yn ei berthynas â'r Wladfa wedi 1865 yn gyffredinol, ac yn benodol ei ymdrechion diffrwyth i ddenu nifer fawr o ymfudwyr i'r sefydliad newydd er mwyn sicrhau llwyddiant y fenter.[31]

Mae hanes dilynol Evan Ellis Jones y tu hwnt i gwmpas yr ysgrif hon, ond wedi iddo gael ei ddiflasu gan yr hyn a welodd yn y Wladfa, aeth i weithio yn Buenos Aires am gyfnod cyn dychwelyd i Patagones. Gyrrodd lythyr arall oddi yno at ei gyfaill Henry P. Parry, a chyhoeddwyd hwnnw yn *Yr Australydd* yn Rhagfyr 1869. Tybed a oes mymryn o awgrym yn ei eiriau nad oedd y Cymry hynny yn Forest Creek a oedd yn bleidiol i'r Wladfa, ac yn gobeithio symud yno, wedi hoffi'r hyn a ddarganfu?

> O'r holl gyfeillion yn Australia, chwi yn unig sydd wedi dangos ffyddlondeb; nid oes neb arall, am a wn i, wedi dangos unrhyw arwydd o'u diolchgarwch i mi am ymdrechu dweyd y gwir wrthynt, rhag iddynt gael eu harwain i brofedigaeth.[32]

Mae'n annhebyg mai oherwydd adroddiad negyddol Evan Ellis Jones yn unig yr arhosodd y fintai arfaethedig yn Awstralia ac nid oes modd mesur dylanwad cyffredinol ei ddarganfyddiadau ar ymfudo posibl oddi yno i'r Wladfa. Roedd nifer o ffactorau eraill ar waith a allai rwystro unrhyw Gymry oedd am fynd. Mynnodd E. P. Jones yn 1866 y 'buasai amryw wedi ymadael am Patagonia pe gallasent gael llong yn Melbourne'.[33] Ond gellir casglu gyda sicrwydd na fyddai antur Evan Ellis Jones wedi cryfhau'r posibilrwydd y byddai mwy o symudiad o'r naill gyfandir i'r llall.

Ymddengys fod yr ymdrech i ddenu Cymry o Awstralia i'r Wladfa wedi parhau a chafwyd adroddiadau bod minteioedd ohonynt yn cael eu trefnu trwy gydol gweddill yr 1860au a'r 1870au. Wrth gyflwyno llythyr canmoliaethus iawn o'r Wladfa gan Thomas Cadifor Wood, a gyhoeddwyd yn *Yr Australydd* yn Nhachwedd 1867, datganodd 'Cawr o Patagonia', yn blwmp ac yn blaen:

> Mr Gol., oni thybiech chwi y byddai cydgymysgiad mintai Gymreig o Australia a'r sefydlwyr yn Patagonia, yn elfen gampus yn y cyfansoddiad sefydliadol yno? Y mae yma ddynion wedi gweled bywyd yn ei holl rithiau bron; ac wedi dysgu yn dda wersi angen, mam y darganfyddiadau. Ymddengys fod yr hinsawdd a'r tymorau yno yn debyg i'n heiddom ni yma, gan hyny tybiwyf mai y Cymry Australaidd fyddai y bechgyn i fyned yno.[34]

Ac yn Awst 1870, yn dilyn ymholiad a gafodd gan '[r]yw hen lanc' o Gymro yn Awstralia a oedd 'yn awyddus i ymfudo i'r Wladfa ond iddo gael sicrwydd am ei lwyddiant a pha beth ellir wneud yno', dywedodd L. Patagonia Humphreys, Ystalyfera, wrth Michael D. Jones ei fod 'am wneud fy ngoreu i gael nifer o Australia i'r Wladfa os oes modd'.[35]

Ond pa mor llwydiannus oedd yr ymdrechion hyn? Cwestiynau sylfaenol y dylid eu gofyn am yr ymateb yn Awstralia i'r Wladfa, wrth gwrs, yw faint a phwy a aeth o'r naill le i'r llall. Yn anffodus ni ellir ateb y rhain gydag unrhyw gywirdeb manwl. Nifer bach, mwy na thebyg, a symudodd, oherwydd nid oes tystiolaeth gadarn i awgrymu y bu ymfudo ar raddfa eang o Awstralia i Batagonia. Ond mae'n destun niwlog. Mynnodd golygydd *Yr Ymwelydd*, y Parch. William Meirion Evans, yn Hydref 1875 fod 'Victoria wedi anfon cynddrychiolwyr [i'r Wladfa] er's rhai blynyddau', ond ni roddwyd rhagor o wybodaeth.[36] Mae enwau rhai a roddodd y gorau i Awstralia er mwyn bod yn rhan o'r Gymru newydd ym Mhatagonia yn hysbys. Treuliodd R. J. Powel ('Elaig'), athro cyflogedig cyntaf llywodraeth Ariannin yn y Wladfa, beth amser yn Awstralia cyn iddo ddychwelyd i Lundain ac yna symud i Dde America.[37] Daw enwau eraill i'r wyneb yng ngholofnau'r *Australydd* a'r *Ymwelydd*, e. e. John Edwards a'i deulu a symudodd o Sebastopol, ger Ballarat.[38] Eraill oedd Thomas Jones, melinydd, a'i briod, a ddychwelodd o Awstralia i Gymru ym mis Mai 1876, gyda'r bwriad o fynd i Batagonia. Roedd Thomas Jones yn brif arolygydd un o felinau mwyaf Melbourne. Gan ddangos cryn falchder mewn doniau Awstralaidd, proffwydodd *Yr Ymwelydd*: 'Os bydd efe byw i gyrhaeddyd Patagonia, gobeithiwn y caiff felin dda yno, a digon o wenith at ei law, ac yna caiff y Patagoniaid weled beth all hen Victoria wneud.'[39] Yn y 'Covrestr o bobl a aethant gyda'r Ymfudiaeth Rad i'r Wladfa Gymreig yn Patagonia', cofnodwyd bod Sylvanus Davies (50 oed) a William Davies (30 oed), sef 'tad a mab wedi bod yn Awstralia', wedi ymadael â Llundain ar 10 Mai 1875 ar eu ffordd i'r Wladfa.[40] Yn *Yr Ymwelydd* am Hydref 1876, soniwyd yn y golofn 'Lloffion am y Wladfa' am '[dd]au Gymro o Australia, y rhai ydynt brofiadol mewn cloddio aur, wedi myned ar daith archwiliadol am aur a meteloedd ereill'.[41] Nid yw'n hysbys a oedd y rhain ymhlith y mwyngloddwyr y cyfeiriodd R. Bryn Williams atynt wrth nodi mai'r rhai mwyaf brwdfrydig dros chwilio am aur yn yr Andes yn yr 1890au cynnar oedd 'y rhai a fu'n ei weithio cyn hynny yn Awstralia'. Beth bynnag, yn ôl yr un awdur, y 'pennaf' o'r mwyngloddwyr cyn-Awstralaidd hyn oedd y Capten William Richards.[42] Bu'n chwilio am aur yn Awstralia am sawl blwyddyn cyn iddo symud i'r Wladfa gyda'i deulu tua 1882.[43]

Trown yn awr i gael cipolwg ar natur y deunydd ar y Wladfa a ymddangosodd yn *Yr Australydd* a'r *Ymwelydd*. Yn ystod y degawd bron yr oedd y cyfnodolion hyn mewn bodolaeth, cyhoeddwyd ynddynt dipyn o newyddion am y Wladfa a swmp sylweddol o drafodaeth arni. Wrth gwrs roedd y cyfnod hwn yn cydweddu â'r hyn a alwodd golygydd *Yr Ymwelydd* yn 'dwymyn Batagonaidd', neu'r 'Bendro Batagonaidd'.[44] Ceir llawer o ddeunydd yn ei chylch yn *Yr Ymwelydd* yn 1875–76, ffaith sydd mwy na thebyg yn adlewyrchu'r cynnydd yn y diddordeb yng Nghymru ac UDA wrth i arweinwyr y fenter ddwysáu eu hymdrechion i ddenu pobl i'r Wladfa ac wrth i ymfudo yno gynyddu. Ni ellir cymharu maint y corff o ddeunydd a gyhoeddwyd yn *Yr Australydd* a'r *Ymwelydd* â'r hyn a ymddangosodd yn y wasg yng Nghymru ac yn y wasg Gymreig yn America. Ond yng nghyd-destun y wasg Gymreig yn Awstralia yr oedd canran sylweddol o'i chynnwys wedi ei roi at wahanol agweddau ar bwnc y Wladfa.

Roedd natur y deunydd hwn yn amrywiol, yn debyg i'r amrywiaeth a gafwyd mewn papurau newydd a chylchgronau yng Nghymru ac yn UDA. Cyhoeddwyd llythyrau, yn eu plith rhai oedd yn ailgyhoeddiadau o bapurau newydd eraill a rhai a anfonwyd yn uniongyrchol i'r *Australydd* neu'r *Ymwelydd* gan unigolion yn y Wladfa neu yn Awstralia ei hun. Cyhoeddwyd toriadau o bapurau a chylchgronau yng Nghymru, Lloegr ac America (naill ai yn y gwreiddiol neu wedi eu cyfieithu o'r Saesneg), gan gynnwys y *Cardiff Times*, *Y Drych* (UDA), *Y Fellten*, *Y Gwladgarwr* a'r *Liverpool Mercury*.[45] Ailgyhoeddwyd rhai o ysgrifau Michael D. Jones, er enghraifft 'Sefyllfa Bresenol y Wladfa', a ymddangosodd yn wreiddiol yn *Y Ddraig Goch* yn Chwefror 1876 ac yna yn *Yr Ymwelydd* bedwar mis yn ddiweddarach.[46] Yn *Yr Ymwelydd* yn Ebrill 1875 atgynhyrchwyd llythyr gan Michael D. Jones a ymddangosodd yn *Y Drych* ond a oedd wedi ei gyhoeddi'n wreiddiol yn *Y Dydd* – enghraifft drawiadol o ryng-genedligrwydd y wasg Gymreig ar waith.[47] Ymddangosai colofn yn dwyn y teitl 'Lloffion am y Wladfa' yn sawl rhifyn o'r *Ymwelydd* yn 1876.[48] Mae'n amlwg y derbyniai'r cyfnodolyn hwnnw nifer o ymholiadau gan Gymry yn Awstralia ynglŷn â thir a hinsawdd y Wladfa, ei pherthynas â llywodraeth Ariannin ac ati.[49] Mewn ymateb i lawer o ymofyniadau am ragor o wybodaeth ar y mater olaf, mae'n debyg, ailgyhoeddodd *Yr Ymwelydd* fanylion am Freinlen y Wladfa ym Mawrth ac Ebrill 1876.[50]

Yn Ebrill 1876, nodwyd yn y pwysicaf o bapurau newyddion Cymreig America, *Y Drych* – a oedd yn ffyrnig ei wrthwynebiad i bob peth Gwladfaol[51] – bod *Yr Ymwelydd* yn cynnwys llawer o ddeunydd ar y Wladfa. Mynnodd *Y Drych* yn ei golofn 'Adolygiad y Wasg' fod 'golwg glanwaith' ar rifyn *Yr Ymwelydd* am y mis Mawrth blaenorol, ond 'dichon ei fod yn cynwys ar y mwyaf gormod ar "Batagonia", a rhy fychan o newyddion Cymreig cartrefol'.[52] Tri mis yn ddiweddarach, wrth gofnodi bod rhifyn Mai'r *Ymwelydd* am y flwyddyn honno yn ail-gyhoeddi yn benodau adroddiad y Parch. D. S. Davies wedi iddo dreulio wyth mis yn y Wladfa, cafwyd pregeth arall gan *Y Drych*:

> Trueni fydd i'r Cymry yn Australia drwy hyn, gael eu camarwain yn nghylch gwir sefyllfa pethau yn nyffryn y Gamwy. Yn hytrach na chyhoeddi *trash* o'r fath, gwnai y golygydd well gwasanaeth o lawer i'w gydgenedl drwy gofnodi yr hanesion torcalonus diweddar o'r Wladfa. Mae yn ddigon hawdd llunio Paradwys ar bapyr, a hyn a wnaeth D. S. Davies; ond mae yn fater dipyn yn bwysig i anog dynion i dori eu cartrefi i fyny yn Australia neu y Talaethau Unedig, ac ymfudo i le llawer mwy anaddawol. Os yw yn amser caled yn mwyngloddiau Australia, ni bydd myned i Patagonia ond megys 'neidio o'r badell ffrio i'r tan'.[53]

Bron na ellir casglu bod *Y Drych* yn plismona'r wasg Gymreig yn Awstralia am unrhyw ffafriaeth i'r Wladfa. Ond os oedd y papur hwnnw'n poeni am y sylw a gâi'r fenter yn *Yr Ymwelydd* yn y cyfnod hwn, mater o lawenydd oedd hynny i'r *Ddraig Goch*. Fel y gwelwyd eisoes, cylchgrawn oedd hwnnw a gyhoeddwyd yn ysbeidiol yn yr 1860au a'r 1870au gan arweinwyr y mudiad gyda'r bwriad penodol o hyrwyddo buddiannau'r Wladfa a denu ymfudwyr iddi. Ar dri achlysur yn 1876 ymddangosodd yn *Y Ddraig Goch* golofn yn dwyn y pennawd 'Y Symudiad Gwladfaol yn Neasia, Awstralia'. Awdur y colofnau oedd y Parch. J. Evans ('Mynyw'), o Ddowlais. Roedd yn gyfaill i Edwin Cynrig Roberts a gweithredai fel rhyw fath o ddolen gyswllt rhwng y papur â'r Cymry yn Awstralia.[54] Yn Ebrill 1876 ailgyhoeddwyd yn *Y Ddraig Goch* lythyr gan y Parch. William Hughes, Sydney (a anfonwyd yn wreiddiol at *Yr Ymwelydd* ac a ymddangosodd ynddo yn Nhachwedd 1875).[55] Cyhoeddwyd yn ogystal sylwadau 'Mynyw' ar y llythyr. Mae ei eiriau yn taflu golwg diddorol ar y modd y defnyddiwyd llythyrau i'r wasg i ddadlau o blaid neu yn erbyn ymfudo ac i lunio darlun pleidiol o fanteision neu anfanteision y gwahanol feysydd ymfudo.[56] Yr oedd yn llythyr William Hughes, meddai 'Mynyw', 'rai ymadroddion tywyll i mi; ond yn hytrach na cheisio eu cyfnewid, gwell genyf eu gosod fel y maent, ond talfyru ychydig ar ei lythyr am ei fod yn faith'.[57] Yna, yn *Y Ddraig*

Goch ym Medi 1876, wrth sylwi ar gynnwys *Yr Ymwelydd* am Dachwedd 1875, cyflwynodd 'Mynyw' ddarlun o ymateb tra ffafriol yn Awstralia i'r Wladfa:

> Da genym ddeall oddiwrth yr *Ymwelydd Awstralaidd* o fis i fis, yn gystal ag oddiwrth lythyr a dderbyniasom yn ddiweddar oddiwrth y Parch. W. M. Evans, Melbourne, fod y symudiad Gwladfaol yn enill tir yn mysg ein cydgenedl yn Neasia, ac y gellir dysgwyl mintai cyn hir oddiyno i'r Fro Wen, a deall fod rhai yn barod yn cychwyn tuag yno.

Roedd y sylw olaf yn gyfeiriad at yr adroddiad yn *Yr Ymwelydd* am fwriad y melinydd Thomas Jones, Melbourne, i fynd i'r Wladfa (fel a nodwyd gennym yn gynharach). Aeth 'Mynyw' ymlaen i bwysleisio eto pa mor addas ar gyfer bywyd a gwaith ym Mhatagonia oedd Cymry Awstralia: 'Credwn hefyd mai ein cydgenedl o Awstralia yw y mwyaf cymhwys o bawb yno, yn gwybod trwy brofiad anfanteision gwlad newydd, yn deall magu defaid, trin gwlan a'r cyffelyb. Sicr y byddai mintai oddiyno yn lles mawr i'r Wladfa.'[58]

Fel sydd eisoes yn amlwg, felly, cafwyd tipyn o ddeunydd a oedd o blaid y Wladfa yn y wasg yn Awstralia, yn enwedig yn *Yr Ymwelydd* yn 1875–76. Yn *Yr Ymwelydd* yn Hydref 1876, ailgyhoeddwyd llythyr y Parch. J. C. Evans o'r Wladfa, gynt o Gwmaman, Aberdâr, a ddatganodd fod 'pawb o'r Cwmamaniaid yma wrth eu bodd – yn iach a chysurus'.[59] Pwrpas yr ysgrifau hyn, yn ddi-os, oedd creu ailymfudiaeth o Awstralia i Batagonia. Fel y crybwyllwyd eisoes, o fis Mai i fis Awst 1876 fe ailgyhoeddwyd yn gyflawn adroddiad ffafriol y Parch. D. S. Davies, a gyhoeddwyd yn gyntaf yn *Baner America* ac yna mewn llyfr gan Edwin Cynrig Roberts yn 1875. Y rheswm am hyn, meddai'r golygydd, y Parch. William Meirion Evans, gweinidog eglwys y Methodistiaid Calfinaidd Cymreig ym Melbourne, prifddinas Fictoria, ar y pryd, oedd 'gan y byddai yn anhawdd cael y llyfr i ddarllenwyr Cymreig y gwledydd hyn, yr ydym wedi dyfod i'r penderfyniad o'i argraffu yn bennodau yn yr YMWELYDD'.[60] Cafwyd hefyd alwadau brwd ar y Cymry yn Awstralia i ymuno â'r Gwladfawyr. Gyrrodd Edwin Cynrig Roberts ei hun lythyr agored at 'Gymry gwasgaredig Australia, Tasmania a Zealand Newydd', a gyhoeddwyd yn *Yr Ymwelydd* yn Hydref 1875. Datganodd fod Awstralia wedi bod ar ôl yn anfon Cymry i'r Wladfa: 'Byddai yn dda genym groesawi miloedd o honoch, y mae yma le, a bywoliaeth gysurus i filiynau lawer; credwn hefyd y gallwch ddwyn gyda chwi wybodaeth a phrofiad fel ymsefydlwyr gwledydd newydd fydd o werth i ninau.'[61] Yn ei lythyr i'r *Ymwelydd* yn Ebrill 1876 ymbiliodd 'Mynyw' ar y Cymry yn Awstralia i beidio â cholli'r cyfle euraid roedd y Wladfa yn ei gynnig iddynt:

> Taer wahoddir Cymry Australia, Tasmania, a New Zealand hefyd i fwynhau ei brasder a'i rhagoriaethau. Wedi byw mewn gwlad newydd, bydd eu profiad yn lles i'r wladfa, a'r wladfa yn lles iddynt hwythau. Gydgenedl, awn a meddianwn y wlad.[62]

Ond trwy golofnau'r *Ymwelydd* hefyd, clywai ddarllenwyr y cylchgrawn hwnnw leisiau mwy amodol ynghylch pwnc y Wladfa ym Mhatagonia, yn ogystal â'r rhai ffafriol. Datganodd nifer o ohebwyr Cymreig–Awstralaidd eu cefnogaeth i'r mudiad, ond dymunasant gael rhagor o wybodaeth cyn penderfynu cymryd y cam mawr ai peidio.[63] Fel y datganodd 'Cyfaill i'r Ymwelydd' yn *Yr Ymwelydd* yn Ionawr 1876, mewn ymateb i lythyr Edwin Cynrig Roberts yr Hydref blaenorol:

> Ymddengys fod cryn lawer o amheuaeth yn meddyliau llawer o berthynas i hanes ragorol am Patagonia a ymddangosodd ychydig yn ol yn yr *Ymwelydd* – nid yn gymaint am y tybir fod Mr E. Roberts yn camddarlunio pethau yn wirfoddol, ond am y credir ei fod wedi dewis 'dull Iancïaidd', ys dywed un, 'o osod allan ragorion gwlad', &c. Mae cryn ddyeithrwch yn aros yn meddyliau lluaws o barth i derfynau y wlad dda hono ag y disgwylir i'r Cymry ei meddiannu, ac hefyd o berthynas i'r telerau ar ba rai y cymerir meddiant o'r tir, &c. Byddai gair o eglurhad ar hyn yn foddhad i lawer a gymerant ddyddordeb yn y symudiad.[64]

Cafwyd ambell bwynt negyddol pragmatig. Mewn ymateb arall i lythyr Edwin Cynrig Roberts, cytunodd y Parch. William Hughes, Sydney, mai 'dosbarth cymwys i feddianu y wlad fyddai y Cymry Australiadd. [...] fe fyddai yn gaffaeliaid i'r Wladfa eu cael hwy, ac yn fendith i lawer o honynt hwythau gael symud.' Ond credai mai camarwain oedd Edwin Cynrig Roberts wrth ddatgan y byddai'n hawdd i Gymry Awstralia gyrraedd y Wladfa. Roedd hynny'n amhosibl gan nad oedd llongau'n hwylio rhwng y ddau le i gludo'r ymfudwyr. Awgrymodd y dylai Cymry cefnog roi arian er mwyn ffurfio cwmni a allai brynu llong, ac yna 'gellid yn hawdd symud 100 neu 150 o Gymry yno mewn byr amser, a hyny heb fod yn feichus iddynt na cholled i neb arall.'[65]

Ymddangosai llythyrau eraill hefyd yn codi amheuon am y fenter. Mewn cyfres o erthyglau yn *Yr Australydd* yn 1871 mynnodd un sylwebydd mai i Seland Newydd y dylai'r Cymry ymfudo ac nid i'r Wladfa, oherwydd roedd y cyntaf yn dra-rhagori ar y llall.[66] Lliwiwyd colofnau'r *Australydd*, ac yn arbennig *Yr Ymwelydd*, gan ddigon o gyhuddiadau bod y naill ochr neu'r llall yn lledaenu anwireddau. Cwynodd un sylwebydd fod 'haeriadau disail yn cael eu taflu allan fel gwirioneddau credadwy'.[67] Yn *Yr Ymwelydd* ym Medi 1875 rhybuddiwyd Cymry Awstralia gan 'Ymfudwr Profiadol' i beidio ag ymfudo i'r Wladfa. Mynnodd na fyddai'r Cymry yn wirioneddol rydd ym Mhatagonia ac ofnai mai eu ffawd fyddai cael eu rhwymo i aros yno gan lywodraeth Ariannin. A beth bynnag am hynny, gan fod Cymry Awstralia eisoes wedi profi trafferthion wrth ymaddasu i'r tywydd, y bwyd a'r dull o fyw yn eu gwlad newydd, prin y dymunent fynd drwy'r holl beth eto mewn gwlad estron arall.[68]

Ymddengys mai'r ysgrif fwyaf beirniadol o'r Wladfa, a'r fwyaf gelyniaethus iddi, efallai, a ymddangosodd yn y wasg Gymreig yn Awstralia oedd llythyr gan 'Y Jossakeed', o dan y teitl 'Y Bendro Batagonaidd yn Datrys', yn *Yr Ymwelydd* yn Nhachwedd 1876. Bwriad honedig y llythyrwr oedd tynnu sylw at 'ddau neu dri o bethau a ymddangosant i mi yn ffeithiau anwadadwy mewn cysylltiad â'r Wladfa'.[69] Gwnâi hynny er mwyn rhybuddio 'ambell un gor-frwdfrydig dros ei wlad a'i iaith [a deimlai] rhyw awyddfryd i symud i'r Fro Wen (Fro Lwyd, feallai, fyddai yr enw goreu)' a '[ch]adw rhywun gwan o brofedigaeth'.[70] Ymhlith y 'ffeithiau anwadadwy' hyn am y Wladfa, ym marn 'Y Jossakeed', oedd anaddasrwydd y wlad oherwydd mai diffeithwch ydoedd, heb goed na dŵr (sylw eironig braidd o gofio am hinsawdd a thirlun rhannau helaeth o Awstralia), ac anffafrioldeb y cymdogion a geid yno, megis yr Indiaid anwaraidd a llofruddiog, a'r Ysbaenwyr, a oedd wedi bod yn elynion i ryddid, gwareiddiad a chynnydd ers canrifoedd. Yn olaf, nid oedd gobaith y gallai'r Wladfa wireddu'r freuddwyd o achub yr iaith Gymraeg:

> Yn lle bod yn llanerch ddymunol i feithrin y Gymraeg, nid ydyw ond monwent yn yr hon y cleddir, gyda brys, bob adgofion am dani; a lle bydd yr Yspaenaeg yn blaguro ar ei bedd. [... Y]n Patagonia bydd yn angenrheidiol dysgu tair [iaith], o leiaf, os bydd y Gymraeg i gael ei pharhau – y Gymraeg yn iaith crefydd, yr Yspaenaeg yn iaith gwleidyddiaeth, a'r Saesonaeg yn iaith

masnach. A ydyw yn beth tebygol y parhant i wneud hyn am amryw genedlaethau? Nac ydyw. Yn bur fuan rhoddir heibio y Gymraeg, a dysgir Spanish yn ei lle. Ni fydd ond nifer bach yn gallu fforddio rhoi addysg Saisonig i'w plant. A dyna hwy wedi eu cyfyngu bellach i fyd bach cul a Phabyddol y genedl Yspaenig! Mewn gair, nid yw symud i Patagonia ond neidio o'r badell ffrïo i'r tân.[71]

Roedd amrywiaeth a natur gyferbyniol a chymysglyd y newyddion a ddeuai o'r Wladfa yn amlwg yn broblem i'r *Ymwelydd*, yn enwedig gan fod ei olygydd, y Parch. William Meirion Evans, yn gefnogwr brwd i'r mudiad. Roedd William Meirion Evans yn ddyn rhyfeddol o weithgar a dylanwadol ym mywyd crefyddol, diwylliannol a llenyddol y Cymry yn Awstralia ar y pryd.[72] Yn Awst 1876 nodwyd ganddo mai tra amrywiol oedd yr adroddiadau diweddaraf yr oedd y cylchgrawn wedi eu derbyn drwy'r wasg yng Nghymru ac America. Yn eu plith roedd dau lythyr 'torcalonus' a ymddangosodd yn *Y Drych* ar 11 Mai yr un flwyddyn, ac un oddi wrth Wladfäwr siomedig a oedd wedi dychwelyd i Gymru. Ond roedd y golygydd hefyd wedi derbyn llythyr calonogol iawn gan Wladfäwr arall, a gyhoeddwyd yn *Baner ac Amserau Cymru* ar 2 Mai. Ymateb *Yr Ymwelydd* oedd: 'Pe caniatasai ein terfynau, buasem yn rhoddi dyfyniadau o'r llythyrau hyn – ein hamcan yw goleuo ein darllenwyr, ac nid eu camarwain.'[73] Ymhelaethodd ar y pwynt ar ddiwedd 1876, wrth adolygu'r cylchgrawn dros y flwyddyn a aeth heibio:

> Mae y mudiad Patagonaidd wedi cael lle a sylw dyladwy. Edrychwn ar hwn fel y mudiad mwyaf pwysig yn ei berthynas â chenedl y Cymry y dyddiau hyn – os bydd yn llwyddiannus, bydd yn llwyddiant mawr; os yn fethiant, bydd yn fethiant mawr. Ychydig bachigyn eto, a bydd y cwlwm wedi ei ddadrys, a thynged y Wladfa wedi ei sefydlu yn meddyliau y cyffredin o'r genedl Gymreig yn mhob gwlad. Ac er fod genym ein barn am y pa ochr y try y fantol, eto nid oes a fyno yr YMWELYDD, fel y cyfryw, â dadleu y naill ochr na'r llall. Mae ei ddalenau wedi bod yn agored i'r ddwy ochr gael dweyd eu meddyliau – credwn fod hyn yn dêg, ac mai dyna y ffordd y byddwn debycaf o gael gafael ar y gwirionedd. Mae yr YMWELYDD wedi bod hyd yn hyn yn fab tangnefedd, ac felly y mae mewn heddwch â phob dyn.[74]

Ond cuddia'r gosodiad hwn farn bersonol golygydd *Yr Ymwelydd* (ac un o olygyddion *Yr Australydd* cyn hynny) ynglŷn â'r pwnc. Daw ymateb y Parch. William Meirion Evans i'r Wladfa yn amlwg mewn sylwadau golygyddol a ychwanegodd pan gyhoeddwyd erthygl Edwin Cynrig Roberts yn y cylchgrawn yn Hydref 1875:

> Nis gallwn lai na theimlo dyddordeb mawr yn y llwyddiant sydd eisioes wedi ei gyrhaeddyd gan y gwladfawyr, a gobeithiwn y llenwir disgwyliadau uwchaf y gwroniaid dewr a chenedlgarol sydd wedi aberthu pobpeth arall yn y byd i gyrhaeddyd yr amcan hwn.[75]

Barn William Meirion Evans oedd y dylai 'pob un sydd yn meddwl gwneud cartref iddo ei hun yn y wlad hon' ystyried o ddifrif fanteision y Wladfa:

> Mae llawer o'n cenedl yn setlo ar diroedd y dyddiau hynny, am y rhai y bydd yn rhaid iddynt dalu punt yr erw; pa un sydd oreu, tir am ddim yn y Wladfa Gymreig yn Patagonia? ai ynte talu punt yr erw yn Victoria, a byw arno am dair blynedd cyn cael *title* iddo, ac yn nglyn a hyny bod yn nghanol Saeson, Gwyddelod, Germaniaid, a phob âch arall! [...] Dyna wlad yn agored o'n blaen, heb fod yn bell iawn oddiwrthym nad oes dim hot winds ynddi, i ddeifio y ddaear yn nghanol haf, na locustiaid i fwyta y cynhyrchion; gwlad lle mae y Gymraeg lân yn cael ei siarad, a'r plant yn deall iaith eu rhieni. Nid breuddwyd o beth ydyw y wladfa yn awr, ond ffaith, ag y mae degau a chanoedd yn gallu ymgorfoleddu ynddi.[76]

Datgela fraslun o lythyr preifat a yrrodd William Meirion Evans at 'Mynyw' ym Mawrth 1876, a gyhoeddwyd yn *Y Ddraig Goch* ym Medi 1876, ei farn bersonol ar yr argoelion y byddai Cymry yn mudo o Awstralia i'r Wladfa. Ymddengys hefyd ei fod yntau, hyd yn oed, wedi ystyried y posibilrwydd o ymfudo i'r Wladfa:

> Fe wneir ymdrech yn awr i gyfodi mintai os gellir i gychwyn tua'r wlad newydd, a chredaf os llwyddir yn hyn, y llwyddir i wneud cymwynas cenedlaethol. Yr anhawsdra yn ein ffordd ni yma yw cael cludiad yno, heb y draul a'r gwastraff amser o fyned i'r hen wlad; ond os llwyddir i gael mintai at ei gilydd, y mae yn eithaf

posibl y gellir d'od i ddealltwriaeth â rhai o'r llong-feddianwyr i'n cario drosodd. Y mae fy nghydymdeimlad yn drylwyr o blaid y Wladfa o'r cychwyn cyntaf. Amgylchiadau a'm lluddodd i fod yn mysg y rhai cyntaf a ymsefydlodd yno; ac er fod fy nghymydogion yn dweyd fy mod yn rhy hen i fyned yno, etto yr wyf yn gobeithio gweled y lle cyn fy marw.[77]

Nid aeth William Meirion Evans i'r Wladfa nac, fe ymddengys, fintai o Gymry Awstralia chwaith. Mae'n amlwg nad oedd llawer o Gymry yno am gyfnewid cyfandir De Asia am gyfandir De America, a dyma'r rheswm pennaf pam nad aeth trwch o Gymry Awstralia i'r Wladfa. Ond yn y llythyr hwn ceir tystiolaeth bwysig sy'n dangos y rhwystrau a wynebai'r Cymry hynny yn Awstralia a oedd yn awyddus i fynd i'r Wladfa, rhwystrau a oedd yn y pen draw naill ai'n rhy gryf i'r darpar-Wladfawyr eu gorchfygu, neu a oedd wedi eu darbwyllo y byddai'n well iddynt aros lle'r oeddent. Er y bu ychydig o drafodaeth ynglŷn â hurio llong (yn dilyn awgrym y Parch. William Hughes, fel y gwelwyd eisoes) yng ngholofnau'r *Ymwelydd* ac, mae'n debyg, mewn cyfarfodydd ac ar lawr gwlad, nid esgorodd y rhain ar unrhyw gynigion pendant. Mae'n amlwg hefyd fod rhaid i William Meirion Evans droedio'n ofalus rhwng ei ddymuniad ef ei hun a barn llawer o'i ddarllenwyr, os nad y mwyafrif ohonynt, wrth lywio'r *Ymwelydd*.

Roedd canlyniad amlwg i'r ffaith fod *Yr Australydd* a'r *Ymwelydd* yn ail-gyhoeddi deunydd ar y Wladfa a ymddangosasai yn wreiddiol mewn papurau newydd yng Nghymru ac yn UDA. Roedd hyn yn sicrhau bod yr un dadleuon o blaid ac yn erbyn y Wladfa, a gwir natur profiad y Cymry yno, a oedd ar led yn y gwledydd hynny, yn cael eu hatgynhyrchu a'u gwyntyllu yn Awstralia. Un rhan allweddol o'r dimensiwn Awstralaidd i stori'r Wladfa yn y cyfnod dan sylw, felly, yw ei debygrwydd o safbwynt termau'r dadleuon. Ond nid dyna ddiwedd y mater. Ceir un gwahaniaeth diddorol ac arwyddocaol. Ymysg rhai o'r dadleuon o blaid y Wladfa a gyflwynwyd yn y wasg yn Awstralia ceir ambell gyfeiriad nid yn unig at anaddasrwydd Awstralia fel lle i'r Cymry fyw ynddo oherwydd y gwres, a hyd yn oed y nadroedd, ond hefyd y gred nad oedd natur Awstralia yn caniatáu iddynt gadw eu hiaith, eu crefydd a'u diwylliant. I 'Un Parod i'r Fudfa' yn Rhagfyr 1876, roedd y Cymry yn Awstralia yn troi'n Saeson fel yng Nghymru ac yn UDA.[78] Felly dehonglai rhai sylwebyddion y bywyd Cymreig yn Awstralia o fewn yr un termau ag y gwnâi Michael D. Jones yn ei ddadansoddiad o dynged y Cymry yn Cincinnati ac yng Nghymru ei hun. Roedd crebachiad yr iaith Gymraeg yn Awstralia yn destun trafod llosg yn *Yr Australydd* a'r *Ymwelydd* ar union yr un pryd, ac i sawl cyfrannwr roedd dirywiad gweladwy Cymreictod yno yn peri gofid ac yn creu anobaith am y dyfodol.[79] Iddynt hwy, yr unig ateb oedd ymfudo i'r Wladfa. Dyma (fel y gwelwyd yn gynharach) y farn a fynegwyd yn llythyrau E. P. Jones a William Benjamin, Forest Creek, yn *Y Ddraig Goch* yn 1862 ac 1863, a chan y Parch. William Meirion Evans ddegawd yn ddiweddarach. Dyna hefyd oedd barn Edwin Cynrig Roberts yn ei lythyr i'r *Ymwelydd* yn Hydref 1875:

> Y mae [y Gymraeg] yn darfod wrth bob hanes yn Australia, y plant yn cyfodi yn Saeson. [...] ofnwyf fod canoedd o Gymry yn Australia [...] o herwydd eu sefyllfa wasgaredig yn gymysgedig ag estroniaid – gwehilion pob cenedl; yn ymollwng i anfoesoldeb a thrueni, yn llwyr esgeuluso crefydd eu tadau, ac yn methu cael manteision crefydd yn eu hiaith eu hunain, ac oblegid hynny yn diystyru crefydd.[80]

Mor gynnar ag 1867, mewn erthygl hir yn *Yr Australydd*, proffwydodd 'Sylwedydd', a drigai yn Fictoria, ddyfodol tywyll i'r Cymry a Chymreictod yn y dalaith honno. Roedd y Cymry yno ar fai am beidio ag ymsefydlu ar y tir ac am fod yn well ganddynt chwilio am aur a byw mewn trefi:

> Yn nghorph y flwyddyn ddiweddaf, cymerwyd canoedd o erwau o filoedd o dir i fynu. Gallesid meddwl y buasau y Cymry yn cymeryd mantais ar y cyfleu, ac nid yn unig yn chwilio am ddarnau o dir i gartrefu arnynt. Ond hefyd yn ymgynyg at sylweddoli y meddwl a gerir am danynt, sef, eu bod yn hoff o bentyru at eu gilydd. Ond nid fel hyn y mae pethau. [...] Paham, mewn difrif, y rhaid i'r Cymro druan yngladdu ynwfr a baw y tyllau dyfnion yna tua Ballarat a Sebastopol. [...] O'r daioni a'r fendith a ddeilliai i ni a'r wlad, pe gallem ysgwyd yr hen ysgerbwd afiachus hwn o'n meddyliau. [...] Pa beth ydyw y rhan eang hon o'r byd, yn ddim amgen na dernyn o dir i'w roddi trwy y *crushing mills* a'r *puddling machines*? A ydyw ei threfydd a'i dinasoedd i fod yn ddim amgen na chynifer o esgynloliau i *Speculators a Money Makers* i ddangos eu hunain? Os dyna dynged y wlad, goreu po gyntaf y cyfeiriom ein camrau tua Patagonia, neu ryw wladychfa arall.[81]

I rai ymhlith y garfan Gymreig yn Awstralia, felly, dehonglwyd y Wladfa trwy lygaid eu profiadau eu hunain. Roedd cysyniad a bodolaeth y Wladfa yn fodd i gondemnio difaterwch y Cymry yn Awstralia.[82] Wrth wneud hynny, rhoddai'r Cymry hyn wedd arbennig ar eu hymateb i'r Wladfa yn ogystal ag adleisio'r dadleuon mwy cyffredinol a oedd ar wefusau pobl yng Nghymru ac UDA. Ond rhaid pwysleisio eto, fel yng Nghymru ac UDA, nid arweiniodd hyn at symudiad mawr o Awstralia i'r Wladfa. Er hynny roedd esiampl y Wladfa y tu ôl i ymdrechion i greu trefedigaeth Gymreig yn Awstralia ar ddechrau'r 1870au – ond ni wireddiwyd y freuddwyd honno chwaith.[83]

Bu gwahaniaeth barn ar y pryd ynglŷn â faint yn union o ddiddordeb yn y Wladfa oedd ar lawr gwlad ymhlith y Cymry yn Awstralia. I un sylwebydd yn Nhachwedd 1876, nid oedd y Wladfa yn fater 'o fawr bwys' yng ngolwg darllenwyr *Yr Ymwelydd*.[84] Ond i un arall, llawenydd iddo oedd clywed 'fod marwor Patagonaidd yn bethau cyffredinol tua Melbourne'.[85] Mynnodd un arall, sef 'Un Parod i'r Fudfa':

> yr wyf fi fy hun yn gwybod am amrai, heblaw fy hunan, fydd yn cychwyn yno cyn hir os daw newyddion da ar ol y cynhauaf nesaf. A phe dygwyddai y cynhauaf hwn eto fod yn fethiant, nid ystyriwn hyny yn ddigon o reswm dros haeru na ddaw y Wladfa ymlaen.[86]

Nid yw'r ffynonellau yn caniatáu unrhyw amcangyfrif ystyrlon o raddfa'r gefnogaeth, na'r elyniaeth, tuag at y Wladfa a oedd ar lawr gwlad yn Awstralia. Gellir dweud yr un peth am y cwestiwn o faint yn union o Gymry a fudodd o'r naill i'r llall. Nid yw'n hysbys a ymfudodd 'Un Parod i'r Fudfa' ai peidio, ond y mae ei eiriau'n tanlinellu eto pwynt pwysig na ddylid ei anghofio lle bynnag yr astudir ymfudo. Hynny yw (fel y gwelwyd eisoes yn achos personol William Meirion Evans), bodolaeth pobl a feddyliodd am symud ond a benderfynodd yn y pen draw beidio â gwneud hynny. Tybed faint o Gymry yn Awstralia a gafodd y fath brofiad?

Mae'n amlwg, felly, fod Cymry Awstralia yn rhan o stori epig y Wladfa, ond camarweiniol iawn fyddai casglu eu bod wedi chwarae rhan ganolog yn hanes a datblygiad y fenter Batagonaidd. Serch hynny, *bu* ymateb yno. Mae ystyriaeth o'r elfen Awstralaidd yn brawf trawiadol o natur ryng-genedlaethol menter y Wladfa. Gellir casglu bod arwyddocâd y berthynas rhwng y ddwy yn ail hanner y bedwaredd ganrif ar bymtheg yn gorwedd nid yn gymaint yn y cysylltiadau go iawn a gafwyd ond yn hytrach yn y dolenni a grewyd trwy ddadl a thrafod. O ystyried hyn, nid yw'r ymateb yn Awstralia mor wahanol, efallai, i'r un a gafwyd yng Nghymru ar yr un pryd. Er nad yw Gareth Alban Davies yn ymdrin â cholofnau'r *Australydd* a'r *Ymwelydd* yn ei drafodaeth, gellir yn rhwydd plethu'r dadansoddiad a gyflwynwyd yma i'w ddadl ynglŷn â phwysigrwydd swyddogaeth a natur genhadol y wasg yn yr holl ffenomen Batagonaidd.[87] Gellir dweud yr un peth am ymfudo o Gymru yn gyffredinol yn y bedwaredd ganrif ar bymtheg. Roedd y wasg Gymreig yn UDA ac Awstralia, heb sôn am wasg y famwlad, yn cyfathrebu, dadlau ac anghytuno â'i gilydd ynglŷn â'r 'dwymyn Batagonaidd'. Am gyfnod yn yr 1860au a'r 1870au yr oedd cyfryngau megis *Yr Australydd* a'r *Ymwelydd* yn caniatáu i Gymry Awstralia ymuno â'r trafodaethau a'r dadleuon hirfaith a ffyrnig ynglŷn â rhagorion a ffaeleddau'r syniad o Wladfa a'r drefedigaeth go iawn a sefydlwyd ym Mhatagonia. Caniatawyd hwy i ddatblygu dimensiwn Cymreig–Awstralaidd nodweddiadol i'r pwnc. Ond roedd hynny ond yn bosibl tra oedd cylchgronau megis *Yr Australydd* a'r *Ymwelydd* yn bodoli yn Awstralia. Yn Rhagfyr 1876 ymddangosodd rhifyn olaf *Yr Ymwelydd*, gan adael Cymry'r cyfandir hwnnw'n amddifad o bapur newydd neu gylchgrawn am dros hanner canrif. Mor bell ag y gellir dirnad, mater preifat rhwng unigolion a theuluoedd fyddai'r ymateb yn Awstralia i'r Wladfa o hyn ymlaen, nid pwnc 'o ddiddordeb cyhoeddus'.

Nodiadau

[1]*Yr Australydd*, 1:7 (Ionawr 1867), t.100.

[2]*Yr Australydd*, 1:7 (Ionawr 1867), t.104.

[3]Myfi Williams, *Cymry Awstralia* (Llandybïe: Christopher Davies, 1983), t.81.

[4]Myfi Williams, *Cymry Awstralia*, t.76; Dafydd Tudur, 'The Life, Thought and Work of Michael Daniel Jones (1822–1898)' (traethawd PhD anghyhoeddedig, Prifysgol Cymru [Bangor], 2006), tt.248–9; Robert Llewellyn Tyler, ' "A Handful of Interesting and Exemplary People from a Country Called Wales". Identity and Culture Maintenance: The Welsh in Ballarat and Sebastopol in the Second Half of the Nineteenth Century' (traethawd PhD anghyhoeddedig, Prifysgol Melbourne, 2000), tt.147–9, 268–72.

[5]Gw. Robert Owen Jones, 'O Gymru i Saskatchewan drwy Batagonia', yn y gyfrol hon.

[6]Gw. Michele Langfield a Peta Roberts, *Welsh Patagonians: The Australian Connection* (Darlinghurst, NSW: Crossing Press, 2005); Michele Langfield, ' "Filching Argentine Colonists": The Encouragement of Patagonians to the Northern Territory in the Early Twentieth Century', *Journal of Northern Territory History*, 13 (2002), tt.33–47; idem, 'A Displaced Britishness: Welsh Patagonians in Canada and Australia', yn *Exploring the British World: Identity, Cultural Production, Institutions*, gol. Kate Darian-Smith, Patricia Grimshaw, Kiera Lindsey a Stuart Mcintyre (Melbourne: RMIT Publishing, 2004), tt.161–91.

[7]Myfi Williams, *Cymry Awstralia*, t.81.

[8]Gw. Bill Jones, 'Cymry "Gwlad yr Aur": Ymfudwyr Cymreig yn Ballarat, Awstralia, yn Ail Hanner y Bedwaredd Ganrif ar Bymtheg', *Llafur*, 8:2 (2001), tt.41–62.

[9]Gw. Bill Jones, 'Cymru, Patagonia ac Ymfudo', yn y gyfrol hon.

[10]Gw., er enghraifft, *Y Ddraig Goch*, 5 a 19 Gorffennaf, 30 Awst, 13 Medi, 4 Hydref 1862. Ymddangosodd cyfresi eraill o'r *Ddraig Goch* yn 1867 ac yn 1876–77.

[11]*Y Ddraig Goch*, 2 Awst, 4 Hydref, 1 Tachwedd 1862.

[12]*Y Ddraig Goch*, 13 Medi 1862.

[13]*Y Ddraig Goch*, 5 Gorffennaf 1862.

[14]*Y Ddraig Goch*, 4 Hydref 1862.

[15]*Y Ddraig Goch*, 4 Hydref 1862.

[16]*Y Ddraig Goch*, 3 Hydref 1863.

[17]*Y Ddraig Goch*, 3 Hydref 1863. Erbyn dechrau 1866 roedd E. P. Jones yn gwerthu papurau newydd 'a phethau eraill' yn Sebastopol, ger Ballarat; *Baner ac Amserau Cymru*, 28 Mawrth 1866, 9 Ionawr 1867.

[18]*Y Ddraig Goch*, 14 Tachwedd 1863.

[19]*Baner ac Amserau Cymru*, 28 Mawrth 1866, 9 Ionawr 1867.

[20]*Baner ac Amserau Cymru*, 23 Mai 1866; Dafydd Tudur, 'Life, Thought and Work of Michael Daniel Jones', tt.248–9.

[21]Archifau Prifysgol Bangor, Llsg. Bangor 819: Llyfr Cofnodion Cwmni Ymfudol a

Masnachol y Wladva Gymreig Cyfyngedig, 'At y Rhanddalwyr', 13 Gorffennaf 1867, t.27.

[22]Lewis Jones, *Hanes y Wladva Gymreig, Tiriogaeth Chubut, yn y Weriniaeth Arianin, De Amerig* (Caernarfon: Cwmni'r Wasg Genedlaethol Gymreig, 1898), t.19.

[23]*Baner ac Amserau Cymru*, 10 Hydref 1866.

[24]*Baner ac Amserau Cymru*, 9 Ionawr 1867.

[25]*Baner ac Amserau Cymru*, 6 Chwefror 1867.

[26]Llythyr gan Michael D. Jones at T. B. Phillips, 12 Mawrth 1867, mewn casgliad o bapurau personol Thomas Benbow Phillips (arweinydd y wladfa Gymreig yn Rio Grande do Sul, Brasil, a symudodd i'r Wladfa ym Mhatagonia yn ddiweddarach) sydd ym meddiant Silvia Williams, Esquel. Yr wyf yn ddiolchgar iawn i'r perchennog am adael imi fwrw golwg dros y casgliad hwn. Cyhoeddwyd testun y llythyr yn Sergio Sepiurka a Jorge Miglioli, *Rocky Trip: La Ruta de los Galeses en la Patagonia / The Route of the Welsh in Patagonia* (Esquel: Balero Producciones, 2004), tt.53–4.

[27]*Baner ac Amserau Cymru*, 10 Hydref 1866.

[28]*Yr Herald Cymraeg*, 12 Hydref 1867. Fe'i hailgyhoeddwyd yn *Yr Australydd*, 2:7 (Ionawr 1868), tt.158–62.

[29]*Yr Australydd*, 2:3 (Medi 1867), tt.61–2, dyf. ar dud. 62.

[30]*Yr Herald Cymraeg*, 12 Hydref 1867. Fe'i hailgyhoeddwyd yn *Yr Australydd*, 2:7 (Ionawr 1868), tt.158–62.

[31]Dafydd Tudur, 'Life, Thought and Work of Michael Daniel Jones', tt.243–76.

[32]*Yr Australydd*, 3:12 (Rhagfyr 1869), tt.278–80, dyf. ar dud. 280.

[33]*Baner ac Amserau Cymru*, 9 Ionawr 1867.

[34]*Yr Australydd*, 2:5 (Tachwedd 1867), tt.107–10, dyf. ar dud. 110.

[35]Llsg. Bangor 7569: Llythyr L. Patagonia Humphreys at Michael D. Jones, 1 Awst 1870. Roedd y Parch. Lewis Humphreys yn un o gefnogwyr mwyaf brwd y Wladfa. Hwyliodd yno ar y *Mimosa* yn 1865 ond dychwelodd i Gymru y flwyddyn olynol oherwydd salwch. Ail-ymfudodd i'r Wladfa yn 1886 a bu farw yno yn 1910. Gw. Dafydd Tudur, 'Life, Thought and Work of Michael Daniel Jones', t.246.

[36]*Yr Ymwelydd*, 1:13 (16 Hydref 1875), t.305.

[37]R. Bryn Williams, *Y Wladfa* (Caerdydd: Gwasg Prifysgol Cymru, 1962), tt.155–8.

[38]*Yr Australydd*, cyfres newydd, 1:1 (Ebrill 1871), tt.1–2.

[39]*Yr Ymwelydd*, 2:6 (Mehefin 1876), t.143.

[40]Llsg. Bangor 7670B.

[41]*Yr Ymwelydd*, 2:10 (Hydref 1876), t.228.

[42]R. Bryn Williams, *Y Wladfa*, t.234; Abraham Matthews, *Hanes y Wladfa Gymreig yn Patagonia* (Aberdâr: Mills ac Evans, 1894), tt.113–15.

[43]Elvey MacDonald, *Yr Hirdaith* (Llandysul: Gwasg Gomer, 1999), t.185.

[44]*Yr Ymwelydd*, 2:9 (Medi 1876), t.209; 2:11 (Tachwedd 1876), t.253.

[45]*Yr Australydd*, 2:5 (Tachwedd 1867), tt.107–10; cyfres newydd, 1.1 (Ebrill 1871), tt.1–2; cyfres newydd, 1:7 (Hydref 1871), t.8; *Yr Ymwelydd*, 2:9 (Medi 1876), tt.206–8;

2:10 (Hydref 1876), tt.225–8.

[46]*Yr Ymwelydd*, 2:6 (Mehefin 1876), tt.133–4. Gw. hefyd *Yr Ymwelydd*, 2:3 (Mawrth 1876), tt.53–4.

[47]*Yr Ymwelydd*, 1:7 (16 Ebrill 1875), tt.161–2. Gw. Bill Jones, ' "Going into Print": Published Immigrant Letters, Webs of Personal Relations, and the Emergence of the Welsh Public Sphere', yn *Letters Across Borders: The Epistolary Practices of International Migrants*, gol. Bruce S. Elliott, David A. Gerber a Suzanne M. Sinke (Basingstoke: Palgrave, 2006), tt.175–99.

[48]Gw., er enghraifft, *Yr Ymwelydd*, 2:9 (Medi 1876), tt.206–7.

[49]Gw., er enghraifft, *Yr Ymwelydd*, 2:3 (Mawrth 1876), tt.53–4, 60–3.

[50]*Yr Ymwelydd*, 2:3 (Mawrth 1876), tt.53–4, a 2:4 (Ebrill 1876), tt.83–5.

[51]Aled Jones a Bill Jones, *Welsh Reflections: Y Drych and America, 1851–2001* (Llandysul: Gwasg Gomer, 2001), tt.7, 25–6.

[52]*Y Drych*, 27 Ebrill 1876.

[53]*Y Drych*, 13 Gorffennaf 1876; D. S. Davies, *Adroddiad y Parch. D. S. Davies am Sefyllfa y Wladfa Gymreig* (Y Bala: Edwin Cynrig Roberts, 1875). Ymddangosodd yr adroddiad yn gyntaf yn *Baner America*. Fe'i hailgyhoeddwyd yn *Yr Ymwelydd*, 2:5 (Mai 1876), tt.109–11; 2:6 (Mehefin 1876), tt.130–2; 2:7 (Gorffennaf 1876), tt.154–6; 2:8 (Awst 1876), tt.187–9.

[54]*Y Ddraig Goch*, 1:2 (Chwefror 1876), tt.19–20; 1:4 (Ebrill 1876), tt.49–51; 1:9 (Medi 1876), tt.111–12.

[55]*Y Ddraig Goch*, 1:4 (Ebrill 1876), tt.49–51.

[56]Gw. Bill Jones, 'Going into Print'.

[57]*Y Ddraig Goch*, 1:4 (Ebrill 1876), t.49.

[58]*Y Ddraig Goch*, 1:9 (Medi 1876), t.111.

[59]*Yr Ymwelydd*, 2:10 (Hydref 1876), t.226. Ymddangosodd y llythyr cyn hynny yn *Y Gwladgarwr*.

[60]*Yr Ymwelydd*, 2:5 (Mai 1876), t.109.

[61]*Yr Ymwelydd*, 2:13 (16 Hydref 1875), tt.302–5, dyf. ar dud. 304.

[62]*Yr Ymwelydd*, 2:4 (Ebrill 1876), t.87.

[63]Gw., er enghraifft, ysgrifau 'Berachah' a William Morgan, Yandoit [Fictoria], *Yr Ymwelydd*, 2:3 (Mawrth 1876), tt.60–2.

[64]*Yr Ymwelydd*, 2:1 (Ionawr 1876), t.17.

[65]*Yr Ymwelydd*, 1:14 (16 Tachwedd 1875), tt.332–3.

[66]*Yr Australydd*, cyfres newydd, 1:4 (Gorffennaf 1871), tt.7–9; 1:5 (Awst 1871), tt.7–8; 1:6 (Medi 1871), t.7; 1:7 (Hydref 1871), tt.7–8.

[67]*Yr Ymwelydd*, 2:12 (Rhagfyr 1876), tt.277–9, dyf. ar dud. 277. Gw. hefyd *Yr Ymwelydd*, 2:9 (Medi 1876), tt.206–8.

[68]*Yr Ymwelydd*, 1:12 (16 Medi 1875), tt.276–80.

[69]*Yr Ymwelydd*, 2:11 (Tachwedd 1876), tt.253–6, dyf. ar dud. 255.

[70]*Yr Ymwelydd*, 2:11 (Tachwedd 1876), tt.253–6, dyf. ar dud. 256.

[71]*Yr Ymwelydd*, 2:11 (Tachwedd 1876), tt.255–6.

[72]Am fywyd a gwaith William Meirion Evans, gw. Bill Jones, 'Y Parchedig William Meirion Evans ac Achos y Methodistiaid Calfinaidd yn Victoria, Awstralia, yn Ail Hanner y Bedwaredd Ganrif ar Bymtheg', *Cylchgrawn Hanes Cymdeithas Hanes y Methodistiaid Calfinaidd*, 31 (2007), tt.122–52.

[73]*Yr Ymwelydd*, 2:8 (Awst 1876), t.191.

[74]*Yr Ymwelydd*, 'Rhagdraith', cyf. 2:4 (1876).

[75]*Yr Ymwelydd*, 1:13 (16 Hydref 1875), tt.304–5, dyf. ar dud. 305. Ailgyhoeddwyd darnau o'r ysgrif olygyddol hon yng ngholofn 'Mynyw', 'Y Symudiad Gwladfaol yn Awstralia', yn *Y Ddraig Goch*, 1:2 (Chwefror 1876), tt.19–20.

[76]*Yr Ymwelydd*, 1:13 (16 Hydref 1875), t.305.

[77]*Y Ddraig Goch*, 1:9 (Medi 1876), t.111.

[78]*Yr Ymwelydd*, 2:12 (Rhagfyr 1876), tt.277–9.

[79]Gw. Bill Jones, 'Cymry "Gwlad yr Aur" ', *passim*. Gw. hefyd y trafodaethau yn Robert Llewellyn Tyler, 'A Handful of Interesting and Exemplary People', tt.147–9; idem, 'The Welsh Language in a Nineteenth-Century Australian Gold Town', *Cylchgrawn Hanes Cymru*, 24:1 (Mehefin 2008), tt.52–76.

[80]*Yr Ymwelydd*, 1:13 (16 Hydref 1875), tt.303–4.

[81]*Yr Australydd*, 1:9 (Mawrth 1867), tt.130–1.

[82]*Yr Australydd*, 3:12 (Rhagfyr 1869), tt.279–80.

[83]*Yr Australydd*, cyfres newydd, 1:6 (Medi 1871), tt.1, 3; 1:7 (Hydref 1871), tt.1, 9, 10; 1:8 (Tachwedd 1871), t.2; 1:9 (Rhagfyr 1871), t.2. Gw. hefyd Robert Llewellyn Tyler, 'A Handful of Interesting and Exemplary People', tt.272–5.

[84]*Yr Ymwelydd*, 2:11 (Tachwedd 1876), t.256.

[85]*Yr Ymwelydd*, 2:3 (Mawrth 1876), t.63.

[86]*Yr Ymwelydd*, 2:12 (Rhagfyr 1876), t.277. Ailgyhoeddwyd y llythyr yn *Y Ddraig Goch*, 2:7 (Mai 1877), tt.58–62.

[87]Gareth Alban Davies, 'Wales, Patagonia and the Printed Word: The Missionary Role of the Press', *Llafur*, 6:4 (1995), tt.44–59; idem, 'The Welsh Press in Patagonia', yn *A Nation and its Books: A History of the Book in Wales*, gol. Philip H. Jones ac Eiluned Rees (Aberystwyth: Llyfrgell Genedlaethol Cymru, 1998), tt.265–76.

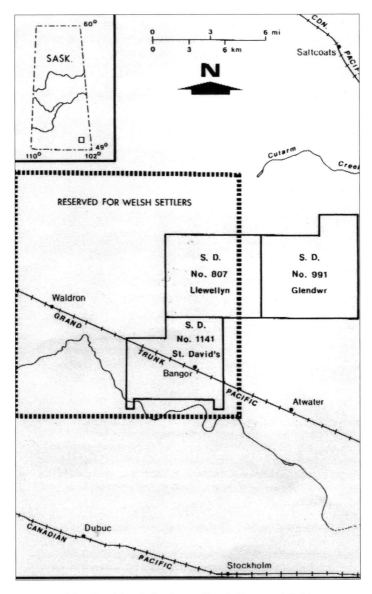

Map o'r ardal yn Saskatchewan, Canada lle yr ymsefydlodd
nifer o bobl o'r Wladfa yn 1902 – map gan Dawn L. Allen o'r gyfrol
Celtic Languages and Celtic Peoples *(1992)*

188

O Gymru i Saskatchewan drwy Batagonia

Robert Owen Jones

Drwy'r canrifoedd ymfudodd y Cymry o'u mamwlad yn unigolion, yn deuluoedd ac yn gwmnïau o gyfeillion a chydnabod, ond fynychaf llyncid hwy ym mywyd y cymunedau yr ymfudasant iddynt. Sylwodd Cyril G. Williams fod hyn yn nodwedd bur gyffredinol: '*Outside his own country the Welshman has integrated successfully in his adopted society. One of the reasons is that he has not emigrated in groups sufficiently strong to sustain his identity and he has been easily absorbed.*'[1] Roedd ymfudo a cholli hunaniaeth bron â bod yn gyfystyr â'i gilydd.

Rhwng 1815 ac 1915 ymfudodd dros 35 miliwn o bobl o Ewrop i Ogledd yr Amerig, ond elfen fechan iawn oedd y Cymry yn y llifeiriant hwnnw. Yn ôl cyfrifiad Unol Daleithiau America yn 1890 yr oedd dros 100,000 o Gymry yno y pryd hwnnw, ond diferyn di-nod yw hynny mewn cymhariaeth â'r miliynau a oedd yno o dras Wyddelig, er enghraifft. Er i'r Cymry gyfeirio at UDA fel 'y Baradwys Bell', 'Gardd Eden', 'Seion y Saint', 'Gwlad yr Addewid' a'r 'Ail Ganaan', ysbeidiol fu'r ymfudo yno o Gymru mewn gwirionedd. Tueddai unigolion neu deuluoedd i ymuno â theulu neu gydnabod mewn mannau penodol a thrwy hynny byddai'r straen o geisio byw mewn gwlad ddieithr yn lleihau. Byddent yn gallu ffurfio rhwydweithiau cymdeithasol Cymraeg, ond serch hynny carfan leiafrifol fyddent yn y gymuned ehangach. Byddai llawer mwy o raen ar bethau pan sefydlid capel i fod yn ganolbwynt crefyddol a chymdeithasol. Amcangyfrifir i 600 o gapeli Cymraeg gael eu codi yn UDA. Yn 1872, er enghraifft, honnir bod 83 capel Cymraeg yn nhalaith Wisconsin a gwasanaethid hwy gan 46 o weinidogion a 15 pregethwr lleyg.[2] Roedd tipyn o raen ar bethau yno! Yn raddol, serch hynny gwanychwyd y rhwydweithiau cymdeithasol Cymraeg. Cymhathwyd yr ifainc, gwaniodd yr ymroddiad a'r pwysigrwydd o gadw hunaniaeth Gymreig ac ymdoddodd yr elfen Gymreig yn dawel i ffrwd y bywyd Americanaidd. Nid yw'r fath batrwm o reidrwydd yn nodwedd neilltuol o'r Cymry. Dyna oedd y tueddiad ymhlith pob carfan leiafrifol mewn gwlad newydd. Ymfudodd yr unigolion a'r teuluoedd yn benodol am resymau economaidd, i wella eu byd ac i roi cyfleoedd gwell i'w plant. Nid ymfudo a wnaethant i sefydlu cymunedau Cymraeg lle y gallent fyw bywyd llawn fel Cymry heb orfod cyfaddawdu na gwadu eu hunaniaeth. Pris llwyddiant economaidd oedd ymdoddi i fywyd a ffyrdd y wlad newydd a mabwysiadu hunaniaeth newydd a fyddai'n gwneud yr iaith yn ddibris, hyd yn oed yn ystod oes y sefydlwyr cyntaf yn fynych iawn.

Cythruddwyd y Parchedig Michael D. Jones yn arw pan welodd yr hyn a ddigwyddai i ymfudwyr o Gymru. Tra ydoedd yn gweinidogaethu yn Cincinnati yn niwedd yr 1840au gresynai wrth weld y Cymry yn gadael i'w hiaith a'u diwylliant ddiflannu mor ddiseremoni: 'A ydyw ein hiaith, ein harferion, ein crefydd a'n moesau fel cenedl, ddim yn werth eu cadw i fyny? Ac onid ydyw hanes ein cenedl yr ochr hyn i'r Werydd, yn gystal a'r ochr draw, ddim yn profi fod colli ein hiaith yn golli y tri eraill?'[3] Dadleuodd yn huawdl fod iaith a chrefydd y Cymry yn anwahanadwy: 'nid colled am iaith yn unig a fydd colli ein hiaith, ond colled am ein moesau, a'n crefydd i raddau pwysig, fel y tystia ein hanes fel pobl bob tu i'r Werydd.'[4] Yr unig ffordd i atal yr erydu a'r difodiant oedd trwy sianelu ymfudiadau o Gymru i un man penodol a sefydlu cymuned hunanddigonol Gymreig yno. Conglfeini'r gymuned fyddai'r iaith a chrefydd Anghydffurfiol Cymru. Yn 1849 awgrymodd Oregon fel man delfrydol ar gyfer y fath fenter.[5] Yna yn 1856 awgrymodd Vancouver Island yng Nghanada ac ymddengys iddo lythyru â'r llywodraeth yn Llundain a derbyn ymateb calonogol.[6]

Nid oedd dim newydd yn y syniad o sefydlu gwladfa Gymreig. Bu sawl ymgais yng Ngogledd yr Amerig cyn dyddiau Michael D. Jones, gan gynnwys nifer yng Nghanada. Yn 1617 ceisiodd William Vaughan o'r Gelli Aur sefydlu 'Cambriol' yn Newfoundland,[7] a chafwyd o leiaf dair ymgais yno yn gynnar yn y bedwaredd ganrif ar bymtheg – yn New Cambria, Nova Scotia, yn 1818; yn Cardigan, New Brunswick, yn 1819; ac yn Middlesex County, London, Ontario, yn 1821. Ond methiant fu pob ymgais i sicrhau parhad hunaniaeth Gymreig yng Ngogledd yr Amerig. Cafwyd colledion ariannol, cyni, aflwyddiant economaidd, diffyg trefn ganolog, diffyg gweledigaeth a rhy ychydig o ymfudwyr. Ni lwyddwyd i wrthsefyll ymdoddi diwylliannol nac ychwaith erydiad ieithyddol a chyflymwyd y cymathu wrth i wahanol deuluoedd symud i ffwrdd i geisio blewyn glasach mewn cymunedau eraill. Meddai Peter Thomas:

> The Baptist congregation at Cardigan Settlement never rose above 50 and the subsequent history of the settlement was one of gradual assimilation and further out-migration. The first white woman settler in the Black Hills of Idaho was a Lewis girl from Cardigan [Settlement. …] As for New Cambria, the venture declined into a sorry and divided remnant.[8]

Pwynt pwysig i'w gofio yn y cyswllt hwn yw mai cymhellion economaidd yn bennaf a roes fodolaeth i'r gwladfeydd a nodwyd. Ond yn achos Michael D. Jones a'r mudiad gwladfaol a gysylltir ag ef, roedd gwarchod a datblygu hunaniaeth yr ymfudwyr Cymreig yn rhan greiddiol o *ethos* y mudiad. Roedd y ffactor economaidd o bwys, wrth gwrs, ond breuddwyd fawr Michael D. Jones oedd sefydlu gwladfa lle y byddai'r Cymry yn gallu byw bywyd llawn fel Cymry heb orfod newid diwylliant, iaith na daliadau crefyddol. Dyna'r hyn a wnaeth gynllun Patagonia yn unigryw. Yr amcan oedd sefydlu Cymru newydd, well dros y dŵr. Roedd nodau clir a chenhadaeth benodol ynghlwm wrth y cynllun.

Ym mis Mai 1865 hwyliodd y fintai gyntaf o Lerpwl ar fwrdd y *Mimosa* a chyrraedd 'New Bay' (Porth Madryn bellach) ddeufis yn ddiweddarach ar 28 Gorffennaf. Roedd bywyd caled a siomedigaethau lu o'u blaenau. O'r traeth gwelsant dir sych, tywodlyd, diffrwyth yn ymestyn hyd y gorwel – yr union olygfa a welsai Charles Darwin yn 1832; a phur ddiobaith oedd ei ymateb ef: *'This plain has a very sterile appearance; it is covered with thorny bushes and a dry looking grass and will forever remain nearly useless to mankind.'*[9] Cafwyd problemau ac anawsterau dychrynllyd yn ystod y blynyddoedd cyntaf ond rhygnwyd ymlaen ac o dipyn i beth daeth llwyddiant economaidd, cymdeithasol, crefyddol ac ieithyddol yn realiti. Erbyn 1897 roedd Dyffryn Camwy i gyd wedi ei wladychu a gwladfa fechan arall wedi ei sefydlu yng Nghwm Hyfryd wrth odre'r Andes. Roedd ffermydd wedi eu datblygu, ffyrdd wedi eu hagor, trefi wedi eu hadeiladu a rheilffordd wedi ei gosod i gysylltu Dyffryn Camwy â'r porthladd ym Mhorth Madryn. Roedd y dyffryn i gyd yn cael ei amaethu a hynny oherwydd i'r ffermwyr eu hunain gloddio a saernïo camlesi i ddyfrhau eu tiroedd a'r rhwydwaith hwnnw dan reolaeth eu 'Cwmni Dyfrhau' hwy eu hunain. Yn 1867 rhifai'r boblogaeth 124 ond deng mlynedd ar hugain yn ddiweddarach roedd 4,000 o bobl yn byw yno. Roedd yno 61 o dai yn 1867 ond 838 erbyn 1897. Yn y blynyddoedd cynnar cafodd 62 hectar eu haredig ond erbyn diwedd y ganrif roedd 5,505 hectar dan gnydau. Cynyddodd yr anifeiliaid yn sylweddol o fewn yr un cyfnod – gwartheg o 60 i 48,741, defaid o 800 i 108,137, ceffylau o 40 i 16,895 a moch o 6 i 1,151.[10] Mae'r ystadegau yn adlewyrchiad teg o lwyddiant materol arbennig y Wladfa erbyn trydydd degawd ei bodolaeth. Teg nodi hefyd fod rheolaeth yr economi yn gyfan gwbl yn nwylo'r Cymry gan iddynt sefydlu cwmni cydweithredol i farchnata cynnyrch y dyffryn, 'Cwmni Masnachol Camwy' (yr 'CMC').

Un o nodweddion amlycaf y sefydliad oedd trefn ac ymwybyddiaeth gref o berthyn i gymuned. Pan ddechreuid ymsefydlu mewn rhan newydd o'r dyffryn, un o'r tasgau cyntaf fyddai codi capel mewn man canolog a chyfleus i drigolion yr ardal newydd. Yn y capel y byddent yn cydgyfarfod i addoli ar y Sul ac yno y deuent at ei gilydd ar noson waith i ymarfer canu, neu i gynnal amrywiol gyrddau diwylliannol. Yno yn ystod dyddiau'r wythnos y cynhelid ysgol ddyddiol i'r plant. Y Gymraeg oedd cyfrwng y gweithgareddau hyn i gyd. O'r dechrau sefydlwyd llywodraeth leol effeithiol gyda chynghorau etholedig a gweinyddwyr cyflogedig. Sefydlwyd llysoedd barn a chedwid y cofnodion a chynhelid yr achosion drwy gyfrwng y Gymraeg. Roedd y Wladfa yn wir yn 'Gymru Newydd' oherwydd yr oedd yn rhagori ar drefn yr 'Hen Wlad' ym myd addysg, masnach a'r gyfraith. Yng Nghymru roedd y meysydd hynny yn gyfyngedig i'r Saesneg yn unig; ym Mhatagonia yr oedd i'r Gymraeg statws ac urddas ac yn nawdegau'r bedwaredd ganrif ar bymtheg dim ond yn Ne'r Amerig y gallai'r Cymry fyw bywyd llawn heb orfod trosi i iaith arall. Roedd breuddwyd Michael D. Jones i raddau helaeth iawn wedi ei gwireddu. Ond roedd newidiadau ar y gorwel.

Yn 1896 mynnodd llywodraeth Ariannin gael yr ysgolion cynradd o dan ei haden a'i rheolaeth hi. Diswyddwyd llawer o'r athrawon Cymraeg a phenodwyd rhai o rannau eraill o'r Weriniaeth yn eu lle. Newidiwyd cyfrwng yr addysg dros nos o'r Gymraeg i'r Sbaeneg a bellach gwaharddwyd y Gymraeg yn gyfan gwbl o'r ysgolion. Bu hyn yn gryn ergyd ar y pryd, o gofio bod y fframwaith a sefydlodd y Cymry yn hynod effeithiol ac o dan reolaeth Bwrdd Ysgol a oedd yn cynnal arolygiadau cyson ac yn pennu'r maes llafur yn flynyddol. Bu cryn brotestio a chwyno y byddai addysg y plant yn dioddef yn ddybryd, ond derbyniwyd y sefyllfa newydd drwy i'r ysgol Sul ymgymryd â'r dasg o wneud y plant yn llythrennog yn y Gymraeg. Ymestynnwyd ei hadnoddau prin hithau i'r eithaf a dichon i addysg grefyddol ddirywio yn y tymor hir.

Yn ystod y cyfnod hwn hefyd cynyddodd ymyrraeth y llywodraeth ym mywyd beunyddiol y Gwladfawyr. Amlhaodd niferoedd swyddogion y llywodraeth a chryfhawyd y presenoldeb milwrol. Roedd Ariannin â'i bryd ar gadarnhau ei pherchnogaeth ar y tiriogaethau ac i wneud hynny rhaid oedd cael presenoldeb cadarn yn lleol. Mater pwysig arall oedd sicrhau bod y deiliaid yn deyrngar i'r wladwriaeth, a chan mai dinasyddion Prydeinig oedd sefydlwyr Dyffryn Camwy roedd y dasg yn llawer pwysicach. Bu'n rhaid i'r Gwladfawyr oddef ymyrraeth raddol ond cyson, a gweld erydiad yn eu hawdurdod ym mywyd cyhoeddus y dyffryn.

Aeth yr anfodlonrwydd yn wenfflam pan fynnodd yr awdurdodau y byddai'n rhaid i'r dynion gyflawni gwasanaeth milwrol ac y byddai'r ymarfer yn digwydd ar y Sul. Roedd y llywodraeth yn tybio y byddai cynnwys y Cymry yng ngweithgareddau'r fyddin yn ennyn ynddynt deyrngarwch a chariad at eu gwlad newydd. Roedd hwn yn bolisi cyffredinol drwy'r wlad i gyd, sef cynnwys pob haen leiafrifol mewn gweithgarwch a fyddai'n ennyn ynddynt gariad a balchder cenedlaethol. Nid oes tystiolaeth bod y Gwladfawyr yn gwrthwynebu gorfod cyflawni gwasanaeth milwrol, ond yn sicr gwrthwynebent ymarfer ar y Sul. Roedd halogi'r Sul yn tanseilio awdurdod yr Ysgrythur ac yn gwbl groes i'w daliadau a'u cydwybod grefyddol. Dangosodd y Gwladfawyr eu dannedd ac ymatebodd yr awdurdodau yn swnllyd a digyfaddawd. Carcharwyd rhai am wrthod ufuddhau. Roeddynt wedi torri'r gyfraith, ond pa gyfraith oedd i gael y flaenoriaeth? Safodd y Cymry'n gwbl ddisyfl – cyfraith cydwybod grefyddol oedd i flaenori. Nid oedd deialog yn bosibl, a heuwyd hadau casineb a chamddealltwriaeth. Cyhuddwyd a chamddehonglwyd cymhellion a gweithredoedd y Cymry. Roedd agendor grefyddol, ieithyddol a diwylliannol rhwng y ddwy ochr.

Sefydlodd y Gwladfawyr bwyllgor i drafod y mater ac i gynllunio strategaeth. Teimlent yn rhwystredig yn eu hymwneud â mân swyddogion y llywodraeth yn Rawson a thrafodwyd y priodoldeb o apelio am gymorth gan lywodraethau Prydain ac UDA. Ymyrrodd yr Arlywydd Roca yn y ffrae yn Hydref 1898 a llwyddodd ef i ddatrys yr anghydfod drwy gydnabod mai gwrthdaro rhyddid cydwybod grefyddol oedd wrth wraidd y cyfan.[11] Caniatawyd i'r Cymry gyflawni eu dyletswyddau milwrol ar ddiwrnod arall a thawelodd y cythrwfl.[12]

Yn y cyfamser yr oedd dau o arweinwyr y Wladfa, Llwyd ap Iwan (mab Michael D. Jones) a T. Benbow Phillips, wedi hwylio i Brydain i geisio ennill cefnogaeth yno i frwydr y Gwladfawyr. Pan glywyd am hyn gan swyddogion y llywodraeth yn y Wladfa, ymatebwyd mewn modd cwbl annerbyniol drwy arestio aelodau'r pwyllgor lleol a'u bygwth ag arfau ac yna eu dwyn i Rawson ynghanol nos. Y diwrnod dilynol cawsant eu holi, eu bygwth a'u dychryn am wyth awr. Yn y diwedd rhyddhawyd hwy, ond roedd y bennod hon eto yn enghraifft o ddiffyg hyder ac ymddiriedaeth y naill garfan yn y llall. Er bod mater yr ymarfer ar y Sul wedi ei ddatrys, cadarnhaodd y driniaeth ddiweddaraf y ddelwedd negyddol a oedd gan laweroedd o'r Gwladfawyr o swyddogion y llywodraeth yn Rawson.

Roedd hwn yn gyfnod cythryblus yn hanes y Wladfa, cyfnod o
ansicrwydd ac ofn, cyfnod o hau amheuon a chreu casineb, cyfnod o
newid a hunanholi, cyfnod o sylweddoli bod cryn agendor rhwng
nodau'r Wladfa ac amcanion llywodraeth y wlad. Ymunodd papurau
Buenos Aires yn yr helynt gan gyhuddo'r Gwladfawyr o fod yn deyrngar
i Brydain ac awgrymu mai hynny a'u hataliai rhag ymuno â'r ymarferion
milwrol. Yn y golygyddol yn *La Prensa*, 8 Hydref 1901, galwyd ar y
Cymry i ymadael â'r wlad os oeddynt yn bwriadu apelio am gefnogaeth
Prydain. Ymddangosodd sylw tebyg yn *La Nacion*, 19 Hydref 1901.
Roedd y mater yn un pur ddifrifol, a'r wasg bellach yn gorliwio'r sefyllfa
ac yn gorymateb i broblem nad oedd yn bodoli mwyach.

Cyfeirir mewn sawl ffynhonnell at yr anghydfod hwn fel y prif
reswm dros ymfudiad 234 o'r Wladfa i Ganada ym Mai 1902 – yr
ymadawiad a ddisgrifiwyd gan William Meloch Hughes fel yr 'ergyd
gymdeithasol a chrefyddol drymaf gafodd y Wladfa er adeg ei
sylfaeniad'.[13] Yn ôl dogfennau llywodraeth Prydain, papurau'r Adran
Mewnfudo i Ganada, a thystiolaeth mewnfudwyr o'r Wladfa a'u
disgynyddion, erledigaeth yn Ariannin a phwysau cynyddol y
llywodraeth arnynt i gydymffurfio oedd y prif gymhelliad dros allfudo i
Ganada. Mewn llythyr at ei chwaer Mary, dywed Thomas Morris, a oedd
yn blentyn pan adawodd y teulu Ddyffryn Camwy:

> The chapter which brought us out to Canada from there is the
> culmination of the Argentine government taking over control over
> our affairs and establishing compulsory military training, and father
> was so intensely averse to such action. [...] So father was very strong
> for the move and told us boys that if under the British flag, there
> would be no more compulsory military training after that.[14]

Ac yn ôl David Davies: 'It was when the government enforced the law
prohibiting them from teaching their children their Welsh language and
conscripting the young men into the army they decided once again to move
their families.'[15] Awgryma Rosa Jones fod gwrthdaro crefyddol hefyd
wrth wraidd y symud i Ganada. Meddai: 'This family [teulu Thomas
Marsh] like other Welsh Families left Patagonia, South America because of
the strict Spanish domination of the Church and schools.'[16] Mae'n wir bod
y Cymry'n ymwybodol iawn o'r ffaith bod eu ffydd a'u credo yn eu
gwahaniaethu'n fawr oddi wrth weddill Ariannin Gatholig, ond nid oes
unrhyw dystiolaeth o erledigaeth ar gyfrif credo. Ymddangosodd y
canlynol yn *The Winnipeg Free Press*, 17 Medi 1902, ar ôl i'r

Gwladfawyr gyrraedd Saltcoats, nid nepell o Yorkton yn ne-ddwyrain Saskatchewan: *'even more is thought by them of the privilege of again living under equitable British law, and not being discriminated against in every possible way as was the case in Argentina'*. Cyfeirir hefyd droeon at y chwalfa a'r difrod a achoswyd gan ddau orlif yn Nyffryn Camwy, y naill yn 1899 a'r llall yn 1901, ond awgrymir mai ychwanegu at y diflastod a'r anfodlonrwydd a deimlid eisoes a wnaeth y trychinebau hynny. Yr argraff gyffredinol a geir, felly, yw mai ymyrraeth y llywodraeth a chwtogi ar annibyniaeth y Wladfa oedd prif achos yr ymadawiad yn 1902.

Cychwynnodd y fintai o Wladfawyr o Borth Madryn ar 14 Mai 1902 ar fwrdd yr *Orissa* ar ran gyntaf y daith drwy Lerpwl i Ganada. Pan laniasant yn Lerpwl roedd tyrfa niferus yno i'w croesawu yn ogystal â thelegram oddi wrth Dywysog Cymru. Aeth rhai i dreulio ychydig o amser â theulu yng Nghymru a phan hwyliodd y *Numidian* am Quebec roedd deunaw yn llai yn eu mysg. O Quebec teithiwyd ar y trên hyd Winnipeg ac ymlaen wedyn i Saltcoats gan gyrraedd yno ar 29 Mehefin, chwe wythnos ar ôl dechrau ar y daith o Batagonia. Roedd yn daith hir a blinderus. Bu farw baban bach Dafydd Jones (Bont) cyn iddynt gyrraedd Quebec a ganed merch fach i Mrs Thomas Williams cyn iddynt gyrraedd Winnipeg.[17]

Yn ôl pob golwg roedd y trefniadau a'r paratoadau ar eu cyfer yn Saltcoats yn rhai cwbl annigonol. Ar y dechrau cawsant lety yn Neuadd Arddangos Cymdeithas Amaethyddol Saltcoats ac wedyn symudwyd hwy i wersylla mewn pebyll ger fferm Evan Jenkins, tua deng milltir i'r de o Saltcoats. Ymfudasai ef o'r Wladfa yn 1891. O'r fan honno aethant i ddewis a mesur eu ffermydd yn yr ardal a oedd wedi ei neilltuo ar eu cyfer ar y peithdir ychydig ymhellach i'r de-orllewin. Cofnodir y canlynol amdanynt yn *The Winnipeg Free Press*, 17 Medi 1902:

> They have been busy with necessary pioneer work, erecting homes and stables, digging wells and breaking land for next spring's crops. Some of the newcomers have put up as much as forty tons of hay and are working up to their utmost limit to get their homesteads in order as early a date as possible.

Roedd y tai cyntaf yn rhai amrwd iawn. Dywedir i Thomas Rees godi caban o goed a thyweirch (14' x 14') ar gyfer ei wraig a thri ar ddeg o blant![18] Dyma oedd profiad Robert Morris:

It was a very wet spring – too wet to haul logs to build a cabin. So I
ploughed sods to build a sod shack that year. So Peter Jones, my
neighbour, he helped me to build my shack and I helped him to build
a shack for his homestead south east of me. In three weeks' time I
brought my wife and our three children in to our new home on Sec 6
TP 22.[19]

Symudodd Henry ac Ann Davies a'u hwyth plentyn i'w tŷ tyweirch ar 21
Gorffennaf.[20] Er gwaetha'r anawsterau roeddent yn dra dyfeisgar ac yn
amlwg ddigon wedi gallu tynnu oddi ar eu profiadau blaenorol ym
Mhatagonia.

Yn 1903, mewn adroddiad i'r awdurdodau yn Ottawa, disgrifiwyd
y fintai fel hyn gan W. L. Griffith, yr Asiant yng Nghymru dros y Bwrdd
Mewnfudo i Ganada rhwng 1897 ac 1903: 'The Welsh settlers are
splendidly adapted for life in a new country; they can put up their own
buildings, they are splendid stockmen and are thoroughly acquainted with
what roughing it in a new country means.'[21] Roedd amodau byw yn anodd
yn y fath le anghysbell, ond o dipyn i beth llwyddodd y fintai i ymsefydlu
yn dair cymuned a'u galw'n Llewellyn (ar ôl Syr John Dillwyn-
Llewellyn), Glyndwr (a elwir yn 'Glendwyr' yn lleol) a St David's.
Roedd tuedd i ymrannu'n enwadol, gyda'r Methodistiad a'r Anglicanaid
yn cronni yn ardal Llewellyn a'r Annibynwyr yn ardal Glyndwr;[22] a chyn
hir, fel yn y Wladfa, yr oeddent wedi dechrau codi addoldai. Roedd
gwladfa Gymreig wedi ei phlannu yn Saskatchewan, felly, ond yn y
tymor hir ni fyddai'n llwyddo i ddiogelu ei hunaniaeth.

Fel y nodwyd eisoes, cawn yr argraff wrth ddarllen y gwahanol
ffynonellau mai'r prif gymhelliad dros symud i Ganada oedd yr
argyhoeddiad na ellid cynnal gwladfa Gymreig bellach yn Ariannin.
Awgrymir bod yr ymfudwyr wedi eu dychryn gan ymyrraeth gynyddol
llywodraeth Ariannin yn eu bywydau beunyddiol a bod y symud i
Ganada yn ymgais fwriadol i ddiogelu eu hunaniaeth Gymreig. Dichon,
yn wir, eu bod wedi eu dychryn gan ddigwyddiadau yn Ariannin, ond nid
wyf o'r farn mai diogelu eu hunaniaeth ieithyddol, grefyddol a
diwylliannol oedd y prif gymhellion dros yr adleoliad. Yn fy nhyb i,
digwyddodd yn bennaf oherwydd symudiadau, addewidion a
chynllunio gwleidyddol yng Nghanada ac ym Mhrydain, ac nid
oherwydd anfodlonrwydd ideolegol ym Mhatagonia. Ymatebodd y
Patagoniaid i bwysedd a pherswâd allanol ar yr union adeg pan oedd eu
hysbryd yn isel a phan nad oedd rhagor o dir ar gael yno.

Ymysg y rhai a adawodd Patagonia am Ganada ym Mai 1902 dim

ond dau deulu a oedd wedi bod yno oddi ar y dechrau yn 1865. Roedd y rhan fwyaf o'r gweddill yn aelodau o fintai'r *Vesta* a gyrhaeddodd y Wladfa yn 1886. Aethant yno i adeiladu'r rheilffordd, ond addawyd ffermydd iddynt yn fonws ar derfyn y prosiect hwnnw. Ni wireddwyd y cynnig yn achos 29 o'r 40 a dderbyniodd yr addewid hwnnw.[23] Roeddynt yn deuluoedd heb eiddo ac o'r herwydd yn is eu statws na pherchenogion ffermydd a'u gallu i gynnal bywoliaeth yn bur ansicr. Cynigiwyd tir iddynt yn Nyffryn Kel-Kein ond gwrthodwyd hynny am fod y lleoliad mor anghysbell. Yn ôl caplan HMS *Flora*, a ymwelodd â Dyffryn Camwy yng Ngorffennaf/Awst 1900, yr unig bobl a oedd yn wirioneddol dlawd ac yn druenus eu byd yno oedd cyn-fintai'r *Vesta*. Disgrifiodd eu cartrefi fel '*hovels*'.[24]

Yn yr holl bapurau, llythyrau ac atgofion, gan gynnwys un hunangofiant pur fanwl, ni cheir unrhyw awgrym mai ym Mhatagonia y cododd y syniad o fudo i Saskatchewan. Yr unig ddolen gyswllt rhwng y ddau le oedd yr Evan Jenkins a enwyd yn gynharach, a adawodd y Wladfa yn 1891 gan ymgartrefu yn ardal Saltcoats; ond nid oes unrhyw dystiolaeth ar gael ei fod ef wedi llythyru'n uniongyrchol ag unrhyw un yn y Wladfa ynghylch y bwriad i symud i Ganada. Yn wir, yn ôl un o'r ymfudwyr i Ganada, J. Coslett Thomas, ni wyddai'r rhai a ddangosodd ddiddordeb mewn ymfudo i ba le yn union yr eid â hwy ac ni chawsant wybod mai Saskatchewan oedd y gyrchfan hyd nes y cyrhaeddodd gwybodaeth swyddogol am ddyddiad yr hwylio o Borth Madryn:

Daeth i'r Wladfa yn Hydref 1901, W. J. Rees Y.H. o Abertawe dros Syr John [Dillwyn-] Llewellyn a Chymry eraill cenedlgarol a glywsant am yr anesmwythdra a W. L. Griffith, goruchwyliwr ymfudiad i Ganada a'r Anrhydeddus E. S. Scott, ysgrifennydd Llysgennad Prydain yn Buenos Aires a chynnig symud y sawl a garai ymfudo ohono i diriogaeth Brydeinig os oedd mintai am hynny. Cawsant fod dros ddau gant rhwng gŵyr a gwragedd a phlant a chawsant eu henwau a'u haddewid y byddent yn barod erbyn y deuai llong i'w cymryd ymaith, os cludid hwy yn rhad. Noson neu ddwy cyn i Rees a Griffith fynd ymaith es i gael ymgom â hwy am y lle y bwriadent fynd â'r fintai iddo. Yr oedd Rees yn tueddu i fynd â hi i Dde Affrig am fod yno hinsawdd debyg i'r un yr oedd y fintai yn gynefin â hi, a lle yr oedd dyfrhau yn debyg i'r Wladfa. Yr oedd Griffith yn erbyn mynd â'r fintai yno am na feddai'r cyfalaf gofynnol i ddechrau byw yno ac am fynd â hi i Saskatchewan, Canada lle gallai ddod yn ei blaen gydag ychydig neu ddim cyfalaf. Yr oedd Rees o'r farn fod Saskatchewan ar yr oeraf ac mai gwell fyddai Alberta am fod yr hin yno'n gynhesach nag yn Saskatchewan ac at hynny roedd yno dir y gellid ei ddyfrhau. Gwrthwynebiad Griffith i hynny oedd nad oedd yno dir i'w ddyfrhau a ellid ei gael am ei sefydlu fel yn Saskatchewan. [... Daeth] hysbysiad terfynol oddi wrth Mr. Scott pryd y galwai'r llong ym Mhorth Madryn am y fintai ac mai i Saskatchewan, Canada yr eid â hi.²⁵

Fel y nodwyd o'r blaen, mae'n amlwg bod teuluoedd yn Nyffryn Camwy a oedd yn anfodlon eu byd am nad oedd gobaith iddynt allu cael tir yn y Wladfa ac roedd y ddau orlif – yn 1899 ac 1901 – wedi achosi rhagor o gyni ac ansicrwydd; ond pam tybed y daeth dirprwyaeth W. L. Griffith yno yn Hydref 1901? Pam y targedwyd y Wladfa fel man posibl i ennill ymfudwyr i Ganada?

Er nad oes unrhyw dystiolaeth ar gael fod Evan Jenkins, Saltcoats, wedi llythyru'n uniongyrchol ag unrhyw un yn y Wladfa ynghylch ymfudo i Ganada, mae'n eithaf posibl mai llythyr oddi wrtho ef i Adran y Berfeddwlad ym mis Ionawr 1897 a dynnodd sylw awdurdodau Canada at Batagonia. Cysylltodd â hwy gan holi am y posibilrwydd o allu trefnu cludiant i ymfudwyr rhwng Patagonia a Chanada. Roedd hyn ar yr union adeg pan oedd llywodraeth Canada wrthi ei gorau glas yn ceisio denu rhagor o ymfudwyr i orllewin y wlad; ond roeddynt eisiau teip arbennig, fel yr esbonia Pierre Berton:

> *When the Liberals took office [in Canada] in 1896 it was generally agreed in the West that the ideal immigrant was a white Anglo-Celt with farming experience, preferably English or Scottish. [...] By 1897 immigration agents in the U.K. were delivering a thousand lectures a year in small farming communities in England and Scotland. One agent reported that he had held meetings in one hundred small towns, attended fifteen summer fairs, distributed pamphlets, guidebooks and reports and given lantern-slide lectures.²⁶*

Mae'n debyg y gwyddai Evan Jenkins am ymgyrchoedd llywodraeth Canada ac iddo ymateb gyda'i ymholiad a'i awgrym ynglŷn â Phatagonia. Mewn llai na deufis penodwyd W. L. Griffith yn Asiant Mewnfudo i weithio yng Nghymru. Ymhen mis arall hwyliodd o Halifax ar ei ffordd i ddechrau ymgyrch ddwys a bywiog yng Nghymru.²⁷ Roedd llythyr Evan Jenkins ym mis Ionawr 1897 yn amlwg wedi ennyn diddordeb yn Adran y Berfeddwlad. Mis yn ddiweddarach anfonwyd gwybodaeth debyg atynt gan Owen Davies, a oedd yn swyddog gyda 'The Saskatchewan Coal-Mining and Transportation Company'. Yn dilyn hynny dylifodd cadwyn o lythyrau o Adran y Berfeddwlad yn trafod y posibiliadau.[28]

Ar 4 Mawrth 1897 ysgrifennodd Lynwode Pereira, Ysgrifennydd Cynorthwyol yn Adran y Berfeddwlad, at y Comisiynydd Mewnfudo yn Winnipeg yn sôn bod anfodlonrwydd ymysg Cymry Patagonia ac y byddai o bosibl fewnlifiad oddi yno i'w diriogaeth ef.[29] Anfonodd lythyr tebyg at Uchel Gomisiynydd Canada yn Llundain. Ar yr un diwrnod atebodd J. A. Smart o'r un adran, lythyr Owen Davies gan roi mynegiant clir i'r farn swyddogol y derbynnid y Patagoniaid â breichiau agored yng Nghanada:

> *The policy of the Department with reference to these matters now is that every care shall be taken and courtesy shown to all intending settlers and immigrants of every kind in order that they may feel perfectly at home in coming to Canada and also to retain them as residents of our country.*[30]

Roedd hyn wrth gwrs yn ategu'r polisïau swyddogol diweddaraf i ddenu mewnfudwyr 'addas' i Ganada. Canfuwyd bod 250,000 yn fwy wedi allfudo o Ganada yn ystod yr 1880au nag oedd wedi mynd i'r wlad. Yn ystod 1896 dim ond 17,000 o fewnfudwyr a ddenwyd; hwn oedd y cyfanswm isaf oddi ar 1868.[31] Nid yw'n syndod felly i Clifford Sifton, Gweinidog y Berfeddwlad, ddechrau ymgyrch i ddenu mewnfudwyr yn 1896 a phenodi W. L. Griffith yn asiant i Gymru yn 1897, gan ei siarsio i gael *'results in excess of those up to that date'.*[32]

Ar 23 Mawrth 1897 cysylltodd Lynwode Pereira â'r Conswl Prydeinig yn Buenos Aires, gan obeithio y byddai hwnnw yn dylanwadu o blaid Canada ac yn sicrhau'r Patagoniaid Cymreig y byddai croeso twymgalon yn eu haros yno: *'Our North West country now contains a great many Welsh settlers who have been very prosperous and there are yet large tracts of country still available for settlement.'*[33] Yna ar 24 Mawrth, yn atebiad i lythyr un Edward Rees at Clifford Sifton ynghylch y Patagoniaid, dywed Pereira: *'the Minister of the Interior is very anxious to do everything in his power to induce these people to settle in Canada especially in the Western provinces.'*[34] Roedd y peirianwaith wedi ei roi ar waith, a daw hynny'n glir iawn yn y llythyr cyfarwyddiadau a anfonodd Pereira at W. L. Griffith yr un diwrnod (24 Mawrth 1897):

> *I am directed to advise you that the Ministry of the Interior is*
> *anxious that you shall procure from the Patagonian Welshmen now*
> *residing in the N[orth] W[est] letters having reference to the*
> *difficulties they encountered in Patagonia and setting out that they*
> *were compelled to remove to the Canadian N.W. also stating what*
> *success they have met with since their arrival in Canada. I am to say*
> *that this information is required for insertion in the Welsh*
> *newspapers.*[35]

Er nad yw'n dweud hynny'n benodol gellir casglu ei fod yn gobeithio y byddai'r fath ddeunydd yn cyrraedd y Patagoniaid drwy'r wasg Gymreig a thrwy hynny eu cyfeirio tua Chanada.

Rhoddwyd cyllid i alluogi W. L. Griffith i osod hysbysebion yn y wasg Gymreig ac yn ystod mis Mai 1897 ymddangosodd 31 hysbyseb yn clodfori adnoddau Canada. Yn y cyfamser serch hynny dechreuodd y diddordeb swyddogol yn yr ymgyrch Batagonaidd oeri, yn bennaf yn dilyn llythyr a anfonwyd at y weinyddiaeth yn Ottawa ar 30 Mawrth 1897 gan J. Colmer, Uchel Gomisiynydd Canada yn Llundain. Cwestiynodd ef y ffaith fod Adran y Berfeddwlad yn cymryd cymaint o ddiddordeb ym Mhatagonia, yn enwedig gan nad oedd unrhyw wybodaeth yno ynghylch symudiad i adleoli pobl i Ganada:

> *I have made enquiries in several quarters likely to be informed of*
> *such a movement but so far as I can learn nothing is known of it. One*
> *Welsh correspondent writes me that he was in the Colony in*
> *December 1893 and saw that it must be a failure and impressed that*
> *upon the settlers strongly recommending Manitoba. […] Another*
> *Welsh correspondent says that he has enquired at various newspaper*
> *offices and nothing is known there of the matter.*[36]

Ym mis Gorffennaf, serch hynny, yr oedd W. L. Griffith yn swnio'n llawer sicrach yn ei adroddiad i'r Uchel Gomisiynydd: '*It would appear from reliable information that there are at least 200 Welsh in Patagonia who would go to Manitoba if some assistance were extended. All are farmers and excellent settlers but unfortunate enough to be in a country where none can succeed.*'[37] Tybed pwy oedd ei ffynhonnell 'ddibynadwy'? Mis yn ddiweddarach, yn Awst 1897, mewn llythyr at Weinidog y Berfeddwlad, Clifford Sifton, cyflwynir gwybodaeth gyferbyniol gan y Conswl Prydeinig yn Buenos Aires: '*I can obtain no information of such rumours, the Welsh colony always being reported in a satisfactory condition.*'[38]

Er mor awyddus ydoedd i hyrwyddo mewnfudiad o Batagonia i Ganada, ni lwyddodd W. L. Griffith i ddwyn y maen i'r wal yr adeg honno. Erbyn 1899 roedd yn fodlon cydnabod bod perswadio'r Cymry yn yr 'Hen Wlad' ac yn y Wladfa i ymfudo i Ganada yn dalcen hynod o galed oherwydd y *'passionate attachment to home and a prejudice against emigrating usually shown by the feminine portion of the family'.*[39] Serch hynny, ni roddodd W. L. Griffith y ffidil yn y to, oherwydd yn ystod yr un flwyddyn, 1899, cynhaliodd arddangosfa yng Nghaerdydd a threfnodd i ddirprwyaeth o wŷr amlwg o Gymru i ymweld â Chanada – David Lloyd George, A.S.; W. J. Rees, Y.H., cyn-Faer Abertawe; a'r bargyfreithiwr (a'r Aelod Seneddol yn ddiweddarach), W. Llewelyn Williams. Cyflwynasant adroddiad ffafriol ar yr hyn a welsant a gofalodd W. L. Griffith fod hwnnw yn cael ei ddosbarthu'n eang. Pan glywodd am y gorlif trychinebus yn Nyffryn Camwy yn 1899 cysylltodd â'r awdurdodau yn Ottawa gan eu hysbysu y byddai maes o law garfan fawr o Batagonia yn awyddus i fynd i Ganada. Ni chafodd ymateb, a hynny o bosibl oherwydd ei or-optimistiaeth cyn hynny a'r ffaith allweddol nad oedd tystiolaeth o Batagonia i gefnogi ei honiad. Yn wir yn ystod y flwyddyn honno derbyniwyd negeseuon negyddol drwy'r Uchel Gomisiynydd yn Llundain.

Ym mis Mawrth 1899 anfonasai un o'r Gwladfawyr, T. Benbow Phillips, lythyr at Arglwydd Strathcona, Uchel Gomisiynydd Canada yn Llundain, yn holi ynghylch y posibilrwydd o ymfudo i Ganada. Roedd hynny yn fuan ar ôl helyntion yr ymarfer milwrol ar y Sul. Ymatebodd yr Arglwydd Strathcona drwy gynnig ffermydd o 160 erw yng Ngogledd-Orllewin Canada i bennau teuluoedd ac i bob gwryw dros ddeunaw mlwydd oed. Roedd yn gynnig da iawn ond ni chlywodd yr Arglwydd Strathcona ragor oddi wrth T. Benbow Phillips.[40] Un esboniad yn unig oedd yn bosibl, sef nad oedd diddordeb mwyach mewn symud o Batagonia. Roedd y broblem ynglŷn â'r drilio ar y Sul wedi ei datrys gan yr Arlywydd Roca a'r perygl o wrthdaro wedi ei osgoi. Nid yw'n syndod, felly, na chafodd llythyr W. L. Griffith adwaith ffafriol gan yr awdurdodau. Serch hynny nid oerodd ei frwdfrydedd, oherwydd yn Hydref 1900 mewn llythyr at yr Arolygydd Mewnfudo i Ganada dadleuodd Griffith fod 1,500 o bobl yn barod i ddod o Batagonia i Ganada. Parhaodd hefyd â'r ymgyrch hysbysebu ac yn ystod 1901–02 gwariwyd dros $700 ar hysbysebion yn y wasg yng Nghymru – swm sylweddol yn y dyddiau hynny.

Fel y nodwyd yn barod, yn Hydref 1901, dri mis ar ôl yr ail orlif yn Nyffryn Camwy, llwyddodd W. L. Griffith i drefnu ymweliad gan ddirprwyaeth i archwilio'r sefyllfa yn y Wladfa ac i gynnig lle yng Nghanada i'r sawl a fynnai ymadael. Aeth ag W. J. Rees, Abertawe ac E. S. Scott, ysgrifennydd Llysgennad Prydain yn Buenos Aires gydag ef. Yn ôl J. Coslett Thomas nid oedd y difrod gan yr orlif yn 1901 lawn cymaint â'r tro blaenorol, ond roedd ysbryd y cymunedau wedi ei ysigo a nifer o deuluoedd yn awyddus i ddianc rhag ailadrodd y fath brofiadau; ond ni wyddai ef a oedd unrhyw un wedi cysylltu â'r awdurdodau yng Nghanada.[41] Nid oes unrhyw dystiolaeth bod hynny wedi digwydd ac felly gellir casglu mai o Ganada y cododd y syniad o anfon dirprwyaeth neu, a bod yn fanwl gywir, mai syniad W. L. Griffith ydoedd. Casglwyd 260 o enwau gan y ddirprwyaeth. Rhyddhaodd llywodraeth Canada dir ar gyfer y Gwladfawyr ond gwrthododd llywodraeth Prydain dalu am eu cludiant. Aeth W. L. Griffith yn ei flaen i sefydlu Pwyllgor Cymry Patagonia – ef yn ysgrifennydd a Syr John T. Dillwyn-Llewellyn yn gadeirydd, a thrwy eu gweithgarwch llwyddwyd i godi £2,000 drwy danysgrifiadau cyhoeddus.

Fel y nodwyd eisoes, ar 14 Mai 1902 hwyliodd mintai o 234 o Borth Madryn am Lerpwl ar yr *Orissa*. Cyrhaeddodd 208 Saltcoats chwe wythnos yn ddiweddarach. Ar y dechrau roedd bywyd yn galed iawn ac amodau byw yn dra chyntefig, ond ar un ystyr nid oedd hynny yn brofiad anghyfarwydd iddynt. Mewn amser cafodd pob teulu ei dir ac aethpwyd ati'n ddygn i greu cartrefi a pharatoi ar gyfer y gaeaf. Er bod y ffermydd yn bur wasgaredig ac mewn ardal nad oedd wedi ei phoblogi yn gyfan gwbl gan y Gwladfawyr yn unig, aethpwyd ati'n unionsyth i sefydlu rhwydweithiau cymdeithasol a chreu ymdeimlad o gymunedau lleol, a hynny yn bennaf ar y patrwm Gwladfaol – y patrwm crefyddol.

Ar y dechrau byddent yn cydaddoli ar y Sul mewn gwahanol gartrefi, ac yr oedd dau weinidog yn eu plith i'w bugeilio, y Parchedig D. G. Davies (Anglican) a'r Parchedig W. T. Morris (Annibynnwr). O dipyn i beth sefydlwyd achosion enwadol – y Methodistiaid Calfinaidd, yr Anglicaniaid a'r Annibynwyr – ac erbyn 1911 yr oedd pedwar addoldy wedi eu codi gan y Cymry – dwy Eglwys Anglicanaidd (St Asaph yn Llewellyn, ac yna Eglwys arall ym Mangor yn ardal St David's) a dau gapel Ymneilltuol (Bethel yn Llewellyn a Seion ym Mangor, St David's) – a chynhelid oedfaon hefyd am gyfnod yn yr ysgoldy yn ardal Glyndwr. Daeth y rhain yn ganolfannau cymdeithasol yn ogystal ag yn fannau i addoli ynddynt ar y Sul. Yn ôl un dystiolaeth:

> *The church promoted the social life for the small community –*
> *family worship, hymn singing, a visit with neighbours and friends*
> *and in the summer months there were the picnics. Sunday was a big*

*day for the women and small children who never had occasion to
leave their homes except to go to church.*[42]

Daeth y cymanfaoedd canu, yr ymarfer côr, y cyrddau cystadleuol a'r
eisteddfod flynyddol yn ddigwyddiadau pwysig yng nghalendr
cymdeithasol a diwylliannol y sefydliad. Cynhaliwyd yr eisteddfod
gyntaf yn 1905 a dywedir bod eisteddfod 1910 yn achlysur arbennig
iawn, gan iddi ddenu cystadleuwyr o gryn bellter, hyd yn oed o Wood
River yn Alberta. Gwahoddwyd beirniaid o rannau eraill o Ganada ac o
UDA. Roedd y sefydliad ar y map!

Sefydliad Cymraeg oedd hwn ar y dechrau. Y Gymraeg oedd iaith
y cartrefi, iaith addoli, iaith chwarae, a chyfrwng diwylliant a
chymdeithasu; ond o'r dechrau derbyniwyd mai'r Saesneg oedd iaith
gweinyddiaeth, cyfrwng masnach, iaith siop a chyfrwng pob
gweithgaredd a oedd yn cynnwys elfennau o'r tu allan i'r gymuned
Gymraeg. Mewn geiriau eraill, yr oedd y Gymraeg, ac yn wir ei
siaradwyr, wedi eu hynysu. Ar y dechrau creodd y fath sefyllfa ddwylosig
(*diglossic*) gryn broblemau gan mai ychydig iawn oedd yn gwbl rugl yn y
Saesneg. Mae'n wir bod y plant a'r bobl ifainc a fagwyd yn Ariannin yn
rhannol ddwyieithog, ond Sbaeneg ydoedd eu hail iaith ac nid y Saesneg.
Nid oedd unrhyw werth masnachol na swyddogol i honno yn eu lleoliad
newydd. I raddau helaeth gweithredodd yr anallu i siarad Saesneg i'w
hasio â'i gilydd gan ffurfio haenau cymdeithasol clòs a fyddai'n
gwarchod eu Cymreictod a'u hunaniaeth unigryw am o leiaf y degawd
cyntaf. Ond yn ystod yr ail a'r trydydd degawd cyflymodd y cymathu a'r
ymdoddi ieithyddol. Roedd y llif Seisnig yn ormod iddynt allu ei
wrthsefyll ac nid oedd y strwythurau mewn grym, nac yn wir yr ewyllys
ar gael, i wrthsefyll yr anorfod. Yn 1938 cynhaliwyd yr eisteddfod olaf yn
y sefydliad. Roedd y canu i gyd yn Saesneg a'r cystadlaethau barddonol
ynghyd â'r adrodd yn y ddwy iaith. Cynhaliwyd oedfaon Cymraeg yng
nghapel Bethel, Llewellyn hyd 1936 ond aeth y cyfan yn oedfaon
Saesneg wedi hynny. Parhaodd y Gymraeg yn iaith gymdeithasol am un
genhedlaeth i bob pwrpas.

Methiant fu'r wladfa Gymreig yn Saskatchewan. Fel pob ymdrech
flaenorol i sefydlu gwladfeydd yng Ngogledd yr Amerig, methodd y
Cymry â gwrthsefyll pwysedd cymathu ac ymdoddi. O'r dechrau
roeddynt wedi cydnabod y byddai'n rhaid iddynt gyfaddawdu a newid i
dderbyn trefn eu gwlad fabwysiedig. Drwy dderbyn na ellid byw bywyd
llawn a llwyddo'n economaidd drwy ddefnyddio'r Gymraeg yn unig
roeddynt yn derbyn goruchafiaeth y Saesneg ac felly israddoldeb y

Gymraeg. Drwy gadw'r Gymraeg i nifer cyfyngedig o sefyllfaoedd cymdeithasol roeddynt yn cwtogi posibiliadau cyweiriol yr iaith a thrwy hynny yn hwyluso cyfnewid iaith ymysg yr ifainc. Roedd yr hyn a ddigwyddodd wrth gwrs yn anathema llwyr i athroniaeth ieithyddol Michael D. Jones. Sail ei freuddwyd ef ynglŷn â sefydlu Gwladfa Gymreig oedd rhoi lle a pharch i'r Gymraeg gan ei datblygu i fod yn gyfrwng effeithiol ar gyfer pob agwedd ar fywyd cymuned. Dyna'r math o syniadaeth a lywiodd ddatblygiadau yn y Wladfa yn ystod deugain mlynedd gyntaf ei bodolaeth. Yn Saskatchewan peidiodd y Gymraeg â bod yn gyfrwng cymunedol o fewn deng mlynedd ar hugain ar ôl sefydlu'r cymunedau yno. Roedd yr iaith, y diwylliant a'r ffordd Gymreig o fyw yn annwyl i'r ymfudwyr o'r Wladfa, ond nid oeddynt yn ddigon pwysig i'w gwarchod, eu cynnal a'u cryfhau. Gellir deall hyn o dderbyn mai cymhellion economaidd yn bennaf oedd sail y symud o Ddyffryn Camwy i Saskatchewan. Aethant yno i wella eu byd ac nid i adeiladu 'Cymru Newydd'.

Gadewch i ni fanylu yn awr ar y ffactorau a achosodd y dirywiad cyflym yn y Gymraeg yn y sefydliad Cymreig yn Saskatchewan o'r 1920au ymlaen.

Ymffurfiai'r ymudwyr a ddaeth ym Mai 1902 o'r Wladfa i ardal Saltcoats yn 34 o deuluoedd, yn cynnwys 112 o blant o dan 16 oed, ynghyd â nifer o oedolion dibriod.[43] Roedd plant mintai 1902 i gyd yn gwbl rugl yn y Gymraeg ac roedd y rhai hynaf hefyd yn llythrennog yn yr iaith, diolch i'w haddysg ysgol Sul yn y Wladfa. Saeson oedd teuluoedd Marsh a Haines, ond roedd eu plant yn rhugl yn y Gymraeg. Am y ddwy flynedd gyntaf yng Nghanada addysg ysgol Sul yn unig a gafodd y plant a chadarnhaodd hyn y Gymraeg fel eu cyfrwng ar gyfer sefyllfaoedd ffurfiol ac anffurfiol, ar lafar ac ar bapur. Yn y cyfamser roedd cynlluniau ar droed i agor ysgol swyddogol dan nawdd y llywodraeth. Agorwyd honno, Ysgol Llewellyn, ar 4 Mai 1904. Cadeiriwyd pwyllgor yr ysgol gan y Parchedig W. T. Morris ac roedd pob person a fynychodd y cyfarfodydd trefnu yn Gymry. Roedd y chwe ymddiriedolwr a benodwyd yn siarad Cymraeg, ac eto yn Saesneg y cadwyd cofnodion eu cyfarfodydd. Roedd W. E. Davies yn naw mlwydd oed pan agorwyd Ysgol Llewellyn, ac mewn cyfweliad â Lewis Thomas yn 1970 croniclodd ei atgofion amdani:

> *When the Llewellyn School first opened Gwilym Lewis the chairman of the School and local postmaster first told the children what they were supposed to do – leave their clothes in a certain place, girls here,*

boys there, and to come in quietly and orderly and say the Lord's Prayer after the teacher as she said it slowly. The first thing she said was 'close your eyes' so the children repeated the chorus 'close your eyes' – they didn't know or have a clue what it meant. That's how they started to learn English. [...] there were about 30 pupils there that morning and you could count on one hand the number that knew English. We had no English but we were bilingual then. We could speak Spanish. [...] I was too young to keep it up you see. But we kept up the Welsh.[44]

Ymddengys felly fod yr ymddiriedolwyr yn fodlon derbyn a chynnal yr union drefn yng Nghanada a oedd wedi eu cythruddo yn Ariannin, sef rhoi addysg i'w plant yn gyfan gwbl mewn iaith estron. Os nad oedd addysg Sbaeneg y Wladfa yn dderbyniol, sut y gallai addysg Saesneg Canada fod yn dderbyniol? Sylweddolodd y Bwrdd Ysgol fod y plant o dan anfantais ddybryd ac ysgrifennwyd at y Comisiynydd Addysg yn Regina yn ei annog i benodi Mr Moses Williams yn athro yno. Roedd ef yn raddedig o Brifysgol Llundain. '*He is a Welshman and understands the language. The Board would give him preference as a knowledge of the language is an absolute necessity to teach in this school for the first two or three years.*'[45]

Sylwer nad oedd y Bwrdd yn gofyn am i'r Gymraeg fod yn gyfrwng dysgu parhaol – '*two or three years*' a nodir ganddynt. Nid oes cofnod yn unman bod yr awdurdodau yn Regina wedi cydsynio. Yn ystod y ddau ddegawd cyntaf dyma gyfenwau'r athrawon a fu yn Ysgol Llewellyn: Mowbray, Birt, Jones, Ross, MacDonald, Redman, Wright, Campbell, Davies, Sparkes, Roberts a Fletcher. Tri o'r deuddeg a feddai gyfenwau Cymreig, a hyd yn oed pe byddent yn siarad Cymraeg ni fyddai wedi bod o unrhyw werth nac o les i'r disgyblion gan mai'r Saesneg yn unig oedd cyfrwng addysg yn Saskatchewan. Nid ymddengys fod y gymuned wedi ymboeni am hyn. Wedi'r cyfan dyna oedd y norm yng Nghymru yng nghyfnod plentyndod y rhieni eu hunain.

O dipyn i beth daeth y plant yn ddwyieithog a chan fod sefyllfaoedd cyhoeddus ac eithrio'r capel yn y Saesneg, ynyswyd y Gymraeg i rai cylchoedd cyfyngedig. Aeth y plant i gysylltu nifer cynyddol o'u cyweiriau â'r Saesneg a daeth yr ail iaith yn ei thro yn brif iaith. Cam bychan wedyn oedd erydiad ieithyddol a arweiniodd at ymwrthod â'r Gymraeg a dewis trosglwyddo'r Saesneg yn unig i'r genhedlaeth nesaf. Trwy eu plant daeth pwysau ar y rhieni i ddysgu'r Saesneg. Er enghraifft, roedd Mrs Humphreys yn bedair ar bymtheg mlwydd oed pan symudodd i Ganada ac nid oedd yn deall Saesneg. Yn raddol cafodd grap ar yr iaith honno drwy gyfrwng y llyfrau a ddaeth o'r ysgol gyda'i phlant.

Nid oedd yn bosibl ynysu na gwarchod y cymunedau hyn rhag erydiad ieithyddol oherwydd o'r cychwyn bodolai'r rhwydweithiau Cymreig ynghanol môr o Saesneg ac yr oedd yn rhaid iddynt ymwneud yn feunyddiol â'u cymdogion di-Gymraeg. Roedd y siopau i gyd, y stablau, y swyddfa bost, y banc a'r mannau i drafod masnach yn nwylo rhai di-Gymraeg. Yn Saltcoats, Mr Carlton oedd perchennog y stablau, Mr Bolton oedd yn rhedeg y swyddfa bost a Mr Bradford oedd perchennog y siop 'pob dim'. Thomas McNutt oedd yr asiant tir ac enwau'r ddau fasnachwr arall oedd Mr Parrot a Mr Gibson.

Yn ystod yr 1920au a'r 1930au cynyddodd poblogaeth yr ardal yn ddirfawr gyda dyfodiad Saeson yn bennaf ond hefyd deuluoedd o ganolbarth Ewrop. Saesneg oedd y *lingua franca* yn y gymuned gymysg hon, a gostyngodd cyfartaledd y plant o deuluoedd Cymraeg a oedd yn barod i ddefnyddio'r iaith. Roedd plant o gartrefi Cymraeg yn lleiafrif bellach yn Ysgol Llewellyn, hyd yn oed, ac yn fuan iawn daeth y Saesneg yn iaith y chwarae a'r cymdeithasu yn ogystal ag yn gyfrwng y dysgu. Byddai'r rhain yn wyrion i'r rhieni a ymfudodd yn 1902. Mae hanes teulu Henry Davies yn ddigon nodweddiadol o'r hyn a ddigwyddodd yn y gymuned. Addysgwyd y plant yn Ysgol Llewellyn ond derbyniodd Priscilla a Meiriona addysg bellach a hyfforddiant i fod yn athrawesau. Priododd eu brawd, W. E. Davies, â gwraig a siaradai Gymraeg a dyna oedd iaith yr aelwyd ar y dechrau ac iaith gyntaf eu pedair merch. Ar ôl dechrau mynychu'r ysgol dysgodd y merched Saesneg ac, yn raddol, daeth yn brif iaith hyd yn oed ymysg ei gilydd. Saesneg oedd iaith yr ysgol, iaith eu cyfoedion ac iaith y gymuned yr oeddynt yn rhan ohoni. Nid oedd angen y Gymraeg; roedd pawb yn deall y Saesneg. Yn ystod yr 1930au cofnodir enghreifftiau lluosog o'r ymwrthod ieithyddol clasurol – y plant yn dod yn ddwyieithog, a chan fod peuoedd a defnyddioldeb eu hail iaith yn llawer ehangach nag eiddo eu hiaith gyntaf, daeth honno yn brif iaith iddynt, gan esgor ar gyfyngu pellach a bwriadol ar y famiaith. Cefnodd yr ifainc ar y Gymraeg a hefyd ar yr hunaniaeth Gymreig, a derbyniodd y rhieni hynny fel rhan anochel o wreiddio yn y wlad newydd.

Y system addysg, yn sicr, a sbardunodd y cefnu ieithyddol ymhlith y plant. Ystyriai'r llywodraeth mai'r gyfundrefn addysg oedd y prif offeryn i greu dinasyddion teyrngar i Ganada o'r cymysgwch ieithyddol a hiliol a ymgartrefodd ar diroedd eang y wlad: '*The public school was conceived not merely in the role of integrator but especially of assimilator at the beginning of this [twentieth] century.*'[46] Cymathu'r amrywiol genhedloedd yn un genedl newydd oedd y norm yng Nghanada. Mor gynnar ag 1898 cefnogwyd y fath ddelfryd gan Dr James Robertson, Arolygydd Cenhadaeth Gartref yr Eglwys Bresbyteraidd: *'the interest of the state lies in its doing all it can to assimilate these and other foreigners and make of them Canadians. They should be put into the Anglo-Saxon mill and be ground up. In the grinding they lose their foreign prejudices and characteristics.'*[47] Ni allai cymuned fechan, leiafrifol wrthsefyll polisïau addysgol o'r fath, yn enwedig o gofio na chafodd y gymuned ei hatgyfnerthu gan fewnfudiad pellach o Batagonia nac o Gymru. Serch hynny dylid nodi nad un ffactor sy'n gyfrifol am gymhathiad ac erydiad ieithyddol ond yn hytrach plethiad o ffactorau sy'n gallu effeithio ar drawstoriad o sefyllfaoedd cymunedol. Yn y cyswllt hwn hoffwn fanylu ar ddwy wedd arall, sef (1) y newidiadau yng ngafael y capeli ar y bywyd cymunedol, a (2) y cynnydd mewn priodasau cymysg, a'r gymuned Gymreig yn cael ei gwanychu gan allfudiad i leoedd eraill yng Nghanada ac UDA.

Yng Nghymru roedd Anghydffurfiaeth ynghlwm wrth y Gymraeg. Hi oedd y cyfrwng mynegiant yn yr oedfaon pregethu, yn y cyrddau gweddi a'r seiadau, a thrwy'r Gymraeg y tywalltwyd bendithion y diwygiadau crefyddol ar werin gwlad. Yn y Wladfa o'r blynyddoedd cyntaf bu'r capeli'n rymoedd hynod o bwysig yn ffurfiant ac yng ngwead y gwahanol gymunedau. Y capel a gydiodd wahanol deuluoedd â'i gilydd gan greu ymwybyddiaeth o gymdogaeth a chyd-ddibyniaeth. Yn raddol daeth bywyd cymdeithasol a diwylliannol y gwahanol gymunedau yn gapel-glwm. Yn y capel y clywai'r aelodau gyweiriau ffurfiol y Gymraeg ac yno y clywent yr amrywiadau ysgrifenedig yn cael eu llefaru'n gyhoeddus. Roedd credo a ffydd yn bwysig i'r bobl hynny a'r cyfrwng ieithyddol naturiol ar gyfer trafod yr agweddau pwysig hyn oedd y Gymraeg. Roedd Michael D. Jones yn ddigon agos at ei le pan honnodd fod crefydd ac iaith y Cymry yn anwahanadwy.[48]

Yng Nghanada cadwodd y Cymry at eu cyfundrefn grefyddol eu hunain, ond yn y wlad newydd nid oeddynt mor wahanol ag oeddynt yn Ariannin. Roedd Protestaniaid, ac yn wir Anghydffurfwyr, o fewn yr ardaloedd y cartrefasant ynddynt yn Saskatchewan, ac ar y lefel grefyddol roeddynt yn gallu uniaethu â hwy. O dipyn i beth, ar ôl y blynyddoedd cyntaf, peidiodd Anghydffurfiaeth â bod yn nodwedd wahaniaethol gref. Peidiodd â gweithredu fel grym a gydiai pobl â'i gilydd ac o'r herwydd ni weithredodd fel rhwystr rhag ymdoddi i'r gymuned ehangach.

Dechreuwyd achos Anglicanaidd dan arweiniad y Parchedig D. G. Davies a ddaethai gyda'r fintai o Batagonia. Er iddo gynnal gwasanaethau Cymraeg o'r dechrau, a gweinidogaethu i'r Anghydffurfwyr ymhlith y Gwladfawyr yn ogystal â'r Anglicaniaid,[49] teimlai y dylai weinidogaethu hefyd i'r Anglicaniaid di-Gymraeg a drigai o fewn y dalgylch. Roedd yr achos, felly, o'r cychwyn yn un dwyieithog a mater bach yn ddiweddarach oedd hepgor yr oedfaon Cymraeg wrth i'r Cymry ddod yn fwy hyddysg yn y Saesneg. Dyma a gofnodir mewn cyhoeddiad yn Nhachwedd 1903:

> *The Rev. D. G. Davies, priest in charge of the Welsh colony [...] has for some time past been holding a service in English in the Colony once a fortnight for the sake of the English speaking settlers living round about. The service is also attended by many of his own people who understand English. The service is evidently much appreciated by the English settlers and is very well attended. The service for the English speaking settlers and any pastoral work that he does amongst them is purely voluntary on the part of Mr. Davies.*[50]

Oherwydd afiechyd gorfu i Mr Davies ymddiswyddo a gadael yr ardal yn 1904. Yn 1905, codwyd adeilad eglwysig yn Llewellyn gan y Cymry yn bennaf, Eglwys St Asaph. Gwasanaethwyd St Asaph gan Gymro arall, y Parchedig Ifor James Jones, rhwng 1905 ac 1908, ond ar ôl hynny gwasanaethwyd yn gyfan gwbl gan offeiriaid di-Gymraeg: Douglas Montague Villiers Gasking (1910–12), Charles Sparrows (1913–16), Grant Burley (1928–36), John Parke (1936–39) a Francis Ridley Grant (1939–41). O fewn pum mlynedd i'w sefydlu, felly, peidiodd y drefn o gynnal gwasanaethau yn y Gymraeg gan yr Anglicaniaid. Troes y gwasanaethau dwyieithog yn rhai uniaith Saesneg. Rhaid cydnabod nad oedd yr Anglicaniaid Cymraeg yn niferus ac o'r cychwyn cyntaf bron roeddynt yn lleiafrifoedd yn yr Eglwysi a adeiladasant. Er enghraifft, yn 1934 roedd 89 o aelodau yn Eglwys St David's ym Mangor, ond naw cyfenw Cymreig oedd yn eu plith ac nid yw'n bosibl gwybod faint ohonynt hwy a siaradai'r iaith.

Roedd y capeli Anghydffurfiol yn llawer mwy cadarn yn eu hymlyniad wrth y Gymraeg. Ymunodd Seion (Bangor) a Bethel (Llewellyn) ag enwad y Presbyteriaid Cymreig yn America. Rhoes hyn ryw gymaint o arwahanrwydd iddynt gan eu gwahaniaethu oddi wrth achosion Anghydffurfiol Seisnig yn yr ardal. Yn anffodus ni chawsant weinidog parhaol a dibynnwyd yn bennaf ar weinidogaeth ysbeidiol ar adegau ym misoedd yr haf. Bu hyn yn wendid i'r achosion gan na chawsant yr arweiniad cadarnhaol a chyson y byddai bugail parhaol wedi gallu ei roi drwy eu cydio â'i gilydd yn grefyddol, a hefyd yn ddiwylliannol. Yn draddodiadol roedd y bywyd cymdeithasol-ddiwylliannol Cymreig wedi ei ganoli o gwmpas y capel a chan nad oedd arweinyddiaeth gref yn y fan honno, o dipyn i beth edwinodd yr agweddau cymdeithasol-ddiwylliannol hynny.

Yn 1933 ymunodd y capeli hyn ag Eglwys Unedig Canada ac ymhen tair blynedd peidiodd y gwasanaethau Cymraeg yn gyfan gwbl. Pan ymunodd Seion â'r Eglwys Unedig, 50% yn unig o'r rhai a gynhwysid ar y rhestr aelodaeth a ymgartrefai yn yr ardal. Roedd y gweddill wedi ymgartrefu yn Yorkton, Weyburn, Saskatoon, Winnipeg, British Columbia a Chymru. Ymysg y rhai a adawyd yn Seion roedd teuluoedd Kirnes, Clark, Nixon, Mullen, Bell, a Nilsson – tystiolaeth gref i broses arall a oedd wedi erydu'r cymunedau Cymreig, sef priodasau cymysg, gyda rhai a siaradai'r Gymraeg wedi priodi â rhai di-Gymraeg, a'r Saesneg wedyn wedi dod yn brif iaith y teuluoedd hynny. Roedd yr aelwyd Gymraeg yn nodwedd a oedd yn prinhau. Yn 1974, rhestrodd W. E. Davies 48 priodas rhwng rhai a siaradai'r Gymraeg o 1902 ymlaen;[51] ond fel y nodwyd o'r blaen daeth priodasau â phartneriaid di-Gymraeg yn llawer mwy cyffredin, fel y dengys hanes y teuluoedd isod.

Teulu Thomas Rees, o ardal Glanalaw, Patagonia[52]

Priodwyd Thomas a Mary Rees ym Mhatagonia yn 1881, chwe blynedd ar ôl iddynt gyrraedd yno o Gymru. Yn 1902 ymfudasant gyda'u tri phlentyn ar ddeg i Saskatchewan. Ar y pryd amrywiai eu plant o ran oedran o ddwyflwydd oed i un mlwydd ar hugain. Ganed eu pedwerydd plentyn ar ddeg yng Nghanada yn 1904. Roedd Thomas Rees yn bregethwr lleyg ac yn weithgar yn y capel ac yn gefnogwr brwd i'r diwylliant Cymreig. Bu ef farw yn 1927 a'i wraig yn 1946. Dyma'r manylion ynghylch priodasau eu plant:

	Priod	**Lleoliad eu cartref**
Esther	Richard Hughes	Winnipeg ac yna i Brydain
Annie	Edward Richards	Patagonia
Isaac	Alice Purvis	Llewellyn
Rebecca	W. D. Edwards	Winnipeg ac yna i Galifornia
Elizabeth	G. Beer	Winnipeg ac yna i Brydain
Rachel	dibriod	British Columbia
Daniel	dibriod	British Columbia

Owen	Annie Young	Glyndwr
Morgan		Lladdwyd yn y Rhyfel Byd Cyntaf
Seth	E. Pugh	Glyndwr, ac yna i Bredenbury
Margaret	J. Roberts	British Columbia ac yna i Washington State
Agnes	Evan J. Hughes	Glyndwr ac yna i British Columbia
Magdalen	D. Lawson	Calgary ac yna i British Columbia
David	?	Winnipeg

Priododd chwech ohonynt â phartner a siaradai Gymraeg ond ymfudasant o'r ardal. Priododd pump ohonynt â chymar na siaradai Gymraeg a dim ond dau a arhosodd yn yr ardal, un yn Llewellyn ac un yng Nglyndwr. Arhosodd dau yn ddibriod ond gadawsant yr ardal. I'r pedwar ar ddeg, y Gymraeg oedd prif iaith yr aelwyd yn ystod eu plentyndod a chawsant fagwraeth grefyddol a'u magu yn sŵn y 'pethe', ond ni lwyddodd yr un ohonynt i drosglwyddo'r Gymraeg i'w disgynyddion.

Teulu Gomer Jones, Trelew [53]

Roedd Gomer yn fab i Benjamin Jones. Ganed ef yng Nghymru ond ymfudodd y teulu i Batagonia yn 1885 pan oedd yn bum mlwydd oed. Treuliodd Gomer ei blentyndod felly ym Mhatagonia ac yno y derbyniodd ei addysg. Roedd yn ddwy flwydd ar hugain pan ymfudodd i Ganada yn 1902. Yn 1905 priododd Elisabeth Harriet, merch Henry ac Ann Davies, teulu arall o Batagonia. Ganed iddynt ddeg o blant. Mae'n amheus a oedd Gomer ac Elisabeth yn deall Saesneg pan gyraeddasant Canada. Y Gymraeg felly fyddai iaith naturiol y teulu hwn. Dyma fanylion eu plant a'u priodasau:

	Priod	Lleoliad eu cartref
Eirwen	Houle	Saskatoon
Bill	H. Henderson	Saskatoon
Ceinwen	T. Williams	Saskatoon
Buddig	B. Bradshaw	Yorkton
Elfed	R. Marsh	Llewellyn ac yna i Yorkton
Lloyd	M. Livingstone	Saskatoon
Albert	L. Darey	British Columbia
Ben	M. Pettlick	Grand Prairie
Eunice	D. Purtell	Kingston, Ontario
Lyn	R. Bridgen	Kingston, Ontario

Dau ohonynt a briododd â chymar a allai siarad Cymraeg ond nid arosasant yn yr ardal. Saesneg oedd iaith aelwydydd yr wyth arall a symudasant hwythau hefyd o'u cynefin. Ni throsglwyddwyd y Gymraeg i wyrion Gomer ac Elisabeth Jones.

Robert a Clara Morris[54]

Cyraeddasant Saltcoats ddeufis o flaen y brif fintai gyda dau blentyn. Ganed saith arall iddynt yn ardal Llewellyn. Dyma fanylion priodasau eu plant:

	Priod	Lleoliad eu cartref
William	Margaret Roberts	Llewellyn
Emma	John Stephens	Yorkton
Hugh	dibriod	Llewellyn
George	H. Macdougal	Llewellyn
Alice	H. White	Winnipeg
Sarah	E. Stephens	Toronto
Dave	G. Stephens	Llewellyn
Edward	D. Wells	Llewellyn
Arthur		Bu farw yn blentyn

Gadawodd tri ohonynt yr ardal ac un yn unig a briododd gymar a siaradai'r Gymraeg. I bob pwrpas collwyd yr iaith yn gyfan gwbl o'r teulu hwn gyda'r genhedlaeth gyntaf i gael ei magu yng Nghanada.

Dyma ychydig enghreifftiau pellach. Daethai **Peter a Mary Jones** o Drelew gyda phedwar plentyn.[55] Ganed un arall iddynt ym Mangor, Saskatchewan. Yn ddiweddarach ymsefydlodd y plant i gyd mewn rhannau eraill o Ganada ac yn gynnar yn yr 1930au symudodd y rhieni i Vancouver. Roedd gan **George a Hannah Thomas** bedwar ar ddeg o blant.[56] Daethai saith gyda'u rhieni o'r Gaiman, Patagonia. Ganed chwech arall yn ardal Glyndwr a chyrhaeddodd cyw bach y nyth ar ôl i'r teulu symud i dref Atwater gerllaw. Ni ddychwelodd yr un ohonynt i ardal Glyndwr. Priododd wyth o'r plant â phartneriaid di-Gymraeg.

Ymddengys, felly, fod dwy broses ddifaol ar waith ar yr un pryd ymhlith y Patagoniaid yn ardal Saltcoats. Llwyddodd y fframwaith addysgol i ddisodli'r Gymraeg yn achos y genhedlaeth gyntaf o'r plant a fagwyd yng Nghanada, a daeth eu hail iaith yn brif iaith iddynt. Ymddengys na lwyddodd y cartrefi i ddiogelu'r Gymraeg. Daeth y plant i siarad Saesneg ymhlith ei gilydd a chyda'u rhieni, er i'r olaf barhau i siarad Cymraeg. Penderfynodd cenhedlaeth gyfan ymwrthod â'i hunaniaeth a derbyniwyd hynny fel proses anorfod. Cyflymwyd y broses wedyn drwy briodasau cymysg yn ieithyddol a thrwy allfudiad o'r cymunedau Cymreig. Mewn amser gwanhaodd hyn y sefydliadau a fu'n gwarchod yr iaith a'r diwylliant Cymreig cyn hynny, sef y capeli. O ganol yr 1930au ymlaen ni chynhelid oedfaon Cymraeg yn yr un ohonynt.

Nid yw newid iaith addoliad yn ffenomen unigryw Gymreig yng nghyd-destun Canada, wrth gwrs. Ceir enghreifftiau o brosesau tebyg ymhlith lleiafrifoedd ieithyddol eraill yng nghyffiniau Saltcoats yn yr un cyfnod. Rhwng 1903 ac 1933 cynhelid oedfaon yn yr Almaeneg yn yr Eglwys Lwtheraidd yn Saltcoats, ond yn 1933 ymatebwyd i'r galw am gynnal rhai oedfaon yn y Saesneg. Daethai siaradwyr Gaeleg yr Alban i ardal Dunleath yn 1889 a'r Aeleg oedd unig gyfrwng yr addoliad yn yr Eglwys Bresbyteraidd yno. Pymtheg mlynedd yn ddiweddarach, yn 1904, dechreuwyd cynnal oedfaon Gaeleg a Saesneg ar yn ail â'i gilydd ar gais y to ifanc. Pan godwyd adeilad newydd yn 1906, ceisiodd yr henuriaid ac aelodau hynaf y gynulleidfa ddeddfu o blaid yr Aeleg drwy geisio neilltuo'r adeilad newydd ar gyfer oedfaon Gaeleg a chynnal yr oedfaon Saesneg yn yr ysgoldy. Protestiodd yr ifainc yn chwyrn. Roedd cyfnewid iaith yn amlwg ar droed o fewn y gynulleidfa. Dyna'n union a ddigwyddodd yn y capeli Cymraeg.

Bellach yn Llewellyn, Glyndwr a St David's nid erys ond dyrnaid o enwau lleoedd a rhai cyfenwau Cymreig yn dystiolaeth fod cymunedau Cymraeg eu hiaith wedi bodoli yno ar un adeg. Roedd parhad y cymunedau yn wir yn y fantol o'r dechrau. Nid oeddynt yn gymunedau a oedd wedi eu tanio gan ddelfrydau cenedlaethol. Nid oedd cynnal hunaniaeth unigryw a gwahanol yn rhan o'u bwriad creiddiol. Nid oeddynt wedi ymfudo yno gyda'r nod o sefydlu 'Cymru Newydd'. Eu prif nod oedd dianc rhag y tlodi a'r anobaith a oedd wedi eu llethu yn y Wladfa. O'r dechrau derbyniasant mai iaith gyfyng y cylchoedd mewnblyg fyddai'r Gymraeg ac mai'r Saesneg fyddai'r iaith gyhoeddus, swyddogol, yn iaith y gyfraith a chyfrwng masnach, ac mai hi fyddai cyfrwng addysg eu plant a'r *lingua franca* ar gyfer ymwneud â'r llu o genhedloedd eraill a oedd yn ymsefydlu yn y cyffiniau. Mae'n bosibl iddynt gredu y gellid meithrin sefyllfa ddwylosig yn eu mysg eu hunain, a chadw'r ddwy iaith ar wahân ac o fewn eu peuoedd cymdeithasol eu hunain. Dichon i rai gredu y byddai'r cartref a'r capel yn gallu diogelu eu hunaniaeth ac y byddai'r ddau sefydliad hyn yn gallu cynnal bywyd cymdeithasol cyflawn. Gwelwyd yn fuan na allai lleiafrif gynnal cymuned a threfn gymdeithasol yn gwbl ar wahân i'r un fwy a chryfach a'i hamgylchynai. Y prif wendid oedd na chynhyrchwyd arweinwyr yn eu plith a fyddai wedi gallu cydio'r teuluoedd unigol â'i gilydd a meithrin ynddynt yr ymdeimlad o berthyn i gymuned unigryw a gwahanol.

Roedd y Parch. D. G. Davies yn arweinydd naturiol a derbyniodd y fantell honno wrth i'r fintai adael y Wladfa. Cyflwynwyd tysteb iddo mewn Cwrdd Ymadawol yn y Wladfa a chanmolwyd ei sgiliau fel offeiriad ac fel meddyg. Gweithiodd yn ddiwyd o fewn y cymunedau yn ardal Saltcoats a bu'n allweddol yn natblygiad Anglicaniaeth yno. Serch hynny nid arhosodd am fwy na dwy flynedd yn eu plith a hynny oherwydd afiechyd yn ôl pob sôn. Ni ddaeth unigolyn arall a allai fod wedi cydio pobl â'i gilydd a sianelu eu hegnïon i'r cyfeiriadau priodol. Yn ôl J. Coslett Thomas, gwendid mawr y sefydliad o'r dechrau oedd diffyg cydweithio.[57] Roedd yr ysbryd cystadleuol yn gryf a'r ysbryd cydweithredol a chymunedol yn brin. Cafodd lles unigolion a theuluoedd unigol flaenoriaeth ar yr hyn a fyddai'n llesol i bawb. Gresynai Coslett Thomas am fod hyn mor gwbl wahanol i'r hyn a geid ym Mhatagonia.

Yn gymdeithasol/economaidd daeth llwyddiant pendant i ran unigolion a theuluoedd unigol, ond cyn diwedd y degawd cyntaf gwelid arwyddion clir na fyddai'r sefydliad yn llwyddo fel cymuned Gymraeg. Roedd yr amgylchiadau i gyd yn erbyn twf sefydliad o'r fath. Roedd y pwyslais swyddogol ar ffurfio un bobl deyrngar i Ganada o'r holl amrywiaeth hiliol yn erfyn cryf yn erbyn cadw hunaniaeth wahaniaethol. Pa obaith oedd i iaith a diwylliant lleiafrifol ffynnu dan y fath amgylchiadau? Methiant fu'r ymgais i sefydlu gwladfa Gymraeg yng Nghanada y tro hwn eto.[58] Ond pe byddai'r teuluoedd a ddaeth i Saskatchewan wedi aros yn y Wladfa dichon y byddai nifer o'u disgynyddion yn siarad y Gymraeg heddiw!

Nodiadau

[1]Cyril G. Williams, 'Religion and Welsh Nationality', yn *Religion and Ethnicity*, gol. Harold Coward a Leslie Kawamura (Waterloo, Ont.: Wilfrid Laurier University Press, 1978), t.159.

[2]Phillips G. Davies, *The Welsh in Wisconsin* (Madison, WI: The State Historical Society of Wisconsin, 1982), t.13. (Cyhoeddwyd argraffiad newydd, diwygiedig o'r gyfrol hon yn 2006.)

[3]*Y Cenhadwr Americanaidd*, 9:12 (Rhagfyr 1848), t.364.

[4]*Y Cenhadwr Americanaidd*, 10:1 (Ionawr 1849), t.11.

[5]*Y Cenhadwr Americanaidd*, 10:1 (Ionawr 1849), t.12; 10:4 (Ebrill 1849), t.109. Gw. hefyd Ged Martin, 'Michael Daniel Jones and Welsh Oregon: A Note', *Cylchgrawn Cymdeithas Hanes a Chofnodion Sir Feirionnydd*, 9:3 (1983), tt.340–2.

[6]Michael D. Jones, *Y Drych a'r Gwyliedydd*, Medi 1856.

[7]Gillian T. Cell, *Newfoundland Discovered* (London: The Hakluyt Society, 1982).

[8]Peter Thomas 'The First Welsh Settlements in Canada?', *The Welsh in Canada*, gol. M. E. Chamberlain ([Abertawe]: Canadian Studies in Wales Group, 1986), t.61. Gw. hefyd Peter Thomas, *Strangers from a Secret Land: The Voyages of the Brig Albion and the Founding of the First Welsh Settlement in Canada* (Llandysul: Gwasg Gomer, 1986).

[9]Charles Darwin, *A Diary of the Voyage of H.M.S. Beagle*, gol. Nora Barlow (Caergrawnt: Gwasg Prifysgol Caergrawnt, 1933), t.156.

[10]Lewis Jones, *Hanes y Wladva Gymreig, Tiriogaeth Chubut, yn y Weriniaeth Arianin, De Amerig* (Caernarfon: Cwmni'r Wasg Genedlaethol Gymreig, 1898), tt.216–17.

[11]*Roca y los Galeses del Chubut*, Publicaciones del Museo Roca X (Buenos Aires: Museo Roca, 1965).

[12]Llyfrgell Genedlaethol Cymru, Llsg. LlGC 5936D.

[13]W. M. Hughes, *Ar Lannau'r Gamwy* (Lerpwl: Hugh Evans a'i Feibion, 1927), t.202.

[14]Regina, Public Archives of Saskatchewan, File DM812.

[15]*Saltcoats Roots and Branches* (Saltcoats and District Historical Society, 1982), t.494.

[16]*Saltcoats Roots and Branches*, t.685.

[17]Regina, Public Archives of Saskatchewan, R466: Hunangofiant J. Coslett Thomas, t.446. Ceir copi o hunangofiant John Coslett Thomas (1863–1936) yn Llyfrgell Genedlaethol Cymru (LlGC Facs 919).

[18]Ottawa, Canadian Museum of Civilization, Glenys James Collection, JAM4/2: Transcripts of taped interviews, 1974. Gw. hefyd Glenys James, *The Welsh in Canada: Report Submitted to the Canadian Centre for Folk Culture Studies* (Ottawa: National Museum of Man, 1974). Ceir copïau o'r tapiau sydd yng Nghasgliad Glenys James, a thrawysgrifiadau ohonynt, yn Llyfrgell Genedlaethol Cymru (LlGG ex 894 ac LlGC, Casgliad Clywedol, CM 151–176).

[19]*Saltcoats Roots and Branches*, t.101.

[20]*Saltcoats Roots and Branches*, t.493.

[21]*Canada Sessional Papers*, 1903, No. 25, Pt. II, t.21.

[22]Wayne K. D. Davies, 'The Welsh in Canada: A Geographical Overview', yn *The Welsh in Canada*, gol. M. E. Chamberlain ([Abertawe]: Canadian Studies in Wales Group, 1986), t.28.

[23]W. M. Hughes, *Ar Lannau'r Gamwy*, t.202.

[24]Llsg. LlGC 10746E.

[25]Hunangofiant J. Coslett Thomas, tt.435–6.

[26]Pierre Berton, *The Promised Land: Settling the West 1896–1918* (Toronto: McClelland and Stewart, 1984), t.138.

[27]Ottawa, National Archives of Canada [NAC], Department of the Interior, Immigration Branch, RG [Record Group] 76, Vol. 146: File 34688, Pt. 1: Llythyr gan Lynwode Pereira at W. L. Griffith.

[28]NAC, RG 76, Vol. 146: File 34768, Pt. 1.

[29]NAC, RG 76, Vol. 146: File 34768, Pt. 1.

[30]NAC, RG 76, Vol. 146: File 34768, Pt. 1.

[31]Gwyn Jenkins, 'W. L. Griffith and Welsh Emigration to Canada, 1897–1906', yn *The Welsh in Canada*, gol. M. E. Chamberlain ([Abertawe]: Canadian Studies in Wales Group, 1986), t.81.

[32]NAC, MG 30, D29: Llythyr W. L. Griffith at J. S. Willison, 29 Mehefin 1898.

[33]NAC, RG 76, Vol. 146: File 34768, Pt. 1.

[34]NAC, RG 76, Vol. 146: File 34768, Pt. 1.

[35]NAC, RG 76, Vol. 146: File 34768, Pt. 1.

[36]NAC, RG 76, Vol. 146: File 34768, Pt. 1.

[37]NAC, RG 76, Vol. 146: File 34688, Pt. 1.

[38]NAC, RG 76, Vol. 146: File 34768, Pt. 1.

[39]*Canada Sessional Papers*, 1899, No. 113, Pt. II, t.127.

[40]NAC, RG 76, Vol. 146: File 34768, Pt. 1.

[41]Hunangofiant J. Coslett. Thomas, t.434.

[42]Tystiolaeth David Davies yn *Saltcoats Roots and Branches*, t.494.

[43]Ceir rhestr o'r teuluoedd yn W. M. Hughes, *Ar Lannau'r Gamwy*, tt.201–2.

[44]Regina, Public Archives of Saskatchewan: Cyfweliad tâp ag W. E. Davies gan Lewis Thomas, 1970.

[45]Regina, Public Archives of Saskatchewan, File SD807.

[46]Cornelius J. Jaenen, 'An Introduction to Education and Ethnicity', *Canadian Ethnic Studies*, 8:1 (1976), t.5.

[47]Cornelius J. Jaenen, 'An Introduction to Education and Ethnicity', t.5.

[48]Gw. Robert Owen Jones, *Yr Efengyl yn y Wladfa* (Pen-y-bont ar Ogwr: Llyfrgell Efengylaidd Cymru, 1987).

[49]Regina, Public Archives of Saskatchewan: 'A History of St Asaph', t.7.

[50]Regina, Public Archives of Saskatchewan, Occasional Paper, November 1903, No. 74.

[51]Glenys James Collection, JAM4/2: Transcripts of taped interviews, 1974.

[52]*Saltcoats Roots and Branches*, tt.767–8.

[53]*Saltcoats Roots and Branches*, tt.585–6.

[54]*Saltcoats Roots and Branches*, tt.718–20.

[55]*Saltcoats Roots and Branches*, t.587.

[56]*Saltcoats Roots and Branches*, tt.141–3.

[57]Hunangofiant J. Coslett Thomas, t.481.

[58]Ar hanes y gymuned Batagonaidd yn Saskatchewan, gw. hefyd Gilbert Johnson, 'The Patagonian Welsh', *Saskatchewan History*, 15 (1972), tt.90–4; Gordon W. MacLennon, 'A Contribution to the Ethno-History of Saskatchewan's Patagonian Welsh Settlement', *Canadian Ethnic Studies*, 8:2 (1975), tt.57–72; Lewis H. Thomas, 'From the Pampas to the Prairies', *Saskatchewan History*, 24:1 (1971), tt.1–12; idem, 'Welsh Settlement in Saskatchewan 1902–04', *Western Historical Quarterly*, 4:4 (1973), tt.435–49. Ceir rhagor o fanylion ynghylch rhai o'r agweddau a drafodir yma mewn fersiwn Saesneg o'r ysgrif hon a gyhoeddwyd yn 1992: Robert Owen Jones, 'From Wales to Saskatchewan via Patagonia', *Celtic Languages and Celtic Peoples*, gol. Cyril J. Byrne, Margaret Harry, Pádraig Ó Siadhail (Halifax, Nova Scotia: D'Arcy McGee Chair of Irish Studies, Saint Mary's University, Halifax, [1992]), tt.619–43. Trafodir yr ymfudo o Batagonia i Ganada, a'i gymharu â'r ymfudo oddi yno i Awstralia yn yr un cyfnod, gan Michele Langfield, 'A Displaced Britishness: Welsh Patagonians in Canada and Australia', yn *Exploring the British World: Identity, Cultural Production, Institutions*, gol. Kate Darian-Smith, Patricia Grimshaw, Kiera Lindsey a Stuart Mcintyre (Melbourne: RMIT Publishing, 2004), tt.161–91.

Michael D. Jones (1822-98)